Rolf Harten
Sucht · Begierde · Leidenschaft

Rolf Harten

# SUCHT BEGIERDE LEIDENSCHAFT

## Annäherung an ein Phänomen

Ehrenwirth

Die Deutsche Bibliothek – CIP-Einheitsaufnahme

**Harten, Rolf:**
Sucht – Begierde – Leidenschaft: Annäherung an ein
Phänomen; mit dem Lexikon der 121 Süchte / Rolf Harten.
München: Ehrenwirth, 1991
ISBN 3-431-03202-8

© 1991 by Ehrenwirth Verlag GmbH, München
Schutzumschlag: Bernd und Christel Kaselow, München
Satz: Utesch Satztechnik GmbH, Hamburg
Druck und Bindung: Wiener Verlag, Himberg
Printed in Austria

# Inhaltsverzeichnis

# Vorwort

Sucht – was ist darunter zu verstehen?

Benötigen wir den Begriff »Sucht«?

Auf welche Phänomene kann, wird und soll er angewendet werden?

Diesen – und anderen – Fragen geht Rolf Harten im vorliegenden Buch nach. Und er gibt Antworten, die überzeugen, zuweilen überraschen, immer aber von der Annahme ausgehen, daß der in der Umgangssprache und in der Literatur gebräuchliche Bedeutungsgehalt des Begriffs Sucht interessante Anhaltspunkte liefert zur Befruchtung laufender Kontroversen.

Für mich besonders eindrücklich, wie anhand der Begriffswandlung nachvollzogen werden kann, daß Sprache nicht nur Realitäten widerspiegelt, sondern auch Realitäten schafft: So wird der Nutzen sichtbar, den die Existenz des Begriffs Sucht (den es so nur im deutschen Sprachraum gibt) uns bringt.

Für die wissenschaftliche Auseinandersetzung, in noch viel höherem Maße aber für die persönliche Beschäftigung mit eigenen »süchtigen« Anteilen des Lesers und der Leserin birgt der hier vorgestellte (etymologische) Ansatz eine Reihe wegweisender Einsichten, die neue Perspektiven im Umgang mit dem Phänomen Sucht eröffnen.

Prof. Dr. Uwe Grau, Psychologisches Institut Universität Kiel

# Einleitung

»Zwei selbstsüchtige und mächtige Neigungen stritten damals in mir wider die echte Liebe. Ich war Trinker, und ich war menschenscheu.« (Hesse)

»Leidvolle Eifersucht macht eine kluge Frau böse und ungerecht.« (Klaus Mann)

»Weißt du, was nie zu sättigen ist? Das Auge der Habsucht! Alle Güter der Erde füllen die Höhle nicht aus!« (Herder)

»Wie viele haben sich durch einen plötzlichen Zorn, durch eine ungestüme Rachsucht um die Gesundheit gebracht?« (Gellert)

Dies sind einige Beispiele aus der deutschen Literatur, die den breiten und häufigen Gebrauch des Begriffs Sucht dokumentieren. Während aber in den hier ausgewählten Zitaten die negative Seite der Sucht hervorgehoben wird, ist das im alltäglichen Sprachgebrauch durchaus nicht immer der Fall (Sehnsucht!).
Wer von uns benutzt nicht von Zeit zu Zeit und halb gedankenlos das eine oder andere Suchtwort, wie z. B. Eifersucht, Rachsucht oder Geltungssucht? Und wer macht sich dann klar, daß dadurch ein Zusammenhang zu Krankheiten hergestellt wird?
Lebendig, nachvollziehbar und persönlich nutzbringend wird eine solche Verbindung dann, wenn man dem Gehalt der Worte nachspürt. Dies soll im vorliegenden Buch unternommen werden!
Die Idee dazu entwickelte sich aus meiner achtzehnjährigen Praxis in der vorbeugenden Arbeit. Stärker als möglicherweise in der Therapie spielt hier das *Wort* eine Rolle; nicht nur als Mittel der Kommunikation, sondern auch als Schlüssel zum Verständnis unseres eigenen Bewußtseins, zum Verstehen der Meinung anderer. Eine zentrale Rolle spielt dabei die Frage: Was meinen wir, wenn wir von Sucht sprechen?
Dabei interessierte als Ergebnis weniger eine allgemeingültige Antwort, die ohnehin immer problematisch bliebe; als persönlich Nützliches wurde eine individuelle Interpretation angesehen. Der Gewinn liegt in der unerwarteten Möglichkeit, über die subjektive Deutung des Wortes eigenes Verhalten und Leid zu begreifen.

Gleichzeitig – so hat sich gezeigt – eröffnet eine derart radikale Subjektivität den Zugang zum Verständnis anderer Menschen. Das Erleben eines solchen Prozesses führt zu der Erkenntnis: Sprache spiegelt nicht nur Wirklichkeit, sie schafft auch Wirklichkeit! Oder anders gesagt: Wirklichkeit schafft Sprache! Sprache schafft Wirklichkeit!

Einerseits benutzt also jeder das Wort Sucht im subjektiven Sinne, andererseits aber bringt das Wort seine eigene Geschichte mit und beeinflußt darüber unser Bewußtsein.

Die Bewußtmachung beider Seiten kann helfen, eigene Erfahrungen zu organisieren, eigene süchtige Anteile zu entdecken. Dieser Widerspruch, d. h. die angesprochene Wechselwirkung, soll im Mittelpunkt der vorliegenden Auseinandersetzung stehen. Erstmalig soll das *Wort* Sucht ernst genommen werden. Mit Hilfe literarischer Quellen – wie den Eingangszitaten – entsteht ein lebendiges Bild des Begriffs.

Analysiert und vorgestellt werden seine

- Verwandtschaft (die verschiedenen Worte, die mit Sucht in einem Zusammenhang stehen),
- Vergangenheit (der Bedeutungswandel, den das Wort durchgemacht hat) und seine
- Charakteristik (die verschiedenen Aspekte, die durch den Begriff zum Ausdruck gebracht werden).

So ist die Frage leicht zu beantworten, worin denn der Nutzen bestehe, die Vergangenheit von Worten aufzudecken. Bereits eine oberflächliche Betrachtung am Beispiel Sucht zeigt, daß im deutschen Sprachraum zunächst (seit dem 8. Jh.) der gesamte Komplex der Krankheiten, später (etwa seit dem 16. Jh.) gewisse Teilbereiche durch diesen Begriff bezeichnet wurden. Mit der Entwicklung der modernen Medizin begann die Zurückdrängung des Wortes Sucht als Synonym für Krankheit. Gleichzeitig schwand das umfassende Verständnis von Sucht als einem Oberbegriff für körperliche, seelische oder geistige Leiden zugunsten eines Krankheitsverständnisses, das sich in erster Linie an körperlichen Symptomen orientiert.

Im Zuge ganzheitlicher Ansätze ist gegenwärtig zwar wieder das Interesse an der Einheit von Geist, Körper und Seele erwacht, doch wenn sich der *Begriff* Sucht bis heute – hauptsächlich in der Form der Komposita (Wortzusammensetzungen) – erhalten hat, so liegt dies fast ausschließlich am alltäglichen Benutzen des Wortes innerhalb der Bevölkerung.

Durch intensive etymologische Studien kann die Geschichte und der Wandel »Sucht« nachvollzogen werden (Etymologie = Lehre von der »wahren« Bedeutung der Wörter, d. h. von ihrem Ursprung und ihrer Grundbedeutung).

Ein krasses Beispiel für diesen Wandel bildet die Putzsucht, mit der früher ein ständiges und übertriebenes »Sich-Herausputzen« bezeichnet wurde, während heute darunter ein neurotischer Sauberkeitsdrang verstanden wird. Beispiele für eine Verwissenschaftlichung der Begriffe sind Alkoholismus (Trunksucht) und Kleptomanie (Stehlsucht). Wieder andere Begriffe sind aus historischen oder politischen Gründen zu bestimmten Zeiten aufgetreten und anschließend nicht mehr benötigt worden. Beispiele hierfür sind die Tanzsucht, die Kriegssucht und die Gunstsucht.

Der Nutzen einer solchen Vorgehensweise liegt auf der Hand. Scheinbar tote Dinge, die Wörter, entfalten eine Dynamik und werden mitteilsam. Völlig neue Sichtweisen von Krankheit erschließen sich, und angstmachende Dämonie kann gebändigt werden. Die vorurteilsbeladene Sucht erscheint nun in einem differenzierten Zusammenhang. Für alle Leser und Leserinnen eröffnet sich ein individueller Zugang zum Thema!

Ist aber dazu – so werden manche fragen – eine so ungewöhnliche Methode wie die der Etymologie nötig?

Sicher ist, daß in dem sich wandelnden Bedeutungsgehalt von Sucht vergangene und gegenwärtige Erfahrungen unseres Volkes zum Ausdruck gebracht werden. Gerade dies gilt es zu nutzen!

Erst wenn gemeinsam Mythologie, Geschichte und Gegenwart eines Wortes berücksichtigt werden, kann sein tatsächlicher Gehalt, die vielfältige Bedeutung, die ihm in der Alltagssprache beigemessen wird, erschlossen werden. Wird hier von »Volk« und »Alltagsverständnis« gesprochen, so ist selbstverständlich keine soziologisch exakte Repräsentativität gemeint. Statt dessen habe ich mich literarischer Quellen bedient, mich daran orientiert, welcher Gehalt den betreffenden Worten von SchriftstellerInnen verschiedenster Epochen beigemessen wurde, welche Empfindungen sie damit verbanden. Meines Erachtens steht diese Wahrnehmung dem normalen Sprachgebrauch innerhalb der Bevölkerung näher als eine exakte wissenschaftliche Definition. Vielleicht ist es sogar möglich, einen Schritt weiter zu gehen und anzunehmen, daß KünstlerInnen in besonderer Weise Stimmung und Gefühl ihrer Zeit zum Ausdruck bringen können. In diesem Sinne werden in der vorliegenden Untersuchung hauptsächlich Belege aus deutscher Literatur herangezogen und ausgewertet. Aus deutscher Literatur deswegen, weil dieses Vorgehen an Worte, an Sprache gebunden ist und gleichzeitig voraussetzt, daß gemeinsame Sprache auch ein in vieler Hinsicht ähnliches Denken und Fühlen repräsentiert und mit herbeiführt.

Daher kann davon ausgegangen werden, daß sich historische und gegenwärtige Entwicklungen in Worten widerspiegeln. Durch sie wird zum Ausdruck gebracht, wie Menschen ihre Probleme, ihr Leid und ihre Schmerzen empfinden. Unterschiede und Prozesse können daran nachvollzogen werden. (Eine genauere Betrachtung dürfte sogar erweisen, daß Worte in diesem Sinne ein Eigenleben entfalten und somit Realität selbst mitgestalten.)

Der Gehalt der jeweiligen Worte wurde von mir zum Maßstab genommen, um

- einen Sinnzusammenhang von Sucht zu konstruieren,
- historische Entwicklungen zu erkennen, zu kennzeichnen,
- unterschiedliche Suchtkategorien herauszufinden und zu erarbeiten,
- einzelne Süchte erklärbar zu machen.

Nur durch ein solches Ernstnehmen der Worte kann aber das oben geforderte umfassende Verständnis von Sucht erreicht werden. So führt die historische Betrachtung zu wichtigen politischen Erkenntnissen, denn die Durchsetzung des Begriffes »Krankheit« und die Zurückdrängung der »Sucht« darf keinesfalls als wertfrei gelten. Fiel der Beginn dieser Entwicklung in die Zeit der Hexenverfolgung und der Bekämpfung der Volksmedizin, so bemühte sich die Wissenschaft – und damit auch die Medizin – bis vor kurzem um eine vollständige Eliminierung des Wortes »Sucht«, das als »emotional« und »wertend« abgelehnt wurde.

Einen Höhepunkt erlebte dieses Bemühen in den sechziger Jahren unseres Jahrhunderts, als die WHO, die Weltgesundheitsorganisation, die Begrifflichkeiten im Suchtbereich neu zu ordnen versuchte.

Da im außerdeutschen Sprachraum ein analoger Begriff (mit entsprechend weitreichender Bedeutung) zum deutschen Wort »Sucht« fehlt, ging es der WHO auch nicht um das Wort Sucht, sondern um handlichere Begriffe für den Mediziner und Naturwissenschaftler. (Im Englischen stritt man sich um »addiction« und »dependence«).

Von deutschen Experten wurde dies als Absage an die Benutzung von »Sucht« interpretiert. Seit Beginn der siebziger Jahre lief eine heftige Kampagne, die darauf abzielte, völlig auf den Begriff »Sucht« zu verzichten, statt dessen das neutralere »Abhängigkeit« zu verwenden und dabei zwischen psychischer und physischer Abhängigkeit zu unterscheiden.

Obwohl hier zunächst – vor allem im wissenschaftlichen und speziell im medizinischen Bereich – größere Erfolge erzielt wurden, kann seit Ende der siebziger Jahre von einer bedeutenden Renaissance des Begriffes Sucht gesprochen werden. Einerseits erlangen weltweit entsprechende Krankheiten größere Aufmerksamkeit (Eßsüchte, Spielsucht, Arbeitssucht, Kaufsucht etc.), andererseits läßt sich nachweisen, daß dieser Prozeß durch die – unbewußte – Verwendung entsprechender Worte in der Bevölkerung bedingt ist.

Auf dieser Basis entwickelte sich in den vergangenen zwanzig Jahren eine hektische und quantitativ ansteigende Benutzung von Sucht-Komposita. Fraglos begünstigt dieser »Wildwuchs« den häufig erhobenen Vorwurf der »Suchtinflation«. Insbesondere war er im Zusammenhang mit der Diskussion der Spielsucht zu hören. Generell aber sollen dadurch diejenigen kritisiert werden, die das Phänomen »Sucht« im Sinne eines allgemeinen Verständnisses zu erklären versuchen. Durch die hier vorgelegte Untersuchung zeigt sich nun jedoch, daß diesem Vorwurf die Basis mangelt, die in der Kenntnis der Geschichte und des sich wandelnden Gehalts des Begriffs besteht.

Allerdings muß eingeräumt werden, daß eine Theorie der Sucht noch nicht sehr weit fortgeschritten ist. Zwar gibt es einige Ansätze, den Prozeß der Sucht allgemein-abstrakt, vor allem aber anhand des Verlaufs einer jeweils speziellen Sucht zu beschreiben; globalere Erklärungen, die vor allem eine Abgrenzung gegenüber dem landläufigen Krankheitsverständnis ermöglichen, stehen noch aus.

Neben den schon genannten Aspekten ist es vor allem der subjektive Charakter, durch den eine wissenschaftliche Behandlung und Untersuchung der Sucht problematisch wird.

Gerade darin aber, daß hier konsequent auf dieser Subjektivität beharrt wird, liegt der große Nutzen für die LeserInnen, denn dadurch wird eine individuelle Diagnose möglich. Nun erst kann begründet wahrgenommen werden, daß jede Sucht ihre spezielle Geschichte hat. Wann sie beginnt, welche Intensität sie annimmt – die meisten Details können vor allem die Betroffenen selbst definieren. Eine Erkrankung von Seele, Geist und Sozialverhalten steht im

Vordergrund, körperliche Symptome spielen meist nur nebenseitig eine Rolle. Dem traditionellen, an Objektivität interessierten Naturwissenschaftler wie auch dem einseitig somatisch orientierten Mediziner ist der Zugang zur Sucht erschwert.

Auch der Aufbau des Buches wird solchen inhaltlichen Überlegungen folgen.

Zunächst wird – durch Untersuchung von Begriffen wie Gier, Lust und Rausch – eine langsame Annäherung an den Bedeutungsgehalt der Sucht vollzogen.

Ein solches Vorgehen wird dem ganzheitlichen Charakter der Sucht gerecht, da sie nun nicht – wie eine körperliche Krankheit – nach Blut- oder Leberwerten bestimmt wird, sondern nach Kriterien wie dem persönlich empfundenen Leid, Weh, Trieb und Wahn, der Liebe, Neigung und der Wut.

Zu den verschiedenen Zeiten haben Worte wie Hang, Liebe, Leid, Wut und Sucht etwas Unterschiedliches bedeutet. Die Unterschiede sind ernst zu nehmen! Sie drücken verschiedene Sichtweisen der Sucht aus und sind daher gegeneinander abzugrenzen. Gleichzeitig fließen sie jedoch in den heutigen Gehalt des Begriffs »Sucht« mit ein.

Daraus wird im zweiten Schritt ein Verständnis von Sucht konstruiert, das sich vorwiegend an Alltagserfahrungen und subjektiven, emotionalen Kategorien orientiert. Auf diese Weise wird Lesern und Leserinnen die Möglichkeit geboten, mit Hilfe alltäglicher Begriffe ihre eigenen Suchtanteile zu diagnostizieren.

Eine historische Analyse soll verdeutlichen, daß ein ähnlicher Gehalt bereits seit über tausend Jahren im Bewußtsein der Bevölkerung existent ist. Die geschichtliche Dimension wird demonstriert anhand eines »Sucht-Stammbaums«, der wichtige Interpretationen hinsichtlich unseres Krankheitsverständnisses zuläßt. Auf dieser Grundlage ergibt sich ein Bild von Sucht als einem eigenständigen Krankheitskomplex, der sich von dem landläufigen, medizinischen Krankheitsbild in wesentlichen Punkten unterscheidet.

Daß es sich hier in der Tat um einen Komplex handelt, ergibt sich zunächst durch ein *Suchtlexikon*, das insgesamt 121 Süchte aus Gegenwart und Vergangenheit auflistet und definiert. Erstmals wird dadurch eine verläßliche Übersicht über Einzelsüchte geliefert, die lexikalisch belegbar sind. Suchtbegriffe, die, wie z. B. Gelbsucht, im eigentlichen Sinne als veraltete Termini für rein körperliche Krankheiten gelten können, sind dabei nicht berücksichtigt.

Den *Hauptteil* aber bildet die detaillierte Darstellung der wichtigsten 40 Süchte. Sie werden kategorisiert, jeweils einzeln untersucht und vorgestellt. Auch dies geschieht unter Einbeziehung von Geschichten aus Literatur und Mythologie, so daß – trotz wissenschaftlichen Anspruchs – Lesbarkeit und Verständnis gewahrt bleiben.

Wer mag, wird in diesem umfangreichen Angebot zahlreiche Bezüge zu eigenen Erfahrungen und Verhaltensweisen auffinden und durch diese Anstöße einen neuen Zugang dazu gewinnen können.

Die historische Betrachtungsweise und die Ergebnisse der etymologischen Forschung fließen ein in den *Schlußteil,* der die wichtigsten Aussagen zusammenfaßt. Durch eine komprimierte Darstellung werden Synthesen gebildet, die die einzelnen Aspekte zusammenfügen. Auf dieser Grundlage gelingt es, entscheidende Dogmen des derzeitigen Suchtverständnisses anzugreifen.

In Ansätzen entsteht daraus ein völlig neues Gesamtbild der Sucht, das sich qualitativ vom herkömmlichen Krankheitsbild abhebt. Die Quintessenz besteht in der Aussage, daß *Sucht eine völlig andere Krankheit ist!*


Hinweis:

Sämtliche durchgängig klein geschriebenen Zitate ohne besondere Herkunftsangabe stammen aus »Grimms Wörterbuch« und sind dort unter dem jeweiligen Stichwort zu finden, d.h., ein nicht bezeichnetes Zitat z.B. im Abschnitt »Wahn« findet sich wieder in »Grimms Wörterbuch« unter dem Stichwort »Wahn«.

# Langsame Annäherung an die Sucht

Sucht – so lautet die Voraussetzung für diese Arbeit, und dies zeigen auch lexikalische Definitionen – steht im deutschen Sprachraum für Krankheit. Während der Begriff früher (8. – 16. Jh.) noch das gesamte Krankheitsspektrum zum Ausdruck brachte, meint Sucht seit dem 16. Jh. immer deutlicher ein ganz spezifisches Krankheitsbild. Dessen Besonderheit liegt darin, daß es sich diagnostischen und analytischen Methoden der Medizin und der Naturwissenschaften entzieht. Statt dessen geht es hier um qualitative, emotionale Kriterien, die vorrangig subjektiv bestimmt werden müssen.

Im Gegensatz zu medizinischen Krankheiten widersetzt sich Sucht auch der Trennung von Körper und Seele. Hier geht es in jeweils spezifischer Ausprägung um Störungen im Gleichgewicht der Einheit von Körper–Geist–Seele.

Wenn im folgenden versucht wird, ein umfassendes Suchtbild zu erstellen, so soll dies bereits in der Herleitung alternativ zur Medizin geschehen. Statt mit Krankheitssymptomen zu arbeiten, lasse ich Worte sprechen.

Bei fortgesetzter Beschäftigung mit den unterschiedlichsten Süchten fielen mir wiederkehrende Worte auf, die vor allem emotionale Aspekte der Störungen benannten. Dann packte mich die Neugier, und ich begann sie zu sammeln, ihrer Vergangenheit, ihrer Entwicklung und ihrer Gegenwart nachzuspüren. So entstand ein verwirrendes Bild, das keine einfache Definition zuläßt. Jedes einzelne Wort, von dem im folgenden ersten Kapitel die Rede sein wird, trägt einen kleinen oder großen Teil bei zum komplexen Gehalt der Sucht.

Wem es gefällt, der mag sich aus diesem Bild seine ganz persönliche Suchtdiagnose zusammenstellen (siehe Grafik nächste Seite).

Vier Ebenen sind es vor allem, in die sich die hier versammelten Worte einordnen lassen.

Zunächst beschreiben Ausdrücke des Leidens den mit der Sucht verbundenen Schmerz: Weh – Leid – leiden – Schmerz – Pein – Wut – Seuche – Siechtum.

Dann folgen die existentiellen Bedürfnisse, die hier gleichsam als Antriebsfaktoren für die Entwicklung von Sucht verstanden wer-

Tollheit    Verlockung    Wahn    Hang    Drang

Versuchung    Wut    Lust    Durst    Triebe    Zwang

Dämon    Manie    Gier    Liebe    Hunger

Leidenschaft    **S u c h t**    Rausch

Wahnsinn    Abhängigkeit    Weh    leiden    Schmerz

Affekt    Gewohnheit    Gewöhnung    Leid    Pein    Siechtum

Phobie    Passion    Neigung    Seuche


den: Hunger – Durst – Liebe – Triebe – Hang – Zwang – Drang – Gier – Lust – Rausch – Wahn.

Die dritte Ebene bilden die Formen und Nuancen von Vorstufen zur Sucht: Neigung – Hang – Passion – Leidenschaft – Affekt – Gewohnheit – Gewöhnung – Abhängigkeit – Manie – Phobie – Wahnsinn.

Schließlich ergibt sich noch eine vierte – magische – Ebene, die ich als dämonischen Charakter der Sucht bezeichnen möchte. Dazu zähle ich: Tollheit – Wut – Versuchung – Verlockung – Manie – Dämon.

Nicht ganz entsprechend diesen Ebenen soll nun versucht werden, den spezifischen Gehalt jedes einzelnen der soeben genannten Worte zu beschreiben. Fast jedes hat eine lange Geschichte.


## Existentielle Bedürfnisse/Antriebsfaktoren

Leben ist nur möglich durch Nahrung und Liebe und es wird tief gestaltet, geprägt von Trieben, reguliert durch die Grenzen, die uns die Schmerzen zeigen: das Weh.

## Hunger und Durst

sind daher altbekannte Worte, die zunächst viel stärker die existentielle Bedeutung betonten: Das Brennen, Dörren und Wehtun stand im Vordergrund, wenn es an Nahrung und Trinken mangelte. Immer stärker wird die Qual, je länger dieser Mangel andauert, und entsprechend wächst das Verlangen, ihn aufzuheben. Schließlich um jeden Preis. Diese archaischen, früher recht häufigen und alltäglichen Gefühle und Erlebnisse drückten lebenswichtige Prozesse in einfacher Form aus: Normalität – Mangel – Qual – Erlösung.

Es liegt nahe, dies auch auf seelische Vorgänge zu übertragen, und zwar insbesondere in dem Maße, in dem Seelenqualen bewußt erfaßt werden.

So übertragen, drücken Hunger und Durst ein heftiges seelisches Empfinden aus, das danach verlangt, gestillt, gelöscht zu werden. Im Laufe der letzten Jahrhunderte sind daraus feste Begriffe entstanden, die auf ganz spezielle Zusammenhänge verweisen: Blutdurst, Rachedurst, Wissensdurst, Machthunger, Geldhunger und Hunger nach Liebe.

Ist erst einmal ein solcher Hunger/Durst entstanden, so kann die Gier nach Befriedigung alles andere unwichtig erscheinen lassen.

## Liebe

Wenn wir auch davon ausgehen dürfen, daß es Liebe als existentielles Gefühl und Erlebnis ebensolange gibt wie Menschen, so handelt es sich dennoch um ein erstaunlich junges Wort. Nach Kluge/Götze taucht es erst um 1200 in der deutschen Sprache auf und ersetzt dann »luba« (ahd.) und deren Vorgängerin »lubo« (got.), die beide ebenfalls unser Verständnis von Liebe ausdrücken. Sprechen wir heute von Liebe, dann meinen wir zunächst die »innige Zuneigung« eines Menschen zu einem anderen. Im weiteren Sinne ist dann jedoch auch die Zuneigung zu Ideen, Dingen oder Tieren denkbar. Andererseits drückt Liebe über Zuneigung hinaus das Verlangen nach einem Partner sowie sexuelle Bedürfnisse und Wünsche aus.

Verblüffend erscheint, daß – ähnlich wie bei Hunger und Durst – vor allem die Anwesenheit dieses Gefühls die Möglichkeit menschlicher Verrücktheit schafft. Je mehr und je stärker die Liebe, um so intensiver die geistige und seelische Verwirrung, die den Blickwinkel einengt, das Denkvermögen trübt und das Gefühlsleben einsei-

tig werden läßt. So sind die Betroffenen wie besoffen: »Es ist die Liebestrunkenheit, die mich erbärmlich plagt« (Goethe) oder unterliegen einem Wahn: »Sie rief mich leis herein: ›mein Fenster geht in'n Hof hinaus, heut Abend wart ich dein.‹ Da kam ich denn im Liebeswahn und legte meine Leiter an; doch unter mir brach sie entzwei.« (Th. Körner)
Auch ist paradoxerweise viel Wonne mit viel Weh verbunden: Liebesweh.

Hunger, Durst und Liebesmangel beschreiben jedoch nicht nur geschichtliche Phasen in der Entwicklung menschlicher Gesellschaften oder Zustände im Leben von Erwachsenen. Sie sind gleichzeitig einschneidende Erlebnisse im Leben fast jedes Menschen, da sie unweigerlich das Paradies jedes Säuglings störend regulierten. Wenn auch heute für viele Kinder die Störungen in dieser Zeit überwiegen, so ist doch die Säuglingszeit natürlicherweise das Paradies, das wir unbewußt erleben und genießen. Kinderwagen, Tragetuch, Flasche oder Brust, Mutter, Vater, Wärme, Trockenheit, Ruhe, Schlaf und Spiel: ein ruhiger Fluß wiederkehrender Befriedigungen. Doch das, was wir brauchen, müssen wir uns jetzt schon erkämpfen. Und auch dies geschieht unbewußt, mit Reaktionen (Schreien) auf ständig auftretende Störungen: Hunger, Durst, Liebesmangel. Wo eine fortwährende Befriedigung dieser Bedürfnisse erfolgt, tritt übrigens eine andere Störung auf: Hunger, Durst und Liebesmangel können dann als Regulatoren nicht erlebt und erlernt werden. Wer essen muß, ohne vorher Hunger gespürt zu haben, muß ohne natürliche Grenzen essen. Daraus entsteht nicht nur ein Mangel an Genuß, sondern auch die Unfähigkeit zur natürlichen Steuerung der Nahrungsaufnahme.

## Trieb

Hunger, Durst und – vor allem – Liebe werden in der deutschen Sprache gerne als *Triebe* bezeichnet und als solche Vernunft und Verstand gegenübergestellt: »Der Mensch als sinnliches Wesen betrachtet, wird durch Triebe geleitet, die ohne Aufhören geschäftig sind, seine rationale Freiheit zu unterdrücken.« (Schiller)
Das Wort, dessen Sinn zunächst nur im manuellen »Treiben« (Vieh treiben, Holz flößen) zu sehen ist, wird erst im 16. Jh. ausgedehnt auf den inneren Antrieb. Von da an jedoch tritt diese Bedeutung immer stärker in den Vordergrund. Es wird jetzt mit »Trieb« jene

unbestimmbare innere Kraft beschrieben, die spontan auftritt und eine starke animalische Energie entfaltet.

Bereits 1538 beschreibt S. Trande: »Kinder wolten übers meer, das globt land zu gwinnen, und hatten dazu ein solchen lust und trib, das sie niemand abwendig machen ... mocht.« In der Folge werden immer zahlreichere geistige und seelische Vorgänge, die eine unerklärliche energiegeladene Eigendynamik entfalten, als Trieb bezeichnet. So z.B. der Nachahmungstrieb, der Bildungstrieb, der Lusttrieb, und vor allem wird immer wieder die Liebe mit triebhaftem Verhalten erklärt oder doch damit in Zusammenhang gebracht. Zwar ist der Trieb, sich zu bilden, in erster Linie positiv aufzufassen, doch schwingt bei der Benutzung des Wortes eigentlich immer ein unheimlicher, unerklärlicher Nebengehalt mit, der oft auch direkt genannt wird: »ein mir selbst unbegreiflicher trieb nöthiget mich, keinem andern gesetze ... zu gehorchen« (Weiskern, 1764), und auch Herder spricht von »unwiderstehlichen Trieben«.

So wird schließlich – in dieser Bedeutung – Trieb auch zu einem zusammenfassenden Begriff aller unerklärlichen seelischen Energien: »Die eifersucht, der stolz, die liebe, geiz, rachgier, neid und hundert triebe bestürmen die geputzte schaar.« (Gottsched, 1750) »Er fühlte: Ein Trieb mußte da gewesen sein, ein Zwang und Drang, ... um einen Mann wie ihn zu dem Unmöglichen zu bewegen.« (Hesse, Klingsor).

Wie beim dämonischen Grundmuster steht auch bei der Beschreibung psychischer Vorgänge als triebhafte Abläufe das Unerklärliche im Vordergrund. Anders als dort jedoch wird hier die Ursache nicht außerhalb des Menschen gesehen.

Nirgends sind es irgendwie geartete Wesen, die von außen Triebe hervorrufen oder gestalten. Auch wenn diese Vorgänge unverstanden bleiben, wird von Beginn (16. Jh.) an davon ausgegangen, daß unbestimmte Kräfte im Inneren des Menschen walten und für die entsprechenden Triebe verantwortlich sind. Ihre Ursache mag in animalischer Vorzeit zu suchen und durch die Kultur verschüttet sein.

Insbesondere die oft ungebremste, zügellose (sexuelle) Liebe wird als Trieb definiert. So wird als Trieb ein innerer Antrieb benannt, der uns lebhaft bewegt und zum Handeln bestimmt: das dunkle Gefühl.

## Hang, Drang, Zwang

Von der Betrachtung und Feststellung der Triebe kommen wir zur Überlegung, welche verschiedenen Formen diese inneren Antriebe annehmen können. Fest steht jedenfalls, daß uns unsere Sprache dafür einige Angebote macht.

Zunächst: **Drang.** Wie schon bei Hunger, Durst und Trieb bezeichnet das Wort zunächst (got./ahd.) lediglich einen äußeren, faßbaren Vorgang: Andrang, Druck, Drängeln mit Verbindung zu einer Bedrängnis. Dieses zumeist unangenehm empfundene Erlebnis wird dann auch auf seelische Entwicklungen übertragen: so wird mit Drang ein Reiz beschrieben, ein innerer Antrieb: »elegien aber mehren unzufriedener herzen drang« (Gökingk), der sich schließlich bis zu einer allgemeinen Bedrängnis, einem Drangsal steigert: »Warumb verbirgest du dein Antlitz, vergissest unseres Elends und Drangs.« (Psalm 44, 25) (heute: Drangsal)
Grimm nennen als Beispiel für den Gebrauch des Wortes »Drang«: »Er empfindet einen unwiderstehlichen Drang zu reisen.« Und schließlich zeigt Schiller den Zusammenhang zur Leidenschaft auf und spricht von »der Leidenschaften wilder Drang«.

Gibt man mit Drang zu verstehen, daß in uns eine Kraft machtvoll unser Verhalten und Empfinden bestimmt, so liegt die Betonung, die das Wort **Hang** andeutet, mehr im Dauerhaften begründet.
Taucht »Hang« ohnehin schon spät auf, so findet die Übertragung des »Hängens« auf seelische Vorgänge sogar erst im 18. Jh. statt.
»Der Hang«, schreibt Kant, »ist blind, weil die Gewöhnung die Überlegung verdrängt hat, und unfrei, weil die Selbstbeherrschung nicht stattfindet.« Auch nimmt Kant an, daß sich der Hang – ähnlich wie bei der Sucht – aus der Gewöhnung entwickelt.
Auf der Grundlage eines derartigen Verständnisses entwickelt sich ein vielfältiger Gebrauch des Wortes »Hang zur Traurigkeit« (Gellert); »Hang, reich zu werden« (Gotter); »Hang nach Wollust« (Klinger); »Hang zur Schwermuth« (Tieck).

Der **Zwang** dagegen beschreibt bereits im Althochdeutschen einen äußeren Vorgang (»mit der Faust zusammenpressen«), dient jedoch schon früh auch zur Charakterisierung innerer Prozesse. Dies allerdings zunächst nicht im seelischen, sondern im körperlichen Sinn: so ist vor allem vom »Zwang des Stuhlgangs« die Rede.
Dort, wo von Zwang im Zusammenhang mit unserem Willen

gesprochen wird, geht es immer um eine äußere Nötigung, um »die unwillig ertragene vergewaltigung des willens, der sittlichen und geistigen unabhängigkeit (GW).« Selbst der innere Zwang, der, den man sich selbst auferlegt, wird als Ergebnis der Erziehung angesehen (GW). Das heutige Verständnis von inneren Zwängen, das vor allem im Wort »zwanghaft« zum Ausdruck kommt, ist erst spät – im 20. Jh. – zu registrieren: die Zwangsvorstellungen, die sich zwingend aufdrängen und trotz Einsicht in ihre Unsinnigkeit nicht unterdrückt werden können, oder die Zwangsneurosen, die das gesamte Seelenleben beherrschen können.

## Gier

Wieder stärker an Drang anschließend, gibt »Gier« Auskunft über eine innere Energie, die nach außen drängt.

Dieses auf das Deutsche beschränkte Wort steht bereits im Althochdeutschen für eine seelische Grundkraft, die damals jedoch noch wertfrei als allgemeines Bedürfnis, als Streben, Wunsch oder Wille gemeint war.

Bereits im Althochdeutschen wird dann die Heftigkeit stärker betont und mit »Gier« ein sinnlich-seelisches Verlangen beschrieben, wo dies sachlich gegeben ist: beim Instinkt des Tieres, beim Liebesleben der Menschen oder im Geistlichen bei Hingabe, Ekstase oder starkem, inbrünstigem Verlangen.

Ist »Gier« in dieser Zeit negativ gemeint, so wird damit ein »weltliches Begehren«, eine Versündigung beschrieben, insbesondere die sexuelle Lust. Auch im Zusammenhang mit Besitz, Macht und Essen wird die »Gier« bereits früh negativ genannt.

Eine weitere Quelle für unser heutiges Verständnis von »Gier« scheint die niederdeutsche Bedeutung von gir zu sein: »dieses bedeutet gerade meist ›habgier‹ und ›geiz‹ und ihm steht auch das raffende und unmäßige auch dumpfe, triebhafte, leidenschaftliche (gewissermaßen mit ›aufgesperrtem rachen‹) in der modernen bedeutung am nächsten.« (GW)

Mitte des 18. Jh.s wird Gier dann vollends und einseitig negativ. So schreibt Adelung 1793: »Gier, welches ehedem ... auch in gutem verstande gebraucht wurde. Jetzt kommt es uns von einer sehr heftigen und ungeordneten begierde ... vor.« Und weiter heißt es in Grimms Wörterbuch: »Dabei heben beifügungen vor allem die zerstörende, üble, grausige, oft dämonische gewalt des verlangens hervor: wan es aber so weit kommet, dasz unser, durch begier eingenommenes und durch lustfeuer angeflammtes hertz den willen vernebelt und durch blinde gier an sich zeicht, dan widersetzet sich der wille dem verstande.« (Schottel, 1669)

Ebenfalls Schottel betont auch die Gewalt der Sexualität: »Der geilheit giermacht blindlings zwingt, bis sie uns zum verderben bringt.« (Schottel, 1663) Ähnlich auch folgende Verbindungen: »gier und herrschsucht« (Tonguet, 1819), »gier zu herrschen« (Bettine, 1843). »unmäßige herrschsucht, die mit blinder gier unersättliche« wird auch von Schottel bereits beschrieben: »wann die verlangungslust was zeitliches empfindet, die findet keine ruhe: es bleibet unergründet und bodenlos die gier, das reizen hält nicht still, je mehr verlangen hat, je mehr es haben will.« (Schottel, 1669)

Drängende innere Energie, die bisweilen so unerklärlich erscheint, daß sie dämonischen Kräften zugeschrieben werden muß, sowie eine maßlose Unersättlichkeit sind Elemente, die hier durch Drang, Hang, Zwang und Gier beschrieben werden. Diese Elemente sind ebenfalls tragende Aspekte jeder Sucht.

## Lust

Eine Brücke zwischen dem energiegeladenen Motor der Gier und einem emotionalen Gehalt bildet die Lust. Darauf verweist vor allem die Bedeutungsentwicklung. Als Wort bereits im Gotischen vorkommend (lustus) und fast unverändert (lust, lyst) fortdauernd, wurde damit zunächst »Begierde und Verlangen« ausgedrückt, gemeint als ein elementarer, naturwüchsiger, rational nicht erklärbarer Trieb. Im Laufe der Jahrhunderte entwickelt sich daraus das Verständnis von Lust als einem seelischen, geistigen Verlangen, wobei die Übergänge verständlicherweise fließend bleiben.

Bemerkenswert scheint mir, daß in den ältesten Quellen (der got. und luth. Bibel) gerade das Natürlich-Triebhafte häufig synonym zur sexuellen Lust gesetzt und als Sünde aufgefaßt wird (Röm. 7, 7.8; »die, so da wandeln nach dem Fleisch in der unreinen Lust«, 2 Petr. 2, 10). Siehe auch die Wortverbindungen Sinneslust, Fleischeslust! (»Sie reizen durch Unzucht zur fleischlichen Lust.« 2 Petr. 2, 18)

Aus dem Naturtrieb ergibt sich, daß er niemals ganz erlischt (»auch die bekämpfte böse lust stirbt niemals ganz in unsrer brust«, Gellert).

Schließlich jedoch wird der Umgang mit dem Wort Lust milder: zwar erhält sich die Bedeutung der Bösartigkeit (»Ich fühle nun

nichts mehr als durst nach rache, lust nach vernichtung«, Klinger),
doch wird im Laufe der Zeit auch die Hinneigung zu einem Tun
oder einem Zustand dadurch ausgedrückt (»lust und liebe zu einem
ding macht alle müh und arbeit gering« Simrock, Sprichw.). Es ist
jetzt also sowohl eine gute als auch eine böse Lust denkbar, demzufolge auch eine größte, höchste, vollkommene Lust wie auch eine
schauerliche, schmerzliche, grausige (»Ich halt sie umschlungen
mit schaudernder lust«, Heine). Dies kommt in entsprechenden
Verbindungen zum Ausdruck: Lust und Wehmut; Lust und Pein;
Lust und Leid; Lust und Zärtlichkeit; Lust und Liebe.
Schließlich drückt Lust nicht mehr nur den Vorgang des Verlangens
aus, sondern mehr noch Freude und Vergnügen, die aus der Befriedigung des Verlangens erwachsen.
So rückt auch stärker ins Bewußtsein, daß Lust vom Menschen
durch eigene innere Kräfte beeinflußbar ist: (»begierden sind es,
die uns schänden, wenn du vor ihnen nicht erröthest, nicht durch
den geist der lüste tädtest: so rühme dich der keuschheit nicht.«
(Gellert) und »seid ihr einmal nicht mehr, so ist er Herr eurer Güter,
König seiner Triebe. Der Damm ist weg und der Strom seiner Lüste
kann jetzt freier dahinbrausen.« (Schiller, Räuber)
Das Wort »Lust« oder »Lüste« deutet also eine innere Kraft an, die je
nach Verständnis eine geheimnisvolle, unerklärliche Macht über
uns ausübt und uns zu Dingen verleitet, die unserem Verstand,
unserer ideologischen Grundhaltung entgegensteht oder die wir
auffassen als Teil unseres gesamten Wesens, worüber wir durch
Verstand und Gefühl verfügen, und zwar im Guten wie im Bösen,
d.h., beides ist jeweils von uns gewollt.


## Rausch

Auch hier haben wir es mit einem Wort zu tun, das zunächst einen
sinnlich erfaßbaren Vorgang lautmalerisch beschreibt: das
Geräusch (!) einer rauschenden Bewegung.
Erst im 16. Jh. findet dann die Übertragung auf menschliche Vorgänge statt, und zwar zuallererst und für lange Zeit ausschließlich
auf den Zustand der Trunkenheit. Damals – als sich diese Bedeutung entwickelte – meinte man damit das »angetrunkensein mit
blos getrübtem bewußtsein« (GW 8). Erst in der Folge wurde mit
»Rausch« das gesamte Spektrum der Trunkenheit erfaßt. So gibt es
heute einen leichten, dicken, schweren oder starken Rausch.
Zweihundert Jahre später erst wurde diese Bedeutung erweitert auf

allgemein seelische Benommenheit, und nur dieser Gehalt ist hier von Bedeutung, geht es doch um einen inneren Zustand, der – nahe an »Lust« oder gar »Drang« – eine »Verrücktheit« beschreibt, mit herbeiführt, gestaltet.

Es geht hier um »den taumel, die seelische trunkenheit, das entzükken des innern bis zum selbstvergessen« (GW 8). Dabei ist der Zusammenhang mit dem (alkoholischen) Betrunkensein durchaus lebendig. So schreibt Lessing: »Franziska, sie sind trunken, von fröhlichkeit trunken« und »ich habe einen zänkischen rausch«.

Schließlich wird das Gefühl des Rausches auf die verschiedensten Zusammenhänge, Erlebnisse oder Verhaltensweisen übertragen: der Rausch des Tanzes (Arnim), der Rausch der Liebe (Bürger), Rausch des Selbstbetrugs (Wieland), Rausch des Glücks (Gotter). Daraus endlich haben sich heute feste Wortverbindungen ergeben, die dieses neu entwickelte Verständnis noch betonen: Geschwindigkeitsrausch, Höhenrausch, Tiefenrausch, Spielrausch usw.

Ähnlich wie bei »Lust« wird mit dem Wort »Rausch« also ein für das Individuum meistens oder gar hauptsächlich als angenehm empfundener Zustand beschrieben: man fühlt sich aller Alltagssorgen enthoben, angenehm ›beduselt‹, gleichsam auf einer rosaroten Wolke schwebend. Ein Gefühl also, dessen wir so dringend bedürfen, um dem täglichen Streß zumindest vorübergehend auszuweichen.

Ab und an jedoch nimmt auch der Rausch eine negative Färbung an, so z.B. wenn das berauschte Publikum nach einer Sport- oder Musikveranstaltung randalierend und zerstörerisch wütet. Ja – Klaus Mann behauptet sogar, daß jeder Rausch ein potentieller Blutrausch sei: »Vom Animalischen, das ich gerne habe, ist's wohl nicht gar zu weit zum Bestialischen, vor dem mir graut. Wenn es sich so verhält, daß die Triebbefriedigung von destruktiven Impulsen ablenkt oder diese ins Positiv-Libidinöse wandelt, so ist doch auch nicht zu leugnen, daß entfesselte Sexualität die fatale Neigung hat, ihrerseits ins Sadistisch-Zerstörerische auszuarten. Die Massenorgie, an der ich mein halb ironisch-bitterliches, halb süß-ordinäres Vergnügen finde, enthält in sich den Keim zum Massenmord; jeder Rausch ist potentieller Blutrausch.« (K. Mann, Wendepunkt, 419) Diese – negative – Seite hatten wir allerdings auch bei der Lust feststellen können: böse, grausige Lust.

Fragen wir also nach dem Bedingungsgefüge der Sucht, so wären Rausch und Lust emotionale Erlebniswerte, die aufgrund ihrer negativen oder positiven Intensität zu Wiederholungen reizen. Während aber die Lust auch noch auf Ursachen verweist (die »unerklärliche Gier«), wird durch »Rausch« nur das emotionale Erleben während eines Vorgangs oder Zustands beschrieben.

## Wahn

Scheinbar an dieser Stelle völlig deplaziert, gehört das Wort »Wahn« vor allem wegen seiner Vergangenheit hierher.

Meinen wir heute damit eine – auf einen besonderen Aspekt bezogene – Verrücktheit (Verfolgungswahn), so hat das Wort bis vor kurzem, d. h. bis ins 18. Jh. hinein, etwas ganz anderes zum Ausdruck gebracht.

Bereits in frühesten germanischen Quellen vorkommend (wân, asächs., ahd.), stand es seitdem für: »erwartung, hoffnung, meinung, einbildung, unsichere annahme, verdacht«. Eine Reihe noch gebräuchlicher Worte gibt uns auch heute Hinweise auf dieses doch sehr breite Bedeutungsbild: insbesondere gilt dies für Argwohn und wähnen. Wie uns bereits der Gegensatz von Hoffnung und Verdacht nahelegt, gab es von Beginn an einen guten und einen schlechten Wahn.

Das Positive läßt sich am ehesten durch das Wort »Erwartung« ausdrücken.

In der Bedeutung Hoffnung läßt sich etwas von Sehnsucht vermuten, und in ähnliche Richtung zielt die Wortverbindung »lieber wahn«, die die hoffnungsselige Stimmung der Liebenden zum Ausdruck bringt.

Während hier Zuversicht und frohes Zutrauen mitschwingen, kennen wir den Liebeswahn heute im gegenteiligen, nämlich krankhaften Sinn. Vor allem die Medizin beschreibt damit einen paranoiden Zustand, in dem die Betroffenen auf der Grundlage eines Fehlurteils in Liebesdingen immer krampfhafter, einseitiger handeln. Dies bezieht sich jedoch nur auf die entsprechende Liebesfrage. Das übrige Denken und Handeln bleibt davon meistens unberührt (Pschyrembel, 902, 1303).

Einen breiten Raum nimmt die ehemalige Bedeutung »Meinung, Annahme« ein, die früher außerordentlich verbreitet war und sowohl sichere als auch unsichere Meinung einschloß. Im Zuge der immer stärkeren Negativfärbung des Wortes »Wahn« nimmt die unsichere Meinung langsam den Sinn von »Vorurteil« an. Dies gilt vor allem für die Meinung des Volkes, die früher als »gemeinsamer Wahn« bezeichnet wurde: »recht geben würd' es dem gemeinen wahn, der nicht an edles in der freiheit glaubt«. (Schiller, GW 13)

Während früher auch die »unsichere Annahme« eher wertfrei benutzt wurde, wird ab dem 18. Jh. durch Hinzufügen von Adjektiven ein immer stärkerer Bedeutungswandel sichtbar: »falscher, törichter, leerer, eitler wahn«.

»doch das schlimmste find ich den dünkel des irrigen wahnes, der die menschheit ergreift: es könne jeder im taumel seines heftigen wollens die welt beherrschen und richten.« (Goethe/GW 13)

Für uns von Interesse ist noch die Bedeutung Verdacht, Argwohn, die bereits im 8. Jh. verwendet wurde. Hierzu passen die Verbindungen »böser Wahn«, »arger Wahn«.

Aus dieser Wurzel entwickelt sich im 16. Jh. ein spezielles Krankheitsverständnis: das ursprüngliche »wähnen« wird – wenn es besonders intensiv, in »törichter, verblendeter Weise« erfolgt – mit »sucht« verbunden, so daß das Wort »Wahnsucht« entsteht. Mit diesem Begriff bezeichnet Dasypodius 1536 eine Geistesstörung. Eine Reihe von Zitaten zeigt, daß solche Geistesverwirrungen mit geistig/seelischen Krankheiten auf eine Ebene gestellt wurden: »millionen stolzer, habsüchtiger, unruhiger, von wahn-, eigen- und selbstsucht getriebener Geschöpfe.« (Klinger, 1776)

Bei etwas Phantasie läßt sich von hier eine Linie zu dem heute gebräuchlichen Verfolgungswahn ziehen, der sich ja auf Verdacht und Argwohn gründet.

Vorherrschend allerdings in allen Nuancen erscheint, daß Wahn an den Menschen gebunden ist und sich in ihm entwickelt. Dies gilt für die Hoffnung, die Erwartung ebenso wie für den Verdacht, den Argwohn. Unser eigener Wahn bringt uns also dazu, etwas zu tun. Dämonische Einflüsse spielen hier keine Rolle.


## Formen und Nuancen von Sucht

Neben Begriffen, mit denen im deutschen Sprachgebrauch verschiedenste – so vermutete – Ursachen oder Motoren für die Sucht beschrieben werden, gibt es auch eine Reihe von Worten, mit denen Formen, Nuancen einer Sucht betont und somit unterschieden werden. Dazu gehören: Neigung, Passion, Abhängigkeit, Gewohnheit, Hang, Leidenschaft. Von all diesen am ältesten – und in dem uns interessierenden Sinne benutzt – ist die

# Neigung

Während die eigentliche Bedeutung des Wortes in der Angabe einer mechanischen Beugung liegt (z.B. Beugung des Kopfes, einer Linie), entwickelte sich bereits früh eine uneigentliche Bedeutung, zunächst als körperliche Neigung (zu einer Krankheit: Neigung zu Fieber, Schnupfen).

Aber bereits im 13./14. Jh. wird diese von den Mystikern erweitert auf das »innere geneigt sein, den trieb und hang, die anlage, ahd.: ›alliù neigùnge, lust und minne kùmet von dem, daz ime gelich ist‹« («Eckard«, zit. nach GW 7).

In der Folge wird das Wort benutzt, um damit weltliche Gewohnheiten auszudrücken, die im wesentlichen als negativ (»neigungen und lüste«, Philander; »neigungen zu lastern«, Keiserberg; »neigunge der sunden«, Mönch von Heilbronn) aufgefaßt werden. Allerdings werden ab und an auch Neigungen zum ›guten‹ (Frisius) beschrieben. Im Mittelhochdeutschen hat es dazu die Wortschöpfung »Neiglichkeit« gegeben, von der fast ausschließlich Zitate mit negativer Zielrichtung vorliegen: »die naiglichait zuo den sünden« (Keiserberg, 1510), »böser neiglichkeit kan widerstanden werden« (Butschky, 1677).

Größeren Aufschwung erfährt die Verwendung des Wortes in der Zeit der Aufklärung. Insbesondere Kant hat sich bemüht, seine Auffassung vom Gehalt der Neigung herauszuarbeiten. »Neigung ist eine habituell, d.i. zur Gewohnheit gewordene Begierde«, »die abhängigkeit des begehrungsvermögens von empfindungen heiszt neigung«, »das nun in dir, was nach glückseligkeit strebt, ist die neigung; dasjenige aber, was deine neigung auf die bedingung einschränkt, dieser glückseligkeit zuvor würdig zu sein, ist deine vernunft.« Aus diesen Definitionen Kants wird das Bemühen der Menschen zur damaligen Zeit deutlich, innere Kräfte, Triebe gegen Verstand und Vernunft abzugrenzen. Durch die Betonung der Ratio wird versucht, eine Herrschaft über das Unbewußte, das Gefühl auszuüben. Das Eingeständnis, daß dies nie – zumindest nie wie gewünscht – gelingt, wird häufig mit bitteren Worten wiedergegeben: »neigung ist blind und knechtisch, sie mag nun gutartig sein oder nicht« (Kant); »gern dien ich den freuden, doch thu ich es leider mit neigung, und so wurmt es mir oft, daß ich nicht tugendhaft bin« (Schiller).

Auch im Wort »Neigung« selbst drückten sich verschiedene Widersprüche aus. Zunächst der zwischen sanfter und starker Ausprägung. So können wir z.B. die Neigung verspüren, schlafen zu gehen, wohlwollend zu sein oder auch ärgerlich. Wir dürfen das als milden Ausdruck des augenblicklichen Gefühls bezeichnen. Dieser Ausdruck jedoch kann sich soweit verstärken, bis er schließlich die Gestalt eines inneren Zwangs angenommen hat: »eine unwiderstehliche neigung« (Goethe), »seine neigung war still aber hartnäckig bis zum Übermaß« (Wieland), »alle neigungen zusammen machen die selbstsucht aus« (Kant).

Wir können also mit dem Wort »Neigung« sowohl eine milde Vorliebe oder das momentane Eingehen auf ein Gefühl als auch ein Zwangsverhalten, eine Sucht benennen. Bereits Gellert beschreibt den Zusammenhang von Neigung und Krankheit: »böse neigungen verstärken die krankheiten des körpers und sind selbst die gefährlichste krankheit.«

Ein anderer Widerspruch ist der zwischen Veranlagung und Entwicklung. So wird für möglich gehalten, daß bereits vor der Geburt bestimmte Neigungen festgelegt sind: »die neigung zu den lastern steckt in noch ungeborenen kindern wie die flamme in den feuersteinen.« (Arnim)

Andererseits wird jedoch auch beobachtet, daß schon in der Kindheit durch Erziehung und Vorbild der Grundstein für die Entwicklung von Neigungen gelegt wird: »gewisse neigungen der ältern pflanzen sich meistens auf das herz des kindes fort« (Gellert), und gerade dann erweisen sie sich als besonders hartnäckig: »wie schwerlich lassen sich die neigungen besiegen, die bei der kindheit schon die rege phantasie ... in unser tiefstes herz mit mächtigen fingern gräbt.« (Cronegk)

Dieses sich in der Aufklärung entwickelnde Verständnis von ›Neigung‹ dauert im wesentlichen bis in die Gegenwart fort. Heute meinen wir mit dem Wort immer noch einen aus unserem Inneren entstehenden Drang, der in den meisten Fällen als sanfter, emotionaler Zwang beschrieben werden kann. Nur selten wird dieses Verhalten konkretisiert; Neigung dient eher dazu, ein allgemeines Bild zu entwerfen (»alle seine Neigungen«, »gute Neigungen«). Wichtig in dem hier behandelten Zusammenhang ist, daß der Gehalt des Wortes nahelegt, eine einmal eingeschlagene Abweichung (Biegung, Neigung), ein Nachgeben könne durch Gewöhnung einen unwiderstehlichen Zwang hervorrufen.

## Hang

In engem Zusammenhang mit »Neigung« steht »Hang«. Da auf dieses Wort bereits oben eingegangen wurde, soll hier nur kurz eine Abgrenzung zu »Neigung« versucht werden: »Unter einem Hang (propensio) verstehe ich den subjektiven Grund der Möglichkeit einer Neigung (habituellen Begierde), sofern sie für die Menschheit überhaupt zufällig ist.« (Kant)
Wie wir oben gesehen haben, kann mit Neigung auch eine Gewöhnung bis zum unwiderstehlichen Verlangen ausgedrückt werden. Gerade diese Dimension wird jedoch häufiger als »Hang« verstanden.

»Durch fortwährende Gewöhnung wird die Neigung zum Hang, wenn sie immer wiederkehrt und ihren Gegenstand nicht ändert. Der Hang ist eine heftige Willensrichtung, welche bei der wiederkehrenden Vorstellung ihres Gegenstandes sogleich ins Handeln übergeht. Er ist blind, weil die Gewöhnung die Überlegung verdrängt hat; und unfrei, insofern die Selbstbeherrschung da nicht stattfindet, wo sich ein solches Übergewicht der Neigung kundthat.« (CL)

## Passion und Leidenschaft

Beide Worte haben einen gleichen Bedeutungsgehalt und eine gemeinsame Vergangenheit. Sie drücken eine heftige sinnliche Begierde aus.
»Passion« als wesentlich älteres Wort kam bereits im 13. Jh. im deutschen Sprachschatz vor. Als Lehnwort aus dem Französischen bezeichnete es zunächst das Leiden, insbesondere das Leiden Christi.
Bereits vor dem 17. Jh. muß es jedoch auch schon die Nebenbedeutung »leidenschaftliche Erregung, Affekt« gegeben haben, denn 1647 wird aus diesem Wort (durch Zesen) das – damals – neudeutsche »Leidenschaft« gebildet.
Als Passion kann eine Leidenschaft mittlerer Stärke bezeichnet werden: Elisabeth Charlotte von Orleans schrieb zu Beginn des 18. Jh.s: »passionen seindt was stärkers als gewohnheiten und stellen auch mehr unheil an.«
Ohne negativen Beigeschmack ist jedoch auch von Passionen der Jagd, des Spiels (Knigge) oder gar für Apfeltörtchen (Heine) die Rede.

Insofern kann Passion als gesellschaftlich durchaus vertretbare und anerkannte Leidenschaft bezeichnet werden. Auch diese, die Leidenschaft selbst, hatte zunächst beide Bedeutungen: a) Ausdruck eines leidenden Zustands und b) eine heftige Erregung auf der Grundlage einer sinnlichen Begierde. Kant definiert: »Leidenschaft ist die zur bleibenden Neigung gewordene sinnliche Begierde.«

Im alltäglichen Gebrauch zeigt sich allerdings wiederum eine große Breite der verwendeten Bedeutungen. So wird als Leidenschaft bereits eine heftige Erregung bezeichnet, die noch völlig frei von Begierden sein kann. Dieser innere Vorgang kann sich dann so weit steigern, bis schließlich nicht nur eine zugrundeliegende Begierde überdeutlich wird, sondern auch die persönliche Niederlage der betroffenen Menschen: »einer seiner lieblinge kömmt und kündigt ihm ein neues schlachtopfer der wollust an. wie? dieser gesetzte und ehrwürdige mann, ist ein sklave der niederträchtigsten leidenschaft?« (Gellert)

Eine solche Leidenschaft kann also ganz oder teilweise Gewalt über jemanden ausüben. Dabei sind die unterschiedlichsten Formen möglich. Mit dem Wort Leidenschaft ist allerdings am häufigsten die Liebe verknüpft: »daß ein einzger funken dieser leidenschaft doch unsres hirns so viel verbrennen kann!« (Lessing) Und gerade diese »leidenschaft bringt leiden« (Goethe). Wen hat nicht schon einmal die Leidenschaft der Liebe gepackt und dazu gebracht, die verrücktesten Dinge zu tun?

Weiter wird vom leidenschaftlichen Spiel, Trunk, Zorn usw. gesprochen.

In besonderer Weise wird das Sammeln mit Leidenschaft in Verbindung gebracht: die Sammlerleidenschaft. So berichtet z. B. E. Merker aus seiner Schülerzeit über das Sammeln von Schmetterlingen in entsprechenden Kästen: »Unsere barbarische Sehnsucht war ein solcher Glaskasten ... Manche von uns hatte die Leidenschaft wie eine Krankheit gepackt.« (Trübner IV, 432) Im Gegensatz zur Neigung werden bei der Leidenschaft also viel eher konkrete Formen genannt.

Das Conversations-Lexikon (von 1835) faßt Leidenschaft so auf:

»Die Leidenschaft (ist) eine h errschende, alles andere Interesse verschlingende und durch fortdauernde Gewöhnung fast unwillkürlich gewordene Begehrung, wodurch die Selbstthätigkeit des Geistes oder der Wille gestört und unterdrückt wird, und die Seele sich in dieser Hinsicht leidend verhält.« (7, 746)

»Die Leidenschaften unterdrücken die Überlegung nicht gänzlich (...), sondern lassen derselben noch häufig eine Wahl übrig, obgleich sie gewöhnlich über dieselbe den Sieg davontragen. Die Leidenschaft scheint in dem Charakter des Menschen mehr eingewurzelt, also eine alte, den Verstand verblendende Angewöhnung zu sein. ... (Sie) kann durch Dauer wachsen. In der Leidenschaft gibt der Mensch den Gebrauch seiner Freiheit auf, insofern er sich an das, was er begehrt, hingibt.

... Die höhern Grade der Leidenschaft bezeichnen wir durch die Ausdrücke Sucht und Gier, z.B. Habsucht, Habgier ... Die Leidenschaft ... erfordert die vorausgehende Wahl eines Gegenstandes, den wir begehren oder verabscheuen ... In ihrer Äußerung kann sie, wie z.B. der Geiz, mit viel Überlegung und kalter Beurtheilung der Mittel, die zum Zwecke führen sollen, sich verbinden ... (Sie) setzt die Kräfte der Seele und des Körpers oft in ungemeine Spannung und kann zu außerordentlichen Kraftäußerungen anregen. Sie macht aber blind.« (6, 575)

Die Leidenschaft scheint somit eine Gemütsbewegung zu sein, die in der Intensität zwischen Neigung und Sucht anzusiedeln ist. Eher zur Neigung gehört, daß die Vernunft nicht gänzlich ausgeschaltet ist und noch gewisse Wahlmöglichkeiten bestehen, zur Sucht ist dagegen zu rechnen, daß zunehmend die innere Freiheit eingeschränkt ist und die Gewöhnung ein stärkeres Maß annimmt. Noch stark behaftet mit der Allgemeinheit der Neigung, bietet die Leidenschaft jedoch – ähnlich der Sucht – bereits Möglichkeiten der Konkretisierung an: z.B. Liebe, Haß, Rache, Habe.


## Affekt

Das Wort ist bereits seit Beginn des 16. Jh.s. in die deutsche Sprache eingeführt und stellt eine Eindeutschung des lateinischen Wortes »affectus« dar. Der Bedeutungsgehalt dieses Ursprungswortes gibt uns schon wichtige Hinweise für die Einordnung von »Affekt« in unseren (Sucht-)Zusammenhang: »Gemütsverfassung, Stimmung, Leidenschaft, Verlangen, Zuneigung, Liebe«.
Er steht also in unmittelbarer Nähe zur Leidenschaft. In der Intensität mit dieser vergleichbar, unterscheidet er sich davon durch Spontaneität. Der Affekt kann plötzlich entstehen und den Verstand momentan ausschalten. Er entwickelt sich also nicht langsam und

hält auch nicht über längere Zeit an. Wie Neigungen und Leidenschaften sind auch Affekte im Sprachgebrauch neutral, d. h., es werden positive und negative genannt. So können sich Rache, Gier oder Freude als Affekt, aber auch als Leidenschaft äußern. Da es unzählige Möglichkeiten im menschlichen Verhaltensrepertoire gibt, sich in Form von Affekten zu äußern, könnte eine Herrschaftslosigkeit bereits durch ihre Beliebigkeit wiederum Herrschaft über die betroffenen Menschen ausüben.

Da dies aufgrund der Kurzlebigkeit des Affekts jedoch nicht lange anhält, ist damit nur selten eine größere Gefahr verbunden. Als vorteilhaft erscheint eher die sofortige Entladung aufgestauter Energie, Gefühlsbewegung. Neben katastrophalen Ereignissen, die durch Affekte ausgelöst werden bzw. eintreten können (wie z.B. Totschlag), gibt es jedoch auch noch die Möglichkeit, daß ein Affekt und die damit verbundenen Erlebnisse und Gefühle ein dauerhaftes Verhalten (Sucht) einleiten. In bestimmten Formen der Spielsucht ist dies beispielsweise zu beobachten. Dieser Gesichtspunkt macht die besondere Bedeutung des Affekts für den Suchtzusammenhang aus: während gemeinhin – zutreffend – angenommen wird, daß der Sucht ein langwieriger Entstehungsprozeß vorangeht, verweist der Affekt darauf, daß auch kurzfristig eintretende Enthemmungen intensiver Gefühle eine Sucht auslösen können.

### Gewohnheit/Gewöhnung

Anders als der Affekt, der plötzlich auftritt und eher mit lautem Geräusch verbunden wird, beinhaltet die Gewöhnung etwas Langsames, Stetiges, dem das Leise entspricht.

Ebenfalls ein altes germanisches Wort (wana; ahd. giwona; mhd. gewon), bezeichnet es bereits früh das durch Wiederholung geprägte Verhalten des Menschen:

»Gewohnheit heißt die durch öftere Wiederholung derselben Wirkungsweise entstandene Leichtigkeit ihrer Wiedervollziehung. Jene Wiederholung selbst ist die Gewöhnung. Die Gewohnheit wird also verstärkt, je öfter eine Thätigkeit dieselbe Richtung nimmt, und wird dadurch, wie man so sagt, zur anderen Natur. Aber so wird oft auch das Unnatürliche zur anderen Natur; denn man kann sich an das Gute und Schlechte, das Naturgemäße und Naturwidrige gewöhnen ... (So entsteht) das bewußte Vollziehen gewisser Thätigkeiten zu unserem Heil wie zu unserem Nachtheil. Jede Fertigkeit beruht auf ihr, sowol die geistige wie die körperliche. Sie stumpft die Eindrücke ab, macht uns abhängig von den Dingen, sowie sie andererseits auch die Tugend befördern kann.« (CL, 4.697)

Wir können sogar darüber hinausgehend feststellen, daß aus der stetigen Wiederholung von bestimmten Handlungen ein Bedürfnis nach ebendiesen Handlungen entsteht.

Gerade dieses aus der Gewöhnung entstandene Bedürfnis ist ein wichtiger Schlüssel zum Verständnis von »Sucht« im Sinne einer Zwangskrankheit. Bereits die ständige Wiederholung problematischer (böser) Handlungen bzw. Verhaltensweisen kann gewisse Formen von Krankheit entstehen lassen. So kann die Gewöhnung an Arzneimittel, Alkohol oder Tabak bereits vor dem Entstehen einer Sucht zu Vergiftungserscheinungen führen, die sich in Krankheitssymptomen äußern. Andererseits läßt die ursprünglich erwünschte Wirkung der betreffenden Substanz durch Gewöhnung nach, was jedoch nichts an der latenten Vergiftung ändert. Zur Wiederherstellung der Ursprungswirkung muß daher die Dosis erhöht werden, man spricht von Dosissteigerung. Dies bezieht sich nun allerdings nicht nur auf körperliche Krankheiten, sondern auf alle menschlichen Verhaltensweisen, sogar auf die gesamte Gesellschaft.

»Man weisz, wie alles aus den menschen zu machen ist, wie er sich zu allem gewöhnen kann.« (E. M. Arndt)

»Geräth er ins ludern, und gewehnte sich, in der schencke mit den bauern zu zechen.« (G. Wesenigk)

»da gewöhnt sich leicht der bürger zu schmutziger saumsal« (Goethe)

»zur sklaverei gewöhnt der mensch sich gut und lernet leicht gehorchen, wenn man ihn der freiheit ganz beraubt.« (Goethe)

Überdeutlich treten hier Zusammenhang und Bindung der bereits behandelten Worte »Neigung« und »Hang« mit »Gewöhnung« und der nun zu beschreibenden »Abhängigkeit« hervor.

Steht am Beginn einer Handlungs- und Verhaltenskette die (»zarte«, »leise«) Neigung, so wird diese durch ständige Gewöhnung zum Hang. Aus der Gewöhnung aber entsteht die Gewohnheit, aus dem Hang die Abhängigkeit.

# Abhängigkeit

Mit Abhängigkeit bezeichnen wir ein (möglicherweise veränderbares) Endstadium. Die Gewöhnung ist zum Stillstand gekommen, die Gewohnheit entstanden, an sie ist der Mensch jetzt – in Abhängigkeit – gebunden. All dies hat für uns zur Zeit einen negativen Beigeschmack. Niemand will abhängig sein, Freiheit in jeder Beziehung wird angestrebt.

Ganz abgesehen von der idealistischen Grundlage dieser Einstellung, wird sie der Entwicklung des Wortes und – wenn wir genau hinsehen – auch seinem heutigen Gehalt nicht gerecht. Wie »Hang«, von dem es, abgeleitet, nur einen verstärkten Ausdruck bildet, war auch die Abhängigkeit zunächst eine wertfreie Naturbeschreibung. Alles, was hängt oder runterführt an Boden, Erde, Mineralien, ist ein Hang oder – verstärkt – ein Abhang. Daran ist offenbar nichts Schlimmes – es ist eben so!

In diesem Sinne taucht auch zunächst das Wort ›Abhängigkeit‹ auf: »des felsen, der von da etwas abhängig wird« (Wieland), »auf einer stelle, wo der weg abhängig war« (Goethe), »die natur macht den menschen abhängig zur erde« (Goethe), »die anziehung verbindet die substanzen durch gegenseitige abhängigkeiten« (Kant; alle Zitate nach GW 1,55).

Diese wertfreie Benutzung des Wortes ist jedoch stark geschwunden. In den letzten Jahrhunderten immer stärker angewandt auf den Menschen und seine Lebens- und Verhaltensweisen, ist in wachsendem Maße ein wertender Unterton in den Gebrauch des Wortes eingedrungen. Wer will schon gerne an etwas hängen! Erst bei genauerer Betrachtung finden wir auch hier noch neutrale Verwendungsmöglichkeiten: Die Abhängigkeit des Menschen von Luft, Wasser, Nahrung kann und muß hingenommen werden! Diese Notwendigkeit können wir sogar mit positiver Wertung verbinden: die Abhängigkeit von Liebe, Wärme und Geborgenheit wird mit liebevollem Unterton genannt. Dies kann sich dann auch auf die Abhängigkeit von dem geliebten Menschen beziehen – zumindest in der Selbstwahrnehmung. Doch schon das Vorhandensein von Zweifel zeigt, daß hier die Lage problematisch wird. Alles, was nicht unbedingt hingenommen werden muß, kann der Prüfung durch den Menschen unterzogen und somit aus zumindest zwei Richtungen beurteilt werden.

Viele Abhängigkeiten, die dem einen Menschen das Leben erleichtern bzw. Bequemlichkeiten ermöglichen, erscheinen dem anderen als Last oder Fessel.

Eine frühe Beobachtung einer – negativ eingeschätzten – seelischen Abhängigkeit stammt von Grimmelshausen: »es ist doch allzeit das menschliche gemut, wie eine schwere bleiwag, nach der eitelkeit abhängig.«

In den letzten fünfzig Jahren hat dieses Wort einen erheblichen Bedeutungsaufschwung erlebt, weil (durch Mediziner und Wissenschaftler) versucht wird, »Abhängigkeit« als Begriff anstelle von »Sucht« in der deutschen Sprache einzuführen und durchzusetzen. Dabei wird – in klassisch medizinischem Sinne – unterschieden zwischen psychischer und physischer Abhängigkeit, eine Trennung zwischen Geist, Körper, Seele, die im Gebrauch des Wortes »Sucht« aufgehoben war. Sah es Ende der sechziger bis Ende der siebziger Jahre so aus, als wenn sich dies Denken und – damit verbunden – diese Wortwahl durchsetzen könnten, so wird die Benutzung von »Abhängigkeit« in den achtziger Jahren wieder stark zugunsten von »Sucht« zurückgedrängt.

## Der dämonische Charakter der Sucht

Seit alters existiert – neben anderen Vorstellungen – die Annahme, daß Sucht den Menschen von außen bedroht und angreift. Dies wurde in heidnischer Zeit personifiziert durch Dämonen und später bei den Christen durch den Teufel. Auch in der heutigen sich aufgeklärt dünkenden Gesellschaft herrscht magisches Denken in vielfachen Formen. In unserem Zusammenhang drückt sich dies dadurch aus, daß beliebige äußere Umstände für menschliches Verhalten verantwortlich gemacht werden:

»Der götter zorn verhängt seuchen, ihre gnade offenbart aber auch den menschen rettende heilmittel.« (Grimm II, 961)

»christlich war es, die sucht (d.i. Krankheit, d. Verf.) für schikkung gottes, heidnisch, sie für die einwirkung der gei ster und etwas elbisches zu halten. Sie wird darum auch personificiert: sie stößt an, fällt an, überfällt, überlauft, packt, greift an, überwältigt den Menschen.« (Grimm II, 965)

Als eindrucksvolles Beispiel sei hier das »Fieber« genannt, das im Alt- und Mittelhochdeutschen sowohl synonym als auch ergänzend zu »reiten« (rito, rîtan) verwandt wird. »Es wird wie ein alb betrachtet, der den menschen reitet, rüttelt und schüttelt, ›der mar rîtet dich.‹« (Grimm II, 966)

Im ursprünglichen (germanischen) Volksglauben waren also (nach Jacob Grimm) Geister und insbesondere Elben (Alb) für Krankheiten verantwortlich. Trotzdem hatten diese kein durch und durch negatives Image (wie etwa der christliche Teufel): »in den elbischen geistern waltet die güte vor; dem nix, dem kobold, ja dem riesen wird nur theilweise grausamkeit oder tücke beigelegt. Hiermit im einklang ist die milde vorstellung unseres alterthums von tod und unterwelt.« (Grimm II, 822)

So wird in den Sagen sowohl die Hilfsbereitschaft der Elben (Wichte, Zwerge) gegenüber den Menschen berichtet wie auch darüber, daß sie den Menschen Schaden zufügen oder sich auf deren Kosten belustigen. Bei größeren Zwistigkeiten sind sie in der Lage, durch Berührung oder gar Anhauch Krankheit oder Tod bei Menschen und Tieren zu verursachen. Insbesondere Geisteskrankheiten werden ihrem Einfluß zugeschrieben. Daher die frühere Bezeichnung Elbentrötsch für geistesschwache Menschen. Obwohl also zu Bösem neigend und mit entsprechender Macht ausgestattet, sind auch die Elben selbst in gewisser Weise bedauernswerte Geschöpfe.

So kommt Jacob Grimm zu folgendem Fazit:

> »Durch das ganze wesen der elbe, nixen und kobolde geht ein leiser grundzug von unbefriedigung und trostlosigkeit: sie wissen ihre herrlichen gaben nicht recht geltend zu machen, und bedürfen immer der anlehnung an die menschen. Nicht nur streben sie, ihr geschlecht durch heirat mit menschen zu erfrischen, sie haben auch zu ihren angelegenheiten des rathes und beistandes der menschen vonnöthen. Obgleich geheimer heilkräfte der steine und kräuter in höherm grade als die menschen kundig, rufen sie dennoch zu ihren kranken und kreißenden frauen menschliche hilfe.« (Grimm I, 428)

Mit Aufkommen des Christentums wandelt sich die Personifizierung; der Glaube, daß Krankheit ein von außen drohendes Übel ist, bleibt jedoch fortbestehen.

Als verantwortlich gelten hauptsächlich drei Kräfte: Gott, Teufel und Hexen. Krankheit als Schickung Gottes muß als Bestrafung konkreter oder allgemeiner Sünden angesehen werden. Da Gott

allmächtig ist, ist er letztlich für alles verantwortlich, also auch für die Taten des Teufels oder der Hexen. Das Schicksal durch seine Fügung ist daher übergeordnet, seine Strafe immer gerecht und nicht anzweifelbar. Andererseits werden Teufel und Hexen als für ihre Taten Alleinverantwortliche verfolgt und bekämpft.
Während ich Krankheiten nach Gottes Fügung nur durch Hinnahme, Buße bzw. Besserung begegnen kann, ist es mir möglich, bei Krankheiten, die von Teufel oder Hexe herbeigeführt wurden, die Verursacher zu bekämpfen.

Zunächst zu den Hexen: Das mittelalterliche Bild der Hexe stellt eine Verbindung her zwischen »weisen Frauen«, Ärztinnen, Priesterinnen und »Zauberinnen«, die tatsächlich existent waren, und Nornen, Walküren, Nachtfrauen, Schwanjungfrauen u.ä., die im weitesten Sinne zur Götterwelt gehörten.
Der christliche (Aber-)Glaube beraubte diese Figur nun aller positiven Eigenschaften, die einstmals bestanden, beließ ihr alle vorhandenen negativen und fügte darüber hinaus noch eine Unzahl selbst erfundener hinzu.
Einige krankheitsbringende Vorstellungen mögen durchaus reale Grundlage gehabt haben; denn wie der heutige Arzt durch falsche oder zu hohe Verordnung von Medikamenten neue Krankheiten erzeugen kann, so ging dies natürlich auch der Ärztin oder »weisen Frau« des Altertums. Soweit sie mit hochwirksamen Präparaten arbeitete, kann eine falsche Anwendung oder Dosierung ein nicht erwünschtes Ergebnis zur Folge gehabt haben. Wir dürfen annehmen, daß die Christen sich solche Fehler zunutze gemacht haben bei der Entwicklung ihres Hexenbildes. Alle denkbaren Krankheiten können durch Hexen ausgelöst werden. Sie übertragen diese durch »greifen, streichen und blenden« und insbesondere durch den bösen Blick.
Ein Grund für diese Handlungsweise ist allerdings nirgends zu finden, es sei denn, man nennt die »Sündenbockfunktion«.
So konstatiert auch Jacob Grimm:

»Charakteristisch ist nun, daß alle hexen, ihrer kunst und der macht des teufels ungeachtet, in elend und tiefer armut stecken bleiben; es kommt kein beispiel vor, daß eine sich reich gezaubert und für den verlust der himmlischen seeligkeit zum wenigsten weltliche freuden erworben habe, wie sonst in den sagen von männern, die sich dem teufel verschreiben, wol erzählt wird. Die krummnäsigen ... weiber stiften übel, ohne daß es ihnen

nützt. ... Dieser eine zug hätte über den grund aller hexerei die
augen öffnen sollen. Das ganze elend gründete sich bloß in der
einbildung und dem erzwungenen bekenntnis der armseligen;
wirklich war nichts, als daß sie kunde heilender und giftiger
mittel hatten und ihre träume durch den gebrauch von tränken
und salben erregten.« (Grimm II, 899)

Obwohl die Hexen bereits mit Beginn des aufkommenden Christentums als Krankheitsbringer galten und damit personifizierter
Grund für diese waren, werden ihre Lage und ihr Ansehen erst
dadurch besonders brisant, daß eine »unzüchtige Buhlschaft« mit
dem Teufel konstruiert wurde.

In noch stärkerem Maß als die »Hexe« ist die Figur des Teufels ein
christlicher »Import«. Die eher dem wohltätigen Prinzip, zumindest aber dem unlogischen Hin und Her verpflichtete germanische
Vielgötterei ließ allenfalls dem immer wieder pädagogisch zu
betreuenden Bösewicht Loki Raum. Nur außerhalb der für die Menschen zuständigen Götter waltet eine böse Macht: vor allem die
Feuerriesen und die Kinder von Loki.
An die Gewalt dieser Kräfte scheint jedoch der christliche Teufel
nicht heranzureichen. Er vereinigt vielmehr – ähnlich wie die Hexe
– zahlreiche Eigenschaften der germanischen Geister, wobei auch
er fast ausschließlich die negativen auf sich zieht. Die neckische
Schadenfreude der Kobolde wird ihm als bitterer Ernst angerech-
net.

»Jener krankhafte, blödsinnige zustand der menschen, von
denen es heißt, die elben haben es ihnen angethan, ist unver-
kennbar analog dem besessenwerden von teufeln. Die verschie-
denheit beruht darin, daß nach heidnischer ansicht einwirkung
der geister blos von außen her statt fand, nach jüdischer, morgen-
ländischer und christlicher aber die teufel in den leib des menschen einkehrten und, wenn der zauberhafte zustand aufhören
sollte, förmlich ausgetrieben werden mußten. Es trat wirkliche
incarnation ein, und wir reden von eingefleischten teufeln ...
Heidnisch ist es, daß elbe den menschen kinder stehlen und ihre
wechselbälge an deren stelle tragen, unheidnisch aber, daß der
teufel in dem wechselbalg steckt.« (Grimm II, 969)

Dieser Teufel geht nun insbesondere seit Mitte des 13. Jh.s, also zur
Zeit der Ketzerverfolgungen, eine immer intensivere sexuelle und

erotische Beziehung zu den Hexen ein. Aufgrund dieser Verbindung kann er sich seitdem problemlos dieser Frauen bei Übertragung und Verbreitung von Krankheiten bedienen. In diesem mittelalterlichen christlichen Aberglauben drücken sich gleichzeitig zwei Bedürfnisse der damaligen Menschen aus: Erstens brauchten sie eine Personifikation für ihnen unverständliche Krankheitsursachen. Durch das »Verbot« von Wichten und Elben brauchten sie Ersatz, und dieser wurde ihnen in Gestalt der Hexen und des Teufels angeboten. Zweitens verschaffte sich die unterdrückte Sexualität Raum in der Phantasie. Was man selbst nicht durfte, wurde anderen angelastet und bei ihnen bekämpft.

Neben der Personifikation von Verursachern hat auch die Auffassung der Sucht (i.e. Krankheit) als lebendige Wesenheit ein dämonisches Erklärungsmuster zur Grundlage. Auch ohne daß Verursacher genannt werden, erscheint die Sucht »als etwas gewaltsam von außen her eindringendes, als eingriff ... das äußert sich in der satzstructur, in bestimmten redensarten und bis in die jüngste zeit in magischen formeln des volkes.« (GW 10,4, 861)
Nachweise dafür finden sich bereits in ältesten deutschen Quellen (Heliand, Notker). Zusammenfassend heißt es bei Luther:
»die sucht erstößt, erschlägt, schütte(l)t, besteht, geht an, waltet; z.b.: daß ihn die sucht erstosze!«
Unabhängig von der Benennung möglicher Verursacher kommt dieses Denken sowohl bei der Abwehr von Krankheiten als auch bei Flüchen und Verwünschungen zum Ausdruck.
Hauptform der Abwehr von Krankheiten und Krankheitsursachen bildet seit alters die Beschwörung und Segnung. Diese ging und geht eine Verbindung mit medizinischen Maßnahmen ein, z.B. Arzneimittelvergabe oder operative Eingriffe. Magische Elemente sind auch heute noch lebendig, so z.B. der Arztkittel und der Rezeptschein.
Eine sehr frühe und allgemeingültige Beschwörungsformel lautet:

> »Appelboom, ik klaag di
> mine 77 erli sücht,
> de plagt mi.
> jeden vagel, die öber mi flügt,
> bitt ik um min und dine sücht.«
> (aus der Ruppiner Gegend nach GW 10,4)

Dieser Spruch muß nach der Überlieferung vor Sonnenaufgang vor einem fremden Apfelbaum gesprochen werden, sodann wird man von seinen Süchten (= Krankheiten) erlöst. Eine ähnliche Beschwörungsformel aus der Lübecker Gegend lautet:

>»Fruchtboom, ik klaag di,
>de suchten, de plagt mi;
>de fruchtboom gewinnt,
>de suchten verswinnt.«
>(ebd.)

Derartige Formeln gibt es selbstverständlich auch gegen konkrete Ziele:

>gegen Elbe:
>»Ihr elben sitzet feste, weichet nicht aus eurem neste!
>ihr elben ziehet fort, weicht bald an andern ort!«
>
>gegen Fieber:
>»Fieber hin, fieber her! laß dich blicken nimmermehr!
>fahr derweil in eine wilde au! das schafft dir eine alte frau.
>Turteltäubchen ohne gallen; kalte gichtchen du sollst fallen.«
>
>gegen Krankheiten:
>»Unser herr Jesus Christus und dieser wasserfluß.
>ich verbüße die sieben und siebenzig schuß;
>sieben und siebenzig seuche, die seind mehr denn wir verbüßen;
>weichen von diesem geruch (?) neunerleigeschuß!
>das sei dir zur buße gezählet im namen« etc.
>(Grimm III, 503ff.)

Zuweilen wird in Beschwörungen auch damit gearbeitet, daß Krankheiten die heilende Sache gegenübergestellt wird:

>»de ros und de wied, de stan in strid,
>de ros verswann, de wied gewann.«
>(Grimm II, 1043)

Je jünger die Beschwörungen werden, um so stärker nehmen sie den Charakter eines Gebets an.

42

Gegen Fieber und böses Wetter:
»Das walte der es walten kann.
Matthes ging ein, Pilatus ging aus,
ist eine arme seele draus.
›arme seele wo kommst du her?‹
›aus regen und wind, aus dem feurigen ring!‹«

Wenn oben davon gesprochen wurde, daß diese Beschwörungen und Segnungen früher die Hauptabwehr von Krankheiten bildeten, so verwundert dies angesichts der großen Kenntnisse von Heilkräutern. Doch »noch stärkere macht als in kraut und stein liegt in dem wort, und bei allen völkern gehen aus ihm segen und fluch hervor.« (Grimm II, 1023)
Bei den Germanen drückt sich dies übrigens in der heiligen Bedeutung der Runen aus. Odin selbst gilt als Erfinder der Runen.
Wie das Wort aber dienen kann zur Abwehr von Krankheiten, so läßt es sich auch als Waffe gebrauchen, um z.B. anderen eine Krankheit »an den Hals zu wünschen«. Dadurch, daß man den Gegner verflucht, bringt man den Krankheitsdämon dazu, den andern zu überfallen.
Schließlich tritt der dämonische Aspekt bei Krankheiten in allgemeinen Regeln des Aberglaubens zutage:

»Wer aus einem krug oder kanne trinkt, überspanne den deckel nicht mit der hand, sonst bekommt der nachtrinkende das heizgespann.«

»Gründonnerstags bretzeln gegessen ist gegen das fieber gut.«

»Wer gründonnerstags fastet, bleibt das jahr frei von fieber, und hat ers, so vergehts.«

»Wer die gelbe sucht hat, lasse den schmierkübel von eines fuhrmanns wagen stehlen, und sehe hinein, so vergeht sie.« (Grimm III, 434 ff.)

Durch die Benutzung von Beschwörungen, Segnungen und die Regeln des Aberglaubens versuchen die Menschen innerhalb einer dämonisch geprägten Ideologie eigene Möglichkeiten zu nutzen, um sich gegen Krankheiten zu schützen oder diese zu beseitigen. Ideologisch hiermit konform, die Vorgehensweise jedoch auf eine perverse Spitze treibend, geht die Hexenverfolgung. Da die Krankheit als von außen eindringend betrachtet wurde, mußte entweder die Krankheit selbst oder deren Verursacher bekämpft werden, und da der Teufel nur selten zu greifen war, hielt man sich an die Hexen. Neben sozialen und politischen Motiven hatten die grausamen Massenmorde an Millionen Frauen also einen therapeutischen Aspekt. Denn die Hexenverfolgungen waren auch ein großangelegter Versuch, die entsprechenden Krankheitsursachen durch Vernichtung der Menschen zu beseitigen, die – wie man vermutete – dafür verantwortlich waren. Ein solches Krankheits- und Therapieverständnis sollte heute als überwunden gelten. Das Erlebnis der nationalsozialistischen Herrschaft muß uns jedoch ein anderes lehren. Das damals (im 20. Jh.!) praktizierte Umgehen mit sozialen, politischen und medizinischen Problemen sowie mit (als Verursacher vermuteten) Außenseitern kann nicht vom Himmel gefallen sein. Es dürfte daher auch heute noch geboten sein, nach ähnlichen Ideologien wie dem Hexen- und Teufelsglauben zu suchen.

Während der Teufelsglaube von den christlichen Kirchen, insbesondere vom Katholizismus, weiterhin in aller Öffentlichkeit verbreitet wird und in diesem Zusammenhang auch die Interpretation von geistigen und seelischen Krankheiten als Teufelsbesessenheit ermöglicht, ist der Hexenglaube offiziell verpönt. Das ändert jedoch nichts daran, daß das diesem Glauben zugrundeliegende ideologische Muster immer noch lebendig ist. So zeigte die der Hexenverfolgung ähnliche Judenvernichtung, daß es heute noch möglich ist, Menschen absurde Eigenschaften und Handlungsweisen (Kinderopfer) anzudichten und dafür breite Zustimmung zu finden.

Aberglaube ist also auch heute noch vorhanden und braucht nur wachgerufen zu werden. Wie drückt er sich aber im Krankheitszusammenhang aus?

Einmal durch allgemeine magische Vorstellung. Es wurden bereits Bedeutung und Wirkung von Arzneimittel und Rezeptschein genannt. Hierzu mag auch die Plazebowirkung von Tabletten gerechnet werden. Angeblich soll hierauf ein Drittel aller Heilerfolge von Medikamenten zurückzuführen sein.

Einen weiteren Ausdruck findet dieses Denken in bestimmten Worten, wie z.B. Alpdruck. Damit – zwar nur noch sehr indirekt – wird gemeint, daß im Schlaf ein Alp (Elbe) auf der Brust des betroffenen Menschen gesessen habe, um diesen zu quälen.

Vor allem aber kommt es in Wortverbindungen zum Ausdruck. So wird heute noch davon gesprochen, daß eine Sucht/Krankheit den Menschen packt, überfällt, anfällt oder gar überwältigt. Insbesondere bei der (Trunk-)Sucht gehen sogar die Medizin und die Wissenschaft insgesamt davon aus, daß der Mensch ihr hilflos ausgeliefert ist, mit seinem eigenen Willen also nichts mehr ausrichten kann.

Ein weiterer Hiweis ist die fortdauernde Existenz von Teufeln, die insbesondere bei der Verursachung und Aufrechterhaltung von Süchten ihr Unwesen treiben: noch heute kommen in Literatur und Sprachgebrauch der Saufteufel, der Putzteufel, der Zankteufel und der Spielteufel vor.

Aus alledem spricht die lebendige, ja fast übermächtige Grundannahme, daß insbesondere die Sucht von außen kommt und vom Menschen Besitz ergreift. Als immer noch weitgehend unerkläriches Phänomen haben die Süchte vor allen anderen Krankheiten einen durchaus dämonischen Charakter bewahrt. Dies drückt sich unter anderem auch in einer völlig irrationalen Angst, verbunden mit einem lustbetonten Schaudern, vor dieser Art Krankheit aus. Sie umweht ein geheimnisvoller Hauch von etwas Unerklärlichem, Fremdem.

Ich glaube dagegen, daß es heute wichtiger und möglicher ist denn je, zu erkennen, daß die Hauptursachen gerade für Süchte in uns selbst liegen und von außen nur Anstöße kommen.

Soll dies heißen, daß der Dämon undenkbar ist, nicht existent sein kann?

»Doch schau ihn an! Er läßt sich nicht vermeiden, sowenig wie er sich besiegen läßt; er ist unentrinnbar, unwiderstehlich. Er leuchtet, blendet, quält, beseligt uns – ach die Spuren auf seinem Pfad! Das Blut, die Asche, die zertretenen Blüten ... Jeder echte Dämon ist doppelgesichtig: Mörder und Schöpfer, Krankheit und Offenbarung. Er ist der Strudel, der uns in die Tiefe reißt, aber auch die Woge, die uns nach oben trägt, hinauf zu schwindelnder Höhe. Werden wir uns seinem Griff je entziehen können? Befreien wir uns von dem verhaßten geliebten Joch? Wohl kaum ... solange wir im Fleische wandeln, werden wir uns wohl von ihm gängeln und inspirieren, foppen und führen lassen. Wie lange noch? Und wo soll's hinaus? Schon gut ...! Nimm es hin! Ertrag es, wenn du kannst! Freu dich daran! Genieße – wenn du stark genug dazu bist ... Wir wissen den Weg nicht ...«
(K. Mann, Wendepunkt, 167)

Wenn es also heute noch einen Dämon gibt und dies ist denkbar, dann ist er ein Teil von uns selbst, das – noch – Unerklärliche, das in uns ist, mit dem wir uns auseinanderzusetzen haben und für das wir selbst die Verantwortung tragen.

Bei weiterer Differenzierung des dämonischen Suchtbildes kommt den Begriffen Toll(-heit), Wut, Versuchung, (Ver-)Lockung eine besondere Bedeutung zu. Während die einen auf einen unerklärlichen Zustand der Entrückung, des Ver-rücktseins verweisen, beschreiben die anderen Möglichkeiten der Einwirkung einer äußeren Kraft.

## Tollheit

Die Tollheit bezeichnet einen Zustand »der verrücktheit, der raserei, wut, heftigen leidenschaft« (GW 11,1,1). Richtungweisend ist dabei der Wortteil »toll«, der bereits in ältesten Überlieferungen der germanischen Sprache vorhanden ist (dol, dul, tol), und zwar teils in der Bedeutung »wahn, einbildung« (ahd.) oder in der Bedeutung »betäubt, bewußtlos« (nach Grimm).

In der deutschen Sprache wird ›toll‹ negativ und positiv verwendet:

Negativ: »des oder wie des verstandes und bewußtseins beraubt und darnach sich geberdend, benehmend, unsinnig, wahnsinnig, tobsüchtig, wütend, rasend, unbändig, ausgelassen, leidenschaftlich ...«

Positiv: »der begriff des ausgelassenen und lärmenden geht über in den von lustig und fröhlich, der des wunderlichen und auffallenden in gewachsen, stattlich, tüchtig.« Hier schwingt also eine gute Portion Bewunderung mit, die die urspünglich befürchtete Bedrohung umkehrt. Diese Bewunderung wird noch gesteigert im Wort ›tollkühn‹.

In den Zusammenhang mit Tollheit gehören allerdings auch die (Tier-)Krankheit Tollwut und die alte Bezeichnung für die »psychiatrische Anstalt« – das »Tollhaus«. Hier wird wieder stärker betont, daß zwischen dem »Tollsein« und dem »Kranksein« eine Verbindung besteht, daß auch Störungen in Geist und Verhalten als Krankheiten gelten können. Wir finden in der Benutzung des Wortes »toll« also die gesamte Spannweite von »geisteskrank« über »unvernünftig und leidenschaftlich« bis zu »bewundernswert«.

Für uns von Interesse ist hier der Anteil des »Irreseins« und dieses wiederum, galt früher als unerklärliche Schickung Gottes.

# Wut

Eine Schwester der Tollheit ist die Wut. Ob als »Wut«, »wütig«, »wüterich« oder »wüten« – bereits im Altnordischen gehört dies Wort zum hiesigen Sprachschatz und Gedankengebäude. Belegt ist es in der einen oder anderen Form bereits früh in der Bedeutung »Raserei« (ahd.), »besessen« (got.), »besessen, rasend« (anord.). Dabei tritt sehr früh ein mythologisch geprägter Krankheitsaspekt in den Vordergrund.

»seit dem ahd. ist *wut* bezeichnung verschiedener dämonistisch gedeuteter krankheitsbilder. der aspekt krankhafter entartung, der auch in den anderen bedeutungsbereichen bis heute betont werden kann, hat hier seinen ursprung. dem schließen sich verschiedene ... anwendungen an, in denen das wort bestimmte, nicht physiologisch, sondern psychisch bedingte, doch ursprünglich ebenfalls dämonistisch gedeutete erregungszustände bezeichnet ... nhd. hauptbedeutung ist ›zornige erregung‹! (Bedeutungsbreite von ›rücksichtslose aggressivität‹ bis ›maßlose gegnerschaft‹)« (GW 14,2)

In der Mythologie und im Volksglauben besteht zwischen dem Gott Wotan (Odin) und der Wut eine eigenartige Verbindung.
In erster Linie doch der weltlenkende, weise, kunsterfahrene Gott, der auch als Ordner der Kriege und Schlachten hervortritt, muß Wotan gleichzeitig auch über wilde, ungestüme und heftige Gewalt verfügt haben. In dieser Eigenschaft war er anscheinend Anführer eines entsprechenden Heeres aus Geistern, Walküren und Einheriern. Dieses Heer tritt nun – während es gleichzeitig weiter Wotan zugeschrieben wird – auch und immer stärker im Volksglauben als »wütendes Heer« auf, als eine Truppe, die mit viel Gebraus und Lärm durch die Lüfte jagt, Angst und Schrecken verbreitet, der demgemäß jeglicher Naturlärm zugeschrieben wird. Hier wird »Wut« also ganz eindeutig von Göttern, Götterwesen und Geistern ausgeübt und verbreitet (Grimm I, 110 und II, 765 ff.).
Die hier hervorgehobene milde und weise Seite Odins/Wotans wird in der Darstellung Brøndsteds vernachlässigt. Doch einerlei, wie man die entsprechende Gewichtung legt, so wird doch auch hier der Zusammenhang zwischen Wut (wütendem Heer), Tollheit und Raserei sowie dem Gott Odin deutlich. Es darf als sicher angenommen werden, daß dieses Glauben und Denken der heidnischen Germanen auch die Benutzung der genannten Worte geprägt hat (Brøndsted 220).

Im Zusammenhang mit diesem Glauben ist dann verständlich, daß sich der »von der Wut gepackte« Mensch in einem Zustand des Außersichseins befindet, das vom bewußten Willen nicht erreicht werden kann. »die ursprünglich dämonistische auffassung der grundsituation als einwirkung übermenschlicher mächte ... bleibt spurenweise bis in die neuzeit ... wirksam.« (GW)

Aufgrund der geschilderten Vorgeschichte mag verständlich sein, daß »Wut« einen breiten Bedeutungsgehalt angenommen hat, wobei hier interessiert, daß sich krankhafte Aspekte (und dabei wiederum körperliche *und* seelische) verbinden mit Gier, Leidenschaft, Kampf und Zwang.

So meint Wut:

– den krankhaften Zustand der Raserei, einen Wahnsinnsanfall, Tobsucht aufgrund hauptsächlich innerer Ursachen (bereits im 9. Jh.: »suht dera uúoti!« GW 14,2):

»... aber nun schwamm es eigentümlich über sein (des Gemütskranken) Gesicht. Die Mienen spannten sich, die Lippen wurden gepreßt, die Augen krampfhaft geschlossen. Und langsam formte sich hier ein böser bissiger Ausdruck, der mit Angst, namenloser Angst wechselte. Und nun durcheinander Wut und Verzweiflung. Die Arme wurden schützend vor das Gesicht geschoben. Der Mann knirschte, er fletschte die Zähne.« (Döblin)»

– den krankhaften Zustand der Tollwut, übertragen durch die tierische Infektionskrankheit,

– Leidenschaft und Verzückung in Liebe, Erotik, Schöpferdrang und Religion:

»nebenbei steht der birkhahn ... in dem üblen ruf einer zügellosen geilheit, welche ... an wuth und tollheit grenzt.« (Neumann, Vögel, 1822)

»und seine (Mahomets) jünger, zwischen stadt und wüste, verbannt, verfolgt, geächtet, eingekerkert, verbreiten ihre wuth als götterlehre. Medina wird von ihrem griff entzündet.« (Goethe)

»Er (Horaz) jauchzt daher von Bacchus ganz erfüllt; die macht der feuerreichen gottheit treibt ihn in neuer wuth durch felsen, wald und kluft. Er singt, was nie ein mund gesungen.« (Pyra 1739)

– leidenschaftliches Streben, verbunden mit innerem Zwang:

»die kriegssüchtige wüte und tobende blutlust der menschen« (Schottel, 1648)

»ich kenne einen bildhauer von Sicyon, der die wuth hat, lauter liebesgöttinnen zu schnitzen.« (Wieland, 1796)

- krankhafte heftige Aggressivität und Kampflust:
»im Burkhard entbrannte die wilde wut eines verfolgers, er sagte ... kopfabhauen sei die gerechte strafe der Lutherschen böse-wichter« (Ranke, 1867)
»unkriegerisch und unfähig den stärkeren amerikanischen wil-den widerstand zu leisten, sind sie (die Eskimos) usw. in jenen nordwestlichen gegenden elend und beklagenswert, wo die wuth dieser unerbittlichen sie verfolgt, und ihnen am äußersten rande des eismeers kaum eine stätte vergönnt.« (J. G. Forster, 1843)

- zerstörerische Willkür:
»damit nun Johannes dem siege ... weiter nachjagte, fiel er mit seinem mitbewerber ... ins land, und liesz alle wüte daselbst, wie einen durchreissenden strom, aus.« (Francisci, 1669)
hiermit verbunden:
»die entwicklung, die er (Hitler) durchgemacht hat, ging nur ... vom hetzer zum gehetzten, vom krampfhaften eifern über wut und ohnmächtige wut zur verzweiflung.« (Klemperer, 1949)

- eine Verstärkung der Aussage, Betonung des höchsten Grades.

Eine Verbindung zum bereits genannten Begriff »Trieb« stellt Stif-ter her: »(die menschen) werden von der wut ihrer triebe gejagt.« (Stifter, 1932)
Die Nähe zur Sucht wird in Grimms Wörterbuch auch durch die synonyme Verwendung von Kriegssucht, Kampfsucht und Ver-nichtungssucht unterstrichen.
Schließlich aber ist für uns von herausragender Bedeutung, daß einige zwanghafte Verhaltensweisen der Menschen, die durchaus krankhaften Charakter haben, in der deutschen Sprache nicht nur mit »Sucht«, sondern auch mit »Wut« verbunden sind: Arbeitswut, Lesewut, Tanzwut, Zerstörungswut.
Die Bildung dieser Worte, die dem modernen Gebrauch des Begriffs »Sucht« entsprechen, geht nicht nur auf die starke Intensi-tät von »Wut« zurück, sondern steht auch im Zusammenhang mit der althergebrachten Bezeichnung von auch körperlichen Krank-heiten als »Wut«: Fieberwut, Hundswut, Kopfwut, Mutterwut, Tollwut, Wasserwut.
Deutlich tritt also im Gebrauch des Wortes »Wut« die Verbindung

von Körper, Geist und Seele hervor, wobei – früher vorherrschend, doch heute noch lebendig – die Vermutung von dämonischen Ursachen eine Rolle spielt.

## Versuchung

Anders als Wut, die »den Menschen überfällt«, kommen Versuchung und Verlockung eher listig daher, in einem gefälligen Mantel aus schönen Versprechungen. Aus einer gewissen Sicht stellen sie ein christliches Gegenstück zur Wut dar: denn während dort Wotan, um Klarheit und Genuß selbst mit allen Kräften bemüht, sich auch offen eigner Listen bedient, ist der Christengott schon von vornherein im Besitz dieser Eigenschaften bzw. Güter. Vor allem aber verfügt er über den Teufel, und nur dieser darf mit ehrenrührigen Listen den Menschen »in Versuchung führen«. Und während Wotan laut und polternd daherkommt und den Menschen mit Wut und Raserei »infiziert«, ist die Versuchung durch Teufel und Christengott eher leise und intellektuell.

Obwohl bereits im 1. Buch Mose (4, 7) abstrakt auftretend, kommt sie doch eindeutig von außen: »die Sünde ruht vor deiner Tür, und nach dir hat sie Verlangen; du aber herrsche über sie.«

Anders in Matthäus (4, 1 ff.):

»Da ward Jesus vom Geist in die Wüste geführt, auf daß er von dem Teufel versucht würde. Und da er 40 Tage und 40 Nächte gefastet hatte, hungerte ihn. Und der Versucher trat zu ihm und sprach: Bist du Gottes Sohn, so sprich, daß diese Steine Brot werden. Und er antwortete und sprach: Es steht geschrieben: ›Der Mensch lebt nicht vom Brot allein, sondern von einem jeglichen Wort, das durch den Mund Gottes geht.‹ Da führte ihn der Teufel mit sich in die heilige Stadt und stellte ihn auf die Zinne des Tempels und sprach zu ihm: Bist du Gottes Sohn, so laß dich hinab; denn es steht geschrieben: ›Er wird seinen Engeln über dir Befehl tun, und sie werden dich auf den Händen tragen, auf daß du deinen Fuß nicht an einen Stein stoßest.‹ Da sprach Jesus zu ihm: Wiederum steht auch geschrieben: ›Du sollst Gott, deinen Herrn, nicht versuchen.‹ Wiederum führte ihn der Teufel mit sich auf einen sehr hohen Berg und zeigte ihm alle Reiche der Welt und ihre Herrlichkeit und sprach zu ihm: Das alles will ich dir geben, so du niederfällst und mich anbetest. Da sprach Jesus zu ihm: Hebe dich weg von mir, Satan! denn es steht geschrie-

ben: ›Du sollst anbeten Gott, deinen Herrn, und ihm allein dienen.‹ Da verließ ihn der Teufel; und siehe, da traten die Engel zu
ihm und dienten ihm.«

Zumindest hatte der Christengott also Versuchung geduldet und
beobachtet. Das Bestehen dieser Probe wird von ihm belohnt.
Wie in vielen wichtigen Fragen, so finden sich jedoch auch in dieser
andere Aussagen der Bibel. Die Auffassung, die Jakobus von der
Versuchung vertritt, stellt gegenüber den bisher genannten einen
erheblichen Fortschritt dar und kann fast als modern beschrieben
werden:

> »Selig ist der Mann, der die Anfechtung erduldet; denn nachdem
> er bewährt ist, wird er die Krone des Lebens empfangen, welche
> Gott verheißen hat denen, die ihn liebhaben. Niemand sage,
> wenn er versucht wird, daß er von Gott versucht werde. Denn
> Gott kann nicht versucht werden zum Bösen, und er selbst ver-
> sucht niemand. Sondern ein jeglicher wird versucht, wenn er von
> seiner eigenen Lust gereizt und gelockt wird. Darnach, wenn die
> Lust empfangen hat, gebiert sie die Sünde; die Sünde aber, wenn
> sie vollendet ist, gebiert sie den Tod.« (Jak. 1, 12 ff.)

Erstaunlich, daß hier bereits das Verständnis einer von innen kommenden Versuchung entwickelt wird.
Vorherrschend bleibt allerdings im allgemeinen Sprachverständnis
die Gleichsetzung von Versucher und Teufel, so jedenfalls spätestens seit der Lutherschen Bibelübersetzung.
Ursprünglich aus den wertneutraleren Worten »Versuch« und »versuchen« entstanden, gab es auch für Versucher und Versuchung
entsprechende Bedeutung. So war ein Versucher auch ein Prüfer,
ein Koster, ein Probierer und die Versuchung (früher die Versuch-
nis) ein Experiment und eine Handlung des Erprobens.
Beim Begriff »Versuchung« tritt seit dem 16. Jh. eine stetige Verengung auf die Deutung im biblischen Sinne ein.
So führen Alberús (1548) und Stieler (1680) Versuchung als Probe
»meist im schlimmen sinne von der mit gefühlen der lust verbundenen anreizung zum bösen, aber auch im guten von der auf sittliche
bewährung gerichteten erprobung noch unbewährter tugend« (GW
12, 1).
Entscheidend dabei bleibt jedoch bis heute, ob dieser Reiz von
außen an uns herangetragen wird und ihm damit ein dämonisti-
sches Bild zugrunde liegt oder ob sich der Reiz aus unserer eigenen
Natur heraus entwickelt.

Eindeutiger von außen kommt der Anstoß, der durch das Wort »(Ver-)Lockung« ausgedrückt wird.

Zunächst wohl, wie das Verb »locken«, als Jäger- und Hirtenwort benutzt, bezieht es sich wertfrei auf das Anlocken von Tieren, und zwar sowohl durch Menschen als auch durch Tiere untereinander. Die Wertfreiheit endet dort, wo bereits das Tier durch List angelockt wird. Genau dies ist aber der Gehalt des Wortes, wenn es sich auf menschliche Verhaltensweisen bezieht.

Da eine Lockung vom Wortsinn her immer von außen kommt, liegt hier eine dämonistische Deutung nahe: »es ist der geiz der teufel vieler alten, und der beelzebub, der lockend sie betört.« (Hagedorn) Rein abstrakt mag ein dämonischer Aspekt tatsächlich immer vorhanden sein, im Alltagssprachgebrauch scheint er allerdings zurückzutreten.

Statt dessen treten der Reiz und die Verführung in den Vordergrund und – wie bei der Versuchung – ist es die Aufgabe des Menschen, dagegen anzukämpfen:

»fliehe, bist du des führers im eigenen busen nicht sicher, fliehe den lockenden rand, ehe der schlund dich verschlingt.« (Schiller) »so lockt ein flüchtig wohl, das wahn und sehnsucht färben, von weh zu größerem weh, vom kummer zum verderben.« (Haller)

Noch stärker als bei der Lockung tritt das Negative bei der Verlockung hervor. Bei Grimm heißt es sogar: »immer scheint ›verlocken‹ eine schlimme nebenbedeutung zu haben.« (GW 12, 1)

Dies wird uns in einer der bekanntesten Lockungsgeschichten drastisch vor Augen geführt:

Im zwölften Gesang der Odyssee läßt Homer die Zauberin Kirke warnend von den Sirenen erzählen. Auf der Weiterfahrt – so heißt es – werden sie zu einer Insel kommen. Dort werden sie vom Gesang der Sirenen unwiderstehlich angezogen und umgebracht. Weder die Schönheit der Frauen noch ein Liebesangebot – allein der Gesang ist so verlockend, daß kein Mensch ihm bis dahin widerstehen konnte. Und auch Odysseus wird dies nur mit Hilfe einer List gelingen. Kurz vor Erreichen der Insel verstopft er die Ohren seiner Gefährten mit Wachs und läßt sich selbst an den Mastbaum binden.

Die Lockung des Gesangs muß gewaltig gewesen sein und läßt Odysseus Qualen der Sehnsucht leiden. Mit übermenschlichen Kräften zerrt er an den Fesseln, doch die halten. Nur die List hat die Lockung, die wissentlich in den Abgrund führte, besiegt.

## Manie

Die antike Entsprechung der Wut ist dagegen die Manie. Im Griechischen steht sie für Wut und Raserei. Nimmt man die Bedeutung »Besessenheit« hinzu, so wird auch der Bezug zum dämonischen Denken deutlich: hier ist jemand von einem Dämon besessen. In der griechischen Mythologie kann dieser allerdings sowohl gut als auch böse sein. Der Aspekt »Wut und Raserei« verweist dagegen auf das »wütende Heer« im germanischen Glauben.

Das Element »Wahnsinn« jedoch, das auch im griechischen »manie« enthalten ist, zeigt zwar auf, daß hier ganz deutlich der Zusammenhang zwischen dämonischem Einfluß und (geistig-seelischer) Krankheit gesehen oder doch empfunden wurde, sprengt aber den Charakter der vorliegenden Untersuchung. Insbesondere in der manisch-depressiven Krankheit erscheint die Manie heute als ein klar umrissenes Krankheitsbild, das etwas anderes meint als der heutige Begriff Sucht.

In anderer Hinsicht dagegen beschreibt die Manie konkrete Süchte. Zunächst gilt dies für die Tobsucht, die noch – als Raserei – voll in das dämonistische Denken hineingehört. Des weiteren ist dies dort der Fall, wo mit »-manie« zusammengesetzte Worte eine krankhafte psychische Veränderung ausdrücken, die jedoch eindeutig zwanghafte Züge trägt und von daher dem modernen Suchtbild entspricht. Dies trifft auf Kleptomanie, Nymphomanie und Pyromanie zu.

# Gesund – Krank

## Gesund/Gesundheit

Eigentümlich mutet an, feststellen zu müssen, daß das Wort »gesund« – ebenso wie »krank« – aus einem Kampf hervorgegangen ist. Während sich »gesund« letztlich gegen »heil« durchgesetzt hat, ist dies »krank« gegen »süchtig« gelungen.

Als Eigenschafts- und Hauptwort gleichermaßen im germanischen Sprachraum verbreitet, wurden mit »heil« verschiedene Nuancen von Gesundheit abgedeckt: so in ahd. heil (i. S. von ganz), anord. heill, got. hails (i.S. von gesund); und als Hauptwort: asächs., afries. hél (i. S. von glück), ags. háel (i. S. von günstiges Vorzeichen).

Nach Kluge/Goetze weisen alle auf die eine gemeinsame idg. Wurzel hin: quailo-, quailù (i. S. von unversehrt, vollständig; jem. ausschließlich eigen; von guter Vorbedeutung).

Die Gesundheit, von der hier die Rede ist, drückt sich einerseits in einem vollständigen, unversehrten Körper aus, andererseits – und hier begegnen wir wieder mythologischen Vorstellungen – hängt sie mit günstigen Vorzeichen zusammen.

Stellen wir uns das Leben vor zwei Jahrtausenden vor, dann können wir nachvollziehen, wieviel wichtiger noch als heute ein »heiler Körper« war, wie sehr es galt, ihn zu bewahren. Hierfür hatten die Menschen – wie zu allen Zeiten – gewisse Verhaltensregeln, die dies ermöglichen sollten. Doch da gleichzeitig der »drohenden Gefahr« (Leid, Weh, Sucht) ein dämonischer Hintergrund zugesprochen wurde, wird der Opferritus als Schutz des Heils und somit auch als Krankheitsabwehr verständlich. Anders als beim Wort »heil« liegt die Herkunft von »gesund«/»Gesundheit« noch ziemlich im dunkeln.

Einerseits wird eine Ableitung von lat. sanus vermutet, hier gibt es eine Verbindung zum ahd. suona (Befriedigung, Sättigung), andererseits wird das Wort mit dem gotischen svinps (stark, gesund) in Zusammenhang gebracht. Dieses wiederum lebt weiter im deutschen »geschwind«, das ursprünglich auch den Gehalt »stark, kräftig, rüstig« zum Ausdruck brachte.

Zumindest von heute aus betrachtet, ist also eine unklare, verwirrende Vielfalt mit der Entstehungsgeschichte des Wortes »Gesundheit« verbunden. Im Grunde nicht erstaunlich, wissen wir doch heute immer noch wenig damit anzufangen.

Zunächst einmal – und dies gilt für die gesamte alt- und mittelhochdeutsche Periode – wird das Wort definiert als Gegensatz zu Siechtum, Sucht, Krankheit. Immer noch körperlichen Krankheiten und Verletzungen stark ausgeliefert, war es sicherlich die Angst davor, die dem Gegenteil einen positiven Gehalt beimaß. Solange man seine Kräfte gebrauchen konnte, war man gesund. Dies galt z.B. für den Turnierkampf: solange man nicht verwundet war, war man gesund. Im übertragenen Sinn findet sich ein ähnlicher Gebrauch bezogen auf Minne/Liebe.

Diese hier beschriebenen Bedeutungen erhalten sich auch in der neuhochdeutschen Periode, wenngleich sie sich weiter differenzieren.

Im Mittelpunkt steht daher weiterhin der Gegensatz zur Krankheit und dies insbesondere als Abwesenheit von »sichtbaren, offenen

Leibesschäden«. Deutlich in einer Bibelpassage: »Von der Fußsohle bis aufs Haupt ist nichts Gesundes an ihm, sondern Wunden und Striemen und Eiterbeulen, die nicht geheftet noch verbunden noch mit Öl gelindert sind.« (Jes. 1, 6) Darüber hinaus kommen allerdings – immer noch vor dem Hintergrund des beschriebenen Gegensatzes – weitere Aspekte zur Geltung, die mehr im Psychischen liegen: »siech zu arbeit, gesunt zu wollust« (Ackermann aus Böhmen); »gesunder verstand«; (GW 4, 1, 2).

Neu jedoch ist, daß sich nun allmählich auch ein positiver Bedeutungsgehalt zu formulieren beginnt, wobei die Betonung auf »formulieren« liegt, denn vorhanden war er schon von Beginn an.

Wichtigstes Kriterium bleibt die »körperliche Stärke«. Auch bleibt gleichzeitig die Abgrenzung gegen Krankheit bis heute – neben positiven Beschreibungen – lebendig, oft sogar vorherrschend.

> »Wer am leibe nicht gebrechen,
> im gemüthe lüste find,
> dieser kann sich billig rühmen,
> daß er völlig sey gesund.« (Logau)

> »Gesundheit ist der beste schmuck,
> den wirfft man über hauffen
> durch geilheit, mutwill, müßiggang,
> durch fressen und durch sauffen
> und meint es sey dann außgericht
> durch schöner kleider kaufen.« (Logau)

»Wie viele haben sich nicht durch eine gut gemeynte arzney, durch einen unvorsichtigen trunk, durch einen plötzlichen zorn, durch eine ungestüme rachsucht um die gesundheit gebracht.« (Gellert)

Das Stichwort »trunk« lenkt die Gedanken auf eine in vielen Ländern verbreitete Sitte; gemeint ist das Gesundheitstrinken, bei dem auf das Wohl eines/einer Angerufenen getrunken wird. Daß jedoch auch dies nicht nur der Gesundheit dient, zeigt wiederum ein Spruch von Logau:

> Portus suff für gute freunde
> mancherley gesundheit ein,
> bald an biere, bald an weine,

bald an starkem brantewein.
als er seine nun verloren
fiel er in die tiefsten sorgen,
keiner wolt ihm keine schencken,
noch verkauffen, noch auch
borgen.« (Logau)

Man könnte nun vermuten, daß seit dem 16. Jh. der Begriff
»Gesundheit« stetig weiter ausgeprägt, daß – im positiven Sinne –
weiter an seiner Definition gearbeitet, daß er mittlerweile also mit
eigenem Gehalt gefüllt worden sei.
Dem jedoch ist leider nicht so. Wenn auch inzwischen hier und da
Anstrengungen in diese Richtung unternommen worden sind, so
haben diese kein dauerhaftes Bild geschaffen.
Zwar wird auch im deutschen Sprachraum heute bei entsprechen-
der Gelegenheit (Lexika) die WHO-Definition zitiert, doch gemein-
hin nur, um sie anschließend als utopisch abzuqualifizieren.
»Gesundheit ist der Zustand völligen körperlichen, seelischen und
sozialen Wohlbefindens, und das für jeden Menschen erreichbare
Höchstmaß an Gesundheit ist eins seiner Grundrechte.« Utopisch
jedoch ist eine solche Definition nur im Blick auf die Rolle, die
Gesundheit heute in der Politik fast aller Länder dieser Erde spielt.
Auch im Großen Brockhaus von 1954 kann Gesundheit nur in
Abgrenzung zur Krankheit beschrieben werden. Möglicherweise
hat man Angst, sich dem Vorwurf der Banalität auszusetzen, wollte
man den Versuch unternehmen, ein genaues Bild vom gesunden
Menschen zu entwerfen. Das Conversations-Lexikon (auch Brockhaus 1834) hat sich dieses getraut, mit folgendem Ergebnis:

> »Gesundheit nennt man den ungestörten und richtigen Hang
> aller zum Leben eines organischen Wesens gehörigen Verrich-
> tungen. Die Verrichtungen des menschlichen Organismus sind
> die mannichfaltigsten, die Beziehungen und Wechselwirkungen,
> in denen er mit der gesammten Natur und mit seines Gleichen
> steht, sind vielfältig. Gehen alle diese Verrichtungen, jede nach
> der ihr zukommenden Zeit und Regel, leicht und ungehindert
> von Statten, sind alle dazu dienende Organe in ihrer Form und
> Kraft unverletzt, so heißt der Mensch gesund. Man kann die
> Gesundheit in absolute und relative eintheilen. Absolute
> Gesundheit muß dem gegebenen Begriffe durchaus in allen Stük-
> ken entsprechen. Mit dieser Gesundheit könnte die Verschieden-
> heit der geistigen und körperlichen Anlagen nicht bestehen; die

dem Menschen zukommende Gesundheit ist daher nur die relative, die, statt der Schärfe der Absoluten, eine gewisse Breite hat, innerhalb welcher sich die verschiedensten Anlagen entwickeln können. Da bei der Unverletztheit der Organisation und der Ungestörtheit der Verrichtungen das Gemeingefühl des Menschen gleich einem ungetrübten Spiegel erscheint, so kann die Abwesenheit aller unangenehmen Gefühle bei vollem Gebrauche seiner Kräfte und seines Bewußtseins für das innere Zeichen der Gesundheit des Menschen gelten. Das äußere Zeichen derselben ist die Form der Organe und der ungestörte Hang aller bemerkbaren Verrichtungen des Körpers. Ein gesunder Mensch besitzt in seinem Alter und Geschlecht angemessene regelmäßige Form, der Körper ist ohne auffallende Fehler gebaut, kein Theil desselben ist gegen das Gesetz der Organisation des Lebensalters überwiegend an Masse oder Kraft; sodaß er die Verrichtungen eines andern störte, keinem aber fehlt es auch an der ihm zukommenden Masse und Kraftäußerung; der Körper ist weder zu fett noch zu hager, die Farbe des Gesichts weder zu roth noch blaß oder gelblich, sondern ein zart gemischtes fleischfarbenes Roth, mit etwas höhern, doch nicht zu hoch gefärbten Wangen und Lippen, und die Augen hell und lebhaft. In Rücksicht der Hautfarbe kommt jedoch viel auf Klima und Erdstrich an, wo der Mensch wohnt. Hier ist nur von dem Europäer, und zwar mehr vom nördl. als südl. die Rede. Der gesunde Mensch hat gute Eßlust und in der Regel nur mäßigen Durst, fühlt nach dem Essen kein Drücken in der Gegend des Magens, keine Verdrossenheit, keine Hitze, verdaut gut, hat eine leichte und in der Regel unmerkliche, nur bei hinlänglichen Veranlassungen als Schweiß bemerkbare Hautausdünstung, einen gleichmäßigen, nicht zu schnellen Pulsschlag, einen leichten, gehörig tiefen und ruhigen Athem, der bei körperlicher Bewegung zwar etwas beschleunigter ist, aber doch immer tief genug, bis zu dem erquickenden Gefühl einer völlig genügenden Einathmung gezogen werden kann; auch kann er die Brust hinlänglich ausdehnen und den Athem ohne Beschwerde eine geraume Zeit anhalten. Er bewegt sich leicht und wird nicht zu schnell müde von körperlicher Anstrengung; er schläft ruhig und fühlt nach dem Erwachen sich erquickt und neu gestärkt. Er hat den völligen und ungestörten Gebrauch seiner Sinne, denkt leicht und richtig, und besitzt ein heiteres und ruhiges Gemüth. Die Gesundheit des Menschen scheint von den meisten Gefahren bedroht zu sein, da seine Organisation wegen ihrer zarten Zusammensetzung vielen Verletzungen und Störungen ausgesetzt ist; da er vermöge seiner vielen Berührungspunkte mit der Außenwelt auch den nachtheiligen Einwirkungen derselben bloßgestellt ist; da selbst durch das geistige Leben vielfältige Berührungen mit seines Gleichen entstehen, und er mit der nachtheiligen, ja oft zerstörenden Einwirkung der Leidenschaften und Begierden bedroht wird, da ferner seine Thätigkeit nicht blos körperlich, sondern auch geistig ist, und endlich seine Consumtion und Vieles schneller vor sich geht als bei den Thieren. Allein in der Natur des Menschen selbst liegen auch mehre Schutz- und Hülfs- mittel, welche seiner Gesundheit zu Statten kommen. Seine kör- perliche Organisation und Structur ist zugleich zart, weich und nachgiebig; die Mannichfaltigkeit derselben und der Berüh- rungspunkte mit der Außenwelt bietet auch den heilsamen Ein- wirkungen mehr Seiten dar, welche den nachtheiligen das Gleichgewicht halten. Der Organismus kann niemals von allen Seiten zugleich angegriffen werden, sondern da seine Organe miteinander im Gegensatze und dadurch im Gleichgewicht ste- hen, so ist Dasjenige, was die eine Function herabsetzt, für die andere ein Erregungsmittel, wodurch sogleich beide eine Zeit lang im Gleichgewichte gegeneinander bleiben, bis, nach dem im Organismus herrschenden Gesetze der Gewöhnung, der nachtheilige Eindruck durch Gewohnheit geschwächt wird, oder die Einwirkung von Außen nachläßt, und demnach die Functio- nen beiderseits auf ihren Normalgrad zurückkehren.«

Zusammenfassend kann wohl festgestellt werden, daß wir heute immer noch vor großen Schwierigkeiten stehen, wenn wir be- schreiben sollen, was wir unter Gesundheit verstehen.
Wo niemand richtig weiß, was es heißt, gesund zu sein, mutet die Sicherheit merkwürdig an, mit der Gesundheitsregeln aufgestellt und vertreten werden.

»eine gesunde lunge gründet man am besten durch eine reine freye luft, und in der folge durch sprechen, singen, laufen. ein gesunder magen durch gesunde, gute verdauliche ... kost. eine gesunde haut durch reinlichkeit, waschen, baden ... die kraft des herzens und der gefäße durch alle die obigen mittel, besonders gesunde nahrung.« (Hufeland, 1796; GW 4, 1, 2)

## Krank / Krankheit

Krank ist nicht nur ein jüngeres Wort (im Gotischen nicht, im Althochdeutschen kaum vorkommend), sondern auch eines, das seine heutige Bedeutung erst recht spät erlangte. Ursprünglich wurde damit »leibesschwach, kraftlos, gelähmt« gemeint, wobei die besondere Betonung auf »schwach« lag. So galten Altersschwache, Kraftlose, ja sogar Leute mit geringem Durchsetzungsvermögen (z.B. in der Ehe!) als krank. Noch heute kennen wir die Wortverbindung ›krank und schwach‹.
Der Bedeutungswandel findet zwischen dem 14. und 16. Jh. statt. Während in dieser Zeit das bis dahin allgemeingültige »Sucht« stetig an Rückhalt verliert, erobert »Krankheit« in entsprechendem Maße neues Terrain.
Wird 1482 noch gefragt, »ob er siech, krank oder stark sei«, so gilt die Krankheit seit dem 16. Jh. immer stärker als alleiniger Gegensatz zur Gesundheit, während nun umgekehrt der Sucht nur noch bestimmte Teilbereiche der Krankheit zukommen. Wie vorher »-süchtig«, heißt es nun: schwerkrank, sterbenskrank, fieberkrank, gichtkrank. Auch können einzelne Körperteile erkranken. So wird von einer kranken Milz, einer kranken Leber oder einem kranken Zahn gesprochen. Schließlich betrifft die Krankheit aber nicht mehr nur den Körper, sondern auch Geist und Seele. Von Alexander heißt es, daß er »der Regiersucht erlegen« sei; die Wendung »ganz krank auf etwas« soll zum Ausdruck bringen, daß man sehnsüchtig nach etwas verlangt, und krank am Herzen ist man, wenn Traurigkeit oder Kummer vorherrscht.
Da der wortgeschichtliche Beginn der Krankheit noch im Mittelalter liegt, ist nicht verwunderlich, daß zunächst – ähnlich wie bereits oben für »Sucht« beschrieben – krankhafte Zustände auf übersinnliche Einwirkungen zurückgeführt wurden: »dem volke gilt die krankheit nicht als die störung der funktionen des körpers, nicht als pathologisches produkt regelwidriger vorgänge im organismus. ihm erscheint vielmehr die krankheit als ein fremdes, persönliches, als etwas zu dem übrigen leben hinzugekommenes, als ein feindliches, ja dämonisches.« (Fossel, Volksmedizin und medizinischer Aberglaube in der Steiermark, 1886; GW 5)
Im Laufe der letzten Jahrzehnte ist allerdings – in Wissenschaft und Medizin – der Eigenanteil des erkrankten Menschen immer stärker in den Vordergrund gerückt. So wird im Brockhaus (1954) Krankheit folgendermaßen definiert:

»Krankheit ist eine besondere Ablaufsform der Lebensvorgänge des menschlichen, tierischen und pflanzlichen Organismus. Ihre Anzeichen unterscheiden sich von den Lebensäußerungen der Gesundheit. Diese Anzeichen sind Auswirkungen regulierender Organleistungen (...), die auch im gesunden Zustand den Organismus erhalten, in der Krankheit aber entweder gesteigert oder geschwächt, unter Umständen qualitativ abgeändert, selten gänzlich vernichtet sind. Der letzte Organismus sucht gewissermaßen eine einzelne, gesteigerte Überleistung, eine Schwächung, einen Ausfall durch entsprechende Regulierung anderer Organleistungen auszugleichen. Die Krankheit wird also vom Organismus selbst hervorgebracht und ist nicht etwas von außen kommendes Neues, vielmehr eine Anstrengung des Organismus (bei Hippokrates auch Ponos ›Mühe‹ genannt), mit eigenen Mitteln die Gesundheit wieder zu erreichen.«

Entgegen dem früher vorherrschenden Schicksalsglauben hat sich nicht nur im wissenschaftlichen Denken, sondern auch innerhalb der »Volksmeinung« ein Krankheitsbild durchgesetzt, das im wesentlichen der Selbstverantwortlichkeit der betroffenen Menschen verpflichtet ist. Wo dies – in Ausnahmen – nicht der Fall ist – im Bereich der Süchte werden wir solches häufiger feststellen als bei körperlichen Erkrankungen –, sind jedoch mythisch-magische Interpretationen durchaus nicht auf den »Volksglauben« beschränkt, sondern finden sich – gewissermaßen analog – in gleichem Umfang auch in Wissenschaft und Medizin wieder. Hierauf wird bei der Darstellung einzelner Süchte noch einzugehen sein.

Wie angedeutet hat sich Krankheit mittlerweile zu einem Oberbegriff für alle möglichen Arten der Abweichungen von der »relativen Gesundheit« entwickelt. Seelische, geistige und körperliche Störungen, ja selbst Verletzungen können als Krankheit definiert werden.
Der mögliche Spielraum dafür bringt allerdings im geistig-seelischen Bereich wesentliche Probleme mit sich. Da – wie aus der bisherigen Abhandlung hervorgegangen sein mag – Gesundheit in Abgrenzung zur Krankheit und Krankheit wiederum in Abgrenzung zur Gesundheit definiert wird, kann es keine eindeutige Klarheit geben, auch dort nicht, wo sie zu herrschen scheint. Vielfach, möglicherweise sogar überwiegend, wird Menschen, die unter seelischen Krankheiten leiden, dies nicht abgenommen, oder doch

höchstens dann, wenn gleichzeitig ein körperliches Symptom deutlich hervortritt.

Der Vorteil einer derart relativen Klarheit liegt darin, daß so ein labiles Gleichgewicht zwischen Gesundheit und Krankheit offenkundig wird. So heißt es in einem französischen Sprichwort: »Wer streng auf seine Gesundheit achtet, dem steht der Tod schon vor der Tür.« Und Heraklit schrieb: Erst »die Krankheit läßt den Wert der Gesundheit erkennen«.

Für die eine Person kann etwas als gesund gelten, was die andere bereits als krank empfindet. Auch dadurch wurden also wieder große individuelle Möglichkeiten eröffnet. Was als krank und was als gesund zu gelten hat, können Betroffene und Außenstehende recht unterschiedlich wahrnehmen. »Wie sich körperlich viele für krank halten, ohne es zu sein, so halten umgekehrt geistig sich viele für gesund, die es nicht sind.« (Lichtenberg)

Der so geschaffene Spielraum könnte sich dadurch noch vergrößern, daß Krankheit nicht an eine negative Wertung gebunden wird, sondern zunehmend auch positive Aspekte erkannt und in Wertungen umgesetzt werden. Zu derart positiven Funktionen gehören u.a. Selbsterkenntnis und -erfahrung, Entlastung und Hinweise auf gravierendere Probleme. In eine solche Richtung zielt die Notiz Heines: »Kranke Menschen sind immer wahrhaft vornehmer als gesunde; denn nur der kranke Mensch ist ein Mensch. Seine Glieder haben eine Leidensgeschichte; sie sind durchgeistet.« Einen entsprechenden Gedanken hat auch Morgenstern festgehalten: »Der gesunde Mensch ist schön und sein Zustandekommen erstrebenswert. Aber es muß auch ein bißchen irgendwelcher Krankheit in ihn kommen, daß er auch geistig schön werde.« Und zur Erreichung dieses Ziels bedarf es der Entschiedenheit: »Krankheit, dich auch preis ich. Zur reinen Freude am Dasein, welche nicht wünscht, noch bedarf, bist du der einzige Weg.« (Hebbel, Die Krankheit) In Volksmeinung und Medizin herrscht heute die negative Deutung fast total. Dies mag auch aus den für Krankheit gebräuchlichsten Synonymen hervorgehen:

Weh, Leid, Sucht, Siechtum, Seuche, Wut, Manie, Phobie, Wahnsinn, Schmerz.

Diese – unvollständige – Wortsammlung unterliegt ebenfalls eindeutig einer negativen Zuordnung.

# Ausdrücke des Leidens

## Weh

»Weh« ist – zunächst als Interjektion – aus einem Naturlaut entstanden, war im gesamten germanischen Sprachraum verbreitet und weist auch indogermanische Verwandtschaft auf.

Drückt das Wort im heutigen Sprachempfinden eher einen körperlichen oder seelischen Schmerz aus, so war es in früherer Zeit auch noch auf sozialen Kummer ausgedehnt und meinte: Weh, Unglück, Elend, Kummer.

Auch hier wird also deutlich, daß der körperliche Schmerz nur ein Teil eines allgemeinen »Wehs« ist.

Schon »von Adam stund die welt an we« (nach Mone). Ein ähnlicher Sinn ist auch mit dem Gebrauch der Interjektion verbunden: »awe und awe, ich armer man.« (Altdeutsche Passionsspiele)

Ein solch »unbeschreibliches« Weh wird im Deutschen immer wieder empfunden, bis in unsere Zeit: »es fühlt in deinen klagen die späte nachwelt noch das weh von unsern tagen.« (Kästner, 1772) – »perlenkleinod, blüthenschnee, des geschmeides bunte funken, alles, alles ist versunken in mein namenloses Weh.« (Droste-Hülshoff) – »Wenn ich . . . getrieben von jenem geheimnisvollen weh . . . zurückkehrte.« (Storm) (GW 14, 1, 1)

Für das soziale Unglück mag ein Beispiel aus der Bibel stehen: »zu derselben Stunde ward ein großes Erdbeben, und der zehnte Teil der Stadt fiel; und wurden getötet in dem Erdbeben siebentausend Namen der Menschen, und die andern erschraken und gaben Ehre dem Gott des Himmels. Das andere Wehe ist dahin; siehe das dritte Wehe kommt schnell.« (Offenb. 11,13) Zur gleichen Zeit wird es von Hans Sachs als Synonym für Sehnsucht verwendet: »ich will ein weil nausz zu den schiffen . . . auf das nur die lang weil vergeh, vergesz der lieb senenden weh.« (H. Sachs)

Noch stärker wird diese Verbindung von Krankheit, Sehnsucht und Weh von Fleming ausgedrückt: »der wollust volle klang verzaubert uns den sinn und macht uns sehnend krank, doch durch ein suszes weh.« (Fleming, 1632)

Einige weitere Beispiele für den Gebrauch von »Weh«:

*Trennungsschmerz*
»nun ist es herbst, die blätter fallen,
den wald durchbraust des scheidens weh.« (Lenau)

*Eifersucht*
»die eifersucht quält manches haus und trägt am ende doch
nichts aus als doppelt wehe.« (Goethe)

*Kränkung*
»entdecke mir den kränkend weh.« (Stolberg)

*Krankheiten*
»das (zipperlein) an der hüfft das wehe genannt, ischias.« (Comenius, 1644)
»das kalte weh« = Fieber
»das fallende weh« = Fallsucht, Epilepsie

Ableitungen von »Weh« sind Wehklage, Wehtag (Wehdag) und
weinen, Worte, die einen Zusammenhang mit Schmerzen oder
doch Leid ausdrücken.
Doch letztlich können wir dem Weh – wie der Krankheit – auch
positive Seiten abgewinnen:
»Wolle nie irgendeine Beunruhigung, irgendein Weh, irgendeine
Schwermut von deinem Leben ausschließen, da du doch nicht
weißt, was diese Zustände an dir arbeiten.« (Rilke)

## Leid

Ähnlich wie »Weh« ist auch die frühere Bedeutung von »Leid«
umfangreicher und bezieht sozialen Kummer mit ein. Der
ursprüngliche Gehalt des Wortes unterstreicht zudem die negative
Tendenz, die von Beginn an all diesen Krankheitsbegriffen eigen
war. Die – angenommene – idg. Wurzel leit- bedeutete etwa »verabscheuen, Frevel«, und das altnord. leidr = feindlich, verhaßt. Aus
beiden spricht die entschiedene Gegnerschaft gegen die Interessen
der Menschen. Entsprechend heißt es bei Grimm: »zu ältest in der
bedeutung des feindlichen, bösen, als gegensatz zu liebem; dann
auch, und bereits im ahd. im sinne der trauer oder des kummers, im
gegensatz zu lust oder freude.« (GW 6)
Dieser Gegensatz erscheint sogar in festen Wortverbindungen
»Lieb und Leid«; so bei Hebbel: »sie lebte niemand zu lieb und
niemand zu leid« oder bei Uhland: »du hast mir viel gesungen in
lieb und in leid.«
In ähnlicher Form treten die Verbindungen »Leid und Freude« (auf
Leid folgt Freud), »Leid und Lust« auf. Beispiele dafür geben Nie-

buhr: »hatten uns allen gesagt, was uns zugestoßen war, leides oder freude«, Pistorius: »trunkene freude, nüchternes leid« und Uhland: »oft sah ich sonst hinüber (auf die alpe), empfand nicht leid noch lust, doch heute dringt ein sehnen mir in die tiefste brust.«

Während durch die hier genannten Verbindungen Gegensätze betont werden, dient die gemeinsame Verwendung mit Weh dem Gegenteil, der Verstärkung. »Wo ist Weh? Wo ist Leid? Wo ist Zank? Wo ist Klagen? Wo sind Wunden ohne Ursache? Wo sind trübe Augen?« (Spr. Sal. 23, 29)

Einen interessanten Aspekt im hier behandelten Zusammenhang bietet noch die mit Leid bezeichnete Epilepsie. Gleichbedeutend mit fallendem Weh oder fallender Sucht heißt es nämlich auch fallendes Leid; also ein deutlicher Hinweis auf die enge Inhaltsverwandtschaft dieser drei Worte.

## leiden

Vielfach als Verb des eben behandelten »Leid« vermutet, verfügt »leiden« jedoch über eine völlig andere Wurzel, eine gänzlich andere Vergangenheit. Bis ins Althochdeutsche meinte man mit »leiden« gehen, reisen, häufig im Sinne »zu Schiff in die Ferne reisen«. Noch im ältesten Althochdeutschen meinte das gleiche Wort (lidan) »fahren, gehen«. »Über eine Zwischenstufe »durchgehen« wird die Hauptbedeutung ›(Schweres) durchmachen‹ erreicht.« (Kluge/Götze) Interessant für unser Thema ist die Interpretation des Grimmschen Wörterbuchs für diesen Bedeutungswandel. Hier wird das Ziehen in ferne Länder und übers Meer mit dem Gefühl des »übelbefindens, ertragens und erduldens« in Zusammenhang gebracht und angenommen, daß dies negative Empfinden seine Ursache im Heimweh und der Gefahr der Wanderung hatte.

In folgender Zeit verstärkt sich diese Tendenz weiter, bis sich »leiden« in besonderem Maße auf eine Krankheit bezieht, »z.B. am Magen, am Herzen, an der Schwindsucht leiden; der Kranke leidet sehr« (Trübner). Ebenso kann man unter Lärm, Einsamkeit oder gar generell am Leben leiden.

Bereits bei Luther heißt es: »Herr, erbarme dich über meinen Sohn! denn er ist mondsüchtig und hat ein schweres Leiden.« (Matth. 17, 15) Und Goethe schreibt: »wofür seid ihr ein arzt? ihr kennt mein übel; ihr solltet auch die mittel kennen, sie auch schmackhaft machen, daß ich nicht noch erst, der leiden los zu sein, recht leiden müsse.«

Wird das Leiden schon in der Bibel als selbstverständlicher Teil des Lebens angesehen (selbst »der Gerechte muß viel leiden«), so heißt es nach spezifisch preußischer Moral: »Lerne leiden, ohne zu klagen.« (Friedrich III.) Allzu beliebt scheint dieses Leiden im Volke jedoch nicht unbedingt gewesen zu sein. So wurde das obige Zitat gerne umgekehrt verwendet (»Lerne klagen, ohne zu leiden«) und – nach einem anderen Sprichwort – der Tod sogar vorgezogen: »Lieber sterben als lange leiden.«

Schließlich jedoch hat dieses Wort eine weitere, nun auch positive Variante entwickelt; heißt es doch von jemandem, den ich gern habe: »Den mag ich leiden.« Und auch Dinge oder Tiere mag ich mehr oder weniger leiden.

Trotz dieser positiven Erweiterung bleibt allerdings der auf Krankheit bezogene Gehalt des Wortes »leiden« eindeutig negativ bestimmt.

## Schmerz

Einen – wenn auch nicht so erheblichen – Bedeutungswandel hat ebenfalls das Wort »Schmerz« durchgemacht. Aus der idg. Wurzel mer- (auf-reiben) hat sich smërzo (ahd.), smërze (mhd.) entwickelt, wobei zunächst die durch Scheuerwunden verursachten Schmerzen im Vordergrund stehen und später dann allgemeinen Charakter annehmen.

Es werden jetzt mit dem Worte sowohl die konkreten, empfundenen Folgen eines Leids als auch das gesamte Leid selbst ausgedrückt. Und wie schon beim Weh, so kann auch Schmerz etwas »Unnennbares« zum Ausdruck bringen:

> »Alles geben die Götter, die unendlichen,
> ihren Lieblingen ganz,
> alle Freuden, die unendlichen,
> alle Schmerzen, die unendlichen ganz.« (Goethe)

Und wie dort, so gewinnt auch hier das Wort durch den Gegensatz: Freude–Schmerz. »Der Schmerz macht, daß wir die Freude fühlen, so wie das Böse macht, daß wir das Gute erkennen.« (Ewald von Kleist)

Ganz ähnlich die Verbindungen »Wonne und Schmerz« und »Schmerz und Lust«, woraus Goethe sogar ein einziges Wort machte: »holder liebe schmerzenslust« (Goethe). In diesen Zusam-

menhang gehört auch die Wendung »der süße Schmerz eines Liebenden«.

Bereits aus diesen Beispielen mag deutlich geworden sein, daß mit
Schmerz weit mehr Unbill ausgedrückt wird als nur das körperliche. Dies allerdings steht beim Gebrauch des Wortes eindeutig im
Vordergrund. Der Schmerz geht einher mit der Krankheit, der Arzt
soll Schmerzen lindern oder vertreiben. Schmerzen können milde,
leicht, drückend oder unerträglich, groß oder banal sein: »leider
hab ich zu viel von einer speise gegessen, die mir übel bekommt;
sie schmerzt mich gewaltig im leibe.« (Goethe) Doch daneben gibt
es auch seelische Pein: den Schmerz der Seele, den Trennungsschmerz, den Liebesschmerz: »Ach! lebt von Schmerzen die Liebe
nicht und nicht von Liebe das Leben?« (Chamisso), den Sehn-
suchtsschmerz: »in solchen senenden schmerz ich mein elent leben
verzehr« (Hans Sachs).

Und wie bereits bei den anderen »Krankheitswörtern« erfahren wir
auch hier von positiven Seiten: »Der Schmerz ist der große Lehrer
der Menschen. Unter seinem Hauch entfalten sich die Seelen.«
(Ebner-Eschenbach) Und ein zweites Beispiel: »Wäre kein Schmerz
in der Welt, so würde der Tod alles aufreiben. Wenn mich eine
Wunde nicht schmerzte, würde ich sie nicht heilen und würde
daran sterben.« (Ewald von Kleist)

Abschließend sollten wir uns vom Sprichwort noch einen einfachen
Tip geben lassen: »Wer seine Schmerzen klagt, wird leichter.«

## Pein

Nicht ganz so gebräuchlich, doch eine notwendige Ergänzung zum
dargestellten Wortfeld ist die Pein.

Im Gegensatz zu den bisher behandelten Wörtern handelt es sich
hier um ein Lehnwort aus dem Mittellateinischen (pena = Höllen-
strafe). Im Althochdeutschen wurde es zugleich mit dem Christen-
tum entlehnt (Kluge/Götze), daher steht dieser Zusammenhang
zunächst auch im Mittelpunkt des Gebrauchs.

Als Höllenpein oder Feuerpein wurde vor allem eine Strafe für die
begangenen Sünden ausgedrückt. »Und sie werden in die ewige
Pein gehen, aber die Gerechten in das ewige Leben.« (Matth. 25, 46)
Später werden auch die diesseitigen, weltlichen Qualen so bezeichnet – so die Leibesstrafe, die Folter, die Todesstrafe, insbesondere
die Kreuzigung Christi, großer leiblicher Schmerz (mhd. siechtuo-
mespin) und schließlich die Angst vorm Sterben, die Todespein.

Und wie bei den vorangegangenen Worten weitet sich auch hier der Bedeutungsspielraum, und es kann nun »eine bedrängende äußere oder innere not, drangsal, plage, schmerz, trübsal, folternde qual, angst und unruhe« als Pein bezeichnet werden: »ouch waren mir vatter und muter mein ein schwäre burd und große pein.« (Gegenbach) oder »des alters sorg und pein ist furchtbarer als er (der tod).« (Cronegk)

Auch treffen wir hier wiederum auf die Seelenqual, den Trennungsschmerz: »sin jamer und sin pine diu ist groezer dan din mine« (Tristan), die Liebespein, den Liebesschmerz: »ich spaziere ... durch den hain in begleitung süszer pein.« (Günther, GW 7)

In diesem Zusammenhang sei noch auf die merkwürdige Wandlung hingewiesen, die das Wort »peinlich«, »Peinlichkeit« durchgemacht hat. Wie Pein bezeichnete es zunächst körperliche oder seelische Qualen, Angst und Schmerz, dann auch übertriebene Genauigkeit und Pedanterie und heute schließlich unangenehm berührende Gefühle.

## Wut, Manie, Phobie

Mit allen drei Begriffen werden psychische Krankheitszustände beschrieben.

»Phobie« umfaßt als Oberbegriff alle Krankheiten, die mit zwanghaften Ängsten verbunden sind. Auf »Wut« und »Manie« wurde bereits eingegangen. Heute wird mit Manie eine Sucht, ein Trieb, ein übersteigerter Drang (im allgemeinen Sprachgebrauch) oder ein spezielles Krankheitsbild als Teilerscheinung der manisch-depressiven Erkrankung (im psychologisch-medizinischen Sprachgebrauch) gemeint. Wie Wut kann jedoch auch die Manie Tobsucht, Besessenheit und Wahnsinn zum Ausdruck bringen.

## Wahnsinn

Ähnlich wie bei »Leid« und »leiden« haben wir uns auch hier mit dem heute schwer nachvollziehbaren Phänomen auseinanderzusetzen, daß »Wahnsinn« wortgeschichtlich nicht mit »Wahn« verwandt ist; so jedenfalls nach Kluge/Götze. In der Gegenwart scheinen beide einander so nahe gerückt, daß wie selbstverständlich im alltäglichen Gebrauch von einem gemeinsamen Gehalt ausgegangen wird.

Während nun aber bei »Wahn« als alter germ. Stamm waeni-, wâno (= Erwartung) angenommen wird, halten Kluge/Götze den »Wahnsinn« für einen letzten Rest des alten Stammworts wana- (= ermangelnd). Für uns ist dies deshalb interessant, weil sich hieraus wiederum die ahd. Wörter wanaheil (= schwach, krank) und wanawizzi (= unverständig, leer an Verstand) entwickelten. Wir haben es also hier tatsächlich mit einem Krankheitswort zu tun, das bereits seit frühester Zeit Auskunft über kranke Zustände gibt. Bis ins 18. Jh. wurde es in der Form »Wahnwitz« oder »Wahnsucht« gebraucht, und erst seit Luther beginnt sich statt dessen »Wahnsinn« durchzusetzen.

Der frühere Unterschied zu »Wahn« erscheint heute unwichtig, da vor allem dieser einen erheblichen Bedeutungswandel durchgemacht hat (siehe dort). »Wahnsinn« und insbesondere »wahnsinnig« selbst haben ihren Gehalt allerdings mittlerweile ausgedehnt, und so haben wir auch hier wieder Wörter vor uns, die vielfältige Bedeutungen zum Ausdruck bringen können.

Hauptbedeutung ist indes die geistige Erkrankung geblieben, bei der sich Wahnvorstellungen zeigen, wobei stets ein deutlicher Unterschied zum Blödsinn erhalten bleibt: »Wahnsinn (dementia) ist diejenige störung des gemüths da alles, was der verrückte erzählt, zwar den formalen gesetzen des denkens zu der möglichkeit einer erfahrung gemäß ist, aber durch falsch dichtende einbildungskraft selbst gemachte vorstellungen für wahrnehmungen gehalten werden.« (Kant)

In einer derartigen Tradition steht auch die aktuelle Definition von Pschyrembel: »Insania; akute, mit Wahnideen und Halluzinationen einhergehende Verwirrtheit, bei chronischem Alkoholismus, manisch-depressivem Irresein, Schizophrenie, Intoxikationspsychosen. Nicht mehr gebräuchlicher Ausdruck, da laienhaft und mißverständlich.« Der letzte Satz sagt indes wohl mehr über die Geisteshaltung des heutigen Mediziners aus denn über Gehalt und Gebrauch des Wortes.

Der nächstwichtige Bedeutungsbereich umfaßt »die zustände der erregung, in denen man der überlegung beraubt und durch die das klare urtheil getrübt ist, besonders unter dem banne der leidenschaften«. »wahrlich Lysias, es ist eine schlechte heldenthat, ein armes mädchen, das dich bis zum wahnsinn liebt, zu peinigen!« (Wieland) Gerade hier wird auch die Nähe zur Sucht offenbar: »affect ist wie ein rausch, der sich ausschläft; leidenschaft als ein wahnsinn anzusehen, der über eine vorstellung brütet, die sich immer tiefer einnistelt.« (Kant)

»o jetzo reut michs, daß ich sie im wahnsinn der ersten wuth getöthet.« (Schiller, Macbeth)
Diese Erregung kann auch – insbesondere in der Liebe – zum süßen, seligen, schönen Wahnsinn werden, zum Liebeswahnsinn. »da ihr die that geschehen lieszt, wart ihr nicht ihr selbst, gehörtet euch nicht selbst, ergriffen hatt' euch der wahnsinn blinder liebesglut.« (Schiller, Maria Stuart)
Drittens kann »Wahnsinn« für »thorheit, unvernunft, verblendung stehen«. »und schrecken bändigt die empörung nur, erbarmung wäre wahnsinn.« (Schiller, Don Karlos) Diese Bedeutung geht dann über auf »etwas sinnloses, thörichtes, abgeschmacktes«: »so sind denn auch diese dachreihen mit hydern und kleinen büsten, mit musicierenden affenchören, und ähnlichem wahnsinn verbrämt.« (Goethe, Ital. Reise)
Schließlich wird – zunächst mit »wahnsinnig«, neuerdings aber auch mit »Wahnsinn« – etwas Außergewöhnliches bezeichnet: »Ich habe wahnsinnig gut gegessen, einen wahnsinnig schnellen Wagen. Die Musik ist Wahnsinn.« So wird auch hier das Kranke in etwas Positives gewendet.
Abgesehen vom allgemeinen Gebrauch, dient das Wort in beschränktem Umfang auch der Differenzierung: so spricht man vom Liebes-, Säufer-, Verfolgungs- und vom religiösen Wahnsinn. All dies sind dann partielle, totale oder periodische Arten von geistig-seelischen Krankheiten.


## Seuche

Aus dem Adjektiv »siech« entwickelt sich als Alternative zu »Sucht« das Substantiv »Seuche«, das zunächst (im 17. Jh.) allgemein für Krankheit steht. »Und er (Jesus) half vielen Kranken, die mit mancherlei Seuchen beladen waren, und trieb viele Teufel aus und ließ die Teufel nicht reden, denn sie kannten ihn.« (Matth. 1, 34)
Gleichzeitig tritt Seuche auch als differenzierendes Wort für einzelne Krankheiten auf: »de vallende suke, epilepsie; de rorende suke, apoplexie; quinende suke, schwindsucht; suke der Vrowen, menses« (Schiller-Lübben).
»allmählich wird die vorstellung der ansteckung, des heftigen auftretens in einem zeitabschnitt der ausbreitung bestimmend.« Beispiele: Pestseuche, Lustseuche (Syphilis).
»die der seuchenpest auszehrt! die der nahe tod umfasset« (Gryphius), dann gilt es »der ansteckenden seuche auszuweichen« (Goethe).

Schließlich beschränkt sich der Gebrauch des Wortes auf den Sinn von Epidemie, wobei allerdings auch jetzt noch eine Übertragung auf seelische Vorgänge möglich ist: »es gehört diese seuche (das spiel) mit unter die begleiter des kriegs.« (Goethe) In diesem Sinne (›ansteckende, gefährlich um sich greifende Krankheit‹) ist »Seuche« bis heute ein Krankheitswort geblieben, mit einem nun allerdings sehr eingeschränkten Bedeutungsbereich.

## Siechtum

»Siechtum« stellt eine späte Konkurrenzentwicklung zur Sucht dar, dem eigentlichen Substantiv des Adjektiv »siech«.
Die gemeingerm. Wurzel lautete vermutlich seuka und bedeutete »krank«. Sie hat in allen germ. Sprachen Verbreitung gefunden. Über got. sinks, ahd. sioh hat sich das mhd. und nhd. siech entwikkelt, ohne daß sich die Grundbedeutung änderte.

# Sucht

## Wortgeschichtliche Entwicklung

Das Substantiv »Sucht« verfügt – gemeinsam mit dem Adjektiv »siech« – über eine uralte germanische Tradition. Es darf angenommen werden, daß es auch bereits indogermanische Wurzeln gegeben hat. Da diese aber bislang nicht mit Sicherheit bestimmt sind, bestehen darüber heute allenfalls Vermutungen.
In allen germanischen Dialekten vorkommend, stand Sucht von Beginn an für Krankheit (got. sauhts, pl.; anord. sott; ags. suht; asächs., ahd., mhd. suht).
Zwar überwiegt vom 8. bis 13. Jh. die Bedeutung »körperliche Krankheit«, doch sind für diese Zeit auch geistig-seelische sowie sittliche Krankheitsbezeichnungen nachweisbar. Als Beispiel seien hier »vallunde suht« (Fallsucht), »seneder süchte« (Sehnsucht, Liebespein) und »suntono suhti« (sündige Sucht) genannt. Der autonome Begriff »suht« steht in dieser Zeit »als generelle bezeichnung für jede krankheit des menschlichen körpers, die mit deutlichen symptomen in erscheinung tritt und nicht auf mechanische ursachen (verletzungen oder verwundungen) zurückgeht« (GW 10, 4).
In dieser Eigenschaft war »Sucht« das Wort, mit dem das lateinische morbus übersetzt wurde.

Bis ins 16. Jh. erlebt es einen kontinuierlichen Aufschwung, der sich in der Entwicklung immer neuer Komposita erweist. Während der gleichen Periode wird es jedoch als autonomer Begriff immer schwächer und muß in dieser Funktion seit dem 16. Jh. dem Wort »Krankheit« die Hauptrolle überlassen, behauptet seine Existenz zwar noch bis ins 18. Jh., erlischt dann aber völlig als Synonym für Krankheit im allgemeinen sowie für körperliche Krankheit im besonderen. Erstaunlich ist, daß der bereits festgestellte Trend zur Bildung von Komposita unvermindert anhält. Zwar sterben zahlreiche dieser Worte vor und nach dem 16. Jh. ab, doch läßt eine stetige Neubildung diesen Schwund kaum sichtbar werden.

Wohl aus diesem lebendigen Umgang mit dem Wort bzw. Wortteil »-sucht« erklärt sich die Tatsache, daß »Sucht« auch als autonomer Begriff wiederauflebt. Insbesondere der oben genannte Teilbereich »seelisch-geistige Krankheit« läßt immer neu zusammengesetzte Wörter entstehen, die im 19./20. Jh. schließlich die Grundlage für »Sucht« als Bezeichnung »eines krankhaften inneren Zwangs«, »eines krankhaften Triebes« bilden.

Neue wissenschaftliche Erkenntnisse, vor allem in der Psychologie (Psychoanalyse), können sich so alter Worte bedienen, die jedoch andererseits zeigen, daß neu erscheinenden Forschungsergebnissen durch vorhandenes Volkswissen der Weg geebnet wurde, ja – daß sie dem Gehalt nach dort vielleicht schon vorhanden waren.

Die hier beschriebene Entwicklung bezieht sich ausschließlich auf die deutsche Sprache. Während – wie erwähnt – zu Beginn »Sucht« als gemeingermanisches Wort in allen Dialekten existierte, haben die sich daraus bildenden Nationalsprachen die genannte Differenzierung nicht mitvollzogen.

Wir stehen also heute vor dem Phänomen, daß nur die deutsche Sprache ein ihr eigenes Krankheitswort besitzt, mit dem übergreifend alle »krankhaften inneren Zwänge und Triebe« definiert werden können. In der englischen Sprache, insbesondere im angloamerikanischen Sprachraum hat das Fehlen eines solchen Wortes zu der kuriosen Situation geführt, daß eine Vielzahl heute erkannter Krankheitsbilder auf ein bereits beschriebenes (Alkoholismus) zurückgeführt werden müssen und anschließend dementsprechend benannt werden (Workoholism).

Dieser Trend zeigt gleichzeitig, daß der Versuch, als gemeinsame Grundlage »addiction« einzuführen, weder inhaltlich noch wortgeschichtlich tragfähig war.

Inhaltlich sind die hier aufgeworfenen Fragen von Bedeutung, weil im 20. Jh. die Beachtung der geistig-seelischen Krankheitsbilder in Wissenschaft und Volksmeinung stetig wächst. Formal läßt sich dies daran ablesen, daß – zumal in der zweiten Hälfte unseres Jahrhunderts – der Gebrauch von Suchtkomposita einen enormen Aufschwung erlebt und – zunächst in der Alltagssprache (Zeitungsartikel, Politikerreden) – ein relativ neues, sehr breit und vielschichtig angelegtes Krankheitsbild entstehen läßt, das in das herkömmliche medizinische Raster nicht mehr eingebunden werden kann.

Auf die bislang nur allgemein dargestellten Entwicklungen soll im folgenden detaillierter eingegangen werden.

Mit Hilfe der folgenden Grafik möchte ich zunächst einen Überblick geben über den komplizierten Verlauf des Werdens und Vergehens von Suchtbezeichnungen.

Ausgangspunkt ist »sucht« als autonomer Begriff im 8. Jh. Zu dieser Zeit liegt – wie bereits festgestellt, das Schwergewicht des Wortverständnisses auf der körperlichen Krankheit, es werden aber seelische, sittliche und geistige Krankheiten deutlich mit in den Gesamtgehalt eingeschlossen. Wichtig erscheint mir auch zu betonen, daß zahlreiche menschliche Verhaltensweisen, die wir heute als Süchte bezeichnen und für die erst im 16./17. Jh. entsprechende Suchtbegriffe geprägt wurden, bereits im 8. Jh. oder auch vorher als Vorgang bzw. Verhaltensweise beschrieben wurden. Dies trifft z.B. auf die Spielsucht zu, die bereits von Tacitus als bei den Germanen vorkommend beschrieben wurde, ebenso auf die Trunksucht und die Freßsucht/Völlerei.

Neben dem autonomen Begriff existieren auch schon im 8. Jh. Suchtkomposita. Nachweisbar sind vallunde suht (Fallsucht) und seneder suht (Sehnsucht).

Die damaligen und alle folgenden Suchtkomposita ordne ich vier großen Gruppen zu:

A: Sucht = körperliche Krankheit
B: Sucht = sittliche, seelische und geistige Krankheit
C: Sucht = seelische Krankheit, i.S. krankhaft übersteigerter Trieb
D: Sucht = seelisch-körperliche Krankheit

## A: Sucht als Bezeichnung körperlicher Krankheiten

Wie bereits angedeutet, meinte die Hauptbedeutung und damit auch der hauptsächliche Anwendungsbereich des Wortes zunächst körperliche Krankheiten.

# Sucht-Stammbaum

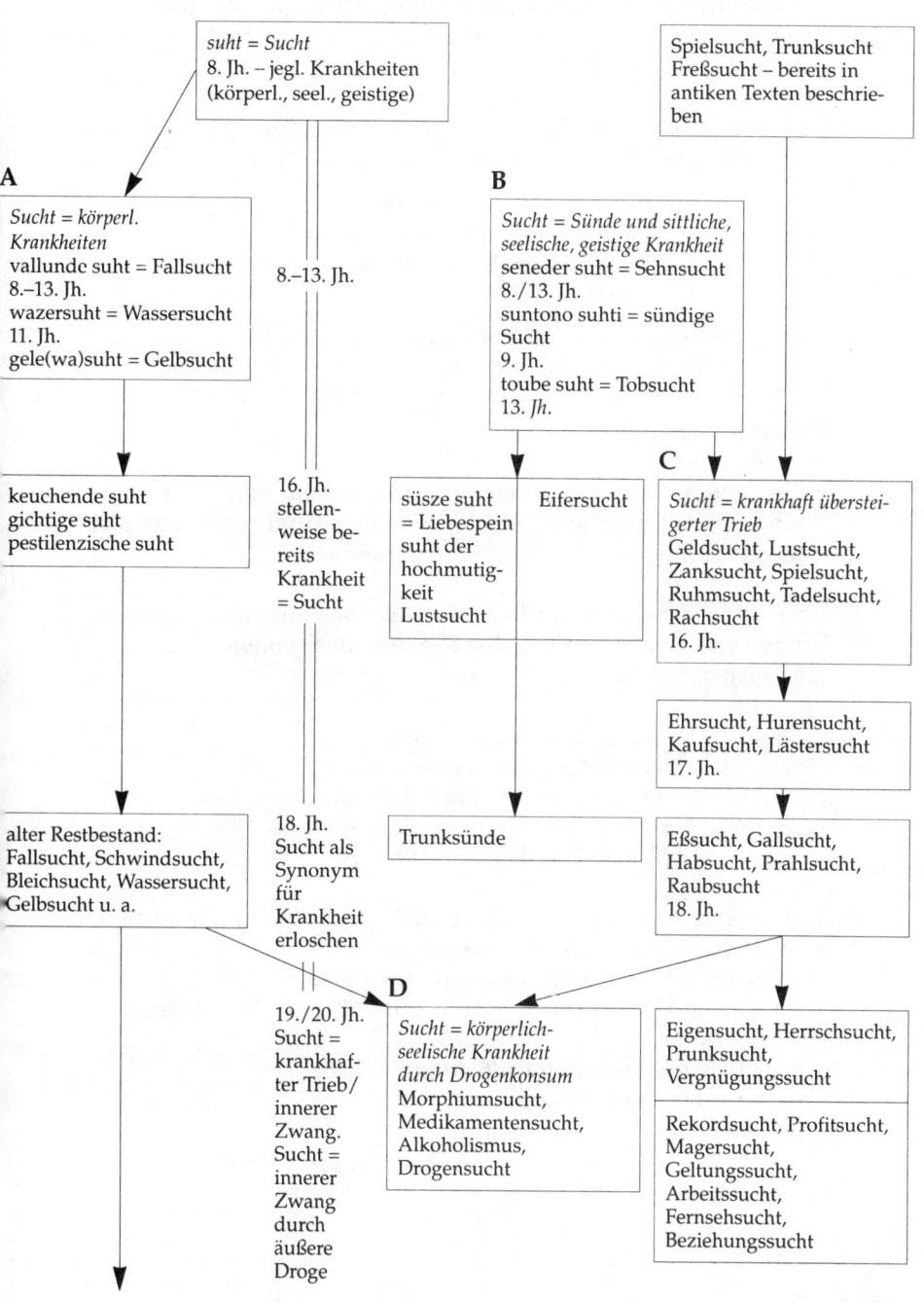

Dies darf – der Tendenz nach – auch dort angenommen werden, wo
»Sucht« als autonomer Begriff (d.h. alleinstehend, als selbständiges
Wort) auftritt, und zwar nachweislich bereits in Quellen des 9. Jh.s:
»thie siechun quamun, alle tho zemo abande; firdreib er al thio
suhti joh iro ummahti«. (Otfrid)
»ther heilant . . . heilta iogiuuelihha suht.« (Tatian)
Bei entsprechender Suche lassen sich derartige Zitate bis ins 16./17.
Jh. finden:

> »drob der bettler erzürnet war
> und aller bettler plag nur flucht
> und wünsch mir die und jhene sucht.«
> (H. Sachs)

> »were der sucht bei zeyt.«
> (S. Franck, Sprichwörter)

Und sogar noch 1806:

> »es steht nur bey ihm, unter allen suchten und seuchen zu wäh-
> len, denn er findet, wenn er will, die zeichen und zufälle von allen
> an sich.« (Bremser, Medizinische Parömien)

Doch schon der allgemeine Begriff kann in bestimmten Zusammenhängen einzelne körperliche Krankheiten bezeichnen.
Ein Beispiel für Aussatz:

> »Lazarus dicit ad Mariam:
> hore Maria, dorch dine zuht,
> ich wene wol, ich hab die suht,
> von der ich liden groze not.»
> (Schauspiel des Mittelalters)

In der Regel wird allerdings in früherer Zeit die jeweilige Krank-
heitsart durch ein Adjektiv benannt:
vallunde suht/seit 8. Jh./Fallsucht, Epilepsie
schweinende, schwindende suht/seit 9. Jh./Schwindsucht,
    Tuberkulose
durchspitzige sucht/14. Jh./Blattern, Pocken
wazer suht/11. Jh./Wassersucht
gele(wa) suht/10. Jh./Gelbsucht
aussätzige oder misel-sucht/13. Jh./ Aussatz, Lepra
schlafende sucht/15. Jh./ Schlafsucht, Lethargia

Bauchsucht/15. Jh./ Ruhr, Durchfall
galesucht/15. Jh./Cholera
lidesuht/12. Jh./ Arthritis, Rheuma
milzsucht/15. Jh./(verschiedene Bedeutungen)
schnelle, gählinge Sucht/15. Jh./Pest
Starrsucht/18. Jh./Katalepsia
Blausucht/19. Jh.
Bleichsucht/18. Jh.

Diese Liste ist erstellt nach Angaben aus Grimms Wörterbuch (10,4) und dem »Deutschen Krankheitsnamen-Buch« von Höfler.
Nicht von ungefähr liegt ihr Schwerpunkt auf Krankheiten, deren Bezeichnung im 14./15. Jh. entstand.
Bei Höfler, dessen Buch 1899 erschien, werden insgesamt 122 verschiedene (genau datierte) körperliche Krankheiten benannt, die mit dem Wortteil »-sucht« zusammengesetzt sind. Von diesen sind 94 bereits vor dem 17. Jh. in Gebrauch gewesen, nur 28 seitdem hinzugekommen, also nach dem 16. Jh. entstanden. Die Parallele zur Entwicklung des autonomen Begriffs »Sucht« ist augenfällig!
Man darf annehmen, daß diese Entwicklung etwas mit der Herausbildung von Medizin als moderne Wissenschaft, als naturwissenschaftlich ausgerichtete Praxis und Lehre zu tun hat.
»Unsere heutige, nicht aus dem volk hervorgegangene arzneilehrsamkeit hat allmälich beinahe alle deutschen benennungen der krankheiten verdrängt und durch griechische oder römische wörter ersetzt«, schreibt Jacob Grimm in seiner Deutschen Mythologie II, S. 965.
Die obigen Feststellungen zeigen indes, daß selbst dies nur die halbe Wahrheit ist. Die Entwicklung der modernen Medizin – jedenfalls in Mitteleuropa – weist erstaunliche Ähnlichkeit mit der Durchsetzung und Verbreitung des Christentums (bei uns) auf. Mord und Totschlag gehen einher mit einer ideologischen Umwertung der Dinge und Werte.
Während im 16./17. Jh. im Zuge der Hexenverbrennung »weise Frauen«, »Kräuterfrauen« und – wenn auch vergleichsweise selten – Männer mit Heilwissen systematisch ausgeschaltet wurden, entwickelte sich gleichzeitig eine völlig neue, aus der (jeweiligen) Herrschaftsschicht stammende Kaste, die sich daran machte, die entstandenen Lücken zu füllen. Die Schätzung der Opfer geht in die Millionen.
Beim Entsetzen über den damaligen Schrecken und Terror, verbreitet durch Staat, Wissenschaft und Kirche, gerät die ideologische

»Machtergreifung« im medizinischen Bereich leicht in Vergessenheit. Es kann kein Zufall sein, daß in dieser Zeit das Wort »Sucht«, das in sich das Bild einer Einheit von Geist, Körper und Seele trug und das ursprünglich als Ursache und Hintergrund etwas nicht Faßbares, Dämonisches (nicht Teuflisches!) mitschwingen ließ, durch ein Wort (»Krankheit«) ersetzt wird, das einen wesentlich neutraleren Charakter mitbringt (ursprünglich: »Schwäche«).

1782 findet im deutschen Sprachraum die letzte Hexenverbrennung statt. Zu dieser Zeit ist der Gebrauch von »Sucht« als Synonym für Krankheit erloschen.

Gleichzeitig kommt nicht nur die Neubildung von Suchtkomposita, die körperliche Krankheiten bezeichnen, fast gänzlich zum Erliegen, sondern es ist darüber hinaus sogar so, daß auch die bis dahin entstandenen rapide absterben!

So sind heute Rotsucht, Schwarzsucht, Gliedersucht, Gichtsucht, Halssucht oder Miselsucht keine Begriffe mehr, unter denen wir uns etwas vorstellen können. Zwar hat sich ein alter Restbestand entsprechender Suchtkomposita durch die Jahrhunderte gerettet, er ist jedoch zahlenmäßig gering und steht auch in Konkurrenz zu entsprechenden medizinischen Fachausdrücken: Fallsucht (Epilepsie), Schwindsucht (Tuberkulose), Bleichsucht (Chlorose), Blausucht (Zyanose), Gelbsucht (Hepatitis), Tobsucht (Psychose) und Wassersucht (Ödeme).

Es fällt also nochmals auf, wie eng das Schicksal der Suchtkomposita, die körperliche Krankheiten bezeichnen, mit dem Schicksal des autonomen Begiffs »Sucht« zusammenhängt. Die »Machtergreifung« der naturwissenschaftlichen Medizin bezieht sich also insbesondere auf die »körperlichen Krankheiten«. Hier werden alte Begriffe eliminiert und neue geprägt, so daß ein neues Denken und Handeln auch neu bezeichnet und benannt werden kann. Die neuen, wissenschaftlichen Ausdrücke sollen für Kenntnis und Autorität bürgen.

## B: Sucht als sittliche, geistige, seelische Krankheit

Dieser Komplex umfaßt sowohl Zustände, bei denen die Betroffenen aufgrund eigener Qualen einen Leidensdruck erleben, als auch Verhaltensweisen, die von außen als verwerflich, ja als Leid/Sünde bewertet werden, bei denen also die Betroffenen selbst möglicherweise gar kein Leid empfinden.

Dieser Gegensatz wird wohl durch seneder sühte (Sehnsucht, Lie-

bespein) und suntono suhti (sündige Sucht) ausgedrückt. Insbesondere die Liebe bietet immer wieder Anstoß für Wortprägungen
in die eine oder andere Richtung (süsze suht = Liebespein; Liebesschwindsucht; Lustsucht usw.). Die Häufigkeit dieser Wortschöp-
fungen, aber auch die Intensität der durch sie zum Ausdruck
gebrachten Qualen lassen noch »die alte anschauung von der liebe
als körperliche-geistiger Krankheit« (Grimm) spüren.

Andererseits spielen in diese Auffassung ethische und moralische
Kategorien der christlichen Religion hinein: »Ja, es geschieht
underwilen . . ., das usz sölichen haltungen der uszerlichen dingen
ein sucht erwachszt, die ein tod und verderbnisz ist der rechten
frömmigkeit.« (Leo Jud, 1521)

Hier wird also bereits der Hinwendung zu weltlichen Dingen ein
Krankheitswert beigemessen. Der Gefahr, dem anheimzufallen, ist
der Mensch allerdings fortwährend ausgesetzt, da von Anbeginn an
– oder aus religiöser Sicht: seit dem Sündenfall – zwei Seelen in
seiner Brust kämpfen, das Krankhafte also stets vorhanden ist: »du
menschenkind, gehorche nicht der sucht in deinem krancken blut,
so dich zur sünden reizen that.« (Ringwaldt, 1598)

Dieser speziell religiöse Aspekt aller (unter B zusammengefaßten)
Krankheiten hielt sich im deutschen Sprachgebrauch noch bis ins
18. Jh.

Die Gewalt der Religion ist bis dahin so lebendig, daß sie die
*Trunksucht* in ihrem Sinne, moralisch wertend, als *Trunksünde*
umdeuten kann.

Durch Aufklärung und Säkularisierung sind jedoch schon zu dieser
Zeit erhebliche Gegenkräfte vorhanden, die schließlich wohl auch
den religiösen Suchtbegriff absterben lassen. Nach dem 18. Jh. ist
von Sünde oder gar Erbsünde als Sucht keine Rede mehr.

Anders verhält es sich mit der sittlich-moralischen Auffassung von
Sucht. Möglicherweise auch auf einem religiösen Hintergrund, läßt
sich bereits früh die Verurteilung von Süchten nachweisen. So
werden früh Eigenschaften, Bestrebungen, Gefühle der Menschen
als krankhaft bzw. süchtig definiert und dies gleichzeitig mit einer
negativen Bewertung verbunden: sexuelle Liebe, Hochmut, Eitelkeit, Lügen usw.

Dieses Vorgehen (ein Verhalten, das ich von mir selbst kenne, das
mir aber bei anderen nicht paßt, als krankhaft zu bezeichnen und
gleichzeitig zu verurteilen) ist bis heute lebendig. Ja – es ist sogar
einer der wichtigsten Bausteine im Prozeß der Sucht.

Von Beginn an am eklatantesten trat dies im Zusammenhang mit
Liebe zutage.

Sexuelle Liebe als reine Lust außerhalb der Ehe, wechselnde Geschlechtspartner – all dies galt es zu verdammen, als Sünde zu bezeichnen. Hier half natürlich, daß durch vielfache Geschlechtskrankheiten ein Zusammenhang mit körperlichen Krankheiten entstand und dies als Strafe Gottes gedeutet werden konnte:

>»dann liebe ist ein böse sucht,
>da durch der mensch wird so verrucht,
>das er nit acht ehr oder schandt.« (Dähnhardt)

>»... die röthe, dieses blicken,
>der schweisz, das hertzenweh,
>disz auff und nieder schicken
>der säufftzer zeiget ja,
>dasz ihre beste frucht
>ein wahres stücke sey
>der rechten, schweren sucht.« (Opitz, 1690)

Von dieser Kritik der Liebe im allgemeinen spannt sich ein Bogen immer stärkerer Verurteilung, der von der Geilheit bis zur Lustseuche, der neapolitanischen, französischen Sucht (Syphilis) reicht. Die direkte Verbindung zwischen diesem sittlich-moralischen Verständnis und der sich weiter entwickelnden Suchtdefinition ist zwar zu Ende gegangen, doch ist es von erheblicher Bedeutung für den Gesamtgehalt des Suchtverständnisses, wie hartnäckig dieser Aspekt indirekt weiterlebt.

Schließlich gehört zum Komplex B auch der Bereich der geistig-seelischen Krankheiten. Im Unterschied zu dem anschließend zu behandelnden Komplex C steht hier noch nicht die Dynamik des Zwanghaften im Vordergrund. Wichtig ist bei dieser Verwendung des Suchtbegriffs die Annahme einer krankhaften Störung. Diese Definition erfolgt zumeist von außen und geht einher mit moralischer Verurteilung. Letzteres trifft allerdings dort nicht zu, wo körperliche Prozesse oder dämonisches Wirken vermutet werden, wie z.B. bei der Tobsucht oder der Fallsucht.

Die hier gemeinten Charaktereigenschaften, Laster, geistigen Verirrungen wurden zu der Zeit, da sie als Sucht aufgefaßt und benannt wurden, auf eine ähnlich bedeutende Stufe gestellt wie schwere körperliche Leiden: »es sind ... in der welt vier seuchen oder suchten, die nicht allein unersättlich, sondern auch fast unheilsam; wer an denselben krank ligt, der ligt wahrhaftig in schwerer krankheit, als da ist die geltsucht ..., die ehrsucht, die lustsucht, die gunstsucht.« (Dannhauer, 1657; GW 886)

Den seelisch-geistigen Krankheiten sind auch die bereits genannte Sehnsucht und Eifersucht zuzuordnen. Insbesondere durch den uralten Begriff der Sehnsucht läßt sich beweisen, daß bereits im 8. Jh. das Verständnis von Sucht geistig-seelische Krankheitsbilder einschloß.

Als eigenständiger Restbestand dieser einstmals großen Vielfalt an religiösen, sittlichen, geistig-seelischen Krankheiten haben vor allem Sehnsucht und Eifersucht die Zeit überdauert. Beide sind ganz eigen zu beurteilen und lassen sich nur bedingt dem im 16. Jh. entstehenden Suchtverständnis (»zwanghafter Trieb«) zuordnen, wie dies für andere hier genannte Süchte vermutet werden muß, so z.B. für Rachsucht und Ehrsucht. Ähnlich verhält es sich mit den genannten psychosomatischen Krankheiten wie Tobsucht. Auch diese lassen sich dem neuen Suchtverständnis nicht oder nur bedingt zuordnen, sind also ein ganz eigener Restbestand, der sowohl dem Komplex A wie auch dem Komplex B entstammt.

Wenn auch deutlich ist, daß nur durch die Entwicklung und die Existenz des Komplexes B die Herausbildung von Sucht als »krankhafter Zwang« möglich war, so bleibt doch festzustellen, daß ähnlich wie der Komplex A auch nahezu der gesamte Bestand an geistig-sittlich-seelischen Krankheiten erloschen ist.

### C: Sucht als krankhafter innerer Zwang

Aspekte und Tendenzen, die bereits in frühester Zeit vorhanden waren und vor allem im Zusammenhang mit Sehnen und Liebe zum Ausdruck kamen, treten seit dem 16. Jh. immer stärker in den Vordergrund und führen zur Herausbildung eines neuen Bedeutungszusammenhangs, der zunächst neben den beiden alten (A und B) existiert, seit dem 18. Jh. aber zum Synonym für Sucht geworden ist.

Der neu entstehende Gehalt vereinigt in sich wiederum Anteile der jetzt erlöschenden Komplexe (A und B). Körperliche Aspekte werden erkannt im Krankheitsbild der Trunksucht, der Morphiumsucht oder der Freßsucht. Indirekt kann heute – aufgrund der Enkephalin-Diskussion – vermutet werden, daß einer weiteren Zahl von Verhaltenssüchten (i. S. innerer Zwänge) körperliche, biochemische Prozesse entsprechen. Damit wäre dann die ursprüngliche Einheit von Körper–Geist–Seele wiederhergestellt.

Aus dem Komplex B entstammt die Erkenntnis, daß auch geistig-seelische Vorgänge Leid auslösen und als Krankheit bezeichnet werden können. Gleichzeitig ist hier die Quelle moralischer Wertungen zu suchen, durch die die Andersartigkeit von Minderheiten und die Abweichungen von der Normalität als Krankheit begriffen werden können. Was jedoch aus der einen Perspektive negativ wirkt, ermöglicht aus einer anderen, menschliche Verhaltensweisen nicht nur rational, sondern auch emotional aufzufassen, und damit insofern eine positive Alternative, als dadurch eine weitere Sichtweise erschlossen wird.

Zum dritten fließen in den Komplex C Beschreibungen von Verhaltensweisen ein, für die es vor dem 16. Jh. möglicherweise keine Suchtbegriffe gab, die allerdings in Verlauf und Auswirkung bereits detailliert beschrieben waren, so z.B. Spielsucht, Trunksucht und Freßsucht (Völlerei).

Bei der weiteren Darstellung von Sucht als »krankhafter Zwang« fällt zunächst auf, daß in diesem Teilbereich auch der autonome Begriff weiterexistiert: »der ehren heisze sucht verlescht uns durch entzünden.« (Logau, 1654) Oder: »kein sucht zu allen lastern sey gefährlicher dann ehrgeitz.« (Lehmann, 1662)

Lebt zu dieser Zeit der autonome Begriff »Sucht« hauptsächlich durch stützende Erklärungen, so wird er in den folgenden Jahrhunderten stärker und existiert heute wieder unabhängig, d.h. tatsächlich autonom; nun allerdings in der Beschränkung auf »krankhafter innerer Zwang/Trieb«. In diesem Sinne finden wir heute in den Lexika wieder Definitionen von »Sucht«.

Wie bereits betont, setzt die Bildung von Suchtkomposita des Komplexes C im 16. Jh. ein (Geldsucht, Lustsucht, Zanksucht, Spielsucht) und gewinnt im folgenden Jahrhundert erheblich an Stärke (Ehrsucht, Ruhmsucht, Tadelsucht, Gewinnsucht, Rachsucht usw.). Während es im 18./19. Jh. zu einer gewissen Konsolidierung kommt, sind im 20. Jh. wieder eine stürmische Benutzung entsprechender Suchtworte und eine breite Neuschöpfung von Komposita zu registrieren. Dieser Prozeß dauert derzeit immer noch an.

Bisher war in diesem Kapitel stets nur von krankhafter Zwanghaftigkeit die Rede. Dies darf jedoch nur als Konstrukt, gewissermaßen als kleinster gemeinsamer Nenner verstanden werden. Die große Vielfalt der seit dem 16. Jh. entstandenen Suchtbegriffe kann in verschiedene Richtungen differenziert werden. Attribute ermöglichen eine Rangfolge von schwer bis leicht: so gibt es tödliche, schwere, böse Süchte, wie es leichte und harmlose gibt.

Eine genauere Beschreibung verschiedener Schwerpunkte führt zu der folgenden Unterscheidung:

- Trieb, der den gesamten Menschen ergreift und beherrscht, der ihn Denken und Handeln auf ein Ziel ausrichten läßt, wobei Dauer und Stärke krankhaft übersteigert sind und insgesamt eine Unersättlichkeit zutage tritt.

- Eine charakterliche Neigung, die als Fehler oder Unart, vor allem aber als völlig überzogen angesehen wird.

- Eine Marotte, ein modischer Tick, der die Betroffenen gefangennimmt.

Sicherlich gibt es hier noch wesentlich mehr Nuancen, die auch weitere Kategorien ermöglichen. Wichtiger erscheint mir, daß bereits durch die drei genannten grundsätzliche Überlegungen angestoßen werden: Süchte können den gesamten Menschen ergreifen, sie können sich aber auch nur auf Teilbereiche seines Denkens, Fühlens und Handelns beschränken. Sie können auftreten wie eine Mode und ebenso wieder verschwinden. Sie können möglicherweise auch nur in der Wertung von außen existieren. An dieser Stelle soll zunächst nur der Anstoß für eine breitgefächerte, differenzierte Betrachtung der in unserer heutigen Gesellschaft gebräuchlichen Suchtbegriffe gegeben werden.
Erst nach einer genauen, detaillierten Untersuchung dieser Süchte bzw. Suchtbegriffe wird dann versucht werden, ein abschließendes Bild des aktuellen Suchtspektrums zu entwerfen.

## D: Sucht als körperlich-seelische Krankheit

Obwohl im eigentlichen Sinne seelische Krankheiten, die auch von der Wortentwicklung her zur Kategorie C gehören, sind die unter D zusammengefaßten Süchte doch gesondert zu betrachten. So sind bei ihnen eindeutige körperliche Symptome und Krankheitsverläufe nachweisbar. Des weiteren geht es hier ausschließlich um Süchte, die im Zusammenhang mit der Einnahme von Drogen entstehen. Hierzu gehören vor allem: Alkoholismus/Trunksucht, Morphiumsucht bzw. alle BTM-Süchte, Medikamentensucht und süchtiges Rauchen.
Wenn dies auch aufgrund der historischen Begriffsbildung nicht nachzuvollziehen ist, so sind doch durch die Besonderheit dieser Süchte, d.h. durch die somatischen Aspekte, Nähe und Verwandtschaft zum Komplex A zu konstruieren. Dies wird auch dadurch

unterstrichen, daß – wiederum aufgrund der somatischen Aspekte – die heutige Medizin sich für die Behandlung dieser Süchte für zuständig hält.

Ein weiteres Indiz für die Ausnahmestellung der hier behandelten Süchte ist die Tatsache, daß diese – trotz ihrer verschwindend geringen Zahl – zum Ausgangspunkt und Maßstab jeglicher »wissenschaftlichen« Suchtdefinition gemacht werden.

Der hier aufgezeigte Gesamtzusammenhang läßt ein solches Vorgehen zumindest als oberflächlich und grob fahrlässig erscheinen.

Mit der Beschreibung der Kategorie D soll der Überblick über die historische Entwicklung der Suchtbegriffe abgeschossen sein. Nach der Behandlung der Süchte im einzelnen soll – in einer abschließenden Betrachtung – der Versuch einer aktuellen Suchtdefinition unternommen werden.

# Lexikon der Süchte

In diesem Kapitel sollen 121 Süchte vorgestellt werden, für die es in der deutschen Sprache Namen gibt, in denen der Wortteil »-sucht« vorhanden ist.

Gemeint sind hier ausschließlich Süchte der oben genannten Kategorien B, C und D, also keine rein körperlichen Krankheiten. Zwar gibt es über diese 121 Süchte hinaus noch eine Reihe weiterer Suchtbezeichnungen in der deutschen Sprache bzw. Literatur, doch sollte die Beschränkung auf lexikalisch definierte oder zumindest dort erfaßte Wörter eine gewisse Verbindlichkeit verbürgen.

Alphabetisch geordnet, wird jede Sucht zunächst mit ihrem deutschen, dann – falls vorhanden – mit dem lateinischen Fachausdruck genannt. Es folgt das Datum der ersten Nennung. In der Mehrheit der Fälle sind dies die in den Lexika genannten Angaben, manchmal die von mir gefundenen Belege.

Sicherlich lassen sich hinsichtlich dieser Angaben bei exakterer Forschung noch wesentliche Korrekturen anführen, doch wollte ich auf diesen, zugegebenermaßen etwas oberflächlichen Zwischenstand nicht verzichten, da hierdurch immerhin Trends deutlich werden und sich so leichter Grenzen zwischen neu und alt ziehen lassen.

Die zweite Zeile gibt eine kurzgefaßte Definition. Anschließend erfolgt eine Zuordnung zu verwandten Süchten oder Begriffen. Teils dient dies der Verständniserleichterung, teils werden dadurch bereits Anstöße zur Bildung von Suchtkomplexen gegeben. In einigen Fällen sind daraus zwei unterschiedliche Zeilen entstanden.

Zum Schluß wird über die Häufigkeit der Fundstellen informiert (Ü = Übereinstimmung hinsichtlich der Nennung in Lexika; auf die Nennungshäufigkeit verweist die in Klammern gesetzte Zahl) und zwischen aktuellen und nicht aktuellen Begriffen geschieden. Die zugrundeliegenden Lexika sind im Literaturverzeichnis genannt.

## Lexikon

**Abenteuersucht** (Wö DDR 1964)
– sich steigerndes Verlangen, Abenteuer zu erleben
– eher: -durst, -hunger, -lust
– geringe Ü(2), aktuell

**Arbeitssucht** (Menzel 1979)
- das gesamte Leben wird durch das Arbeiten bzw. die Arbeit und das Denken daran bestimmt
- Nähe: Geltungssucht, Herrschsucht
- Arbeitswut, Arbeitstier
- keine Ü(0), aktuell

**Arzneimittelsucht** (Pschyrembel 1975)
- Zwang ständig Arzneimittel zu konsumieren
- Nähe: Drogensucht, Medikamentensucht, Morphiumsucht, Pervitinsucht, Schlafmittelsucht, Tablettensucht
- Arzneimittelmißbrauch, Kokainismus, Morphinismusabhängigkeit
- keine Ü(1), aktuell

**Begiersucht** (Öttinger 1758)
- gieriges Verlangen nach Habe
- Nähe s. Habsucht
- Habgier, Gierhals, Besitzgier
- keine Ü(1), nicht aktuell, d. h. veraltet

**Bekehrungssucht** (Wieland 1818)
- übertriebenes Streben, jmd. zu bekehren
- Bekehrungswut, -eifer
- keine Ü(1), nicht aktuell

**Bettelsucht,** morbus mendicorum, i.e. lassitudo (Waldis 1565)
- eine Art Habsucht, die durch den *Schein* der Bedürftigkeit etwas zu erlangen sucht
- Nähe: Habsucht, Erwerbssucht, Gewinnsucht
- geringe Ü(2), nicht aktuell

**Beutesucht,** praedae cupiditas (1844, Dahlmann)
- gierig nach der Habe von Besiegten, Scheelsucht
- Nähe zu: Habsucht, Gewinnsucht, Selbstsucht, Vorteilssucht
- geringe Ü (2), nicht aktuell

**Beziehungssucht**
- zwanghaftes Festhalten an einer Partnerbeziehung
- nirgends vorhanden
- aktuell

**Blutsucht,** crudelitas, caedis amor (Luther 1520)
- die Gier, anderer Leute Blut fließen zu sehen, sie zu ermorden
- häufig als Eigenschaft von Tyrannen und Tieren genannt
- auch als: -gier, -durst, -trunken, -lust, -rausch, -rünstig
- keine Ü (1), nicht aktuell

**Brandstiftungssucht,** Pyromanie (Gabriel 1936)
- zwanghafter Trieb, Feuer zu legen, durch Feuer zu vernichten; während des Brennens Lust verspüren
- Feuerteufel
- Nähe: Genußsucht
- keine Ü(0), Begriff nicht aktuell

**Bubensucht** (H. Sachs 1612)
- zwanghafte Lust von Frauen am Geschlechtsverkehr mit Männern
- Nähe: Geilsucht, Hurensucht, Liebessucht, Lustsucht, Mannsucht, Paarungssucht
  geringe Ü (2), nicht aktuell

**Diebsucht,** Kleptomania (Höfler 1899)
- krankhafter Drang zum Stehlen, ohne Bereicherungsabsicht
- Nähe: Raubsucht usw., s. dort
- Dieberei, Dieb
- keine Ü(1), nicht aktuell

**Disputiersucht,** concertationis studium (Arnold 1699)
- Zwang, mit anderen streiten zu müssen, auf gelehrtem Niveau
- Nähe: Gallsucht, Streitsucht, Händelsucht, Rachsucht
- geringe Ü: (2), aktuell

**Drogensucht** (Pschyrembel 1975)
- Sucht nach Drogen
- Nähe s. Arzneimittelsucht
- Drogenabhängigkeit (WHO)
- mittlere Ü(3), aktuell

**Effektsucht** (Wö DDR 1964)
- ständig wachsende Effekthascherei
- Nähe: Prahlsucht
- Effekthascher
- keine Ü(1), aktuell

**Ehrsucht,** nimia ambitio (Dannhauer 1657)
- uneingeschränkte Begierde nach Ehre, Macht und Haben
- Nähe: Ruhmsucht, Habsucht, Geltungssucht, Prunksucht, Putzsucht
- Ehrgeiz
- hohe Ü(6), aktuell

**Eifersucht,** zelotypia, invidia, rivalitas (H. Sachs 1533)
- leidenschaftliches Streben nach Alleinbesitz mit haßerfüllter Angst vor jedem möglichen Nebenbuhler
- bereits 1349 (Konrad v. Meyenberg) eifraer = Eifersüchtiger
- Nähe: Eigensucht, Liebessucht
- sehr große Ü(9), aktuell

**Eigensucht,** Egoismus, privatae utilitatis cupiditas (Voss 1802)
- nur auf den eigenen Vorteil bedachtes Denken und Handeln
- Nähe: Selbstsucht, Ichsucht
- Eigennutz, -liebe, -lob, -brötler, Egoist
- mittlere Ü(3), aktuell

**Erwerbsucht,** aviditas quaestu (CL, 1839)
- mit legalen Mitteln unbegrenzt Besitz anhäufen
- Nähe: Habsucht, Gewinnsucht
- geringe Ü(2), nicht aktuell

**Eßsucht,** adipositas (J. Paul 1796)
- ständig essen müssen
- Nähe: Fettsucht, Freßsucht, Naschsucht
- Eßzwang, -gier, -lust, Gefräßigkeit, Unersättlichkeit
- geringe Ü(2), aktuell

**Fernsehsucht** (Fischer/Roberts, 1980)
- den Tagesablauf, das Denken und Fühlen vom Fernsehprogramm bestimmen lassen
- Nähe: Lesesucht, Genußsucht, Konsumsucht
- keine Ü(0), aktuell

**Fettsucht,** ingrossatio corporis, polypionia, polysacria (Höfler 1829)
- Neigung zu krankhaftem Fettansatz
- Nähe s.o., Pubertätsfettsucht
- Fettleibigkeit, Fettwanst
- mittlere Ü(5), aktuell

**Franzosensucht,** neapolitanische Sucht (Höfler 1594)
- Syphilis
- Nähe: Lustsucht
- geringe Ü(2), nicht aktuell

**Freßsucht,** Bulimia, fames canina (J. Paul 1796)
- ständig essen müssen
- Nähe s. o.
- Freßgier, Freßsack, Fresserei, -krankheit, Freßgedanken
- mittlere Ü(5), aktuell

**Gähnsucht,** chasma, oscedo (Denzler 1697)
- Gähnkrampf, abnorm häufiges Gähnen
- übertragen: Blasiertheit, Langeweile
- mittlere Ü(3), aktuell (?)

**Gallsucht,** constitutio cholerica (Aler 1727)
- zu Zornes- u. Wutausbrüchen geneigt
- Nähe: Tobsucht, Hypochondrie, Gemütskrankheit
- »dem die Galle überläuft« (Aler)
- mittlere Ü (3), aktuell

**Gefallsucht** (Bahrdt 1790)
- der Drang, anderen gefallen zu müssen
- wird als weibl. Eigenschaft bezeichnet
- Nähe: Effektsucht, Geltungssucht
- hohe Ü(6), aktuell

**Geilsucht,** tentigo (Kirsch 1713)
- zwanghafte Lust am Geschlechtsverkehr
- Nähe: Liebessucht, Lustsucht, Paarungssucht
- Geilheit, Brunst, lüstern, Wollust, liebestoll
- geringe Ü(2), nicht aktuell

**Geldsucht** (S. Franck 1541)
- rücksichtsloses Streben nach Geld
- Geldgier, -hunger, -durst, -geiz
- Nähe: Habsucht, Raffsucht, Gewinnsucht, Raubsucht
- geringe Ü(2), aktuell(?)

**Geltungssucht** (Wö DDR 1964)
- allzu starkes, krankhaftes Geltungsbedürfnis

- Nähe: Großmannssucht, Prahlsucht
- geringe Ü(2), aktuell

**Genußsucht** (Schlosser 16. Jh.)
- ständig steigendes Bedürfnis, Verlangen, Streben, nach Genüssen
- Nähe: Verschwendungssucht, Lustsucht, Vergnügungssucht
- mittlere Ü(5), aktuell

**Gewinnsucht,** lucricupido (Dasypodius 1537)
- unmäßige, ungeordnete Begierde nach Gewinn
- Nähe: Raffsucht, Habsucht, Begiersucht, Profitsucht
- Gewinnsüchtigkeit
- mittlere Ü(5), aktuell

**Großmannssucht** (Schiller 1781)
- übersteigerter Geltungsdrang, Wunsch, mehr zu sein, als man ist
- Nähe: Prahlsucht, Prunk-, Putzsucht
- mittlere Ü(3), aktuell

**Grübelsucht** (Schottel 1669)
- übertriebene Neigung zum Grübeln
- Nähe: Hypochondrie
- mittlere Ü(3), kaum aktuell

**Gunstsucht** (Dannhauer 1657)
- Begierde nach Ansehen, Einfluß
- Nähe: Geltungssucht
- keine Ü(1), nicht aktuell

**Habsucht** (Kluge 1750)
- gieriges Verlangen nach Habe und Vermehrung von Vermögen und Besitz
- Nähe: Gewinnsucht, Selbstsucht, Sehnsucht, Begiersucht, Raffsucht
- Habgier; Geiz = früher im Sinne von Habsucht, Geiz-, Gierhals
- »Für den Deutschen ist Habe etwas Erstrebenswertes und Festzuhaltendes« (Trübner)
- hohe Ü(7), aktuell

**Händelsucht** (Wieland 1818)
- Zwang, ständig Streit anfangen zu müssen

- Nähe: Streitsucht, Zanksucht, Scheelsucht, Parteisucht, Renommiersucht
- mittlere Ü(4), aktuell

**Heimweh,** Heimsucht, nostalgia (Haber 1592)
- Sehnsucht nach Heimat
- ahd. iamar; mhd. jamer, gleichbedeutend mit Heimweh
- Nähe: Sehnsucht
- Besonderheit: Sehnsucht und Heimweh spez. dt./schw. Wort; »homesick« späte Übersetzung aus dem Deutschen
- sehr hohe Ü(10), aktuell

**Herrschsucht** (Gellert 1839)
- übertriebenes Streben, jemanden oder etwas beherrschen zu wollen
- Nähe: Regiersucht, Geltungssucht
- Größen-, Cäsarenwahn
- mittlere Ü(5), aktuell

**Hungersucht** (H. Sachs 1612)
- krankhafter Hunger (Freßgier)
- Nähe: Freßsucht, Fettsucht, Eßsucht
- Wolfshunger, Heiß-, Kühhunger, Eß-, Freßgier
- aber: Hungerkrankheit = Krankheit durch Unterernährung
- geringe Ü(2), nicht aktuell

**Hurensucht,** furia libidinis; salacitas (Stieler 1680)
- ungebremste Wollust
- Nähe s. Geilsucht
- Hurerei, Hurenbock
- geringe Ü(2), nicht aktuell

**Ichsucht,** Egoismus (Campe 1808)
- nur auf den eigenen Vorteil (= das eigene Ich) bedachtes Denken und Handeln
- Nähe: Selbstsucht, Eigensucht
- mittlere Ü(5), aktuell

**Kaufsucht** (Stieler 1680)
- zur Krankheit gewordene Kauflust
- Nähe: Habsucht, Begiersucht, Raffsucht
- Kauflust, -wut

– keine Ü(1), aktuell (d. h. in Lexika nicht aufzufinden, in der Umgangssprache häufig verwendet)

**Klag(e)sucht,** animus querulans (Schottel 1647)
– übertriebene Neigung zum Klagen
– Nähe: Gallsucht, Hypochondrie, Schwermut, Milzsucht, Grübelei
– geringe Ü(2), nicht aktuell

**Klatschsucht** (Keller 1853)
– Drang, über andere Übles zu reden
– Klatschbase
– Nähe: Lästersucht, Schmähsucht, Verkleinerungssucht, Verleumdungssucht
– mittlere Ü(4), aktuell

**Kokainsucht** (Pschyrembel 1975)
– zwanghafter Konsum von Kokain
– Nähe s. Arzneimittelsucht
– Kokainismus, Kokainabusus
– geringe Ü(2), aktuell

**Konsumsucht** (Fischer / Roberts 1980)
– völlig beherrscht sein vom Wunsch, ständig etwas zu kaufen oder zu verbrauchen
– Nähe: Habsucht, Genußsucht
– Konsumidiot, -terror, -wut, -zwang
– keine Ü(0), aktuell

**Kriegssucht** (Schottel 1648)
– krankhafte Kriegslust
– Nähe: Mordsucht, Streitsucht,
– Kampflust, -wut; Vernichtungssucht; Zerstörungswut
– keine Ü(1), nicht aktuell

**Krittelsucht** (Wö DDR 1964)
– dauernd kleinliche Kritik üben
– Krittelei
– Nähe: Lästersucht, Schmähsucht, Klatschsucht, Verleumdungssucht
– keine Ü(1), aktuell (?)

**Lästersucht** (Butschky 1677)
- Drang, über abwesende Menschen Übles reden zu müssen
- Nähe: Verleumdungssucht, Schmähsucht, Krittelsucht, Tratschsucht, Klatschsucht, Skandalsucht
- Lästermaul, -zunge
- geringe Ü(2), aktuell (?)

**Laufsucht** (Uhlenbruck)
- die Begierde zu laufen (Langlauf) bestimmt vor allem das Denken, den Wochenablauf, die arbeitsfreie Zeit
- Nähe: Genußsucht, Abenteuersucht
- keine Ü(0), aktuell

**Lesesucht** (Thümmel 1768)
- Sucht, Bücher zu lesen
- Leseratte
- bei -wut große Ü(4), sonst keine (1), nicht aktuell

**Liebesschwindsucht** (Höfler 1899)
- Dahinsiechen aus unerfüllter Verliebtheit
- Nähe: Todessehnsucht, Liebessucht
- keine Ü(1), nicht aktuell

**Lieb(es)sucht** (Fischart 1572)
- Liebeskrankheit
- Nähe: Liebessehnsucht, Lustsucht
- Liebeslust, Liebesleid
- keine Ü(1), nicht aktuell

**Lustsucht,** libido venerea (Fischart 1577) (Lustseuche, Luther)
- hemmungslose Lust am Geschlechtlichen
- Nähe s. Geilsucht
- Lüstling, Lüstlin, Lustliebe, Lustmörder, Wollust, Lustmolch
- geringe Ü(2), nicht aktuell

**Magersucht,** anorexia nervosa (Brockhaus 1954)
- zwanghafte Nahrungsverweigerung
- Nähe: Pubertätsmagersucht
- Hungerkünstler
- nicht: Hungerkrankheiten
- mittlere Ü(3), aktuell

**Mannsucht,** natura virosa (2), nymphomania (1) (Adelung 1780)
- (1) sexuelles Verlangen nach Männern oder irgendeinem Manne
- Nähe: Männersucht, s. Geilsucht
- mann(s)toll, männertoll [hohe Ü(5), aktuell]
- (2) der krankhafte Trieb, sich männlich zu gebärden
- geringe Ü(2), nicht aktuell

**Medikamentensucht** (Pschyrembel 1975)
- Sucht nach Medikamenten
- Nähe s. Arzneimittelsucht
- keine Ü(1), aktuell

**Milzsucht,** morbus hypochondriacus (Frisch 1719)
- von übler Laune beherrscht sein
- Nähe: Hypochondrie, Gallsucht
- geringe Ü(2), aktuell (? – Dornseiff)

**Mondsucht,** Somnambulismus (Diefenbach 1470), lunaticus morbus (nach Höfler: 1414)
- krankhaftes Schlafwachen (sehr untersch. Def.)
- Nähe: keine
- Mondsüchtigkeit
- sehr hohe Ü(9), aktuell

**Mordsucht** (Philander 1642)
- hemmungsloser Drang zu morden
- Nähe: Rachsucht, Blutsucht
- Mordlust, -gier, Lustmord
- mittlere Ü(4), nicht aktuell

**Morphiumsucht** (Höfler 1899)
- zwanghafte Einnahme von Morphium
- Nähe s. Drogensucht
- Morphinismus
- mittlere Ü(4), aktuell (?)

**Mundsucht,** Bulismus (bei Höfler: 1515)
- ständiges Bedürfnis, essen zu müssen; Heißhunger
- Nähe s. Freßsucht
- keine Ü(1), nicht aktuell

**Naschsucht** (Wö DDR, 1964)
- großes Verlangen, Süßigkeiten zu essen
- Nähe s. o.
- Naschlust, Naschhaftigkeit, Naschhunger
- geringe Ü(2), aktuell

**Neuerungssucht** (Wieland 1818)
- krampfhaftes Bemühen, ständig Neuerungen zu schaffen
- Nähe: Sehnsucht (?)
- mittlere Ü(4), aktuell

**Neuigkeitssucht** (Dornseiff 1965)
- wild hinter Neuigkeiten her
- Nähe: Sensationssucht
- keine Ü(1), aktuell

**Nikotinsucht,** Nikotinismus (Gabriel 1936)
- unbezwingbarer Drang, Tabak (in der Regel Zigaretten) rauchen zu müssen
- Nähe: Trunksucht, Konsumsucht, zwanghafter Kaffeekonsum
- Sargnagel
- keine Ü(0), Begriff nicht aktuell

**Paarungssucht** (Höfler 1899)
- ständiges Verlangen nach Geschlechtsverkehr
- Nähe s. o.
- Brunst, lüstern, Geilheit
- keine Ü(1), nicht aktuell

**Parteisucht** (Wieland 1818)
- zwanghaft für eine Partei eintreten
- parteiische Leidenschaftlichkeit
- Händelsucht, Renommiersucht, Streitsucht
- mittlere Ü(3), kaum aktuell

**Pervitinsucht** (Brockhaus 1954)
- s. Arzneimittelsucht
- geringe Ü(2), aktuell

**Prahlsucht** (Stilling 1780)
- übermäßig starker Hang zum fortwährenden Prahlen, zum Übertreiben von (eigenen) Vorzügen

- Nähe: Effektsucht, Geltungssucht, Prunksucht, Putzsucht
- Prahlhans, Prahlerei
- mittlere Ü(3), aktuell

**Profitsucht,** lucricupido (Wö DDR 1964)
- hemmungsloses, rücksichtsloses Streben nach Gewinn
- Nähe: Scheelsucht, Vorteilsucht, siehe Habsucht
- Profitgier
- geringe Ü(2), aktuell

**Prunksucht** (Seume 1837)
- starker Hang, mit äußerlichen Dingen zu prahlen
- Nähe: Putzsucht, Ruhmsucht
- Mittlere Ü(5), aktuell

**Putzsucht** (J. Paul 1806)
- übertriebene Neigung, sich schön zu machen
- neu: ständiges Saubermachen (20. Jh.)
- Nähe: Ruhmsucht, Prunksucht
- Putzteufel
- mittlere Ü(5), nicht aktuell / neue Bedeutung aktuell

**Rachsucht** (Luther 1520)
- heftiges, maßloses Verlangen nach Rache
- Nähe: Händelsucht, Streitsucht
- Rachgier, -durst, Blutrache
- hohe Ü(7), aktuell

**Raffsucht** (J. Paul 1783)
- hemmungsloses Streben nach Besitz, große Habgier
- Nähe: Habsucht, Gewinnsucht
- Raffgier, Raffke, Raffer
- mittlere Ü(4), aktuell

**Ränkesucht,** Wieland 1794)
- Drang, Intrigen zu ersinnen, um anderen zu schaden
- Ränkeschmied
- Nähe: Zanksucht
- mittlere Ü(3), aktuell

**Raubsucht** (Lessing 1759)
- Zwang und Lust, anderen etwas mit Gewalt wegzunehmen

(um sich selbst zu bereichern?)
– Nähe: Diebsucht, Stehlsucht, Kleptomanie, Raffsucht, Habsucht, Geldsucht
– Raubgier, Räuber, Raublust, Räuberei
– geringe Ü(2), kaum aktuell

**Redesucht** (Dornseiff 1965)
– Zwang, ständig etwas sagen zu müssen
– Nähe zu Schwatzsucht
– keine Ü(1), aktuell (?)

**Regiersucht** (Pasquini 1543)
– Nähe: Herrschsucht
– keine Ü(1), nicht aktuell

**Reisesucht** (Kunert 1972)
– der Wunsch, anderswo zu sein, wegzufahren, beherrscht vor allem Denken und Fühlen
– Nähe: Fernweh, Abenteuersucht, Genußsucht
– keine Ü(0), aktuell

**Reklamesucht** (Kafka 1922)
– sich von Sensationellem bestimmen lassen
– Nähe: Schwatzsucht, Skandalsucht, Sensationssucht
– keine Ü(0), nicht aktuell

**Rekordsucht** (Wö DDR, 1964)
– übersteigertes Bestreben, um jeden Preis, den bzw. einen Rekord oder möglichst viele Rekorde zu erreichen
– Nähe: Renommiersucht, Prahlsucht, Ruhmsucht
– geringe Ü(2), aktuell

**Renommiersucht** (Wö DDR 1964)
– Drang, vorhandene Vorzüge immer wieder betonen zu müssen, damit prahlen
– Nähe: Prahlsucht, Ruhmsucht
– geringe Ü(2), aktuell

**Ruhmsucht, ruhmsüchtig, gloriabundus** (Dasypodius 1537)
– das gesamte Handeln ist danach ausgerichtet, Ehre und Ruhm zu erlangen
– Nähe: Prahlsucht, Renommiersucht, Ehrsucht, Prunksucht, Putzsucht
– hohe Ü(7), aktuell

**Sammelsucht**
- unüberwindliche Leidenschaft, bestimmte Objekte zu sammeln, zu besitzen, zu registrieren
- Nähe: Genußsucht, Konsumsucht
- Sammeltrieb, -wut, -eifer, -leidenschaft
- keine Ü(0), aktuell

**Scheelsucht** (Krämer 1678)
- »Disposition, zum Glück anderer scheel zu sehen, als Ausdruck des Neides«
- Nähe: Eifersucht, Händelsucht, Gewinnsucht, Selbstsucht, Vorteilssucht
- Neid, Mißgunst
- hohe Ü(6), aktuell

**Schlafmittelsucht** (Brockhaus 1954)
- s. Arzneimittelsucht
- mittlere Ü(3), aktuell

**Schlafsucht,** Hypersomnie, Somnolenz (Lexner 1420)
- übergroße, krankhafte Neigung zu schlafen
- Schlafteufel (Lexner)
- Schlafkrankheit (tropische Infektionskrankheit)
- hohe Ü(8), aktuell

**Schmähsucht** (Klopstock 1748)
- stark ausgeprägte Neigung, andere herabzusetzen
- Nähe: Verkleinerungssucht, Tadelsucht, Verleumdungssucht, Zanksucht, Lästersucht, Klatschsucht, Skandalsucht
- Schmähteufel (Berk 1532)
- mittlere Ü(5), aktuell

**Schmeichelsucht** (Dornseiff 1965)
- anderen etwas Positives sagen müssen
- keine Ü(1), aktuell (?)

**Schnüffelsucht** (Altenkirch 1982)
- ständig Lösungsmittel inhalieren
- Schnüfflerneuropathie, Lösungsmittelmißbrauch
- keine Ü(0), lexikalisch nicht verzeichnet, aktuell

**Schreibsucht** (Herder 1791)
- ständig etwas schreiben müssen, zu schriftstellern
- eher -wut
- Nähe: Renommiersucht, Prahlsucht
- geringe Ü(2), aktuell (?)

**Schwatzsucht** (Fichte 1808)
- der Zwang, viel und Törichtes zu reden
- Nähe: Redesucht, Klatschsucht
- Schwätzer(in)
- mittlere Ü(3), aktuell

**Saufsucht,** cupiditas potandi, Alkoholismus (Stieler 1680), ebriositas (Frisch)
- krankhafte Gier nach Alkohol
- Nähe: Trunksucht, Weinsucht
- Säufer(in), Saufteufel, -lust, Säuferkrankheit, -wahn(sinn), Suff (Friedrich 1551)
- geringe Ü(2), nicht aktuell

**Sehnsucht,** amocrea, cupedia (seneder sühte, Walther v. d. Vogelweide um 1200) (Schmeller 15. Jh.)
- Krankheit des schmerzlichen Verlangens
- Nähe: Liebessehnen, Heimweh, -sucht, Todessehnsucht
- Sehnsuchtsglut, -pein, -seufzer, Liebesschwindsucht
- mhd. sene gleichbedeutend mit Sehnsucht
- hohe Ü(8), aktuell

**Selbstsucht,** Egoismus (Weigand/Hirt 1759)
- nur auf den eigenen Vorteil bedachte, nur sich selbst kennende Einstellung
- Nähe: Eigensucht, Ichsucht
- selbstherrlich, Selbstüberschätzung, Selbstliebe, selbstgefällig, Selbstlob, selbstisch, selbstquälerisch, Selbstmord, -mitleid
- hohe Ü(8), aktuell

**Sensationssucht** (Duden 1976)
- großes Verlangen nach Sensationen
- eher: -gier, -lust
- Nähe: Skandalsucht
- keine Ü(1), aktuell

**Sex(ual)sucht** (Gabriel 1936)
- unter dem ständigen Drang stehen, sexuell tätig sein zu müssen
- Nähe: Lesesucht, Genußsucht, Konsumsucht
- keine Ü(0), aktuell

**Skandalsucht** (Grimm 1905)
- Gier, ärgerliche, öffentliches Ärgernis erregende Geschichten aufzudecken und zu verbreiten
- Nähe: Lästersucht, Klatschsucht, Sensationssucht
- mittlere Ü(3), aktuell

**Spielsucht,** ludendi libido (Maaler, Diefenbach 1512)
- das zwanghafte Spielen um Geld
- Nähe: Gewinnsucht, Vergnügungssucht
- Spielteufel, Spieler(in), Spielwut, -leidenschaft, Spielhölle, Glücksspiel
- keine Ü(1), aktuell (s. Kaufsucht)

**Spottsucht** (Heine 1847)
- die ungezügelte Neigung, sich über Gefühle oder Fehler anderer lustig zu machen
- Spotteufel (Anzengruber)
- Nähe zu: Lästersucht, Schmähsucht, Tadelsucht, Verleumdungssucht, Zanksucht
- mittlere Ü(4), aktuell

**Stehlsucht,** furacitas (Steinbach 1606 ; Höfler 1837)
- krankhaftes Gelüst nach fremden Sachen
- Nähe s. Diebsucht
- Stehltrieb, das Stehlen
- mittlere Ü(5), aktuell

**Streitsucht** (Comenius 1638)
- stark ausgeprägte Neigung, mit jmd. Streit anzufangen
- Nähe: Zanksucht, Händelsucht, Rachsucht, Parteisucht, Schmähsucht, Tadelsucht
- Streithammel
- mittlere Ü(5), aktuell

**Tadelsucht,** deus maledicus, suggilationis cupiditas (Fischart, 1586)
- nicht zu bremsende Neigung zum Tadeln
- Nähe: Schmähsucht, Verleumdungssucht, Zanksucht, Spottsucht, Lästersucht, Krittelsucht
- mittlere Ü(4), aktuell

**Tanzsucht,** Tanzwut, Choreomanie, chorea St. Viti (Hübner 1834)
- Tanzwuth (14./15. Jh.), Veitstanz
- Tanzteuffel (T. Daul 1567)
- Ursachen: von Tarantelstich bis Massensuggestion
- keine Nähe
- mittlere Ü(4), nicht aktuell

**Tobsucht** (Hartmann von Aue 1205)
- Raserei, Tollheit, Wut, Wahnsinn
- Nähe: Streitsucht, Mordsucht
- Tobsuchtsanfall, Wutanfall
- sehr hohe Ü(9), aktuell

**Todessehnsucht** (Novalis, 1800)
- die Sehnsucht nach dem Tode
- Nähe: Todessucht, Selbstmord, Todesbegierde (Heine)
- mittlere Ü(2), aktuell

**Tratschsucht** (Grimm 1935)
- ständig über andere Leute schlecht reden
- Nähe: Schwatzsucht
- keine Ü(1), nicht aktuell

**Traumsucht** (Arnold 1700)
- ständige Tagträumerei
- Traumtänzer (Duden)
- keine Ü (1), nicht aktuell

**Trunksucht,** Alkoholismus, Potatorium (»Titulmann« 1690)
- unwiderstehlicher, nicht zu löschender Durst nach
- Alkohol: Dipsomania = periodische Trunksucht
- Nähe: Saufsucht, Weinsucht
- Trunkenbold, Trinker(in), Trunkliebe, -sünde, Quartalsuff
- hohe Ü(8), aktuell

**Verfolgungssucht** (Garve 1783)
- krankhafter Eifer, andere Menschen zu verfolgen (Relig.)
- auch Verfolgungswut
- keine Ü(1), nicht aktuell

**Vergnügungssucht** (E.T.A. Hoffmann 1821)
- sich ständig steigerndes Bedürfnis nach Vergnügungen
- Nähe: Genußsucht, Verschwendungssucht
- mittlere Ü(5), aktuell

**Verkleinerungssucht** (Dornseiff 1965)
- jmd. herabmindern müssen
- Nähe zu: Klatschsucht, Lästersucht, Schmähsucht
- nur bei Dornseiff, keine Ü (1), aktuell (?)

**Verschwendungssucht** (Campe 1795)
- starke Neigung, etwas (bes. Geld) zu verschwenden
- Nähe: Genußsucht, Vergnügungssucht
- mittlere Ü(4), aktuell

**Vortel/Vorteilsucht** (Dannhauer 1657)
- gierig nach einem Vorteil suchen
- Nähe: Beutesucht, Gewinnsucht, Habsucht, Scheelsucht, Selbstsucht
- Streben nach Gewinn und Nutzen in üblem Sinne
- geringe Ü(2), nicht aktuell

**Wahnsucht,** paracope, phrenesis, vecordia (Dasypodius 1536)
- (1) Geistesstörung; (2) Verblendung; (3) sich dem Wahn hingeben
- krankhafte Sucht, Phantasiegebilde für Wirklichkeit zu halten
- Wahnwitz, Wahn, Sucht
- geringe Ü (2), nicht aktuell

**Wanderungssucht,** fugue (Sailer 1810)
- triebartig auftretender Zwang, den Wohnort zu verlassen, fortzu-
  reisen oder -wandern
- Nähe: Fernweh
- eher: Wanderungstrieb
- keine Ü (1), nicht aktuell

**Weinsucht,** bibacitas (S. Franck 1531)
- das Laster der Trunkenheit (Franck)
- Nähe: s.o.
- geringe Ü(2), nicht aktuell

**Zanksucht,** rixandi studium, altercandi libido (Kirchhoff 1565)‹
- Drang, mit jmd. zu streiten
- Nähe: Streitsucht, Händelsucht, Rachsucht, Parteisucht, Tadelsucht, Schmähsucht
- Zankteufel
- mittlere Ü(5), aktuell

**Zweifelsucht** (Artomedes 1605)
- überkritisch, der Hang, alles zu bezweifeln
- Nähe: Grübelsucht
- Zweifler(in)
- mittlere Ü(3) aktuell

### Häufigkeit von Suchtworten in deutschsprachiger Literatur

Das Suchtlexikon gibt Auskunft über lexikalisch nachweisbare Süchte. Da allgemeine und medizinische, alte und neue Lexika benutzt wurden, entstand eine Übersicht mit relativ verbindlichem Charakter.

Der Beschreibung, historischen Entwicklung und inhaltlichen Deutung wird im nächsten Kapitel weiter nachgegangen. An dieser Stelle soll das allgemeine Ergebnis, das durch die Auswertung von Lexika entstand, verglichen werden mit dem – eher subjektiven – Ergebnis, das durch die Untersuchung von Literatur erzielt wurde. Dazu wurden 102 Prosawerke und Dramen deutschsprachiger AutorInnen herangezogen. Bringt man fünf Bücher in Abzug, da in ihnen kein Suchtwort Verwendung findet, so bilden die restlichen 97 die Grundlage für die folgende Auswertung.

Zeitlich stammt die verwendete Literatur aus dem 19. und 20. Jh. Die Titel sind dem Literaturverzeichnis dieser Arbeit zu entnehmen.

Zunächst wird – in der Reihenfolge der Häufigkeit – das Ergebnis der Literaturuntersuchung dargestellt, dann in gleicher Weise das Ergebnis, das durch Vergleich der Lexika erzielt wird; anschließend erfolgt eine kritische Würdigung.

Insgesamt wurden in den untersuchten 97 literarischen Werken 62 verschiedene Suchtworte gezählt. In den erwähnten Lexika dagegen werden 106 Süchte beschrieben, die nicht in die Kategorie »körperliche Krankheiten« gehören.

*Häufigkeit von Suchtworten in der Literatur:*

|  |  | Nennungen | Zahl der Werke |
|---|---|---|---|
| 1. | Sehnsüchte | 487 | 81 |
| 2. | Eifersüchte | 277 | 59 |
| 3. | Selbstsüchte | 68 | 29 |
| 4. | Rachsucht | 41 | 22 |
| 5. | Sucht | 35 | 22 |
| 6. | Habsucht | 25 | 16 |
| 7. | Tobsucht | 20 | 15 |
| 8. | Streitsucht | 19 | 12 |
| 9. | Herrschsucht | 15 | 11 |
| 10. | Genußsucht | 8 | 6 |
| 11. | Trunksucht | 7 | 6 |
| 12. | Gefallsucht | 10 | 3 |
| 13. | Vergnügungssucht | 6 | 5 |
| 14. | Ruhmsucht | 5 | 3 |

*Häufigkeit von Suchtworten in deutschsprachigen Lexika:*

| 1. | Eifersucht | 9 |
|---|---|---|
| 2. | Sucht | 9 |
| 3. | Trunksucht | 9 |
| 4. | Tobsucht | 9 |
| 5. | Sehnsüchte | 8 |
| 6. | Selbstsüchte | 8 |
| 7. | Fett-/Freßsucht | 7 |
| 8. | Habsucht | 7 |
| 9. | Rachsucht | 7 |
| 10. | Ruhmsucht | 7 |
| 11. | Ehrsucht | 6 |
| 12. | Gefallsucht | 6 |
| 13. | Scheelsucht | 6 |

Zum Verständnis der beiden Tabellen:
Unter Sehnsüchten sind die Begriffe »Sehnsucht«, »Todessehnsucht«, »Jugendsehnsucht« u. ä. zusammengefaßt, unter Selbst-
süchten die Begriffe »Selbstsucht«, »Eigensucht«, »Ichsucht« u. ä.;
mit Sucht ist hier der autonome selbständig vorkommende Begriff
gemeint.
Beim ersten Blick auf die Ergebnisse sind es vor allem zwei, die
erstaunen:

1. Im Gegensatz zu den weit über 100 unterschiedlichen Suchtworten, die in Literatur und Lexika gefunden wurden, reduziert sich die Zahl der häufiger vorkommenden auf 17.

2. Unter diesen befindet sich lediglich eine substanzgebundene Sucht (Trunksucht), im weiteren Sinne könnte man hierzu noch Freßsucht hinzuzählen.

Nähme man eine Inhaltsanalyse vor, so läge die literarische Erwähnung des Themas Alkoholismus wesentlich höher. Das kommt hier jedoch nicht zur Geltung, da für die Beschreibung der Probleme eher Wörter wie Trinker, Säufer, Delir, Alkoholismus usw. benutzt werden. Ebenfalls von Bedeutung ist der hohe Rang, den der autonome Begriff »Sucht« in beiden Tabellen einnimmt. Ein Zeichen dafür, daß Sucht als alleinstehender Terminus wieder eine bedeutende Rolle spielt, nachdem er (im 18./19. J.) fast zum Erliegen gekommen war. Als die bedeutendsten Süchte dürfen wir nach dieser Zusammenstellung die Sehnsucht, die Eifersucht und die Selbstsucht bezeichnen. Einen hohen Stellenwert nehmen auch Rachsucht und Habsucht ein. Es fällt auf, daß es sich auch hier um nichtmedizinische Krankheiten handelt.

Nur wenige Begriffe erscheinen lediglich in einer Tabelle. So wird Freß-, Eßsucht von sieben Lexika erwähnt, in der Literatur jedoch nur zweimal (Naschsucht). Inhaltlich allerdings wird das Thema von sieben verschiedenen AutorInnen gestaltet.

Nachzutragen bleibt, daß die in der Literatur relativ häufig verwendeten Begriffe Herrschsucht, Vergnügungssucht und Genußsucht immerhin auch in fünf Lexika beschrieben werden.

Auf der Grundlage der benutzten Lexika konnten literarische Belege der letzten tausend Jahre ausgewertet werden. Die von mir selbst untersuchte Literatur stammt – wie schon oben bemerkt – aus dem 19. und 20. Jh. Die Häufigkeit hinsichtlich der dort benutzten Suchtworte hängt meines Erachtens weniger von den Zeitläufen ab als vielmehr von der Individualität der jeweiligen AutorInnen. So werden wir z. B. bei Goethe, Hesse, den Familien Mann oder Fallada in stetiger Regelmäßigkeit mit Suchtworten konfrontiert, während diese bei Büchner, Kafka, Andersch und Seghers nur äußerst selten zu finden sind.

Einzelne Bücher bilden besondere Höhepunkte. So verwendet Arthur Schnitzler in »Frau Berta Garlan« (181 S.) 26, Klaus Mann in

»Mephisto« (367 S.) 46 Suchtworte. Dagegen findet sich in A. Andersch, »Vater eines Mörders« (140 S.), und A. Seghers, »Aufstand der Fischer von St. Barbara« (133 S.), nicht ein einziges mit Sucht verbundenes Wort.

Nehmen wir die benutzten Quellen als einen repräsentativen Ausdruck des Denkens und Empfindens innerhalb unserer Gesellschaft, so dürfen wir feststellen, daß wir Suchtworten und damit auch dem Problem »Sucht« recht häufig begegnen auch wenn dies bewußt so nicht wahrgenommen wird.

# Süchte – eine neue Gattung ganz alter Krankheiten

Nachdem durch das Suchtlexikon die in der deutschen Sprache bekannten Süchte in aller Kürze vorgestellt wurden, soll nun detaillierter auf Entwicklung, Symptome und Endstadien eingegangen werden.
Dies wird nicht für jeden einzelnen Suchtbegriff geschehen. Um eine bessere Übersicht zu erlangen, werden zunächst größere Gruppen gebildet. Dabei ergeben sich 22 verschiedene, für die jeweils eine Sucht repräsentativ an die erste Stelle gesetzt wurde:

1. **Selbstsucht**, Eigensucht, Ichsucht

2. **Sehnsucht**, Landsucht, Heimweh, Fernweh, Todessehnsucht, Liebessehnsucht

3. **Trunksucht**, Saufsucht, Weinsucht

4. **Eßsucht**, Freßsucht, Fettsucht, Hungersucht, Mundsucht, Naschsucht, Magersucht

5. **Nikotinismus**, süchtiges Rauchen (Tabak, Hanf)

6. **Drogensucht**, Arzneimittelsucht, Morphiumsucht, Medikamentensucht, Kokainsucht, Pervitinsucht, Schlafmittelsucht

7. **Geltungssucht**, Prunksucht, Putzsucht, Ruhmsucht, Renommiersucht, Rekordsucht, Ehrsucht, Prahlsucht, Gefallsucht, Großmannssucht, Schreibsucht, Effektsucht, Neuerungssucht, Titelsucht

8. **Arbeitssucht** (Arbeitswut)

9. **Herrschsucht**, Regiersucht, (Größenwahn)

10. **Genußsucht**, Laufsucht (Sportsüchte), Fernsehsucht (Mediensüchte), Lesesucht, Vergnügungssucht, Verschwendungssucht, (Sammelwut), Tanzsucht, Reisesucht, Abenteuersucht, Konsumsucht

11. **Pyromanie**, (Brandstiftungstrieb)

12. **Spielsucht**, Glücksspielsucht

13. **Habsucht**, Erwerbsucht, Gewinnsucht, Vorteilssucht, Scheelsucht, Raffsucht, Geldsucht, Begiersucht, Kaufsucht, Profitsucht, Konsumsucht, (Geiz)

14. **Stehlsucht**, Raubsucht, Beutesucht, (Kleptomanie), Diebsucht

15. **Schwatzsucht**, Redesucht, Klatschsucht, Tratschsucht, Skandalsucht, Sensationssucht, Reklamesucht, Neuigkeitssucht

16. **Streitsucht**, Tadelsucht, Schmähsucht, Zanksucht, Spottsucht, Lästersucht, Krittelsucht, Verkleinerungssucht, Disputiersucht, Scheelsucht, Händelsucht, Parteisucht, Ränkesucht

17. **Rachsucht**, Mordsucht, Blutsucht, Tobsucht, Verfolgungssucht, Kriegssucht

18. **(Hypochondrie)**, Grübelsucht, Zweifelsucht, Gallsucht, Milzsucht, Klagsucht, (Schwermut)

19. **Putzsucht**, (Ordnungswut),(Waschzwang)

20. **Liebessucht,** Beziehungssucht, Liebessehnsucht, (Liebeskrankheit)

21. **Eifersucht**

22. **Sexsucht** (Erotomanie), Geilsucht, Bubensucht, Lustsucht, Mannsucht, Paarungssucht, Hurensucht, Franzosensucht (mannstoll), (Nymphomanie), (Liebeskrankheit)

Diese 22 Gruppen lassen sich nochmals in Obergruppen zusammenfassen, so daß wir schließlich 9 solcher Hauptgruppen erhalten:

Selbstsüchte
Sehnsüchte
Stoffgebundene Süchte: Drogensucht, Trunksucht, Nikotinismus, Eßsucht
Geltungs- und Arbeitssüchte: Arbeitssucht, Herrschsucht, Geltungssucht

Genuß- und Freizeitsüchte: Spielsucht, Genußsucht, Pyromanie
Habsüchte: Habsucht, Stehlsucht
Mord- und Streitsüchte: Streitsucht, Schwatzsucht, Rachsucht
Leidenssüchte: Hypochondrie, Putzsucht
Liebessüchte: Liebessucht, Eifersucht, Sexsucht

In der Reihenfolge dieser Obergruppen sollen nun die zuvor genannten 22 Suchtkomplexe genauer dargestellt werden.

## Selbstsucht

»Alle Neigungen zusammen machen die Selbstsucht aus.« (Kant)

»Die Mutter aller selbstsüchtigen Neigungen, aller Leidenschaften, aller Sünden, aller Thorheiten, alles selbst gemachten Elends – die Eigenliebe.« (Sailer)

Mitten in der Nacht hält plötzlich der Zug. Ein junger Passagier wird ruckartig aus der wohlig ihn einlullenden Fahrt gerissen. Zuerst empört, auf Änderung sinnend, dann vergeblich nach einem Ausweg, einer Erleichterung suchend, sieht er sich schließlich konfrontiert mit dem Sinn dieser Reise: Flucht vor der Verantwortung für die einsame Mutter. Melancholie? Dies stellt sich als ein Beginn heraus. Stapfend durch sumpfiges Gelände, gepeinigt durch Sträucher und wegversperrende Bäume verstrickt er sich weiter und tiefer in das Erleben und Empfinden eigener Schuld. Diese Schuld bestand aus der Flucht vor der Verantwortung, dem Handeln, der Stellungnahme. Sie hatte nicht einmal der Liebe Raum gelassen, weil sie für ihn nur bedeuten konnte, daß ein anderer Mensch einen Teil seines Lebens und Wesens mit Beschlag belegte. Diese so wahnhaft erkämpfte Freiheit endet schließlich in der jetzt ungewünschten, bedrohenden, zerstörenden Einsamkeit.
Am Morgen finden Spaziergänger den Leichnam eines toten Jünglings mit abschreckend greisenhaftem Antlitz.

Diese – kurz zusammengefaßte – Erzählung von Max Herrmann-Neiße, »Der Egoist«, vermittelt einige zentrale Punkte der Selbstsucht: die totale Selbstbezogenheit zugunsten eigener Annehmlichkeiten und zu Lasten anderer Menschen; der Genuß der selbst gewählten Isolation, aber die Angst vor einer »unbeeinflußbaren« Einsamkeit; das Sehnen nach grenzenloser Freiheit und die Flucht vor Verantwortung.

In dieser Aufzählung mit negativem Vorzeichen versehen, müssen wir uns gleichzeitig zugestehen, daß dieselben Verhaltensweisen und Gefühle notwendige Bestandteile unseres Lebens sind. Unseres Lebens? Des menschlichen Lebens oder unserer Gesellschaft? Schon bei der Geburt geht es nicht ohne selbstsüchtiges Streben ab. Total vom Kampf um Liebe und Nahrung bestimmt, versucht der Säugling, Körper und Zeit der Mutter für sich einzunehmen. Entzug (der Mutter) äußert sich in hemmungslosem Geschrei oder – gesteigert – in Hospitalismusschäden. Um diesen Entzug so sanft wie möglich zu gestalten, wird sich die Mutter zunächst langsam und in größeren Abständen trennen.

Am Beginn des Lebens steht also bereits der Kampf mit der Sucht, und sicherlich ist es für die weitere Entwicklung entscheidend, wie dieser geführt und ob der Ausgang schließlich positiv erlebt wurde. Der Prozeß des Älterwerdens ist somit auch ein Kampf um Überwindung und Eindämmung der Selbstsucht. Daß dieser nicht endgültig entschieden ist, liegt in der Natur der Sache: das Leben braucht zumindest selbstsüchtige *Anteile*, um existieren zu können. Wir haben als Menschen nur die Macht, sie größer werden zu lassen oder sie einzudämmen.

Mit der Entwicklung treten immer wieder Phasen auf, die das Problem der Selbstsucht deutlicher hervortreten lassen. Besonders anfällig scheint dafür das Jugendalter. »Nichts ist selbstsüchtiger und erbarmungsloser als die Jugend.« (Storm)

Und über sich selbst schreibt Klaus Mann: »Jugend ist schrecklich egoistisch. Der Vierzehnjährige hat, wie das Tier und das Genie, eine bemerkenswerte Fähigkeit, alle Probleme und Phänomene von sich fernzuhalten, die nicht unmittelbar auf seine Triebe wirken. Nie zuvor oder nachher in meinem Leben war ich derart abgespalten und ich-besessen wie während dieser Periode von meinem dreizehnten bis zu meinem siebzehnten Jahr.« (Wendepunkt, 95)

Es mag hier aber auch eine Rolle spielen, daß Erwachsene die bei Jugendlichen beobachtete Sucht an sich selbst nicht wahrnehmen können.

Die Tatsache, daß die Selbstsucht uns das Leben über begleitet, ist es jedoch nicht allein, die mich dazu führt, sie ins Zentrum aller Süchte zu rücken, sie – um mit Sailer zu sprechen – zur Mutter allen selbstgemachten Elends zu erklären. Vielmehr ist die Hauptursache dafür die Erkenntnis, daß in fast jeder anderen Sucht ein Anteil Selbstsucht enthalten ist: Eifersucht, Habsucht, Streitsucht usw. – all dies tue ich, wenn überhaupt, dann in erster Linie für mich selbst.

Je stärker wir eindringen werden in den Gesamtkomplex Sucht, um so deutlicher und häufiger werden wir der Selbstsucht wiederbegegnen, so daß wir jetzt schon feststellen können, hier einen zentralen Begriff gefunden zu haben.

Gleichermaßen oder abwechselnd Motor und Hemmschuh für unser Leben, ist die Selbstsucht so etwas wie ein existentielles Zentrum, von dem aus alle anderen Süchte gespeist werden.

Bevor nun aber weiter versucht wird, den Gehalt der Selbstsucht zu beschreiben oder zu bestimmen, soll – in aller Kürze – auf die Geschichte des Wortes und auf die dazugehörenden Synonyme eingegangen werden.

Als verblüffend erweist sich dabei die Vielzahl der verwandten Begriffe:

|  | Eigenbrötler |  |  |
|---|---|---|---|
| Eigenlob |  | Eigendünkel |  |
| Eigenliebe |  | Eigennutz |  |
|  | Eigensucht |  |  |
| Ichheit | Ichsucht | Egoismus | egozentrisch |
|  | Selbstsucht |  |  |
| Selbstliebe |  | selbstisch |  |

| Selbstlob | Selbstmitleid |
|---|---|
| Selbstüberschätzung | selbstquälerisch |
| Selbstüberhebung | selbstzerstörerisch |
| Selbstgerecht | selbstzerfleischend |
| Selbstbeweihräucherung |  |

Eigen, Ich und Selbst stehen also in einer sich gegenseitig fördernden Konkurrenz und führen zu einem breiten Spektrum heute immer noch gebräuchlicher Wörter. Es scheint sogar so, daß sich – seit dem 18. Jh. – dieses Wortfeld ständig erweitert, also recht lebendig ist.

Immer wieder hat es Versuche gegeben, die drei Ausgangsbegriffe (eigen, ich und selbst) gegeneinander abzugrenzen und mit unterschiedlichen Wertungen zu versehen. So scheidet bereits Adelung »die erlaubte Selbstliebe von der unerlaubten oder Eigenliebe« (1780).

Doch stellt das Grimmsche Wörterbuch (1862) – m.E. richtig – fest, daß die »unterscheidung, wonach selbstliebe natürlich, eigenliebe tadelhaft sein soll, nichtig ist; beide wörter drücken dasselbe aus, wie eigendünkel und selbstdünkel, eigenlob und selbstlob ... wenn also hagedorn singt: ›die liebe zu uns selbst, allein die weise nur, ist unsre pflicht, die stimme der natur‹, setzt er richtig voraus, daß auch von natur eingepflanzte selbstliebe ausarten könne.«

Wir können also offensichtlich von einer inhaltlichen Identität der Ausgangsbegriffe ausgehen. Schieben wir an dieser Stelle eine kurze historische Betrachtung ein.

Ich, eigen und selbst sind alte Worte bzw. Wortteile der germanischen Sprache. Da die Annahme, daß selbstsüchtiges Denken und Handeln eine für die menschliche Gesellschaft problematische Verhaltensweise sei, bereits uralt ist, schon bei griechischen Philosophen eine Rolle spielte und auch bei den Mystikern des Mittelalters Berücksichtigung fand, wundert es, daß entsprechende Zusammensetzungen mit -sucht erst relativ spät zu finden sind.

Ebenso erstaunlich ist, daß die ersten Belege für Selbst-, Eigen- und Ichsucht nur wenige Jahre auseinanderliegen (1759, 1802, 1808).

Da der zu beschreibende Sachverhalt aber – wie angedeutet – bereits vorher bekannt war, muß es Worte gegeben haben, mit denen er zum Ausdruck gebracht wurde. Bei den erwähnten Mystikern des Mittelalters war dies die »ichheit und selbheit«: »der mensche solte an in selber sterben, das ist der menschen lustigkeit, trost, freude, begirlickeit, icheit, selbheit, und was solches ist in dem menschen.« (GW 4, 2) Eine entsprechende Stelle bei Luther lautet: »ichheit und selbheit, das gehöret alles dem Teufel zu.« (GW 4, 2)

Auch für die »Selbstliebe« finden sich bereits 1663 (Schottel) Belege. Und »Egoismus« hält 1720 – als Lehnwort aus dem Französischen und Englischen (Kluge/Götze) – Einzug in die deutsche Sprache. Gerade dies dürfte – um 1800 – die Bildung deutscher »Ersatz-« und »Gegenwörter« angespornt haben.

Zumindest gab es um diese Zeit einige Exponenten deutscher Identität, wie z.B. Campe, die neue, genuin deutsche Wörter schufen. Von Campe stammen z.B. Selbstling (Egoist), Selbstbeherrschung, Selbstsüchtler, Selbstherrscher (Despot); von J. Paul u.a.: Ichsucht, Icherei, Selbersucht, Selbersüchtling; von Wieland und Goethe: selbstisch (selbstsüchtig).

Wie leicht festzustellen, hat fast keines dieser wohl allzu künstlich geschaffenen Gebilde die Zeit überdauert. Ebenso ist es einer Unzahl ähnlicher zu diesem Wortfeld gehörender Begriffe gegangen, die in dieser Zeit entstanden.

Um so erstaunlicher, daß wir heute trotzdem noch einen derart großen Bestand registrieren müssen, der sich um die Selbstsucht herumgruppiert.

Die bereits genannten Wörter lassen sich – grob – in drei Gruppen einordnen:

| Macht | Genuß | Qual |
|---|---|---|
| Selbstsucht | Selbstsucht | Selbstsucht |
| Egoismus | Egoismus | Egoismus |
| Eigennutz | Eigenlob | Selbstmitleid |
| Selbstüberschätzung | Eigenliebe | selbstquälerisch |
| selbstherrlich | selbstgefällig | selbstzerstörerisch |
| selbstgerecht | Selbstbeweihräu-cherung | Selbstzerfleischung |
| Selbstbeweihräu-cherung | Selbstgenuß | Selbstmord |
| | | Eigenbrötler |

Letzten Endes dürften alle diese Eigenschaften, Verhaltensweisen oder Zustände den Menschen, auf die sie zutreffen, schaden; vordergründig wird man allerdings wohl von Macht und Genuß zunächst aufgebaut, während einen die Qual in der Regel runterzieht.

Mit der Benennung und Zuschreibung von Sucht ist normalerweise eine Verurteilung oder doch die Aufforderung zur Heilung verbunden. Dies gilt zwar überwiegend auch für die vorliegenden Beschreibungen, doch endgültig und für jeden Mitmenschen ist dies keineswegs entschieden: »Je böser, das heißt, ichsüchtiger ein Mensch ist, desto dunkler wird er auch sein, im gleichen Zug; doch eben darum, auch hier: man kann nie wissen, nie völlig hineinsehen, gar richten.« (Bloch)

Gilt diese skeptische Toleranz schon für die Beurteilung jeglicher Sucht, so gilt sie ganz besonders für die Selbstsucht. Zum einen, da diese, wie ja schon eingangs festgestellt, in allen anderen enthalten ist, zum anderen, da hier nur auf schmalem Grad zwischen Selbstsucht und Selbstlosigkeit gewandelt wird. Vieles ist eine Sache der Definition. So wird das meiste »Große« nur durch selbstmächtige Antriebe geschaffen. Mit diesen sind in oft nicht geringem Maße eigene Opfer verbunden, die – wenn sich das »Große« als nützlich erweist – selbstlos genannt werden können. »Ichsüchtig ist alles Außerordentliche, sofern es leidet.« (Thomas Mann)

Dieser Umschlag – an den so oft im Zusammenhang mit dem Künstler, dem Genie gedacht wird – betrifft jedoch das Leben schlechthin. Auch hier ist zunächst auffällig, wie dicht die Wörter nebeneinanderstehen: selbstsüchtig – selbstlos; eigensüchtig-- eigenwillig; selbstherrlich – selbständig; selbstgerecht – selbstkritisch; selbstbewußt – selbstgefällig. Ein Beispiel, wie verwischbar die Grenze zwischen diesen beiden Seiten ist, gibt Gerhart Hauptmann:

> »Doktor Hülsenbusch aber rief: ›Die Entwicklung, ein menschlicher Staat, die Kultur überhaupt ist nicht zu gründen auf Selbstlosigkeit. Kampf, Selbstsucht bleiben die mächtigsten Triebfedern. Das Christentum hat es darum auch in zweitausend Jahren mit dieser falschen Tendenz nur zu einer ungeheuren Heuchelei, zu einem ungeheuren Fiasko gebracht. Die Welt wird überall von Selbstsucht getragen, die Nationen werden durch Selbstsucht aufrechterhalten, von Selbstsucht werden alle großen und kleinen Handlungen der Menschen untereinander diktiert und inspiriert. Die Kirche übt die Herrschaft in Gott und fordert dafür die Knechtschaft in Gott. Die Herren wollen sich gegen die Herren und gegen die Knechte, die Knechte gegen die Knechte und gegen die Herren durchsetzen.Da ist nicht einer in den wilden Interessenkämpfen unserer Zeit, der nicht seine eigene Festung ist. Soll er nun also selbstlos sein und sogleich seine Festung schleifen lassen? Das allersterilste Prinzip, das es geben kann, behaupte ich, ist die Selbstlosigkeit: denn wer sie wirklich und mit ganzer Folgerichtigkeit wahrmachen will, der müßte, um den Frieden um jeden Preis duchzusetzen, vom Schauplatz oder vom Kampfplatz abtreten, der müßte freiwillig aus dem Leben gehen. Damit würde, horribile dictu, Selbstmord die echte christliche Forderung, die eigentlich letzte Folge der Lehre sein.‹
> ›Töte die Selbstsucht, und wenn es nicht anders sein kann‹, sagte Quint, ›so töte dich selbst. Und wer sein Leben liebhat, der wird es verlieren, und wer sein Leben nicht liebhat, der wird es gewinnen, sage ich euch.‹« (G. Hauptmann, Emanuel Quint)

Nach der nun eingetretenen Verwirrung erscheint es notwendig, noch einmal zu fragen, wo die eigentlich schädliche Seite der Selbstsucht liegt. In welcher Weise kann hier noch von Krankheit gesprochen werden?
Ist dies bei der reinen Selbstsucht durchaus zweifelhaft, so rückt es uns deutlicher vor Augen, wenn wir selbstsüchtige Bestrebungen in Gestalt von Macht, Genuß oder Qual in beliebigen Süchten wiederfinden (Habsucht, Geiz, Alkoholismus, Gewinnsucht, Liebessüchte usw.).

Doch zurück zur reinen Selbstsucht!
Bereits ihr Motor, der Selbsterhaltungstrieb, ist so unschuldig
nicht. Genuß und Macht funktionieren nur über Bedrängung und
Unterdrückung anderer, ja das Leben selbst basiert (zumindest bis
heute) notwendigerweise auf Vernichtung anderen Lebens (auch
wenn dies häufig nur abstrakt sichtbar wird).
Hitler, der seine Selbstsucht in genialer Weise zu verbinden ver-
mochte mit den Wünschen und Zielen einer Mehrheit seines Volkes, hat dies programmatisch zum Ausdruck gebracht: »Am Ende
siegt immer die Selbsterhaltung.«
Wie brüchig jedoch auch ein solches Bekenntnis ist, zeigt sein
tatsächliches Ende durch Selbstmord. Zwar konnte dann von
Selbsterhaltung keine Rede mehr sein, doch blieb das selbstsüchtige Prinzip gewahrt, denn – wie oben unter »Qual« aufgeführt –
der Selbstmord ist der Selbstsucht zuzuordnen.
Interessanterweise wurde durch den Nationalsozialismus gleichzeitig auch die gegenteilige Ideologie verbreitet: »Gemeinnutz geht
vor Eigennutz!« Heute ist zwar deutlich, in welch barbarischer
Weise diese altruistische Parole auf Kosten von Außenseitern, Minderheiten und anderen Völkern umgesetzt wurde, doch ist zweifelhaft, daß sie innerhalb der faschistischen Volksgemeinschaft tatsächlich in hohem Maße akzeptiert und durchgeführt wurde. Wie
aufgesetzt und wenig tiefgehend dies in der Tat war, konstatiert
Hans Fallada 1945 – nach dem Zusammenbruch: »Auf den nie
durchgeführten Satz ›Gemeinnutz geht vor Eigennutz‹ war der
andere gefolgt: ›Hilf dir selbst – und zwar mit allen Mitteln!‹«
(Alpdruck, 228) Die Selbstsucht eines ganzen Volkes war umgeschlagen in die Selbstsucht seiner einzelnen Mitglieder!
Das Sprichwort sagt:

»Erst komm ich, dann wieder ich und dann noch lange nicht die
anderen.«
»Der erste beim Feuer setzt sich am nächsten.«
»Das Hemd ist mir näher als der Rock.«

Neben diesem rücksichtslosen Selbsterhaltungstrieb können wir
vier weitere Suchtaspekte analysieren, die Schäden bei der eigenen
Person oder bei anderen verursachen:
Am augenfälligsten ist die Qual. Vom – relativ milden – Selbstmit-
leid reicht die Palette bis zur Selbstzerstörung. Wo bleibt hier das
Positive, die Lust, die in jeder Sucht enthalten sein soll? Dazu frage
man die Hypochonder, die Sadomasochisten oder spüre diese Tendenz bei sich selbst auf!

Der zweite Aspekt ist die Lust zu herrschen! Hierzu gehören demgemäß die Begriffe, die oben unter »Macht« versammelt waren.
Hinzu kommt der Opportunismus. Nur wer seinen Mantel immer
rechtzeitig nach dem Wind hängen kann, und dies muß unbedingt
auf Kosten anderer erfolgen, wird für sich in bequemer Form das
Optimale herausholen.

Der dritte Aspekt ergänzt Macht und Herrschaft. Es ist die Habgier.
»Eigennutz füllt alles in seinen Sack.« Anderen muß etwas wegge-
nommen werden mit dem einzigen Ziel, es selbst zu vereinnahmen.
Niemals kann man genug haben, doch läßt sich auch dies Verhalten
noch auf die Spitze treiben – durch das Beutemachen! Nun wird ein
spezielles Unglück anderer mit drastischen Mitteln ausgenutzt.
Man spricht vom Ausbeuter und Kriegsgewinnler. Hierzu noch ein
Zitat aus dem »Emanuel Quint« von Gerhart Hauptmann:

> »Es schien indessen, als wenn Benjamin das Gebaren des Försters
> gar nicht bemerkt hätte. Er sagte, die langen und bleichen Hände
> voll zarten Geäders übereinander aufs Knie gelegt: ›Ihre Lehre
> war, wie mir schien, die der Selbstlosigkeit. Sie meinen, daß
> Selbstsucht die Mutter aller irdischen Übel ist. Andere behaup-
> ten das Gegenteil, nämlich: Selbstsucht sei die Mutter jedes irdi-
> schen Fortschrittes. Unser Deutsches Reich erlebt im Augenblick
> infolge eines blutigen Krieges, der immer selbstsüchtig ist, einen
> großen Aufschwung auf allen Gebieten. Sein Wohlstand mehrt
> sich. Das Land wird reich. Unsere Kaufleute treten unter die
> mächtigsten. Überhaupt: dem Kaufmann gehört die Welt. Der
> Kaufmann hat den Verkehr gestaltet. Im Austausch der Waren ist
> die Welt zu einer gewaltigen Einheit geworden, wie nie zuvor.
> Könnte nun aber ein Kaufmann sein ohne Eigentum? ohne
> Gewissenhaftigkeit in bezug auf das Eigentum? Würde das
> ganze Erwerbsleben unserer Tage nicht zusammenbrechen ohne
> Gewissenhaftigkeit in bezug auf das Eigentum, oder wenn wir
> Diebstahl, Mord, Betrug unbestraft lassen wollten?‹« (Haupt-
> mann, Quint, 362)

Der vierte Aspekt steht in Konkurrenz zur Qual, es handelt sich um
den Genuß. Auch dies ein Komplex, der heute nicht mehr wie
früher auf kleine herrschende Kreise beschränkt ist, sondern Mehrheiten in den Industrieländern betrifft. Die daraus entstehende
Genuß- und Verschwendungssucht beruht ebenfalls auf Ausbeu-
tung und Unterdrückung von Mehrheiten in den Ländern der dritten Welt.

In allen Fällen werden durch Selbstsucht andere Menschen geschädigt. Doch sagt das Sprichwort: »Es ist in eines andern Haut zu schneiden wie in einen Filzhut.« (Sailer)

Die Gefahr, die von einer solchen Selbstsucht in Form von Macht, Habgier und Genußsucht ausgeht, ist nicht gering zu schätzen. Schon um 1800 kritisiert Jean Paul den damaligen Zeitgeist, »der lieber ichsüchtig die welt und das all vernichtet, um sich nur freien spielraum im nichts auszuleeren«.

Doch kehren wir zum Schluß noch einmal zu einer allgemeineren Betrachtung der Selbstsucht zurück.

Wir haben festgestellt, daß sie ein wesentlicher Bestandteil des Lebens ist. »Nichts, was von Menschen unternommen wird, ist ganz frei von Selbstsucht.« (Frenssen) Und wir dürfen annehmen, daß dieser Zustand andauern wird. »Egoismus und Neid werden als böse Dämonen immer ihr Spiel treiben.« (Goethe)

So, wie wir die Krankheit brauchen, um gesund leben zu können, so brauchen wir die Selbstsucht für das Gemeinwohl.

Dies ist bislang durch vielerlei materielle und existentielle Antriebsfaktoren und Symptome beschrieben worden. Jetzt soll dem noch ein ideeller Aspekt hinzugefügt werden.

Selbstsucht verbindet sich wesentlich mit Sehnsucht und wird von ihr ideologisch angetrieben: »Nicht allein will jeder der erste, sondern auch der einzige sein ... jeder dünkt sich wunderoriginal zu sein.« (Goethe)

Tatsächlich ist ja jeder Mensch einzigartig und etwas ganz Besonderes. Schon wieder stehen wir auf dem Grad zwischen gesunder Banalität und gefährlicher Selbstüberhöhung.

Letztere steht wiederum in einem spannungsgeladenen Verhältnis zum Wunsch nach Normalität. In gleichem Maße, wie man sich sehnt, einzigartig zu sein, möchte man gleichzeitig normal sein, den anderen gleichen. Wären aber alle nur einzigartig, würde es zu keiner Gemeinsamkeit kommen und nur Chaos und Kampf herrschen. Wären alle nur normal, könnte es niemals Wandel und Fortschritt geben. So gesehen ist also die Waage zwischen Einzigartigkeit und Normalität ein nötiger Widerspruch. Die Tatsache, daß die meisten Menschen ihn unbewußt erleben, macht ihn häufig zur Qual.

Durch die gesamte Beschreibung der Selbstsucht zieht sich dieser ihr selbst immanente Widerspruch: Einerseits werden damit die bedeutendsten Ereignisse beschrieben, andererseits ist dies derart banal (normal), daß es kaum der Erwähnung lohnt.

»Eigenliebe

Nachdem man nun schon zwei- oder dreitausend Bände über

Moral geschrieben hat, sagt Nicole in seinen Moralischen Essays: ›Mit Hilfe von Rad und Galgen als Gemeineinrichtung wird man der tyrannischen Gedanken und Absichten der Eigenliebe des einzelnen Herr.‹

Ich will nicht untersuchen, ob es Galgen als Gemeineigentum gibt, wie etwa Wiesen und Wälder oder Börsen, und ob man Gedanken dadurch unterdrücken kann, daß man die Menschen rädert; aber es erscheint mir sehr seltsam, daß Nicole Straßenraub und Mord auf Eigenliebe zurückführt. Man muß doch wohl etwas genauer unterscheiden. Wenn jemand behaupten würde, Nero habe seine Mutter aus Eigenliebe umbringen lassen und Cartouche habe viel Eigenliebe besessen, würde er sich nicht ganz korrekt ausdrücken. Eigenliebe hat nichts mit Ruchlosigkeit zu tun, sie ist ein allen Menschen natürlich innewohnendes Gefühl und steht der Eitelkeit viel näher als dem Verbrechen.

Ein Bettler in der Umgebung von Madrid bat würdevoll um Almosen. Ein Passant sagte zu ihm: ›Schämen Sie sich nicht, diesem schmachvollen Gewerbe nachzugehen, wo Sie doch arbeiten können?‹ – ›Mein Herr‹, erwiderte der Bettler, ›ich bitte Sie um Geld und nicht um Ratschläge.‹ Dann wandte er ihm den Rücken zu, seine kastilische Würde wahrend. Dieser Mann war ein stolzer Bettler, seine Eitelkeit wurde duch eine Kleinigkeit verletzt. Er bettelte aus Eigenliebe und duldete nicht, daß ein anderer ihm aus Eigenliebe Vorwürfe macht.

Ein Missionar begegnete auf seiner Reise durch Indien einem mit Ketten beladenen Fakir, der nackt wie ein Affe auf dem Bauch lag und sich für die Sünden seiner indischen Landsleute peitschen ließ, die ihm ein paar kleine Münzen schenkten. ›Welche Selbstverleugnung!‹ sagte ein Zuschauer. ›Selbstverleugnung?‹ entgegnete der Fakir. ›Lassen Sie sich sagen, daß ich mich auf dieser Welt nur prügeln lasse, um es Ihnen in der andern heimzuzahlen, wenn Sie das Pferd sind und ich der Reiter.‹

Diejenigen, die gesagt haben, die Eigenliebe sei die Grundlage all unseres Fühlens und Handelns, haben also in Indien, in Spanien und auf der ganzen bewohnbaren Erde durchaus recht gehabt. Wie man nicht schreibt, um den Menschen zu beweisen, daß sie ein Gesicht haben, so braucht man ihnen auch nicht zu beweisen, daß sie sich von Eigenliebe leiten lassen. Diese Eigenliebe dient unserer Selbsterhaltung. Insofern gleicht sie dem Fortpflanzungsorgan. Auch dieses ist unentbehrlich, ist uns lieb und wert, bereitet uns Freude – und wir müssen es verstecken.« (Voltaire)

# Sehnsüchte

»Vor mehr als 200 Jahren lebte im Norden Italiens, in der Nähe der Stadt Mailand, ein junges Ehepaar. Der materiellen Sorgen ledig wünschten beide nichts sehnlicher als ein gemeinsames Kind. Nach vielen Jahren wurde endlich ihre Sehnsucht erfüllt. Die Frau wurde schwanger. Das Kind, ein Mädchen, blieb ihr einziges. Es wurde verwöhnt und geliebt. Das Haus der Eltern stand in einer weiten Ebene, durch die ein Bach floß, an dessen Ufer zahlreiche Bäume wuchsen. Hier spielte das kleine Mädchen oft den ganzen Tag, genoß seine Freiheit und entfernte sich dabei manchmal gedankenverloren weit von ihrem Zuhause. Eines Tages geschah es, daß sie den Weg zurück nicht mehr fand. Nach vielem Hin- und Herlaufen, setzte sie sich schließlich verzweifelt am Wegesrand auf einen Stein und weinte. Da kam ein Planwagen mit Gauklern vorbei. Bunt gekleidete Leute stiegen aus, fragten nach ihrem Kummer und versprachen zu helfen. Sie hoben sie auf ihren Wagen und fuhren weiter. Erschöpft vom Spielen, Suchen und Weinen fielen der Kleinen die Augen zu. Als sie wieder erwachte, befand sie sich auf einem Strohsack in der dunklen Ecke eines Hauses. Langsam kam ihr alles Erlebte wieder zu Bewußtsein. Sie blickte sich um. Der große Raum war eine Herberge und ganz in ihrer Nähe sprachen die Gaukler von einem guten Fang, der ihnen ins Netz gegangen wäre. Das Mädchen verstand mit großem Schrecken, daß sie gemeint war. Und da sie doch so genau das Haus ihrer Eltern beschrieben hatte, stand ihr der begangene Verrat und ihr künftiger Jammer sofort mit aller Deutlichkeit vor Augen. Zutiefst enttäuscht und verzweifelt suchte sie Hoffnung bei Gott und tat schließlich den Schwur, nie wieder einem Menschen etwas über ihre Herkunft zu erzählen. Fortan nannte sie sich Mignon. Der Gegensatz zu ihrer bisherigen Kindheit konnte nicht größer sein. Durch viele Länder mußte sie mit der Truppe ziehen, wurde als gelenkige Puppe dressiert und auf Straßen und Jahrmärkten zur Belustigung des Publikums vorgeführt. Sie war etwa 13 Jahre alt, als es ihr endlich gelang zu entfliehen. Weit entfernt ihrer Heimat, zogen sie gerade in Deutschland umher. Bei einem Auftritt in einer kleinen süddeutschen Stadt wurde sie – wie so oft – mit einer Peitsche geschlagen und zum Tanzen gezwungen, als plötzlich Wilhelm, ein reicher, junger Mann dazwischensprang und dem brutalen Kerl die Peitsche entriß. Als das Publikum dazu Beifall klatschte, wurde Mignon in Ruhe gelassen. Abends schlich sie sich heimlich aus dem Lager der Gaukler und fand endlich auch den Weg zu Wilhelm. Der sah darin eine Verpflichtung des Schicksals, nahm Mignon mit auf sein Gut und dort konnte sie ein ähnlich unbeschwertes Leben führen wie damals bei ihren Eltern.

Doch gerade dieses Glück ließ die Vergangenheit lebendig werden. Der abgehärmte, gesundheitlich geschwächte Körper füllte sich mit einer nicht stillbaren Sehnsucht nach Heimat und Zuhause. Gleichzeitig erwachte in der sich entwickelnden Frau die Sehnsucht nach einem Partner, nach einem Mann, und den sah sie in ihrem Retter Wilhelm. Er wurde nicht nur ihr Idol, in ihren Tagträumen sah sie sich auch mit ihm in Liebe vereint.

Wie groß war Schmerz und Eifersucht, als sie erkannte, daß Wilhelm, der in ihr nicht die Frau, sondern das Kind sah, seine Liebe einer anderen zuwandte.

Im gleichen Augenblick brach Mignon zusammen und der junge Körper wurde von schrecklichen Zuckungen geschüttelt. Wilhelm holte einen Arzt und als der nicht helfen konnte, bat er zwei Freundinnen, sich in der Einsamkeit eines Landhauses intensiv um Mignon zu kümmern. Sie erreichten zwar noch einmal Linderung, doch eine Heilung war nicht mehr möglich.

> Nur wer die Sehnsucht kennt
> weiß, was ich leide!
> Allein und abgetrennt
> von aller Freude,
> seh ich ans Firmament
> nach jener Seite.
> Ach! Der mich liebt und kennt
> ist in der Weite.
> Es schwindelt mir, es brennt
> mein Eingeweide.
> Nur wer die Sehnsucht kennt
> weiß, was ich leide!

Die unstillbaren Sehnsüchte nach Heimat und Mann ließen in Geist und Seele des Mädchens für nichts anderes Raum und entfalteten eine zerstörende Kraft. Das Leben schwand, indem diese Kraft wuchs, bis schließlich der Lebensfunke erlosch.«

Diese Geschichte, die von Goethe in seinen Roman »Wilhelm Meisters Lehrjahre« eingearbeitet worden ist, gilt in der deutschen Literatur als eines der prägnanten Sinnbilder für Sehnsüchte. Nicht nur das schon deutlich genannte Sehnen nach Heimat und Liebe wird hier (unter anderem) durch die auch heute noch bekannten Verszeilen »Nur wer die Sehnsucht kennt...« zum Ausdruck gebracht, sondern auch die damals unter Intellektuellen weit verbreitete Italiensehnsucht. In Wilhelm Meister wird ihr durch das Gedicht »Kennst du das Land, wo die Zitronen blühen?« ein dauerhaftes Denkmal gesetzt. Es stellt übrigens eine eigenartige Mischung aus Rückwärtsgewandtheit (Sehnsucht nach – geistiger – Heimat) und Zukunftsblick (Fernweh) dar.

Damit sind bereits die wesentlichen Schwerpunkte oder, vielleicht besser gesagt, die wesentlichen Abteilungen der Sehnsucht genannt. Es scheint berechtigt, sie so voneinander abzugrenzen, daß sechs eigenständige bzw. unterschiedliche Arten entstehen:

Sehnsucht nach Liebe
Sehnsucht nach Heimat – Heimweh, Landsucht
Sehnsucht nach dem Tod – Todessehnsucht
Sehnsucht nach der Ferne – Fernweh
Sehnsucht nach Vergangenheit, nach der Mutter
Sehnsucht nach dem Paradies, nach Frieden

Bei genauerer Betrachtung stellt sich heraus, daß diese sechs nach zwei übergeordneten Gesichtspunkten unterschieden werden können: Zukunft oder Vergangenheit

| *Sehnsucht nach Zukunft* | *Sehnsucht nach Vergangenheit* |
|---|---|
| Liebessehnsucht | Heimweh |
| Fernweh | Sehnsucht nach Vergangenem |
| Sehnsucht nach dem Paradies | Todessehnsucht |
| Todessehnsucht | |

Jeder dieser Komplexe soll hier eigenständig gewürdigt werden, doch zuvor möchte ich auf das Wort Sehnsucht selbst eingehen.

## Sehnsucht

Als spätmittelhochdeutsches Wort entstanden, erweiterte es zunächst (nach Kluge/Götze) lediglich das ältere, gleichbedeutende »sene«.

Bis dahin hatte eben dieses »sen(e)« ausgereicht, um ein schmerzliches Verlangen, einen zehrenden Kummer auszudrücken, der offensichtlich bis zum Zustand der Krankheit ausgedeutet werden konnte.

Nachweisbar ist aber auch, daß bereits Walther von der Vogelweide und Rudolf von Ems zur stärkeren Betonung das Wort »sucht« mit hinzuzogen: »ich junge, und tuot si daz, und wirt mir gernden siechen seneder sühte baz.« (Walther v. d. Vogelweide) Rudolf von Ems benutzt »senendiú súht«.

Während »Sehnsucht« wortgeschichtlich und bezogen auf seinen Gehalt ein ausschließlich deutsches Wort ist, kann sehnen, senen (mhd.), sene (ahd.) immerhin germanische Nachbarn vorweisen. Trotzdem heißt es im Wörterbuch:

> »sehnen, verb., ein dem deutschen vor den übrigen germanischen sprachen eigentümliches wort, characteristisch für das deutsche gemütsleben durch einen gewissen, dem worte eignen stimmungsinhalt... mhd. senen, sich senen heißt sich grämen, härmen, nach etwas verlangen, besonders wird es auf die pein und verlangen der liebe bezogen und mit seiner sippe in der minnepoesie bis zur abnutzung gebraucht.«(GW 10,1; 151)

Vermutlich im 16. Jh. entsteht das Wort »Sehnsucht«, durch das die obige Bedeutung noch weiter unterstrichen wird. »mhd. sensucht, krankheit des schmerzlichen verlangens, liebeskrankheit.« Dementsprechend heißt es in einer Handschrift aus dem 16. Jh. »der den siechtum hat von der sensuchte, der sol reden mit den, die im lieb sint, und schol horen schoneù maere, der in gelùste ze horen.« (Schmeller, Bay. Wö. II, 289) In diesem Sinne wird das Wort häufig in den Fastnachtspielen von Hans Sachs verwendet. Zum ersten Höhepunkt kommt es jedoch in der Barockdichtung des 17. Jh.s (Opitz, Fleming, Gryphius). Der dann folgende zweite Höhepunkt in der Klassik Goethes, vor allem aber in der Romantik ist für uns ungleich bedeutender, weil dessen Wirkung bis heute andauert. Seit der Entstehung des Wortes sind folgende Veränderungen in Gehalt und Verwendung zu beobachten: Untergegangen ist die Bedeutung »sich grämen, bekümmert sein«; geschwunden ist das Verständnis, daß es sich hier um eine Krankheit handelt; gewachsen ist die Verwendung des Wortes (siehe die o. g. Komplexe). Die Substanz, die jedoch – nahezu unverändert – von Beginn an bis heute die Benutzung des Wortes bestimmt, führt uns wieder auf die eingangs aufgestellte Behauptung zurück, dies sei im besonderen

ein deutsches Wort. Dabei stand noch die Antwort auf die Frage aus, welches denn der Bedeutungsgehalt der Sehnsucht sei. Im folgenden soll versucht werden, einen solchen – auf das Wesentliche reduzierten – Gehalt aus vorliegenden Definitionen zu erschließen.
Das Conversations-Lexikon von 1836 erklärt das Wort auf folgende Weise:

»Sehnen ist ein inniges Verlangen des Abwesenden oder Mangelnden. Da der Gegenstand immer in gewisser Ferne steht, so ist dieses Verlangen durch unbestimmte Vorstellungen getragen und genährt. Es wird von der Vereinigung mit dem Gegenstande ein Glück erwartet, um so mehr vielleicht, je weniger man ihn genau kennt, je mehr die Phantasie sein Bild ausmalt. Oft ist auch der Gegenstand des Sehnens nicht einmal bekannt, und nur das Gefühl des Mangels tritt hervor. Wo das Sehnen die Seele einnimmt und öfter wiederkehrt, da entspringt die Sehnsucht, unter allen leidenschaftlichen Begehrungen die sanfteste, obwohl darum nicht minder gefährlich. Das Sehnen setzt immer voraus ein angeborenes oder erworbenes Bedürfnis, und bei bestimmter Ausbildung ein Interesse an einem bestimmten Gegenstande oder hohe Wertschätzung desselben; dieses Bedürfnis wird verstärkt durch die Gewöhnung und dadurch geht das Sehnen leicht in Sehnsucht über.« (CL 10)

In der Definition des aktuellen Duden heißt es: »Sehnsucht, ein inniges, schmerzliches Verlangen nach jemandem; etwas, was man entbehrt, was fern von einem ist. Brennende -, verzehrende -, ungestillte -, unbestimmte -, stille Sehnsucht.« Vorherrschend in allen Definitionen von Sehnsucht ist ein *überstarkes Verlangen,* mit dem ein *schmerzliches Gefühl* einhergeht.
Bedenkt man, in wie vielfältigen Bereichen des menschlichen Lebens ein Sehnsuchtsempfinden auftreten kann – nämlich in den allermeisten –, bedenkt man weiter, daß diese Empfindung nur dann möglich ist, wenn sie auch benannt werden kann, so ergäbe sich, daß das Gefühlleben der Deutschen von einem gewissermaßen tragischen Grundton durchzogen ist.
Ich lasse dies hier als These stehen, die an anderer Stelle genauer untersucht werden sollte.
Häufig wird in Zweifel gezogen, daß Sehnsucht überhaupt etwas mit Sucht zu tun hat. Bereits in der Definition des Conversations-Lexikons hieß es hierzu, daß Sehnsucht zwar sanft, doch gefährlich

sei. Und durch die frühesten Belege war gezeigt worden, daß auch das Ursprungswort »sene« Aspekte von Krankheit, speziell von Schmerz, Pein und Qual enthält. Um dies zu unterstreichen, war das Wort »Sehnsucht« gebildet worden: »*krankheit* des schmerzlichen verlangens.« Nun ist aber nicht nur das krankhafte, schmerzliche Element ein Beleg für das Vorhandensein von Sucht, sondern auch – vielleicht sogar in höherem Maße – der Aspekt des Verlangens.

Es sei dazu erinnert an Gier, Lockung, Hang.

Im folgenden wird eine breite Palette von Sehnsüchten behandelt werden. Nicht alle, vermutlich sogar nicht einmal die meisten der heute in unserer Sprache als Sehnsucht benannten Verhaltensweisen können in unserem Sinne als Sucht oder als Krankheit bezeichnet werden.

Obwohl allen Sehnsüchten ein schmerzlicher Zug immanent ist, wird die Sehnsucht erst dort zur Sucht, wo Gier, Hang und Verlangen zur Gewohnheit, zum Zwang werden.

## Sehnsucht nach Liebe

Vielleicht ist es kein Zufall, daß die Sehnsucht nach Liebe sowohl kurz nach der Geburt als ein Grundbedürfnis auftritt als auch am Beginn der Wortentstehung von »sehnen« und »Sehnsucht« steht. So meinten die Minnesänger mit dem von ihnen so häufig benutzten sene(n) vor allem ein Sehnen nach Liebe.

Daraus entstehende Wörter wie »senesiech« (liebeskrank), »senegluot« (Liebesglut) und »seneviuwer« (Liebesfeuer) unterstreichen dies. Und als schließlich »sensucht« geprägt wird, ist damit zunächst Liebeskrankheit gemeint.

Wenn sich auch bis heute das Spektrum der Sehnsucht wesentlich erweitert hat, so blieb doch das Liebessehnen immer ein bedeutender Komplex. Das erscheint mir sehr natürlich, da es den Grundbedürfnissen des Säuglings entspricht: neben dem Verlangen nach Nahrung (beim Stillen wiederum gekoppelt mit Wärme und Liebe der Mutter) tritt vor allem das Verlangen nach Liebe in den Vordergrund. Wird dies von den Eltern nicht befriedigt, kommt es zu Störungen, die bei Dauer schwere Krankheiten zur Folge haben können.

Am Beginn unseres Lebens steht also eine existentielle Sucht, die Liebessehnsucht, die durch optimale Befriedigung zu einem harmonischen Umgang mit Liebe führen kann. Im Gegensatz zu den

meisten Süchten erfolgen hier und in diesem (Säuglings-)Stadium die Bedürfnisbefriedigung und die »Heilung« der Sucht von außen. Ob und inwieweit Störungen im Kindesalter Krankheiten im Erwachsenenalter nach sich ziehen, soll indes hier nicht zum Gegenstand der Betrachtung gemacht werden. Entsprechende Fragestellungen gehören nicht in den vorliegenden Rahmen. Uns interessiert eher die Frage, welche Formen eine Liebessehnsucht annehmen kann, was daran tatsächlich dem Charakter einer Sucht entspricht und wo demzufolge Gefahren für die Betroffenen zu suchen sind.
Einige Antworten finden wir in zwei Strophen einer unbekannten Dichterin aus dem 18. Jh.:

> »O liebe, kehre meinem Herzen,
> das so verwaist zu brechen droht!
> Kehr ihm mit allen deinen Schmerzen,
> all deiner Qual, all deiner Not!
> Nach deinen heißen Tränengüssen
> sehnt mein zu trockenes Auge sich.
> Denn besser ist's, die Ruhe missen,
> als Ruhe fühlen ohne dich.«

In Kategorien der Sucht übertragen, wird hier zum Ausdruck gebracht, daß Liebe mit Schmerzen, Qual und Not verbunden ist, daß aber andererseits dann, wenn sie schwindet, wenn Distanz auftritt, ein Entzug droht, der bis zum Herzversagen führen kann. Nun müßte an dieser Stelle eigentlich näher auf das Problem »Liebe«, die einmal selbst als krankhafte Erscheinung gegolten hatte, eingegangen werden. Das jedoch soll erst im Teil »Liebessüchte« geschehen.
Obwohl es eigentlich unstatthaft sein sollte, die Anteile Sehnsucht und Liebe im vorliegenden Falle auseinanderzureißen, soll im folgenden dennoch versucht werden, speziell dem Aspekt »Sehnsucht« nachzuspüren.
Sehnsucht, verbunden mit Liebe, beginnt mit einem leichten Gefühl:

> »O zarte Sehnsucht, süßes Hoffen,
> der ersten Liebe goldne Zeit,
> das Auge sieht den Himmel offen,
> es schwelgt das Herz in Seligkeit.« (Schiller)

Die Sehnsucht gilt dabei sowohl der geschlechtlichen Befriedigung – so heißt es bei Hesse über Siddharta einmal: »Er bückte sich ein wenig zu dem Weibe herab und küßte mit den Lippen die braune Spitze ihrer Brust. Aufschauend sah er ihr Gesicht voll Verlangen lächeln und die verkleinerten Augen in Sehnsucht flehen. Auch Siddharta fühlte Sehnsucht und den Quell des Geschlechts sich bewegen.« (Siddharta, 61) – als auch dem Wunsch nach Zusammensein mit dem geliebten Partner. Gerade dies um so mehr dann, wenn dieses Gefühl während einer Trennung auftritt. Fallada sagt einmal zu seiner Frau nach Überwindung einer solchen Trennung: »Ich bin denen ausgerissen Alma! Ich habe es vor Sehnsucht nach dir nicht mehr aushalten können, da bin ich einfach ausgerissen.« (Fallada, Alpdruck, 141)

Kann allerdings diese Sehnsucht nicht erfüllt werden, tritt der Entzug stärker in Erscheinung. Nun beginnt die Seelenqual:

> »Seit dieser Stunde verzehrte sich mein Leib,
> die Seele stirbt vor Sehnen;
> mich hat das
> unglückselige Weib
> vergiftet mit ihren Tränen.« (Heine)

In der Tat, die Stormsche Frage: »O, kann man auch vor Liebe sterben?« (Ein Fest auf Haderlevshus) hat reale Berechtigung. Mehrfach begegnen wir in der Literatur Berichten, in denen ein solcher Tod hergeleitet und beschrieben wird.

Kurz und bündig wird der Prozeß bei Ida Boy-Ed ausgedrückt: »Sie hat meinen Papa so sehr geliebt und ist vor lauter Liebessehnsucht gestorben« (Flucht, 131)

Kaum vorstellbar, daß dies einmal auf einem Totenschein wiedergefunden werden könnte! Dennoch glaube ich, daß aus einer nichtmedizinischen Sichtweise unerfüllte bzw. nicht ertragene Sehnsucht als Todesursache in Frage kommt.

Das Spannungsgefüge zwischen Liebe und Sehnsucht, von dem hier die Rede ist, faßt Klaus Mann als ein dialektisches auf, »wenn man Eros, im Sinne des Sokrates, als den Dämon der unstillbaren Sehnsucht, des dialektischen Spiels versteht« (Wendepunkt, 12).

### Sehnsucht nach Heimat

Wie bei der Liebessehnsucht begegnen wir auch bei der Sehnsucht nach Heimat ursprünglichen, archaischen Gefühlen. So dem Seh-

124

nen nach der Mutter, dem Zurück-Wünschen in den Mutterleib oder – ganz allgemein – dem Wunsch nach einer Identität in gelebter Einheit von Natur, Ort und Gesellschaft.

Es verwundert, daß bei derartigen Grundgefühlen ein entsprechendes Wort erst verblüffend spät geprägt wurde, denn Sehnsucht nach Heimat wird ja gemeinhin durch das Wort *Heimweh* ausgedrückt. Nach Höfler hat es bereits im Althochdeutschen den Begriff Landsucht (»lantsuht«) für das hier interessierende Gefühl (»Heimweh«) gegeben. Doch machte das Wort im Laufe der Zeit anscheinend zunächst einen Bedeutungswandel durch (1476 weist Höfler »landsucht« im Sinne von »typhöser Landseuche« nach) und ist schließlich ganz erloschen. Andererseits werden Heimat und die Sehnsucht danach bereits in den älteren Quellen deutscher Sprache beschrieben, ohne daß dies mit *einem* Wort oder Begriff benannt werden konnte.

> »Die der Heimat entbehren, die leiden
> Jammer und in verwundetem Herzen
> mannigfaltige Schmerzen.« (Otfrid, um 870)

Da die Geschichte des Wortes »Heimweh« für den Gesamtkomplex in einigen Aspekten von Belang ist, soll hier etwas ausführlicher darauf eingegangen werden.

Nach Kluge/Götze wird »Heimweh« zum erstenmal 1592 vom Schweizer Samuel Haber verwendet. In den folgenden 200 Jahren bleibt es ein spezifisch schweizerisches Wort und im wesentlichen auf diese Region beschränkt. Von besonderer Bedeutung ist, daß es 1678 von J. J. Harder in den Rang einer Krankheit gehoben wird, wozu er – als Lehnübersetzung – den medizinischen Fachausdruck »Nostalgia« prägt. Harder, der Arzt in Basel war, versuchte in seiner Dissertation Heimweh oder Heimsucht als eine spezifische Krankheit der Schweizer zu deuten. Obwohl also in eine Umbruchszeit der Suchtworte hinein entstanden, steht auch hier – wie bei dem Stammwort »Sucht« – am Beginn ein ausgesprochenes Krankheitsverständnis. Während im allgemeinen (bis ca. 1770) das Heimweh auch in Deutschland als Schweizerkrankheit aufgefaßt wurde, begann gleichzeitig eine erstaunliche Verbreitung des Wortes. 1760 wird es zum erstenmal in England nachgewiesen (Trübner). Als Lehnübersetzung aus dem Deutschen entsteht hier das Wort »home-sickness«. 1804 wird es zum erstenmal von Goethe verwendet (in einem Brief an Schiller zum »Wilhelm Tell«!).

Obwohl sich von nun an »Heimweh« als gebräuchlicher Ausdruck für »Sehnsucht nach Heimat« rasch verbreitet und in der Folge ein großer Nuancenreichtum im Gebrauch entsteht, hält sich auch das medizinische Krankheitsverständnis bis heute. Doch hier ist es an uns, über die entsprechende aktuelle Definition zu schmunzeln:

»Nostalgie: Heimweh, besonders während der Pubertät. Oft Ursache für Brandstiftung, Sexualverbrechen u. a.« (Pschyrembel)

Eine aufschlußreiche Definition finden wir im Conversations-Lexikon von 1834. Sie verbindet die Geschichte (Schweizer Ursprung) mit einem Krankheitsverständnis und gleichzeitig die Gefühlsebene mit einer Darstellung von Symptomen und Folgen:

»Heimweh (nostalgia) nennt man eine Krankheit, in welche bei reizbaren Menschen das natürliche Schmerzgefühl, welches die Trennung vom Vaterhause und vom vaterländischen Boden erzeugt, nach und nach übergeht. Insbesondere werden von ihr diejenigen befallen, die unter sehr veränderten Umgebungen und ohne anstrengend und ununterbrochen beschäftigt zu sein, in ein anderes Klima, namentlich die Bewohner hoher Gebirgsgegenden, z. B. die Schweizer, wenn sie ins flache Land kommen. Das Heimweh äußert sich durch einen hohen Grad von Traurigkeit, unter welcher bald das ganze Nervensystem leidet... der Wunsch und die Verzweiflung das (Vaterland) wiederzusehen, sind die einzigen Empfindungen und Vorstellungen, welche alle andere unterdrücken. Dieser Zustand steigert sich bis zur Melancholie, welcher dann krampfhafte Zufälle folgen. Die Respiration wird schwer... das Herz schlägt unregelmäßig... die Secretionen werden unregelmäßig... der Schlaf flieht... Diesen Zustand endet bisweilen ein plötzlicher Tod; gewöhnlich aber geht er in einschleichendes hektisch-nervöses Fieber über...« (CL 5, 167)

Zu der Zeit, als diese Definition entstand, war – wie oben dargestellt – der Krankheitsbezug noch lebendig, ja vorherrschend. Heute dagegen begegnet uns Heimweh in den verschiedensten Ausprägungen, jedoch selten als Krankheitsbeschreibung.
Einen Eindruck der Vielfalt vermittelt die Zusammenstellung von Dornseiff. Er führt das Wort unter folgenden Rubriken:

– *Ortsveränderung.* Rückwärts... Heimfahrt, Heimweh, Krebsgang, Sackgasse.

- *Affekte. Charaktereigenschaft.* Unzufriedenheit, Ärger, Heimweh, Kummer, Leere,... unerfüllter Traum.
- *Wunsch* ...   Verlangen,   Begierde,   ...Fieber,   Heimweh... Regung... Sehnsucht.
- *Gesellschaft.*   *Nation*   ...tümelei,   ...Heimweh,   Heimatliebe, Nationalgefühl, Vaterlandsliebe...

Heimwehgefühle in den unterschiedlichsten Intensitäten lassen sich selbstverständlich auch in der Literatur zu finden. So berichtet Heine im französischen Exil – trotz seiner kritischen Haltung gegenüber den politischen Zuständen in Deutschland – über Heimwehanfälle.

>»Es ging mir äußerlich ziemlich gut,
>doch innerlich war ich beklommen,
>und die Beklemmung täglich wuchs –
>ich hatte das Heimweh bekommen.«

Aufgrund der oben genannten Zusammenstellung verwundert es nicht, daß gerade in der Zeit der Romantik unzählige Belege zu finden sind. Als ein besonders typisches Beispiel für das Gefühlsleben der Menschen in dieser Zeit mag das folgende Gedicht von Eichendorff gelten:

Heimweh

Wer in die Fremde will wandern,
Der muß mit der Liebsten gehn,
Es jubeln und lassen die andern
Den Fremden alleine stehn.

Was wisset ihr, dunkele Wipfel,
Von der alten, schönen Zeit?
Ach, die Heimat hinter den Gipfeln,
Wie liegt sie von Hier so weit!

Am liebsten betracht' ich die Sterne,
Die schienen, wie ich ging zu ihr,
Die Nachtigall hör' ich so gerne,
Sie sang vor der Liebsten Tür.

Der Morgen, der ist meine Freude!
Da steig' ich in stiller Stund'

Auf den höchsten Berg in die Weite,
Grüß' dich, Deutschland, aus Herzensgrund!

Wie Heine wird – einige Jahrzehnte später – auch Theodor Storm Heimweh – Gefühl durch das Exil aufgezwungen.

»Die Schrift verschwamm ihm vor den Augen, das Papier flog in seiner Hand; dann überfiel ihn unerbittliche Wehmut. Heimweh, flehend mit Kinderstimme, kam an ihn heran und führte ihn in seine träumerischen Irrgänge; weit, weit aus seiner Einsamkeit« (Storm, Angelika)

Doch muß es selbstverständlich nicht das Exil sein. Manchen Menschen reicht bereits die Abwesenheit von zu Hause.

»O verflucht, ist man alleine!
Was man hört und sieht, ist fremd.
Und im Stiefel hat man Steine.
Und schon spürt man eine kleine
Sehnsucht unterm Oberhemd.«
(Kästner, Sentimentale Reise)

Anna Seghers zeigt einen anderen Aspekt auf, den Zusammenhang von Heimweh und Kindheit/Jugend:

»rasendes Heimweh nach dem verlorenen Land, der Jugend, trieb ihr die Tränen in die Augen. Man konnte die Tränen nicht sehen, so zerknittert war ihr Gesicht.« (Die Toten bleiben ewig jung, 626)

Einigen Menschen jedoch ist das Heimweh ausgetrieben worden. So z.B. dem jüdischen Herrn Glanz. Er sitzt nun 1938 im Prager Exil und sinniert darüber, ob er noch eine Heimat hat. Wie war es doch da in Hamburg gewesen?

»Hunden und Juden ist der Eintritt verboten. Schmeißt sie raus die Judensau! Sowas sitzt hier in unserem Staatstheater! Ein besoffener SA-Mann torkelt ihn an: Herr, Sie wollen einen deutschen SA-Mann anrühren? Sie dreckiger Jude? Schnauze! Sonst laß ich Sie abführen. Nein. Keinen Zaubermantel. Da ist keine Heimat. Da ist keine Alster. Da ist kein Traum. Und keine Sehnsucht. Das Auge Gottes war blind.« (Justin Steinfeld, Ein Mann liest Zeitung, 26)

Ist in all diesen Zitaten von Krankheit nur wenig zu spüren, so finden wir Schilderungen mit entsprechenden Hinweisen auch heute in Berichten von Auswanderern, in Seefahrergeschichten und – immer wieder – in Erzählungen über Kindheits- und Jugenderlebnisse.

Sten Nadolny läßt in seinem Buch »Die Entdeckung der Langsamkeit« einen zwölfjährigen Midshipman, Nathaniel Bell, an Bord kommen und konstatiert bei ihm von Beginn an »schweres Heimweh«. Dies – obwohl drei ältere Brüder mit auf dem Schiff sind. Das Leiden nimmt ein derartiges Ausmaß an, daß der Kapitän um sein Leben fürchtet und schließlich den Jungen wieder nach Hause schickt.

Wie viele Menschen siechen in der Ferne dahin, ohne daß je ein Arzt dies als Heimweh diagnostizieren würde?

### Sehnsucht nach dem Tode

Obwohl die Sehnsucht nach dem Tode in der Literatur ein vielbehandeltes Thema ist und als Triebfaktor beim Selbstmord eine bedeutende Rolle spielt, findet man das entsprechende Wort (Todessehnsucht) erst in neuerer Zeit in Lexika verzeichnet. So heißt es im aktuellen sechsbändigen Duden: »Todessehnsucht = Sehnsucht nach dem Tode.« Eine nicht gerade geistreiche Definition!

Einen ersten, eigenartigen Höhepunkt erlebt das Wort in der Zeit der Romantik. Die Rückwärtsgewandtheit des Heimwehs – wird dadurch zusätzlich unterstrichen, da ja in der irdischen Zukunft keine Hoffnung, keine Perspektive gesehen wird.

Das einschlägige Dokument für diese Geisteshaltung stellt das Gedicht »Sehnsucht nach dem Tode« von Novalis dar:

Sehnsucht nach dem Tode

Hinunter in der Erde Schooß
Weg aus des Lichtes Reichen,
Der Schmerzen Wuth und wilder Stoß
Ist froher Abfahrt Zeichen.
Wir kommen in dem engen Kahn
Geschwind am Himmelsufer an,

Gelobt sey uns die ewge Nacht,
Gelobt der ewge Schlummer.

Wohl hat der Tag uns warm gemacht,
Und welk der lange Kummer.
Die Lust der Fremde ging uns aus,
Zum Vater wollen wir nach Haus.

Was sollen wir auf dieser Welt
Mit unsrer Lieb und Treue.
Das Alte wird hintangestellt,
Was soll uns dann das Neue.
O! einsam steht und tiefbetrübt,
Wer heiß und fromm die Vorzeit liebt.

Die Vorzeit, wo die Sinne licht
In hohen Flammen brannten,
Des Vaters Hand und Angesicht
Die Menschen noch erkannten.
Und hohen Sinns, einfältiglich
Noch mancher seinem Urbild glich.

Die Vorzeit, wo noch blütenreich
Uralte Stämme prangten,
Und Kinder für das Himmelreich
Nach Quaal und Tod verlangten.
Und wenn auch Lust und Leben sprach,
Doch manches Herz für Liebe brach.

Die Vorzeit, wo in Jugendglut
Gott selbst sich kundgegeben
Und frühem Tod in Liebesmuth
Geweiht sein süßes Leben.
Und Angst und Schmerz nicht von sich trieb,
Damit er uns nur theuer blieb.

Mit banger Sehnsucht sehn wir sie
In dunkle Nacht gehüllet,
In dieser Zeitlichkeit wird nie
Der heiße Durst gestillet.
Wir müssen nach der Heymath gehn,
Um diese heilge Zeit zu sehn.

Was hält noch unsre Rückkehr auf,
Die Liebsten ruhn schon lange.

Ihr Grab schließt unsern Lebenslauf,
Nun wird uns weh und bange.
Zu suchen haben wir nichts mehr –
Das Herz ist satt – die Welt ist leer.

Unendlich und geheimnißvoll
Durchströmt uns süßer Schauer –
Mir däucht, aus tiefen Fernen scholl
Ein Echo unsrer Trauer.
Die Lieben sehnen sich wohl auch
Und sandten uns der Sehnsucht Hauch.

Hinunter zu der süßen Braut,
Zu Jesus, dem Geliebten –
Getrost, die Abenddämmrung graut
Den Liebenden, Betrübten.
Ein Traum bricht unsre Banden los
Und senkt uns in des Vaters Schooß.

Eine bezeichnende Hymne auf den entsprechenden Gedichtzyklus
von Novalis (»Hymnen an die Nacht«) stammt von dem – durch
Selbstmord umgekommenen – Klaus Mann.

»Ich liebte Novalis, weil er mir tiefer als alle anderen bewandert
schien in den Mysterien der Nacht, der Wollust, des Todes. Der
Zauber der deutschen Romantiker hat früh auf mich gewirkt und
niemals aufgehört, mich in seinem Bann zu halten. Tiecks
Geschichten von den Elfen und vom Blonden Eckbert, die wundersamen Weisen und Märchen der Eichendorff, Arnim, Brentano, die schaurig-holden Halluzinationen des E.T.A. Hoffmann;
Chamissos Peter Schlemihl und de la Motte-Fouqués Undine als
ewig rührende und ewig gültige Symbole der Heimatlosigkeit,
des Heimwehs, der Entwurzelung – diese ganze Sphäre, in der
höchste Geistigkeit und reinste Poesie, Ahnung und Raffinement, Magie und Witz sich zur schillernden komplexen Einheit
finden, hat für immer eine Faszination gehabt, wie vielleicht
keine zweite in sich geschlossene Gruppe oder ›Schule‹ der Weltliteratur. Unter so vielen verführerisch-bedeutsamen Geistern
war mir Friedrich von Hardenberg (Novalis) der verführerischste, der bedeutungsvollste.
Ich mußte zwanzig, mußte dreißig werden, um die strengere
Größe Hölderlins zu würdigen; aber der Sechzehn- und Sieb-

zehnjährige war nur zu empfänglich für den hypnotisierend süßen Flötenruf, die abgründige Lockung der ›Hymnen an die Nacht‹. Die Mischung aus Erotik und Metaphysik, aus schwärmerischer Frömmigkeit und febriler Sexualität – diese zugleich franziskanisch reine und morbid sinnliche Ekstase des Phthisikers kam meiner eigenen Stimmung in jenen empfindsam aufgewühlten Jahren aufs wunderbarste entgegen. Wie tief war dieser hellsüchtige Kranke eingeweiht in die Geheimnisse der göttlichen Natur, wo alles Eros und Metamorphose ist! Ich lauschte ihm offenen Mundes, ehrfürchtig erweiterten Blickes, wenn er mir von dem Erlösungsprozeß sprach, der sich vielleicht fortwährend in der Natur vollzieht; denn wenn Gott sich dazu herbeiließ, Mensch zu werden, warum sollte er sich nicht auch in Stein, Pflanze, Tier und Element verwandeln? Die Konzeptionen der Auflösung und der Erlösung fließen ineinander, Tod und Lust werden eins. Alles Geschaffene will Lust, alle Lust will den Tod. Leben ist nur der Anfang des Todes, existiert nur um des Todes willen; Tod ist Anfang und Ende zugleich. O welche süße, große Hochzeit wird es sein, wenn drüben, im Reich der Nacht, die Dinge und Begriffe sich in libidinöser Universalfusion begatten und durchdringen! Die Materie verschmilzt mit der Idee; der Mensch – endlich befreit vom Fluch der Individuation – wird Teil der Natur; die erlöste, aufgelöste Natur sinkt ihrem Schöpfer ans entzückte Herz ... Ich konnte nicht genug bekommen von solch tröstlich-erregenden Prophezeiungen. Ich liebte den tuberkulösen Visionär, dessen zarte Stimme mir so gewaltige Kunde brachte.« (Klaus Mann, Wendepunkt, 122)

Irgendwann im Leben wird sicherlich jeder Mensch einmal Sehnsucht nach dem Tode, nach Erlösung von allen irdischen Problemen und Anfechtungen spüren.
So etwa wie es in Goethes Gedicht »Wandrers Nachtlied« heißt:

>»Der du von dem Himmel bist,
>Alles Leid und Schmerzen stillest,
>Den, der doppelt elend ist,
>Doppelt mit Erquickung füllest,
>Ach, ich bin des Treibens müde!
>Was soll all der Schmerz und Lust?
>Süßer Friede,
>Komm, ach komm in meine Brust.«

Kommt zu dieser Grundsehnsucht nach dem persönlichen Frieden ein tiefer Glaube an das jenseitige Paradies, so könnte dadurch der Todeswunsch radikal gefördert werden. Daß dies bei den bereits durchlebten und heute noch existenten materiellen, geistigen und seelischen Qualen so vieler Millionen Menschen nicht in größerem Maße realisiert wird, zeigt, wie vorherrschend die Gegenkraft, der Lebenswunsch, ist. Nur ein tiefgehender, krankhafter Prozeß – die Todessehnsucht – kann diese Lebenslust zum Erliegen bringen.

Als ob er den Beleg für die Richtigkeit dieser Aussage zu erbringen hätte, erscheint der Lebenslauf des heute fast vergessenen Friesen Harro Harring. Ruhelos, gepeitscht von allen Arten der Sehnsucht, ist er als Berufsrevolutionär, Schriftsteller und Maler im 19. Jh. auf den Kontinenten Europa und Amerika unterwegs. Fast scheint alles Scheitern vorprogrammiert zu dem einzigen Zweck, in der Enttäuschung bestätigt zu werden. Denn in der Tat ist die Todessehnsucht nicht nur das Grauen, das Dunkle und Deprimierende, als das sie dem Lebenslustigen erscheint: »Wieder steigt Todessehnsucht in ihm auf, wie ein heißes Jauchzen. Der Gedanke an Tod blieb nach seinem eigenen Bekenntnis auch in späteren Jahren seine einzige wahre Freude.« (Thusnelda Kühl, Harro Harring der Friese, 68)

Der Tat des Selbstmords geht meistens eine langwierige Leidensgeschichte voran. Häufig ist sie verbunden mit der Einnahme verschiedenster Drogen. So sprechen wir im Zusammenhang mit Alkoholismus oder Fixen auch vom schleichenden Selbstmord. Viele Schriftsteller haben über ihre Seelenqualen und das langsame Zutreiben auf den letzten Punkt detaillierte Schilderungen hinterlassen. So z. B. Georg Trakl, der zu einem regelmäßigen Konsumenten von Giften geworden war und schließlich an einer letzten Dosis verstarb. Ob dies ein geplanter Selbstmord war, erscheint aus unserer Perspektive zweitrangig, da doch die Todessehnsucht längst schon von ihm Gewalt ergriffen hatte. Er hat sie ausgekostet und intensiviert, indem er sich zusätzlich von Drogen abhängig machte. Gedichte wie »Die Heimkehr« und Prosatexte wie »Offenbarung und Untergang« zeugen von diesem Verlauf.

Die Auseinandersetzung über Tod, Seligkeit und Erlösung überdeckt in diesem Prozeß in wachsendem Maße (vom Endpunkt aus gesehen: zwanghaft) das Bewußtsein von der eigenen Unfähigkeit, mit den Problemen des Lebens fertig zu werden. Letzteres in den Mittelpunkt der Gedanken zu stellen würde bedeuten, den Heilungsprozeß einzuleiten, die Dynamik der Todessehnsucht zu bremsen, um sie schließlich zu durchbrechen. Erfolgen zuwenig äußere Anstöße und kann die innere Bereitschaft zu einer solchen

Auseinandersetzung nicht aufgebracht werden, läuft der Selbstzer-störungsprozeß mit unerbittlicher Konsequenz auf den Endpunkt zu.

Mit dem – zu Unrecht fast unbekannten – Roman »Der barmherzige Hügel« hat Lore Berger ein anrührendes Beispiel eines solchen Krankheitsverlaufs hinterlassen. Anrührend deshalb, weil sie nach Fertigstellung und Abgabe des Manuskripts den Selbstmord voll-zog. Das Bewußtsein darum nimmt den Leser, der sich darauf einlassen kann, in eigenartiger Weise gefangen.

»Genesung ist ein Schmerz und birgt viele Leiden nach den verschlungenen Ornamenten, den hoch getürmten ämmerkup-peln, den bunten Gesichtern der Fieberträume. Matt abgebro-chene Melodien singen noch im Ohr und locken zur Flucht ins Reich des Todes: Dort sind die Baumkronen dunkel und kühl, Kristallquellen rauschen, und indes man auf gigantischen Pfer-den zu Tale jagt, donnern stiebende Kaskaden ins leere Himmels-blau.

Oder über einem glatten Wasserspiegel erwächst ruhig das Gesicht des Geliebten, lächelt einsam, sehnsüchtig und fremd, erstirbt im weiten Bogen einer sanften Welle, die, vom Winde getrieben, die Fläche bewegt.

Geheimnisvolle Farne stehen auf, üppige Wucherpilze, magere Mondscheinelfen drohen mit gespreizten Fingern. Aus dunklen Gewölben dröhnt ein großer und finsterer Chor, hohe Steinpfei-ler stehen starr vor dem Himmel.

Weich werden die Stimmen: Mimosenzweige klatschen schwer gegen die brüchigen Mauern, aus einer violetten Rauchsäule weint das süße Lied der Geige, schluchzt auf und fleht und wendet sich zu den Bergen...

Dann wächst, wächst das Heimweh nach dem fremden Lande, wird zu einer brennend durstigen Sehnsucht. Man möchte wohl sein fieberheißes Gesicht in die weichen Falten eines schützen-den Mantels drücken, man möchte mit geschlossenen Augen das kühle Seewasser an seinem Körper fühlen: Noch einmal möchte man wild aufschreien und dann erlöst werden in einem gelasse-nen Rhythmus, dessen Grenzen sich verschleiern. Vielleicht wäre es gut, so zu sterben.

In der Tat stirbt man nicht, sondern man erwacht. Man schlägt die Augen auf und blickt in Gesichter, die noch in der Angst des Verlustes verzerrt sind. Man blickt auf halbblaut sich öffnende Türen und auf das schonend angelehnte Fenster, dessen weißer

Vorhang sich matt bläht, wenn ein Windhauch ins Zimmer dringt. Und der graue Tag steht aufrecht in der Stube, und unten auf der Straße muß man deutlich die harten Schritte der zur Arbeit Eilenden hören ... und man begreift.« (Berger, Hügel, 163)

## Sehnsucht nach der Ferne

Den Reiz der Sehnsucht macht ihr großer Spannungsbogen – vom herabziehend Dunklen bis zur lichten Zukunft – aus. Das beides Verbindende ist indes Schmerz und Zwang.

Obwohl bei der Sehnsucht nach der Ferne das Zukünftige, Hoffnungsfrohe im Vordergrund steht, ist es – im hier gemeinten Stadium – dennoch als Krankheit zu betrachten.

Das entsprechende Wort unserer Sprache gibt darüber bereits Auskunft: Fernweh.

Zwar ist das Gefühl in älteren Texten hinlänglich beschrieben und dürfte sicherlich in bestimmten Berufsgruppen (Seeleute, Landsknechte) immer schon eine Rolle gespielt haben – ja gewiß hatte es auch einen Anteil an gravierenden geschichtlichen Prozessen wie der Völkerwanderung oder der europäischen Besiedlung Nordamerikas –, doch läßt sich das Wort »Fernweh« erst in neueren Lexika nachweisen. Ähnlich wie dies bereits bei der Todessehnsucht beschrieben wurde, wird auch hier für ein bedeutendes Gefühl erst sehr spät ein adäquater Ausdruck entwickelt. Im deutschen Wörterbuch (DDR) heißt es dazu:

»Fernweh = die starke Sehnsucht nach der Ferne (Gegensatz zu Heimweh); schmerzliches, unstillbares Fernweh; jmd. leidet am Fernweh; dann packt dich das Fernweh.«

Hier haben wir einige wesentliche Elemente der Sucht versammelt: Schmerz, Zwang und Dämonie!

Doch kann das als Krankheit wahrgenommen werden? Zunächst steht dem erschwerend im Wege, daß – wie bei allen Sehnsüchten – auch das Fernweh die unterschiedlichsten Facetten annehmen kann. So macht sich bereits beim jährlichen Urlaubswunsch ein leises Gefühl bemerkbar, das möglicherweise erst dann gespürt wird, wenn eine Fahrt nicht stattfinden kann. Normalerweise wird dies wohl lediglich als Enttäuschung erlebt und dann wieder zur Tagesordnung übergegangen.

Selbst das ständige Herumreisen mag für manchen Menschen ein positives Gefühl der Erfüllung entstehen lassen.

»Der Lehrer war einst in vielen Ländern herumgekommen und seine Vorträge gewannen zuweilen den Ton der Sehnsucht in die weite, weite Welt.« (Th. Storm 5, 137)

Problematisch wird diese Sehnsucht auf jeden Fall dann, wenn sie gepaart ist mit der Flucht vor Problemen.

»Die alte Sehnsucht nach der Landstraße, die er seit Jahren in sich trug, die Sehnsucht nach den Hafenstädten und fernen Erdteilen, der Wunsch, allen Qualen und Pflichten zu entlaufen, schritt hinter ihm her, schob ihn immer weiter auf der Landstraße hin.« (Leonhard Frank, Der Bürger, 126)

Wie ähnlich die Worte klingen! Hatten wir solches nicht auch bei der Todessehnsucht gehört? Trotz der unterschiedlichen Vorzeichen!
Die Wahrheit ist, daß das Fernweh dennoch nicht als Krankheit erkannt und schon gar nicht als solche akzeptiert wird. Auch hier allerdings helfen Drogen weiter. Man muß nur lange und intensiv Alkohol trinken, dann kann man – als Alkoholiker – im Rahmen einer Therapie möglicherweise auch über Fernweh und Flucht sprechen:

»Erst als trockener Alkoholiker konnte Paul sich Rechenschaft über die Probleme seines Lebens geben. Nun erst sah er Zusammenhänge zwischen seiner Unfähigkeit, zu Hause Bindungen einzugehen, und dem Angebot des Fernwehs, diesen Widrigkeiten zu entfliehen. Wie drückend war die Last, wenn er in der Heimat an Land war, und wie deutlich rückten Verpflichtungen an ihn heran, denen es nachzukommen galt. Doch war tatsächlich alles von ihm gefallen – wie es doch heißt –, als das Schiff den Hafen verlassen hatte? Mitnichten! Wie viele Nächte hatte er in seiner Koje gelegen, ohne schlafen zu können, ohne weinen zu dürfen, mit dem Alkohol als einzigem Trost. Doch auch das hat niemand erfahren. Der Spiegeltrinker macht seine Arbeit und erscheint nicht besoffen. Endlich – nach Jahrzehnten der Qual – die Möglichkeit zu Aussprache und Besinnung. Die Dämme, die Anstand und Selbstbeherrschung heißen, können durchstoßen werden, und nun dürfen auch die Tränen fließen. Mit jeder Träne wird eine Last weggespült. Und wie die Belastung abnimmt, so schwindet das Fernweh.«

## Sehnsucht nach Vergangenheit

Die abschließenden beiden Komplexe »Sehnsucht nach Vergangenheit« und »Sehnsucht nach Zukunft« fallen naturgemäß weniger prägnant aus als die vier vorangegangenen. Sie beschreiben kein konkretes Leiden, sondern fassen eher verschiedene Aspekte, Geisteshaltungen zusammen. Es verwundert daher nicht, daß dafür in unserer Sprache keine Worte entstanden sind.
Symbole für das hier Gemeinte sind Mutter, Brüste, Wiege; Synonyme etwa das »gute Alte«, Gemütlichkeit, Nähe und Kindheit.

> Frühlingstag
>
> Wind im Gesträuch und Vogelpfiff
> Und hoch im höchsten süßen Blau
> Ein stilles stolzes Wolkenschiff...
> Ich träume von einer blonden Frau,
> Ich träume von meiner Jugendzeit,
> Der Hohe Himmel blau und weit
> Ist meiner Sehnsucht Wiege,
> Darin ich stillgesinnt
> Und selig warm
> Mit leisem Summen liege,
> So wie in seiner Mutter Arm
> Ein Kind.
> (Hermann Hesse)

Andersch spricht von der Sehnsucht nach Brüsten voller Milch und Fruchtbarkeit (Die Rote, 29). Und Klaus Mann philosophiert über den Kinderwagen (i.e. Wiege):

> »Der Kinderwagen ist das verlorene Paradies. Die einzig absolut glückliche Zeit in unserem Leben ist die, welche wir schlafend verbringen. Es gibt kein Glück, wo Erinnerung ist. Sich der Dinge erinnern bedeutet, sich nach der Vergangenheit sehnen. Unser Heimweh beginnt mit unserem Bewußtsein.« (Wendepunkt)

Die Sehnsucht nach Kindheit nimmt schließlich allgemeineren Charakter an. Wir sehnen uns nach der Jugend, nach der Familie, nach früheren Lebensgebräuchen, Mythen, nach der guten alten Zeit.

(Das Weihnachtsfest) »welches dort oben im Norden die Sehnsucht nach gespielter Pracht und verlorenen Heiligen, nach Wundern und Geheimnissen wenigstens einmal im Jahr befriedigen mußte... Immer so viel traute Nähe und Belastung, stellte Woldsen fest, und hatte Sehnsucht nach dem elenden Stoizismus südlicher Länder.« (Ingrid Bacher, Woldsen oder es wird keine Ruhe geben, 31 und 93)

Sehnsüchte, vor allem aber die nach Vergangenem zu empfinden war im besonderen den Romantikern gegeben. Sie konnten den Wert des Vergehenden, die Größe der Natur, der Natürlichkeit ermessen. Ihr Bemühen um eine Identität innerhalb einer größeren Einheit (Heimat) kann jedoch nicht getrennt gesehen werden zu – gleichzeitig auftretenden – reaktionären Strömungen in der Politik. So, wie es einen privaten Ausdruck dieser Sehnsucht gibt, so springt einem andererseits die gesellschaftliche Dimension geradezu ins Auge. Alle restaurativen Bestrebungen in der Politik beruhen – ideologisch – auf der Sehnsucht nach etwas Vergangenem.

»Nun hatte den Baron... wieder die Sehnsucht nach dem Gestern gepackt und durchgerüttelt wie seit Jahren nicht mehr, so daß ihm sogar einige verstohlene Tränen über die faltigen Hamsterbacken gelaufen waren. Und obwohl er geglaubt hatte, sich längst mit seinem Schicksal abgefunden zu haben, war ihm plötzlich... das wilde Verlangen gekommen, Stahmer zu quälen, nachträglich Rache zu üben.« (Erik Neutsch, Tage unseres Lebens, 50)

### Sehnsucht nach der Zukunft

Normalerweise ist Zukunft wohl immer mit Licht und Hoffnung assoziiert worden. Im Atomzeitalter jedoch werden Grauen und Schrecken zumindest in Erwägung gezogen.
Die Zukunft schließt also beide Pole ein: böses Ahnen – frohes Hoffen. Oft handelt es sich dabei um die Reaktionen verschiedener Menschen auf die gleichen Ereignisse oder Zustände.
Selbst der Friede kann erhofft oder befürchtet werden. Die Sehnsucht verlangt von der Zukunft zwar ausschließlich Positives, geht

also mit frohem Hoffen einher, doch kann die Erfüllung dieser Sehnsucht andererseits befürchtet werden.

Als anschauliches Beispiel für diese komplizierte Situation soll uns hier der 30. Januar 1933, die Machtergreifung der Nazis, dienen. Aus deren Sicht heißt es:»Der schöne und große Tag, der Tag der Erfüllung, auf den man so lange und mit soviel Sehnsucht gewartet hatte, nun war er da.« Doch diese Erfüllung gewordene Sehnsucht läßt umgehend eine neue entstehen.

Nun ist böses Ahnen auf der Seite derer, die Restauration wollen: Wiederherstellung demokratischer Verhältnisse. Hunderttausende denken an Flucht in allen Schattierungen:

»Ich habe Sehnsucht nach der Insel, die so weit entlegen ist, daß auf ihr all dies, womit wir uns quälen, sich auflöst und keine Realität mehr ist.« (Klaus Mann, Mephisto, 285)

Sehnsucht

Schon viel zu lang
Hab ich der Bosheit mich ergeben.
Ich lasse töten, um zu leben,
Und bös macht bang.

Denn niemals ruht
Die Stimme in des Herzens Tiefe,
Als ob es zärtlich klagend riefe:
Sei wieder gut.

Und frisch vom Baum
Den allerschönsten Apfel brach ich.
Ich biß hinein, und seufzend sprach ich
Wie halb im Traum:

Du erstes Glück,
Du alter Paradiesesfrieden,
Da noch kein Lamm den Wolf gemieden,
O komm zurück!
(Wilhelm Busch)

Selbstverständlich läßt sich diese Doppeldeutigkeit auch auf das vorangegangene Kapitel übertragen. Dennoch – auch wenn wir schlechte Erfahrungen mit einer Zukunftssehnsucht gesammelt haben – sie ist der Motor, der uns mit der Hoffnung versieht, die wir zum Weiterleben so dringend brauchen.

Und wenn auch eingangs eine notwendige Relativierung erfolgte, so bleibt doch, daß die Hoffnung positiv gemeint ist. Wie sich die Sehnsucht nach der Vergangenheit mit Mutter, Heimat und Dunklem verbindet, so wird die Sehnsucht nach der Zukunft assoziiert mit Freiheit, Friede, dem Paradies und Hellem. Wir spüren hier den Wunsch nach Harmonie, nach einer »ungebrochenen Einheit des Lebens«, die im Zusammenhang der Welt Wunschbild bleiben muß. Doch was wissen wir, und was glauben wir? Glaubte Sisyphos, daß er den Felsen einmal auf die Spitze bekommen würde, oder stand er unter einem Zwang, der ihn nötigte, immer und immer wieder zu versuchen? War dies vielleicht die Sehnsucht, doch irgendwann einmal von den irdischen Qualen erlöst zu werden?

Mir scheint, Vergeblichkeit und gleichzeitig Nützlichkeit kommen heute am stärksten in der Sehnsucht nach Freiheit zum Ausdruck. Einerseits führt ein konsequentes Streben nach Ausweitung der eigenen Freiheit zu mehr Selbstbewußtsein und Selbständigkeit, andererseits bemerkt der kritische Geist, daß an die Stelle einer – überwundenen – Abhängigkeit eine neue oder doch vorher nicht wahrgenommene getreten ist. Um der Nützlichkeit willen ist es jedoch sinnvoll, die Vergeblichkeit zu mißachten.

»Bevor man die Kreuze auf die Cuchumatanes gesetzt hatte, bevor sie gestorben waren, die drei Indianer, erfroren unter dem Schatten mächtiger Agaven, die blau vom kalten Mondlicht waren, hatten sie beieinander gesessen, der Alte, der Freund, und der Sohn. Der Alte hatte dem Jungen die Geschichte vom Quetzal erzählt. Die Nacht, in der die Geschichte des Vogels von Guatemala erzählt wurde, war ohne Grün und ohne Gold, ohne purpurne Spitzen und ohne den schwelgerisch heißen Atem des Urwaldes, aus dem mit schlanken Federn der Vogel aufstößt. Die Nacht, in der die Indianer erfroren, breitete sich steinern und erbarmungslos aus, das Geröll unter den Füßen der Männer hauchte Kälte wider, als der Alte vom Baumdschungel sprach und vom Schrei des Vogels. Der Freund schlief schon ein, während der Alte noch immer sprach und mit einem Stock in den Sand die Figur des Quetzals zeichnete: den zierlichen Kopf, bedeckt von runden Federhaaren, die ähnlich einer Haube oder einer Krone in lieblicher Variation einem aufrecht stehenden Halbkranz glichen, dann die Schwanzfedern, welche, die Länge des Körpers wiederholend, ihn fortsetzten und königlich machten, einsam und absonderlich fast.

Und er sprach von dem Vogel, in dessen prächtige Gestalt sich die Reinheit geflüchtet hatte. Und während der Alte die Augen schloß und in sich hineinsann, redete er schwerfälliger und breitete müder vor dem Jungen die Geschichte aus, die so oder auch anders gewesen sein konnte und von der mit Gewißheit nur der Schluß feststeht: der Vogel läßt sich nicht fangen, und gerät er doch einmal in Gefangenschaft, hackt er sich selbst die Brust auf, um zu sterben, wenn das Herz durch eigenen Zwang nicht sogleich aufgehört hat zu schlagen.

Der Alte wußte noch die Geschichte und wollte sie dem Jungen weitergeben. Er glaubte, dessen Leben beginne erst. Und so erzählte er, wie die Freiheit vom Land vertrieben wurde und ins Meer flüchtete, und wie die Menschen hungerten nach etwas, das sie nicht kannten. Die Sehnsucht packte sie und nichts konnte sie befriedigen, nicht Maiskolben und nicht das frische Fleisch der Hühner, nicht die Lust aneinander, nicht der Anblick des Sohns und nicht der Schnaps, denn der Wind wehte vom Meer und seine Unruhe mischte sich in alles. Er erhob sich, riß die Kämme der Wellen hoch, stürzte sich gegen das Land, brach steiniges Ufer ab und schwemmte es fort. Er streichelte unermüdlich die Äste der Bäume, bis sie hart und knorrig wurden, striegelte die Blätter heraus und fuhr über die Dächer. Er überfiel die Menschen, warf sich gegen sie und schlug ihnen ins Gesicht mit der schnellen Peitsche seines Atems. Die Feinde der Freiheit beschlossen daraufhin den Wind zu fangen, damit endlich Ruhe sei und keine Botschaft mehr komme von der Vertriebenen im Meer. Sie bauten einen künstlichen Baum mit neun Ästen, und in sie verfing sich der Wind und kam nicht mehr frei. Drei Tage und Nächte kämpfte er und verstrickte sich immer hoffnungsloser in das tückische Geäst. Dann hielt er ermattet still.

Aus dem Meer aber stiegen Vögel, grünschillernd, bedeckt mit den Federn der Federschlange, die uralt ist und am Grunde des Wassers ruht. Sie zerfetzten mit ihren harten Schnäbeln die künstlichen Fesseln, zerstörten den Baum und befreiten den Wind, so daß er sich wieder erheben konnte, über die Ebene strich und hemmungslos Felsbrocken auf den Abhängen der Berge zu Lawinen vor sich hertrieb. Immer schneller und schneller, dröhnendes, launisches Unwetter, das die Menschen aufschreckte und unruhig machte, während die Vögel, schönfiedrige Quetzals, in den Urwäldern nisteten.

›Hast du nie einen gefangen?‹ fragte der Junge, der aus seinem Schlaf noch einmal zurückgefunden hatte. ›Wie sollte ich‹, sagte der Alte, ›verstehst du nicht? Ihn lebendig zu besitzen ist unmöglich‹. ›Doch hast du ihn gesehen?‹ ›Nein. Aber ich weiß, er ist ein schöner Vogel.‹ ›Und man muß nicht sterben, wenn man ihn fängt?‹ fragte der Sohn. ›Nein. Er stirbt selber.‹ Die Müdigkeit ging in Schlaf über, und der Tod warf seinen frostigen Mantel.« (Ingrid Bacher, Schöner Vogel Quetzal, 1959)

## Sehnsucht – Versuch einer Zusammenfassung

Benutzen wir heute das Wort Sehnsucht, so ist damit ein Wunsch, ein Bestreben gemeint, das von schwacher bis zu sehr starker Intensität reichen kann. Wird der schwache Pol durch das Wort Wunsch angemessen ausgedrückt, so kann der starke Pol als Krankheit, also als Sucht gelten. Eine Beweisführung war in den sechs Kapiteln zur Sehnsucht versucht worden.

Untrügliches Merkmal – wie bei jeder Sucht – ist der innere Zwang, der sich hier durch ein unwiderstehliches Ziehen bemerkbar macht. Wir meinen hier das Ziehen, das so viele von uns befällt, wenn wir in der Höhe stehen und in die Tiefe blicken, das die Küstenbewohner befällt, wenn sie aufs Meer schauen. Dabei spüren wir etwas von dem Zwang, der die Sehnsucht ausmacht. Er zieht uns in die Heimat, in die Ferne, in den Tod, zur Geliebten. Wird dieses Ziehen zu einer unerträglichen Belastung, zu einem das Fühlen, Denken und Handeln bestimmenden Zwang, können wir von Sucht sprechen.

Auch wenn weiter umstritten bleiben wird, wie hoch der medizinische Krankheitswert einzuschätzen ist, so wird hier dafür plädiert, einen – wenn auch anders gearteten – Krankheitswert zunächst zu akzeptieren. So, wie dies vor ca. 200 Jahren noch möglich war. Damals (1818) schrieb Marianne von Willemer an ihren Arzt über ihre Liebe zu Goethe: »Soviel ist gewiß, an einer Sucht scheine ich allerdings zu leiden, aber weder an Wasser-, Schwind-, Lungen-, Milz- noch Leber- aber wohl an Sehnsucht. Und ich weiß nicht, ob es nicht die schlimmste von allen Süchten ist.« Die FAZ schreibt dazu zusammenfassend: »Zum Wesen der Sehnsucht gehört es, daß sie aus dem Verlust immer mehr Nahrung zieht, wobei die Nähe und der Besitz des Geliebten das Ende der Sucht bedeutet hätte.« (FAZ, 17.11.84)

Es war bereits angedeutet, daß ein Höhepunkt der Sehnsuchtsempfindung in die Zeit der Romantik fällt. Damals wurde von Novalis das Symbol geschaffen, das immer wieder die Phantasie der Menschen beflügelte, das sich durch die Zeiten als Synonym der Sehnsucht erhielt, das in der Hippie-Bewegung der 60er Jahre (im Zusammenhang der damaligen BTM-Welle) eine große ideologische Rolle spielte: die blaue Blume.

»Der Jüngling verlor sich allmählich in süßen Phantasien und entschlummerte. Da träumte ihm erst von unabsehlichen Fernen, und wilden, unbekannten Gegenden. Er wanderte über Meere mit unbegreiflicher Leichtigkeit; wunderliche Tiere sah er; er lebte mit mannigfaltigen Menschen, bald im Kriege, in wildem Getümmel, in stillen Hütten. Er geriet in Gefangenschaft und die schmählichste Not. Alle Empfindungen stiegen bis zu einer niegekannten Höhe in ihm. Er durchlebte ein unendlich buntes Leben; starb und kam wieder, liebte bis zur höchsten Leidenschaft, und war dann wieder auf ewig von seiner Geliebten getrennt. Endlich gegen Morgen, wie draußen die Dämmerung anbrach, wurde es stiller in seiner Seele, klarer und bleibender wurden die Bilder. Es kam ihm vor, als ginge er in einem dunkeln Walde allein. Nur selten schimmerte der Tag durch das grüne Netz. Bald kam er vor eine Felsenschlucht, die bergan stieg. Er mußte über bemooste Steine klettern, die ein ehemaliger Strom herunter gerissen hatte. Je höher er kam, desto lichter wurde der Wald. Endlich gelangte er zu einer kleinen Wiese, die am Hange des Berges lag. Hinter der Wiese erhob sich eine hohe Klippe, an deren Fuß er eine Öffnung erblickte, die der Anfang eines in den Felsen gehauenen Ganges zu sein schien. Der Gang führte ihn gemächlich eine Zeitlang eben fort, bis zu einer großen Weitung, aus der ihm schon von fern ein helles Licht entgegen glänzte. Wie er hineintrat, ward er einen mächtigen Strahl gewahr, der wie aus einem Springquell bis an die Decke des Gewölbes stieg, und oben in unzählige Funken zerstäubte, die sich unten in einem großen Becken sammelten; der Strahl glänzte wie entzündetes Gold; nicht das mindeste Geräusch war zu hören, eine heilige Stille umgab das herrliche Schauspiel. Er näherte sich dem Becken, das mit unendlichen Farben wogte und zitterte. Die Wände der Höhle waren mit dieser Flüssigkeit überzogen, die nicht heiß, sondern kühl war, und an den Wänden nur ein mattes, bläuliches Licht von sich warf. Er tauchte seine Hand in das Becken und benetzte seine Lippen. Es war, als durchdränge ihn ein geistiger Hauch, und er fühlte sich innigst gestärkt und erfrischt. Ein unwiderstehliches Verlangen ergriff ihn sich zu baden, er entkleidete sich und stieg in das Becken. Es dünkte ihn, als umflösse ihn eine Wolke des Abendrots; eine himmlische Empfindung überströmte sein Inneres; mit inniger Wollust strebten unzählbare Gedanken in ihm sich zu vermischen; neue, niegesehene Bilder entstanden, die auch in einander flossen und zu sichtbaren Wesen um ihn wurden, und jede Welle des lieblichen Elements schmiegte sich wie ein zarter Busen an ihn. Die Flut schien eine Auflösung reizender Mädchen, die an dem Jünglinge sich augenblicklich verkörperten.

Berauscht von Entzücken und doch jedes Eindrucks bewußt, schwamm er gemach dem leuchtenden Strome nach, der aus dem Becken in den Felsen hineinfloß. Eine Art von süßem Schlummer befiel ihn, in welchem er unbeschreibliche Begebenheiten träumte, und woraus ihn eine andere Erleuchtung weckte. Er fand sich auf einem weichen Rasen am Rande einer Quelle, die in die Luft hinausquoll und sich darin zu verzehren schien. Dunkelblaue Felsen mit bunten Adern erhoben sich in einiger Entfernung; das Tageslicht das ihn umgab, war heller und milder als das gewöhnliche, der Himmel war schwarzblau und völlig rein. Was ihn aber mit voller Macht anzog, war eine hohe lichtblaue Blume, die zunächst an der Quelle stand, und ihn mit ihren breiten, glänzenden Blättern berührte. Rund um sie her standen unzählige Blumen von allen Farben, und der köstlichste Geruch erfüllte die Luft. Er sah nichts als die blaue Blume, und betrachtete sie lange mit unnennbarer Zärtlichkeit. Endlich wollte er sich ihr nähern, als sie auf einmal sich zu bewegen und zu verändern anfing; die Blätter wurden glänzender und schmiegten sich an den wachsenden Stengel, die Blume neigte sich nach ihm zu, und die Blütenblätter zeigten einen blauen ausgebreiteten Kragen, in welchem ein zartes Gesicht schwebte. Sein süßes Staunen wuchs mit der sonderbaren Verwandlung, als ihn plötzlich die Stimme seiner Mutter weckte, und er sich in der elterlichen Stube fand, die schon die Morgensonne vergoldete. Er war zu entzückt, um unwillig über diese Störung zu sein; vielmehr bot er seiner Mutter freundlich guten Morgen und erwiderte ihre herzliche Umarmung.« (Novalis, Heinrich von Ofterdingen)

# Stoffgebundene Süchte

Nächst den Sehn- und Liebessüchte nehmen die stoffgebundenen Süchte den größten Raum in literarischen Darstellungen ein. Heute sind dies diejenigen Süchte, denen – von der Medizin – am ehesten ein Krankheitsprädikat zuerkannt wird.

Wir wollen darunter solche verstehen, die mit einer oralen Einnahme verbunden sind, d. h. in unserem Falle mit Trinken, Essen, Rauchen und dem Konsum von Arzneimitteln sowie von anderen Drogen. (Der Mißbrauch von Genußmitteln wie Kaffee bleibt hier ganz außer Betracht.)

Es liegt auf der Hand, daß die detaillierte Darstellung aller hier eigentlich zu behandelnden Abhängigkeiten den vorliegenden Rahmen sprengen muß. Allein die Krankheitsbilder der verschiedenen Medikamentensüchte dürften in die Dutzende gehen. Auch hier gilt wieder, daß es wohl Gemeinsamkeiten, doch wesentlich mehr Unterschiede gibt, die daher jeweils eigenständige Diagnosen rechtfertigen.

## Trinksüchte

Der Stoff, d. h. die jeweilige Art des Alkohols, der von den Bewohnern unserer Breitengrade, unseres Landes im Laufe der Jahrhunderte konsumiert wurde, war häufig einem Wandel unterworfen und ist auch heute noch regional unterschiedlich (Met – Bier; Bier – Wein – Branntwein). Dennoch scheint – zumindest aus heutiger Sicht, auf der Grundlage eines relativ gesicherten Wissens um den Alkoholismus – kein Grund dafür zu bestehen, zwischen der Abhängigkeit von Bier, Wein oder Branntwein zu unterscheiden. Die Qualität der Sucht hat offensichtlich nichts mit der Art des Alkohols zu tun. Daran ändert auch die Tatsache nichts, daß es – vorübergehend – den Fachausdruck »Weinsucht« gab. Daneben traten zur selben Zeit (16./17. Jh.) die Worter »Saufsucht« und »Trinksucht« auf. Daß diese Krankheitswörter erst damals geprägt wurden, mutet eigenartig an, da Probleme mit Alkohol bereits in ältesten Quellen geschildert wurden. Wir finden entsprechende Darstellungen bei den Sumerern und Ägyptern. Und in der ältesten Beschreibung unserer Vorfahren wird (von Tacitus) auf den Umgang mit dem Alkohol eingegangen.

»Das Getränk der Germanen ist ein Gebräu aus Gerste oder Weizen, das durch Gärung in eine Art Wein verwandelt wird.

Die, welche nahe unseren Grenzen wohnen, kaufen auch Wein. Die Germanen essen sehr einfach: wildwachsendes Obst, frischerlegtes Wild oder auch Quarkkäse. Sie bereiten die Speisen, ohne viel Umstände zu machen und ohne besondere Würzen anzuwenden. Nur um den Hunger zu stillen. Im Trinken sind sie nicht so mäßig. Würde man ihre Trunksucht ausnutzen und ihnen zu trinken verschaffen, soviel sie wollten, könnte man sie leichter durch dieses Laster als durch Kriege vernichten.« (Tacitus, Germania, 23)

In zahlreichen Traktaten über die Trinksucht wird dieses Zitat wiedergegeben, wobei zu bedenken ist, daß die Übersetzung meistens aus jüngerer Zeit stammt (die vorliegende von 1932) und daß Trunksucht hier für ebrietas (eigentlich: Rausch, Trunkenheit; Trunksucht = ebriositas) steht. Noch bemerkenswerter erscheint jedoch, daß Tacitus im vorangehenden Abschnitt auch positive Aspekte der germanischen Trunkenheit darstellt, die heutzutage wesentlich seltener Erwähnung finden.

»Sofort nach dem Schlaf, den sie sehr häufig bis in den hellen Tag hinein ausdehnen, baden sie, meist warm, da ja bei ihnen fast immer Winter ist. Nach dem Bade nehmen sie das Frühstück ein. Jeder hat seinen bestimmten Platz und bekommt sein Frühstück für sich in einer besonderen Schüssel. Dann gehen sie an die Arbeit, aber noch öfter zu einem Gelage. Nie sind sie dabei unbewaffnet. Tag und Nacht in einem fort zu zechen ist für niemanden eine Schande. Natürlich gibt es da Händel – das kommt ja bei Betrunkenen immer vor –, die selten mit bloßen Schimpfereien, sondern meist mit Mord und Totschlag enden. Doch auch wenn sie Feinde miteinander versöhnen, wenn sie Ehen schließen, Fürsten berufen oder über Krieg und Frieden beraten wollen, setzen sie sich zum Becher, als ob dann der Mensch besonders offenherzig und zugänglich für große und ehrliche Gedanken wäre. Diese naiven Menschen, die nicht verschlagen noch gerieben sind, verraten in fröhlicher Stimmung auch die Geheimnisse ihres Herzens. So liegt die Meinung aller unverhüllt und offen da. Am folgenden Tage erörtern sie die Sache noch einmal und führen erst jetzt einen Beschluß herbei. Die Behandlung einer Sache zu zwei so verschiedenen Zeitpunkten ist zweckdienlich: sie beraten, wenn sie sich nicht verstellen können, und sie treffen die Entscheidung, wenn sie nicht irren können.« (Tacitus, Germania, 22)

Entsprechende Darstellungen von Not und Weh durch trunkenen Streit finden sich auch in der Edda und in der Folge in zahlreichen Texten der deutschen Literatur insbesondere seit dem 12./13. Jh. Als sehr plastisches Beispiel problematischen Trinkverhaltens mag hier »Der unbelehrbare Zecher« von dem Stricker (um 1200) genannt werden. Dennoch verwundert, daß zu dieser Zeit noch nicht von Trunksucht gesprochen wird. In den mir bekannten Texten wird statt dessen – neutraler – der Begriff Trunkenheit verwendet.

Wie oben bereits bemerkt, findet sich die Einsicht in den Zusammenhang von regelmäßigem/übermäßigem Alkoholkonsum erst im 16./17. Jh. durch Worte ausgedrückt: Wein-, Trunk-, Saufsucht. Möglicherweise spiegelt sich in diesem Wandel des Wortgebrauchs ein epochaler Wandel der europäischen Verhaltensweisen und Wertstrukturen wider.

Aldo Legnaro versucht, dies in seinem faktenreichen Aufsatz »Alkoholkonsum und Verhaltenskontrolle – Bedeutungswandel zwischen Mittelalter und Neuzeit in Europa« als Übergang zur Rationalisierung, zur Selbstbeherrschung, zur Unterdrückung von Lust und Affekt nachvollziehbar zu machen.

Dem würden die Fundstellen für Dämonie und Aberglaube entsprechen. Bereits oben war ausgeführt worden, daß ein wichtiges Element des Volksglaubens für die Erklärung der Sucht in der Annahme zu sehen ist, hinter allem stecke ein Dämon bzw. der Teufel.

So erscheint 1551 ein Buch mit dem Titel »Wider den Sauffteufel« von Mattheus Friederich. Und 1565 heißt es bei Kirchhof: »so gantz hette sie der sauffteufel umbfangen.« (GW 8, 1886)

Danach schwindet diese offene Form des Aberglaubens. Wenn auch Gustav Freytag noch einmal schreibt, daß ein Trinker »dem Saufteufel unterliegt«, so dürfen wir doch davon ausgehen, daß dies nicht mehr konkret gemeint ist. Andererseits ist dieser Teufelsglaube jedoch lediglich ein symbolischer Ausdruck dafür, daß angenommen wird, die Verantwortung für die (Trunk-)Sucht läge außerhalb der eigenen Person. Und in dieser »aufgeklärten« Form dauert der Aberglaube tatsächlich an.

Wie der Rausch, der zunächst als »Rauschen« lautmalerisch ein Geräusch beschreibt, um dann nur noch für das Betrunkensein zu stehen, so hat auch das Wort »Trinken« eine solche Verengung durchgemacht; denn mit »Trinken« ist seit langem ein übermäßiges Alkoholtrinken gemeint. Hierzu gehören: der Trinker, die Trinkerin, Trunklust, Trunkliebe sowie dieselben Wörter mit der Vorsilbe Sauf-.

Im aktuellen Deutschen Wörterbuch (DDR) wird »das Saufen« so erklärt: »in großen Mengen Alkohol trinken.«

Der Vollständigkeit halber sei hier jedoch auch erwähnt, daß – wiederum wie beim Wort »Rausch« – der Verengung eine Erweiterung folgte, denn wie wir heute vom Farb-, Geschwindigkeits-, Höhenrausch sprechen, so kann man nicht nur vom Wein trunken werden, sondern auch von Liebe, Wonne, Freude, Begeisterung und Schlaf. Diese Wortverbindungen haben im heutigen Sprachverständnis eine positive oder neutrale Bedeutung.

Doch auch Alkohol, Trunkenheit und Betrunkensein haben in Sprache und Literatur nicht den durchgängig negativen Klang, wie sich dies im 16. Jh. anzubahnen schien. Zahllose Hymnen deuten seitdem darauf hin, wieviel Wohlbefinden, Hoffnung und Entlastung mit dem Konsum dieses Stoffes verbunden wird.

Anders ist es mit den Suchtbegriffen (Trunk-, Wein-, Saufsucht). Eindeutig negativ gefärbt, werden sie bei den positiv gemeinten literarischen Beiträgen eher ausgeblendet. Sie stehen den folgenden Worten nahe: Säuferwahn, Alkoholismus, Alkoholvergiftung, Trunkenbold, Säuferzittern.

Bis ins 18. Jh. hält sich auch die ›Trunksünde‹, wodurch zum Ausdruck gebracht wird, daß – vor allem seit dem 16. Jh. – das haltlose Trinken im Zusammenhang mit der Erbsünde gesehen wird. Diese religiös-moralische Wertung ist, auch wenn sie nicht mehr so offen benannt wird, immer noch eine wesentliche Grundlage für die moralische Verurteilung von AlkoholikerInnen. Analog dient der Saufteufel (M. Friederich, Wider den Sauffteufel, 1551) dazu, die dämonische Dimension des Trinkens zu betonen und einen bösen Geist als Verursacher zu sehen.

Die Verurteilung der Trinker wird übrigens um so schärfer, wenn die Betroffenen weiblich sind. »Am schlimmsten ist ein trunkenes weib.« (Luther)

Noch sind wir zwar weit entfernt davon, Süchte und damit auch die Trunksucht einfach und nüchtern als eine Art Krankheit zu betrachten, doch hat sich speziell auf dem Gebiet des Alkoholismus in unserem Jahrhundert doch ein erheblicher Wandel in diese Richtung vollzogen. Wir erleben hier also einen umgekehrten Prozeß wie bei der Sehnsucht.

Erklärt werden kann dieses Phänomen dadurch, daß bei der Trunksucht meßbare und organisch nachweisbare Prozesse ablaufen, wodurch dem Mediziner der Zugang erleichtert wird. Hinzu kommt die Anerkennung des Alkoholismus als Krankheit durch Krankenkassen und Gerichte.

Ein weiteres Moralproblem besteht in der Diskriminierung der Betroffenen. Obwohl seit Jahrhunderten bekannt ist, daß Trunksüchtige in allen Teilen der Gesellschaft zu finden sind, besteht das Bild vom »verwahrlosten Trinker, der in der Gosse liegt« bis heute fort.

Schon bei Keisersberg (um 1500) findet sich folgende Feststellung: »Aber leider die bischof, fürsten, ammeister und die ratsherren, die es sollen verbieten, die seint die ersten sufer (Säufer) und spieler.« Und über die Herzöge von Mecklenburg zur Zeit des Dreißigjährigen Krieges heißt es bei Ricarda Huch (1931), sie seien träge und vertrunken gewesen.

Die Zahl der Herrscher, Pastoren, Intellektuellen, über deren Trunksucht in der Literatur berichtet wird, ist Legion.

Wir können also davon ausgehen, daß vom Alkoholismus die herrschenden Schichten ebenso betroffen sind wie die beherrschten. Verhält sich dies bei den Selbst- und Sehnsüchten anders? Ich glaube nicht.

Auffällig in Texten zum Thema ist, daß Trinken oft gemeinsam mit anderen Verhaltensweisen beschrieben wird, die dann gleichfalls glorifiziert oder verurteilt werden. In frühen Texten tritt besonders häufig die Nähe zu Spielen (womit immer Glücks-/Geldspiel gemeint ist), Geschlechtsverkehr und Essen/Völlerei auf. Wir finden solche Hinweise (zu Spielen und Essen) bereits in der oben erwähnten Quelle des Tacitus. Weitere Beispiele

»Denn es ist genug, daß wir die vergangene Zeit zugebracht haben nach heidnischem Willen da wir wandelten in Unzucht, Lüsten, Trunkenheit, Fresserei, Sauferei und greulichen Abgöttereien.« (1. Petrus, 4.3)

»dann wer wol fressen und sauffen kan, den preist man vor ein helden.« (bergreihen 77,16)

»ihre maßlose trunk-, spiel-, und streitsucht« (Scherer/GW 11,1.2, 1406)

»dergleichen sein (des menschen) sitten, tugendt, geberd, säwisch, unzüchtig, hürisch, spielerisch saufferisch.« (Paracelsus/GW 8,1883)

Doch wie die Sitten im allgemeinen, so sind auch die Unsitten einem Wandel unterworfen. Während das übermäßige Fressen heute nicht mehr unbedingt mit der Trunksucht einhergeht, ist das Glücksspiel erst in den vergangenen zehn Jahren wieder zu deren Partner geworden.

Im Vordergrund stehen nun statt dessen die Kombination der Trunksucht mit übermäßigem Rauchen und Kaffeetrinken sowie Medikamentenkonsum. Möglicherweise gilt dies auch für den Geschlechtsverkehr, doch ist das heute kein Thema der Auseinandersetzung, so daß ich mich darüber nur sehr subjektiv äußern könnte.

Natürlich ist die Verbindung zu jeder anderen Sucht denkbar und möglich – dennoch sehen wir, daß es spezifische Kombinationen gibt, die jeweils im Vordergrund stehen.

### Eßsüchte

Das Thema der Eßsüchte weist heute eine enorme Vielfalt auf und reicht vom Zuwenig-Essen bis zum Zuviel-Essen.

Was aber zunächst und intensiver als bei allen anderen Süchten (außer vielleicht den Liebessüchten) ins Auge springt, ist das archaische Element: Hunger, Lust und Gier sind tragende Bausteine, die die natürliche Nahrungsaufnahme in Richtung Krankheit verändern.

Natürlich ist, daß Lebewesen, also auch Menschen, essen müssen. Das Signal, das uns meldet: Es ist soweit, Nahrungszufuhr ist wieder notwendig!, ist der Hunger bzw. das Hungergefühl. Es kann durch Speise aufgehoben werden. Geschieht dies nicht, wird aus dem einmaligen Gefühl ein langandauernder Prozeß des Darbens, der schließlich in einen quälenden Tod übergeht.

Der Körper durchleidet dann eine Krankheit, die in der Tat rein körperlichen Charakters ist. Derselbe Prozeß – ohne schnellen Tod – mit vor allem seelischem Hintergrund beginnt mit der Verformung des Hungers, aus dem nun der Heißhunger wird. Wie nahe das Archaische ist, mag man auch an immer wiederkehrenden Bezügen zur Tierwelt erkennen. Hier wurde schon früh zwischen dem (schwächeren) Bärenhunger und dem (stärkeren) Wolfshunger unterschieden. Am häufigsten wird in alten Texten als Synonym für die höchste, nun krankhafte Stufe der »Hundshunger« genannt:

> »Hundshunger, appetitus caninus, eine Krankheit der Menschen. ›Den hundshunger oder knehunger, welcher ein morbus ist, da die leut nimmer satt werden.‹« (Thurnheiszer, Magn. alchym. 2.115; GW 4,2)

Obwohl als krankhafter Prozeß erkannt und beschrieben, erfolgt in dieser – mittelalterlichen – Zeit wohl auch durch die skizzierten urtümlichen Vorstellungen keine Zuschreibung zu Minderheiten und Außenseitern. Wie die Trunksucht wird auch der Hundshunger überall für möglich gehalten. Eine verquere Eingrenzung bleibt unserem sich aufgeklärt dünkenden Jahrhundert vorbehalten:

> Heißhunger, »zum Unterschied von einem gesteigerten Hungergefühl nach langer Nahrungsenthaltung ein veränderter Hungertrieb, der bei seelisch Kranken, z. B. Schizophrenen, ... vorkommt.« (Brockhaus, 1954)

Ein treibendes Element des Heißhungers ist die Gier. Bei Dornseiff tritt sie in folgender Gedankenkette auf:

> »Eßgier – Freßgier, Freßsucht, Gefräßigkeit, Gier, Heißhunger, Unersättlickeit« (Dornseiff 10,11)

Die Bahn ist hier geebnet, auf der logischerweise Übergewicht und zwanghaftes Essen erreicht werden.

Doch zeigt die Praxis, daß die Pervertierung des Hungergefühls auch andere Endstadien möglich macht.

Aus der Politik ist der Hungerstreik bekannt, der als letztes, bewußtes Mittel – oft in der Gefangenschaft – zur Durchsetzung von Forderungen benutzt wird. Insbesondere nach dem Ersten Weltkrieg wurden Hungerkünstler bekannt, die sich ihre Fähigkeit, ungewöhnlich lange hungern zu können, von Schaulustigen bezahlen ließen. Kafka hat darüber eine Erzählung geschrieben.

Während üblicherweise Hunger und Magerkeit mit negativen Assoziationen verbunden werden und – wenn sie als Hungerkrankheiten auftreten – die ungewollten Folgen von Katastrophen und Kriegen sind, bekommen nun – vornehmlich in unserem Jahrhundert – dieselben eine komplizierte Funktion innerhalb seelischer Krankheiten. Deutlichsten Ausdruck findet dies bei der Magersucht.

Einen frühen Hinweis auf mögliche seelische Ursachen finden wir im Conversations-Lexikon von 1839. Dort heißt es:

> »Auch können heftige Leidenschaften, besonders wenn sie wiederholt und lange auf den Körper wirken, namentlich unglückliche Liebe, Eifersucht, Neid, Verdruß usw., übermäßige Anstrengungen des Geistes und Körpers ... Magerkeit verursachen.«

Doch als Krankheitsbegriff tritt Magersucht erst in jüngerer Vergangenheit auf und wird nun hauptsächlich als Frauenkrankheit und im besonderen als Problemlösungsversuch der Pubertätskrise angesehen.

Hält man Wortgeschichte und -entstehung für entsprechende Gradmesser, so dürfte man davon ausgehen, daß Magersucht eine spezifische Krankheit unserer Zeit ist. Die Antwort indes steht aus, welche Besonderheit hier zum Ausdruck kommt. In einer solchen Antwort müßte notwendigerweise eine Verbindung zu Ideologie und Realität unserer Gesellschaft hergestellt werden.

Auf ein ähnliches Alter kann auch der Begriff »Bulimia« verweisen, er wurde allerdings bis in jüngere Zeit als ein Synonym für Freßsucht verwendet. So stehen wir vor der kuriosen Situation, daß zwar sowohl der deutsche als auch der lateinische Fachausdruck älteren Datums sind, bei beiden jedoch die heutige Bedeutung neu und aktuell ist.

Wieweit das Eß-Brech-Verhalten über die Jahrhunderte in Deutschland existent gewesen ist, kann hier weder untersucht noch beurteilt werden, ich neige allerdings dazu, dies eher zu bezweifeln. Sicher ist, daß in der Antike das Essen und Kotzen (als ein zusammenhängender Vorgang), kulturell eingebunden, einzeln und im Rahmen von Völlereiorgien, häufig auch lustvoll erlebt wurde. Wieweit dies in Einzelfällen in ein zwanghaftes Verhalten überging, ist mir nicht bekannt.

»Der Geist ist willig, aber das Fleisch ist schwach.«

»Wer anbeißt, läßt selten davon.«

Am bedeutendsten von allen Eßsüchten – zumindest unter quantitativem Gesichtspunkt – ist die Freßsucht. Man mag dies bereits daran erkennen, daß sich für diese und nahe verwandte Krankheiten eine Reihe von Begriffen gebildet haben: Eßsucht, Freßsucht, Fettsucht, Naschsucht, Hungersucht und Mundsucht.

Eigenartig mutet an, daß ausgerechnet die beiden längst ausgestorbenen Begriffe »Hungersucht« (1612) und »Mundsucht« (1515) die weitaus ältesten sind. Alle übrigen stammen aus der Zeit zu Beginn des 19. Jh.s.

Sind Magersucht und Freßsucht die zwei extremen Pole der Eßsüchte, so bildet die Eß-Brech-Sucht die Mitte, die über Merkmale beider Pole verfügt. Wie bei der Magersucht ist dies ein Begriff, der erst in neuester Zeit entstanden und in seiner deutschen Version lexikalisch überhaupt noch nicht vorhanden ist.

Da aber bei allen Eßsüchten körperliche Symptome ins Auge fallen, besteht hier ein medizinischer Zugang und also ein medizinisches Interesse. Es haben sich daher bereits frühzeitig lateinische Fachausdrücke entwickelt. Die Eß-Brech-Sucht wird heute ebenso häufig als Bulimie bezeichnet. Dazu ist allerdings eine kleine Anmerkung notwendig. Der Begriff »Brechsucht« ist bereits vor mehr als 250 Jahren existent gewesen, hatte damals allerdings eine völlig andere Bedeutung (»eine Krankheit mit öfters wiederkehrendem, starkem Erbrechen = Cholera«, Höfler). Frühzeitig (1515) wurde der Einsicht in den Krankheitscharakter des zwanghaften Fressens durch die Bildung eines Begriffs (Mundsucht) Ausdruck verliehen. Daß vorher ausschließlich und später eine Zeitlang noch überwiegend der Begriff Fresserei oder Völlerei verwendet wurde, kann darauf hindeuten, daß dieses Essen zwar im Übermaß geschah und als problematisch anzusehen war, aber keinen zwanghaften Charakter hatte.

Zurück zur Freßsucht: Wo Zwang ist, ist auch Gier! Das war auch bei der Mager- und Eß-Brech-Sucht der Fall. Hier jedoch kommt wesentlich stärker und zusätzlich das Motiv der Lust zur Geltung. Essen ist zuallererst Reaktion auf Hunger, diese Reaktion ist verbunden mit Appetit und dieser wiederum mit Lust. Es versteht sich von selbst, daß dieser Vorgang von Anbeginn existiert, seit unserer Geburt, vielleicht sogar schon in der Zeit vorher. »Kein Vielfraß wird geboren, sondern erzogen.« Zur Zeit der Geburt also sind die Dinge noch in Ordnung. Doch dann greift die Gesellschaft ein. Mittels Ideologie und Verhaltensweisen gehen die Eltern daran, ihrem Kind Lust und Gier, Eßverhalten und -gewohnheiten beizubringen. Erst viel, viel später, wenn andere Normen, andere Werte sich mit den Erziehungsresultaten stoßen, erst dann beginnt ja Qual.

»»Wie heißt du denn‹, fragte ich. ›Sie nennen mich die Dicke‹, sagte das Kind. ›Soll ich dich auch so nennen?‹ fragte ich. ›Es ist mir egal‹, sagte das Kind.
Es erwiderte mein Lächeln nicht, und ich glaube mich jetzt zu erinnern, daß sein Gesicht sich in diesem Augenblick schmerzlich verzog. Aber ich achtete darauf nicht.
›Wann bist du geboren?‹ fragte ich weiter.
›Im Wassermann‹, sagte das Kind ruhig. Diese Antwort belustigte mich, und ich trug sie auf der Karte ein, spaßeshalber gewissermaßen, und dann wandte ich mich wieder den Büchern zu.
›Möchtest du etwas Bestimmtes?‹ fragte ich. Aber dann sah ich,

daß das fremde Kind gar nicht die Bücher ins Auge faßte, sondern seine Blicke auf dem Tablett ruhen ließ, auf dem mein Tee und meine belegten Brote standen.

›Vielleicht möchtest du etwas essen‹, sagte ich schnell.

Das Kind nickte, und in seiner Zustimmung lag etwas wie gekränktes Erstaunen darüber, daß ich erst jetzt auf diesen Gedanken kam. Es machte sich daran, die Brote eins nach dem andern zu verzehren, und es tat das auf eine besondere Weise, über die ich mir erst später Rechenschaft gab. Dann saß es wieder da und ließ seine trägen kalten Blicke im Zimmer umwandern und es lag etwas in seinem Wesen, das mich mit Ärger und Abneigung erfüllte. Ja gewiß, ich habe dieses Kind von Anfang an gehaßt. Alles an ihm hat mich abgestoßen, seine trägen Glieder, sein hübsches fettes Gesicht, seine Art zu sprechen, die zugleich schläfrig und anmaßend war. Und obwohl ich mich entschlossen hatte, ihm zuliebe meinen Spaziergang aufzugeben, behandelte ich es doch keineswegs freundlich, sondern grausam und kalt...

›Hast du Freundinnen?‹ fragte ich zitternd.

›O ja‹, sagte das Mädchen.

›Eine hast du doch sicher am liebsten?‹ fragte ich.

›Ich weiß nicht‹, sagte das Kind, und wie es da saß in seinem haarigen Lodenmantel, glich es einer fetten Raupe, und wie eine Raupe hatte es auch gegessen und wie eine Raupe witterte es jetzt wieder herum. Jetzt bekommst du nichts mehr, dachte ich, von einer sonderbaren Rachsucht erfüllt. Aber dann ging ich doch hinaus und holte Brot und Wurst, und das Kind starrte darauf mit seinem dumpfen Gesicht, und dann fing es an zu essen, wie eine Raupe frißt, langsam und stetig, wie aus einem inneren Zwang heraus, und ich betrachtete es feindlich und stumm.« (M. L. Kaschnitz, Das dicke Kind)

Nun ist es so wie bei vielen anderen Süchten: eine Verformung der Seele hat begonnen, hier zusätzlich und zudem sichtbar eine Verformung des Körpers: »Beim Trinken und Essen wird der Kummer vergessen.« Der Kummer über diese Erkrankung wird mit dem Mittel der Verursachung zu bekämpfen versucht.

Auf diese Weise wird kontinuierlich gegen das Hungergefühl, gegen den Appetit gehandelt. Beide Gefühle werden verdorben, unbrauchbar gemacht. Damit wiederum schwindet die Lust, und wo Lust verlorengeht, steigt das Bemühen, diese wiederzugewinnen. Auch dies geschieht – wie beim Kummer – mit Essen, das ja einst die Lust herbeiführte.

Als Allheilmittel gegen diesen Teufelskreis gelten bei uns die Diät und das Fasten. Tatsächlich gelingt es vielen Menschen, damit ihr Verhalten wieder unter Kontrolle zu bekommen, es bewußt zu gestalten und so auch wieder über Appetit und Gier und Lust zu verfügen. Viele Menschen erleben das Fasten auch als einen seelisch-geistig bereichernden Akt. Doch bei einer großen Zahl Betroffener führt dies allein zu keinem Erfolg.

»Heut fasten kocht für morgen die Speise süß«: So kann aus dem Heilungsversuch ein unangenehmes Fahrstuhlprogramm werden.

Von erheblicher Bedeutung bei diesen Süchten sind außer der seelischen Belastung auch die körperlichen Folgeerkrankungen:

»Wer trinkt ohne Durst und ißt ohne Hunger, stirbt desto jünger.«

»Der Mund ist des Bauches Arzt.«

Diätversuche und Eßkrankheiten erscheinen heute auf den ersten Blick als Frauenprobleme. Zumindest sind es wohl Mädchen und Frauen, die sich am stärksten für diese Themen interessieren. Vor allem im Bereich Freßsucht/Übergewicht steht jedoch ein genauer Bericht (mit exakten Zahlen) aus, der uns über geschlechtsspezifische Unterschiede aufklären könnte.

Tatsache immerhin ist – und dies zeigt uns der Augenschein –, daß dies auch ein Problem von Männern ist.

»James Möllendorpf, der älteste kaufmännische Senator, starb auf groteske und schauerliche Weise. Diesem diabetischen Greise waren die Selbsterhaltungsinstinkte so sehr abhanden gekommen, daß er in den letzten Jahren seines Lebens mehr und mehr einer Leidenschaft für Kuchen und Torten unterlegen war. Doktor Grabow, der auch bei Möllendorpfs Hausarzt war, hatte mit aller Energie, deren er fähig war, protestiert, und die besorgte Familie hatte ihrem Oberhaupt das süße Gebäck mit sanfter Gewalt entzogen. Was aber hatte der Senator getan? Geistig gebrochen, wie er war, hatte er sich irgendwo in einer unstandesgemäßen Straße, in der Kleinen Gröpelgrube, an der Mauer oder im Engelswisch ein Zimmer gemietet, eine Kammer, ein wahres Loch, wohin er sich heimlich geschlichen hatte, um Torte zu essen ... und dort fand man auch den Entseelten, den Mund noch voll halb zerkauten Kuchens, dessen Reste seinen Rock befleckten und auf dem ärmlichen Tische umherlagen. Ein tödlicher Schlaganfall war dem langsamen Auszehren zuvorgekommen.« (Thomas Mann, Buddenbrooks, 390)

Das Zitat gibt uns zwei weitere Hinweise: Eßprobleme – wie ja Sucht und Krankheit – können uns von der Geburt bis zum Tod begleiten, und soziale Unterschiede treten wohl nur hinsichtlich der Formen auf.

Existentiell bedeutsam erscheint, daß uns – durch Flaschenernährung, Überfütterung und ständiges Versüßen der Speisen – im Kleinkindalter von außen Probleme beschert, anerzogen werden, während wir hernach als Jugendliche, Erwachsene und Greise quasi von innen heraus, individuell gegen das einmal entstandene »unwiderstehliche Verlangen« ankämpfen müssen.

Die Schätzungen der Folgekosten, die durch ungesunde Ernährung entstehen, bewegen sich zwischen 17 und 30 Mrd. DM. Diese Dimension macht deutlich, daß neben dem individuellen Leid auch ein gesellschaftliches besteht, das politisches Handeln dringend geboten erscheinen läßt.


## Rauchen – Tabakrauchen

Erst lange nachdem man sich in diesem Bereich – des Tabakrauchens – umgesehen hat, dämmert es langsam: hier haben wir es mit einer Sucht – denn von Sucht gehen wir schon aufgrund eigener Erfahrungen aus – zu tun, für die die deutsche Sprache kein entsprechendes Wort hervorgebracht hat. Jedenfalls keines, das im alltäglichen Wortschatz Platz gefunden hätte.

Doch selbst die medizinische Fachsprache verfügt über keinen gängigen Terminus. »Nikotinismus«? – ein durchaus ungebräuchlicher Begriff!

Woher rührt dieser Mangel? Leider wird hier keine Antwort gegeben werden können, die auch nur einigermaßen befriedigt.

Die Entwicklung von Sprache und Begrifflichkeiten ist im vorliegenden Fall von der Besonderheit bestimmt, daß der Tabak erst im 16. Jh. in Europa bekannt wurde.

Vermutlich kam er Mitte des 16. Jhs. erstmals nach Deutschland. Die uns vorliegenden ersten literarischen Belege stammen im wesentlichen aus der Mitte des 17. Jh.s.

In einer »Tabacologie« aus dem Jahre 1648 wird das Rauchen folgendermaßen beschrieben:

»Man ziehet den Rauch in den Mund; solches nennt man Toback trinken. Nun fragt es sich, ob dieses Toback-Trinken oder Rauchsaufen gesund sey.« (Trübners Deutsches Wörterbuch)

Oben wurde mehrfach darauf verwiesen, daß mit dem 16. Jh. eine Umbruchzeit hinsichtlich des Sucht- und Krankheitsbewußtseins einsetzt. Sie ist unter anderem dadurch geprägt, daß die emotionale, irrationale, lustbetonte Komponente, aber auch die ganzheitliche Sicht zurückgedrängt werden zugunsten einer aufgeklärten, naturwissenschaftlichen Einstellung. Dies drückt sich auch dadurch aus, daß der offene Teufelsglaube schwindet. Dementsprechend läßt sich nur für die Frühzeit des Konsums noch ein Hinweis auf die Verantwortlichkeit des Teufels nachweisen:

»ich sahe unter der Versammlung einen Teuffel, welcher einen ewigen Rauch zu Nase und Schnabel auszblasete ... und ward mir gesagt, es wäre der Tabacteuffel.« (Philander, 1650; GW 11,1,1, S. 5)

Bereits in dieser Frühzeit des Konsums gibt es Zitate, die gewisse Suchtaspekte vermuten lassen:

»sie sitzen da und sauffen tabak, und han nicht ein stück brot im sack.« (Philander, 1650; GW 11,1,1)

Auffälliger ist für uns zunächst aber, daß die Art und Weise des Konsumierens mit uns heute fremden Begriffen bezeichnet wird. Man spricht vom »Tabak schlucken«, »saufen«, »trinken« usw. Nach Schivelbusch hat dies verschiedene Ursachen. Einmal ist die Konsumform des Rauchens neu, und mit der Bezeichnung »Tabak saufen« schließt man an bekannte Genußmittel (Alkohol, Kaffee, Tee) an. Ein weiterer Grund liegt darin, daß der Hauptwirkstoff des Tabaks – das Nikotin – pharmakologisch bzw. toxikologisch dem Alkohol nahe steht; zumindest wurde dies damals so gesehen. Indem man also vom »Saufen« sprach, versuchte man die Ähnlichkeit zum Alkoholkonsum herauszustellen. Eine Ähnlichkeit zum Alkohol kann auch darin gesehen werden, daß je nach Stoff, Dosis und Form des Konsums unterschiedliche Wirkungen erzielt werden können. Mit beiden Stoffen kann beispielsweise sowohl eine Beruhigung als auch eine Erregung hergestellt werden. Diese Möglichkeit der bewußten Steuerung macht einen gezielten Einsatz dieser Drogen (Alkohol und Tabak) möglich. So werden sie besonders für den – in den unterschiedlichsten Rollen agierenden – Bürger der Industrieländer äußerst attraktiv. Mehr noch als Alkohol kann der Tabakkonsum jedoch auch während des Arbeitsprozesses fortgesetzt werden. Neben den Medikamenten ist der Tabak daher zur attraktivsten Droge unserer Zeit geworden.

Zahlreiche Indizien deuten auf eine Suchtentwicklung nach bereits kurzem Konsum hin. Zunächst trifft dies auf zu beobachtende Verhaltensweisen zu. Während beispielsweise bei heutigen Jugendlichen in Westdeutschland die Hälfte der Haschischkonsumenten nach kurzer Probierphase den Konsum wieder einstellt, folgt dem Einstieg ins Tabakrauchen eine langdauernde Periode der Bindung an diese Droge. Während der Jugendzeit selbst ist die Quote der Abbrecher äußerst gering. Das bedeutet allerdings nicht, daß keine Abstinenzversuche unternommen werden. Im Gegenteil, häufige Fehlschläge dabei lassen bei den meisten Tabakrauchern bereits früh die Erkenntnis wachsen, daß sie einem Zwang unterliegen.

Die oben beschriebene funktionale Einbettung dieser Droge in unsere Industriegesellschaft sowie die Nähe zu Alkohol und Medikamenten haben bei den meisten Tabakrauchern zu einem politoxikomanen Verhalten geführt. Eine besonders beliebte Kombination ist die von Alkohol – Tabak – Kaffee. Die intensive Bindung an eine derartige Fülle von Substanzen wird indes erst heute offenbar, zu einer Zeit also, in der das Tabakrauchen stärker als noch vor zehn Jahren als gesundheitsschädlich herausgestellt wird.

Um so deutlicher wird nun jedoch von Süchtigen, für die Therapiemöglichkeiten offensiv angeboten werden (Alkoholiker, Fixer), erkannt und darauf verwiesen, wie schwer – nach Lösung von der vermeintlichen »Hauptdroge« – die Abstinenz vom Tabak fällt. Wie schwer dieser Verzicht wird, ging insbesondere aus der Schilderung von Gefangenen hervor (z. B. Konzentrationslager der Nazis oder Kriegsgefangenenlager in der UdSSR).

Neben Verhaltensmerkmalen kommen auch medizinische und pharmakologische Hinweise auf eine zwanghafte Bindung in Betracht. So zeigten Versuche, daß Raucher sich auf einen bestimmten Nikotinspiegel eingestellt haben und Dosis und Stoff darauf ausrichten. Hier fallen Parallelen zum Spiegeltrinken auf.

Als Resümee ergibt sich, daß sowohl aus Sicht der Forschung als auch aus Sicht der Konsumenten von einer Tabaksucht gesprochen werden kann.

Um so erstaunlicher – und damit kehren wir an den Beginn unserer Überlegungen zurück – ist auf diesem Hintergrund die Tatsache, daß dafür kein Begriff geprägt wurde. Das heute gebräuchliche »Tabakrauchen« löste mit Beginn des 18. Jh.s (Stieler, 1691) das bis dahin gebräuchliche »Tabaktrinken« ab und setzte sich zunehmend durch. Heute wird mit dieser Wortverbindung sowohl das seltene Genußrauchen als auch – verharmlosend – das süchtige Tabakrauchen benannt.

»Es folgte ein Gedicht, das in der reinen Stille der Nacht schief und müßig dahertönte:
›Raucher / deine grenzen / kennen kannst du nicht
weil der rauch deines mundes sich in ringen verwischt,
verwischte leben / und tod / in gift
in blaues / gift / ra-u-c-h-e-r-.‹«
(Lore Berger, Der barmherzige Hügel, 143)

Angesichts des konstatierten Allzweckscharakters der Droge Tabak sowie des nur angedeuteten Ausmaßes von Suchterkrankten (Westdeutschland: ca. 6 Millionen) verwundert es außerordentlich, daß nicht nur ein passender Begriff fehlt, nein – auch die Behandlung des Themas als Problem spielt in Kunst und Literatur eine völlig untergeordnete Rolle. Eines der ganz wenigen Beispiele der bewußten, allerdings vielschichtigen Verarbeitung in der Weltliteratur bildet ein Kapitel des Romans »Zeno Cosini« von Italo Svevo (III, »Die Zigarette«):

»Ich rauchte viel und suchte dazu alle möglichen Verstecke auf. Besonders erinnere ich mich an einen finsteren Keller, wo ich einmal nach einer halben Stunde von furchtbarem Unwohlsein befallen wurde. Ich befand mich dort mit zwei anderen Jungen und ich entsinne mich nur ihres Knabenanzuges: zwei kleine Hosen, die stramm gestrafft sind. Die Körper sind von der Zeit in nichts aufgelöst worden. Wir hatten viele Zigaretten und veranstalteten ein Wettrauchen. Ich gewann und verbarg heroisch mein Unwohlsein, die Folge dieses seltsamen Experimentes. Schließlich gingen wir wieder hinaus in die frische und sonnige Luft. Ich schloß die Augen, um nicht sofort ohnmächtig hinzufallen. Dann erholte ich mich langsam und freute mich laut meines Sieges. Einer der beiden Kleinen sagte: ›Mir macht es gar nichts, daß ich verloren habe. Ich rauche nur, solange es mir Spaß macht.‹

Dieses gesunden Wortes entsinne ich mich deutlich; das Kindergesicht aber, das damals vor mir war, habe ich vergessen. Damals konnte ich noch nicht sicher sagen, ob ich die Zigarette, ihren Geschmack und den Zustand, den ich dem Nikotin verdankte, liebte oder haßte, was die Sache noch viel schlimmer gemacht hat. Dies wurde mir plötzlich bewußt, als ich ungefähr zwanzig Jahre alt war und einige Wochen lang an starken Halsschmerzen und hohem Fieber litt. Der Arzt verordnete mir Bettruhe und verbot das Rauchen absolut. Ich erinnere mich genau des Wortes ›absolut‹! Es machte tiefen Eindruck auf mich, und das Fieber verlieh ihm Gestalt: ich sah den leeren Raum und hatte nichts, um dem ungeheuren Druck widerstehen zu können, den leere Räume stets erzeugen.

Als der Arzt fort war, blieb mein Vater noch bei mir (meine Mutter war schon seit vielen Jahren tot), rauchte seine Zigarre und leistete mir ein wenig Gesellschaft. Bevor er fortging, legte er leicht die Hand auf meine glühende Stirn und sagte: ›Nicht rauchen, du!‹

Da kam über mich eine ungeheure Erregung. Ich dachte: ›Es schadet mir, ich will es nie mehr tun. Nur ein einziges und letztes Mal will ich noch rauchen.‹ – So zündete ich mir eine Zigarette an. Sofort verließ mich jede Erregung, obwohl das Fieber noch stärker wurde und ich bei jedem Zug meine Kehle brennen fühlte, als würde ein glühendes Holzstück hineingestoßen. Mit der Gewissenhaftigkeit, mit der man ein Gelöbnis einhält, rauchte ich die Zigarette zu Ende. Und unter ungeheuren Schmerzen rauchte ich während meiner Krankheit noch viele andere.

Mein Vater kam und ging und rauchte selber seine Zigarre und sagte dabei:
›Bravo! Noch ein paar Tage ohne zu rauchen, und du bist gesund!‹

Dieser Satz genügte. Ich brannte vor Erwartung, daß er aus dem Zimmer gehe, um rasch, rasch zu meiner Zigarette zu kommen. Ich stellte mich oft schlafend, um ihn früher von mir wegzubringen.

Dieses Leiden verschaffte mir mein zweites: die ohnmächtige Bemühung, das erste loszuwerden. Täglich wechselten Zigaretten und strenge Vorsätze, nicht mehr zu rauchen, miteinander ab. Ja, um alles zu sagen, im allgemeinen ist es heute auch nicht anders. Die unendliche Reihe der ›letzten Zigaretten‹, die damals, in meinem zwanzigsten Lebensjahr, anfing, ist heute noch nicht abgeschlossen. Freilich sind die Vorsätze nicht mehr so streng. Ich bin älter geworden und nachgiebiger gegen meine Schwächen. Wenn man alt wird, lächelt man über das Leben und alles, was es enthält. Heute kann ich offen sagen, daß ich viele Zigaretten rauche... die noch lange nicht die letzten sind.«

Viel häufiger als eine derart konzentrierte Behandlung des Themas sind dagegen Nebenbemerkungen, Einfügungen, die eher unbewußt verwendet werden und häufig Rückschlüsse auf die Haltung der Autoren dem Thema gegenüber zulassen.

»Dieser erste Versuch, mit Irmgard Seifert auch geschlechtlich zu verkehren, war nach zwei Stunden Mühe gescheitert. Und trotzdem sagte sie, als wir wieder rauchten: ›Das wird mich nicht hindern, dich zu lieben.‹« (Grass, Örtlich betäubt, 332)

In ähnlicher Weise wie hier die Funktion der Zigarette für die Frustrationsbewältigung wird anderenorts – ebenfalls quasi im Vorübergehen – der Genuß des Rauchens beschrieben:

»Ich gab ihr meine glühende Zigarette, sie hielt sie gegen ihre, atmete tief den Rauch ein und gab mir meine Zigarette zurück: sie rauchte, wie ich sonst nur Männer habe rauchen sehen, mit einer sehnsüchtigen SelbstverständlichkeiϮ zieht sie den Rauch ein«. (Böll, Das Brot der frühen Jahre, 121)

Zum Abschluß möchte ich ein Zitat präsentieren, das in plastischer Weise die Phantasie des Süchtigen beschreibt, der aufgrund äußerer Zwänge von seinem Stoff getrennt ist:

»Der Mann in den schäbigen, zerknitterten, fleckigen Kleidern und dem hellen Sommermantel, der auch nicht gerade mehr frisch ist, ging während solcher Gedanken an mancher Kneipe vorüber, in denen meist, wie er sehr gut weiß, Zigaretten schwarz zu kaufen sind. Ihn gelüstet es sehr nach Rauchen, aber er bezwingt sich. Teure amerikanische Zigaretten zu elf Mark das Stück kommen im Hause Doll schon längst nicht mehr in Frage – das hat er seiner jungen Frau sehr richtig prophezeit. Aber auch »billige« deutsche Zigaretten zu fünf Mark werden im besten Falle auch nur mit einem Stück pro Tag bewilligt; eine deutsche Zigarette nach dem Abendessen, die Lungen mit

ihrem Rauch genußsüchtig gefüllt – und dann wieder alle für 24 Stunden –!
Alle –? O nein, Dolls rauchen, sie werden immer rauchen. Auch jetzt trägt Doll die Taschen voll etwas Rauchbarem! Sie sammeln die Rosenblätter aus Muttchen Trüllers Garten, und nicht etwa nur die abgefallenen, nein, auch voll erblühte sammeln und trocknen sie! Sie entscheiden: ›Diese Rose würde doch in den nächsten Stunden ihre Blätter fallen lassen!‹, und dann pflücken sie sie, stopfen Dolls Taschen mit den Blättern, und aus seiner Stube machen sie eine Trockenanstalt. Diese Stube duftet ständig nach Rosen. Sie haben schon Kirschblätter geraucht und in schlimmsten Zeiten einen schrecklich schmeckenden Blutreinigungstee, aus dem sie die Wacholderbeeren und die ›Strünke‹ heraussuchten.
Ja, so genügsam sind sie geworden, auch die junge Frau, die nie in ihrem Leben Verzichten lernen wollte! Sie besaßen einst ein Auto, jedes für sich eines, und Geld, und was man sich für Geld kaufen kann; solche Dinge, die guten Güter dieser Erde waren kein Problem für sie. Nun ist die Lehre, daß sie ein besiegtes Volk sind, ihnen in Fleisch und Blut übergegangen. Sie lachen über ihren stinkenden ›Tabak‹ sie verdecken wohl noch ihre fleckige Kleidung, aber sie schämen sich nicht mehr. Was ist da zu wollen –?! Wir sind ein besiegtes Volk, wir haben einen totalen Krieg verloren, wir sind total zu Bettlern geworden.« (Fallada, Alpdruck, 219)

### Rauchen – Hanfrauchen

Ganz ähnlich wie beim Tabak stellt sich unser (Sucht-)Problem im Falle Hanf dar, denn um die verschiedensten Teile dieser Pflanze geht es, wenn wir heute von Cannabisprodukten sprechen. Zwar dürften Haschisch und Marihuana – unter südlicher Sonne gediehen – zu intensiveren Räuschen führen, doch ist es zumindest überraschend, festzustellen, daß unsere Gesellschaft bereits über eine Jahrhunderte dauernde Tradition im Umgang mit dieser Pflanze verfügt. Dabei stand aber offensichtlich der Drogencharakter ihrer Substanzen im Hintergrund.
Ein früher Hinweis findet sich zwar bei Hildegard von Bingen (1098 – 1179), die den Hanf zur lokalen Behandlung von Geschwüren und Wunden empfiehlt, doch scheint die Pflanze in der Folge nur eine geringe Rolle im Arzneimittelschatz gespielt zu haben.

Und auch dort, wo nach Rausch und Ekstase gesucht wurde –
nämlich in Hexenkulten bzw. in Hexenprozessen – ist (nach H. G.
Behr) nur in einem Fall (1584 Straßburg) von Hanf die Rede. Man
darf also annehmen, daß Tollkirsche, Stechapfel und Bilsenkraut in
ihrer Wirkung den Hanf bei weitem überragen.

Obwohl zumindest seit 1542 (Leonhard Fuchs, De Historia Stir-
pium) ziemlich genaue Beschreibungen der Hanfpflanze vorliegen,
sind Beschreibungen einer speziellen Rauchkultur nur äußerst selten zu finden. Gezieltes Suchen allerdings fördert einige Belege zutage. H. G. Behr hat eine Reihe davon zusammengestellt, z. B.:
»bauren, so sich mit Hanf vollstopffen wie der türck mit Opium«
(Abraham a Santa Clara).

Dennoch scheinen Ausmaß und Üblichkeit dieser Droge nicht
besonders groß gewesen zu sein. Wie sonst ließe sich die allgemeine Überraschung beim Auftreten des Tabakrauchens erklären,
insbesondere die damalige Begrifflichkeit (»Tabak saufen«). Wir
dürfen schlußfolgern, daß es in unserem Land keine feste Tradition
des Hanfrauchens gegeben hat.

Eine qualitativ neue Entwicklung tritt erst in der Gegenwart ein.
Wie bei anderen Drogen übernehmen Intellektuelle, insbesondere
Schriftsteller des 19. Jh.s, eine Vorreiterrolle bei Konsum und Ver-
breitung. Vor allem die französische Gruppe Beaudelaire, Verlaine,
Rimbaud entwickelt sich zu aktiven Propagandisten des Hasch-
isch-(und Opium-)Konsums.

In der Folge wird dies auch von deutschen Künstlerkreisen aufgegriffen. Von den bekannteren sind Alfred Kubin und Walter Benja-
min (»Über Haschisch«) zu nennen.

In diese Zeit (die ersten 30 Jahre unseres Jahrhunderts) fällt auch die
einzige bewußte Zusammenstellung mit dem Begriff Sucht. M. G.
Stringaris schrieb 1936 eine Monographie mit dem Titel »Die
Haschischsucht«, in der er versucht, eine Typologie dieser speziellen Suchtform zu entwickeln.

Wieweit dieser Versuch zutreffend ist, darüber herrscht in der
Wissenschaft bis heute Streit, umstritten bleibt auch die Einschätzung der Schäden, die durch Haschischkonsum entstehen. Daß
welche entstehen, dürfte – wie bei allen Giften – sicher sein und nur
von einseitigen Ideologen in Abrede gestellt werden.

Die Tatsache, daß zwischen 1933 und 1967 der Cannabiskonsum in
Deutschland keine Rolle spielte, unterstützt die obige These von
der fehlenden Tradition eines Hanf- oder Haschischrauchens in
unserem Land. Die Versuche einiger Künstler und Intellektueller
reichten nicht aus, eine solche zu begründen.

Dies änderte sich schlagartig 1966/67, als durch einen aufbegehrenden Teil der Jugend in der westlichen Welt – und damit auch in der BRD – die Abgrenzung zu althergebrachten Normen und Werten gesucht wurde. Dabei bekamen Haschisch und Marihuana bei Konsumenten und der etablierten Gesellschaft den Stellenwert einer exotischen Droge. Geheimnisvoll und sensationell wirkte sie, und dementsprechend stiegen literarische Belege für das Rauchen von Cannabisprodukten schlagartig an.

Wie beim Tabak aber – und damit kommen wir zurück zum ersten Satz – fehlt ein entsprechendes Suchtwort. Obwohl inzwischen auch zahlreiche deutschsprachige Forschungsberichte vorliegen, die glaubwürdig über mögliche körperliche und psychische Schäden nach längerem Konsum berichten, also eine Erkrankung denkbar erscheinen lassen, wird in diesen Zusammenhängen ausschließlich von Mißbrauch, Schäden und Abhängigkeit gesprochen. Kein Wunder, da die Verfasser zumeist aus dem medizinischen Bereich stammen und dieser ja – wie oben dargestellt – den Terminus der ›Sucht‹ ablehnt. Erstaunlich aber, daß auch im Alltagssprachgebrauch, der sich ja als ungeheuer schöpferisch hinsichtlich der Neuprägung von Suchtwörtern erweist, keine Wortzusammenstellung mit Sucht entstanden ist.

### Drogensucht/Arzneimittelsucht

Die Unterscheidung, die heute eigentlich üblicherweise nach legalen und illegalen Drogen vorgenommen wird, scheint in unserem Zusammenhang unsinnig oder doch unzweckmäßig.

Die genannte Trennung legt nahe, daß legale Drogen ungefährlicher seien als illegale; ferner, daß illegale eher der Erzeugung von Räuschen dienen, während legale zu Heilzwecken benutzt würden. In ihrer Einseitigkeit sind diese Zuordnungen unzutreffend. Nach der auch heute noch gültigen Definition sind Drogen

»Erzeugnisse aus dem Pflanzen- und Tierreich, die arzneiliche oder technische Verwendung finden.« (Brockhaus, 1953).
»Begriff neuerdings auch auf chemisch einheitliche Arzneistoffe ausgedehnt.« (Duden, 1972)

Diese Definition trifft unterschiedslos auf alle im Suchtzusammenhang interessierenden Drogen zu, denn alle – sogar der Kaffee – dienen oder dienten einmal auch als Heilmittel.

Es kann von vornherein in Abrede gestellt werden, daß Schädlichkeit etwas mit Legalität zu tun haben könnte, denn es gibt zahlreiche Arzneimittel, deren Gefahrenpotential wesentlich höher eingeschätzt werden muß als z. B. das von Cannabis. Und bekannt sollte mittlerweile sein, daß viele Medikamente zu anderen als zu Heilzwecken benutzt werden.

Nehmen wir jetzt die Gesamtheit aller legalen und illegalen Drogen – und diese Zahl geht in der BRD in die Zigtausende –, so ergibt sich ein Umfang, der im Rahmen der vorliegenden Arbeit nicht zu bewältigen ist. Wenn auch nicht jede der in Frage kommenden Drogen eine völlig einzigartige Sucht mit herbeiführt, so sind es dennoch Dutzende, vielleicht Hunderte von unterschiedlichen Suchtbildern, die sich bei genauer Analyse ergäben.

Beschränken wir uns daher auf die Betrachtung der in unserer Sprache entstandenen Suchtwörter. Lexikalisch erwähnt, in der Umgangssprache vorhanden und literarisch verarbeitet sind die folgenden:

Arzneimittelsucht, Drogensucht, Kokainsucht (Kokainismus), Medikamentensucht, Morphiumsucht (Morphinismus), Opiumsucht (Opiatsucht), Pervitinsucht, Schlafmittelsucht, Tablettensucht.

Entstehung und Gebrauch dieser Wprter sind selbstverständlich abhängig von Aufkommen bzw. Entdeckung oder Entwicklung der entsprechenden Drogen. Wie zu vermuten, streut dies über den gesamten Zeitraum unserer Kulturgeschichte.

Taucht das Opium bereits in den ältesten literarischen Dokumenten auf, so stammen Pervitin und Morphium eher aus der jüngeren Geschichte.

## Opium

Bereits 827 findet sich bei Walahfrid Strabo in dem auf der Reichenau verfaßten »Liber de cultura hortorum« folgendes Zitat:

»Weiter soll des der Ceres (Göttin der Feldfrüchte) geheiligten Mohns in diesem Teil des Gedichts gedacht sein, von dem überliefert ist, daß ihn Latona, die über den Raub ihrer Tochter betrübt war, gegessen habe, um im ersehnten Vergessen Befreiung von ihren unendlichen Sorgen zu erhalten.«

Hierzu vermerkt Rudolf Schmitz:

»Ungeachtet dessen, daß Walahfrid Latona mit Demeter verwechselt, die über den Raub Proserpinas trauerte, interessiert hier allein der Hinweis, Mohn sei zur Flucht in das Vergessen, benutzt worden, womit sicherlich nicht allein der Schlaf gemeint war.« (R. Schmitz, Opium als Heilmittel, in: Rausch und Realität, Köln 1981, 380)

Daß das Opium aber von Beginn an hauptsächlich als Heilmittel benutzt wurde, läßt sich an zahllosen Belegen zeigen. Außer in seiner reinen Form wurde es auch innerhalb von Mischungen angeboten, so vor allem der Theriak (seit dem 13. Jh. als Fertigarznei sogar Handelsgut) und das Laudanum, dessen Zusammensetzung von Paracelsus ersonnen wurde. Offensichtlich wurde auch dadurch das Indikationsspektrum des Opiums ausgeweitet, so daß es bis ins 18. Jh. hinein als ein Allheilmittel galt.
Dennoch hat es zu allen Zeiten nicht an Hinweisen auf mögliche Schädlichkeit gefehlt.

»Es (das Opium) fürdrot den Schlaf und stillet die schmertzen im Haupt, so von hitz kumpt;... es ist narcoticum und zerstört den sinn und die verstandnusß... aber ich hab ein schröcken davor.« (Hans Minner, Thesaurus medicaminum, ca. 1479, in: s. o.)

Um 1835 werden die Folgeschäden so zusammengefaßt:

»Bald nach dem Genuß empfinden sie eine angenehme Munterkeit, sind weit lebhafter und tätiger und stimmen sich in jeden beliebigen Ton. Dieser Schwung dauert aber nur so lange, als der Rausch anhält; nach einigen Stunden verfliegt dieser, und Erschlaffung, Unmuth und Schmerz tritt an die Stelle des Wohlbehagens. Dieses zu vermeiden, nimmt man eine neue Dosis Opium, die aber größer sein muß als die vorher genommene, wenn sie dieselbe angenehme Wirkung hervorbringen soll; allein auch immer unerträglicher wird der nachfolgende Zustand. Allmälig verlieren die Opiumesser alle Farbe des Gesichts; ihre Körper magern ab; ihre Glieder fangen an zu zittern; alles Gefühl wird stumpf und sinnlos sterben sie endlich mit hinzukommender Wassersucht oder andern Kacherien. Da das Opium selbst für Diejenigen so schädlich wirkt, welche sich durch öfteren Gebrauch daran gewöhnt haben, so erfordert der

Gebrauch desselben als Arzneimittel die größte Vorsicht, weshalb die Medicinalpolicei den Verkauf des Opium auf die Verordnungen der Ärzte beschränkt hat. Auch die Kinderpulver, die sogenannten Ruhpulver, sind mit Opium vermischt und sollten nicht ohne ärztliche Verordnung verkauft werden, da schon manches Kind durch solche den Tod gefunden hat. Gegen die Opiatvergiftung, welche sich durch heftige Unruhe, Erbrechen, Zukkungen, Bewußtlosigkeit, kalten Schweiß, endlich Schlafsucht und gänzliche Unempfindlichkeit äußert und zuletzt unter Zufällen von Schlagfluß tötet, ist nach vorausgeschicktem Brechmittel reichlicher Genuß starken Kaffees oder guten Rheinweins, auch vegetabilischer Säuren mit Kampher vorzüglich wirksam.« (CL)

Früher und stärker als beim Cannabiskonsum setzt der bewußte Gebrauch des Opiums bei Künstlern und Intellektuellen gegen Ende des 18. Jh.s ein.
1784 berichtete der Schweizer Literat Albrecht von Haller über Entzugserscheinungen bei türkischen Konsumenten. Aus seinen autobiographischen Aufzeichnungen geht hervor, daß er selbst opiumsüchtig war.
Wenn bis in diese Zeit im Zusammenhang mit Opium von Sucht gesprochen wurde, dann nur als Folgeerscheinung: Schlafsucht, Taubsucht, Rauchsucht. Opiumsucht selbst dagegen ist nicht belegt.
Auch diejenigen, bei denen mit ziemlicher Sicherheit eine Opiumerkrankung angenommen werden darf, sprechen nicht von Sucht, sondern beschreiben Phänomene ihrer Abhängigkeit mit dunklen, fast mythischen Worten.

>>Was hältst du
Unter deinem Mantel
Das mir unsichtbar kräftig
An die Seele geht?
Du scheinst nur furchtbar –
Köstlicher Balsam
Träuft aus deiner Hand
Aus dem Bündel Mohn
In süßer Trunkenheit
Entfaltest du die schweren Flügel des Gemüths.
Und schenkst uns Freuden
Dunkel und unaussprechlich
Heimlich, wie du selbst, bist

Freuden, die uns
Einen Himmel ahnden lassen.
Wie arm und kindisch
Dünkt mir das Licht,
Mit seinen bunten Dingen
Wie erfreulich und gesegnet
Des Tages Abschied.
Also nur darum
Weil die Nacht dir
Abwendig macht die Dienenden
Säetest du
In des Raums Weiten
Die leuchtenden Kugeln
Zu verkünden deine Allmacht
Deine Widerkehr
In den Zeiten deiner Entfernung.
Himmlischer als jene blitzenden Sterne
In jenen Weiten
Dünken uns die unendlichen Augen
Die die Nacht
In uns geöffnet.«
(Novalis, Hymnen an die Nacht)

Oder von Trakl, der nicht mehr wie andere Schriftsteller vor ihm
Opium rauchte oder aß, sondern – als Morphium – spritzte:

»Stille wohnt an deinem Mund der
herbstliche Mond, trunken von Mohnsaft
dunkel Gesang; Blaue Blume, die
leise tönt in vergilbtem Gestein.«
(G. Trakl, »Verklärung«; in: Die Dichtungen,
Salzburg 1938, 141)

Seit der industriellen Herstellung des Morphiums und seinem mas-
senhaften Einsatz in den modernen Kriegen dringt die Droge – als
Suchtmittel – in weitere Kreise der Gesellschaft (medizinisches
Personal) ein. Wenn wir auch vorher schon lange Hinweise gefunden hatten, die auf krankhaften Konsum hindeuteten, so sind mir
doch erst aus der jüngeren Gegenwart Belege bekannt, in denen der
Begriff »Opiumsucht« oder »Morphiumsucht« verwendet wird.
Von den im engeren Sinne als Drogen zu bezeichnenden Substanzen (aus dem Pflanzen-, Tier- oder Mineralreich) sind es also nur

wenige, die im Suchtzusammenhang eine Rolle spielen. Und selbst dort, wo die Vermutung einen zwangähnlichen Konsum nahelegt, wird dieser in zeitgenössischen Dokumenten, Berichten nicht so benannt. Kritische Bemerkungen zielen eher auf Sitte, akute (toxische) Gesundheitsschäden als auf zwanghaftes Verhalten. Dies gilt in erster Linie für Opium, Tabak und Hanf. Viele andere Substanzen, auf die Entsprechendes einmal zutraf, spielen heute keine Rolle mehr. Ich denke da z. B. an die Präparate und Mittel, die zur Rauscherzeugung von »Hexen« hergestellt worden sein sollen. Bislang ist jedenfalls die Zusammensetzung und damit auch die Wirkungsweise bzw. mögliche Schädigung unbekannt. Auch hier liegen keine Belege über zwanghaften Konsum vor, obwohl ein solcher naheliegend wäre.

Der Konsum fast aller übrigen heute bei uns gebräuchlichen und suchterzeugenden Drogen, wozu wir ja auch zahlreiche Arzneimittel rechnen, ist von der Drogensucht im engeren Sinne insofern zu unterscheiden, als es sich bei diesen Substanzen um chemisch hergestellte handelt, die also frühestens seit dem vergangenen Jahrhundert existierten und verwendet wurden.

Das gilt auch für die derzeitige Lieblingsdroge bei Medien und Politikern: das Kokain.

## Kokain

Zwar ist auch das chronische Kauen von Kokablättern bei amerikanischen Indianern bekannt, doch spielt diese Sucht (Cocaismus) bei uns natürlich keine Rolle. Wenn also heute von Kokainismus oder Kokainsucht gesprochen wird, dann ist eine chemisch hergestellte Substanz gemeint, deren Produktion erst seit 1860 möglich ist. 1885 wird Kokain als Lokalanästhetikum in die Augenheilkunde eingeführt. Ab 1900 kann ein Mißbrauch, das heißt zwanghafter Konsum, größeren Umfangs beobachtet werden. In dieser Zeit beginnt die industrielle Massenproduktion. Auch Kokain wurde – wie Heroin – in der Frühzeit seiner Einführung als Entwöhnungsmittel bei Süchtigen (Morphinisten) verwendet. Zweifellos wurde dadurch seiner Verbreitung zusätzlich Vorschub geleistet.

Insbesondere in der Zeit zwischen den beiden Weltkriegen kam es in Deutschland zu einer Blüte des Kokainkonsums. Zahllose Künstler galten als Propagandisten der Droge oder waren doch von ihr abhängig.

Kokain

Den Ich-Zerfall, den süßen, tiefersehnten,
den gibst du mir: schon ist die Kehle rauh,
schon ist der fremde Klang an unerwähnten
Gebilden meines Ichs am Unterbau.

Nicht mehr am Schwerte, das der Mutter Scheide
entsprang, um da und dort ein Werk zu tun,
und stählern schlägt –: gesunken in die Heide,
wo Hügel kaum enthüllter Formen ruhn!

Ein laues Glatt, ein kleines Etwas, Eben –
und nun entsteigt für Hauche eines Wehns
das Ur, geballt, Nicht-seine beben
Hirnschauer mürbesten Vorübergehns.

Zersprengtes Ich – o aufgetrunkene Schwäre –
verwehte Fieber – süß zerborstene Wehr –:
verströme, o verströme du – gebäre
blutbäuchig das Entformte her.
(Gottfried Benn)

Liest sich dieses Bekenntnis Gottfried Benns aus dem Jahre 1917
durchaus noch lyrisch, zwiespältig, so beschreibt Fallada in seinem
Roman »Wolf unter Wölfen« in drastischer Weise Niedergang und
Entzugskrise einer Kokainsüchtigen (Fallada, Wolf, 203).
In diese Zeit – Ende 19./Anfang 20. Jh. – gehört die Entstehung und
Entwicklung des Begriffs »Kokainismus«. Er bringt zum Ausdruck,
daß eine Krankheit erkannt worden ist, diese aber weniger in einen
alten kulturgeschichtlichen Zusammenhang eingeordnet wird als
vielmehr in einen neuen naturwissenschaftlich-medizinischen.
Ärzte machen den Stoff bekannt, medizinische Experimente lassen
Neugier wachsen, Wissenschaftler als Ärzte (Freud) oder Ärzte als
Künstler (Benn) wecken das Interesse breiter Schichten der Bevölkerung. Gleichzeitig signalisiert »Kokainismus«, daß die daran
»Erkrankten« in die Hand eines Arztes gehören, um geheilt zu
werden. In dieser Hinsicht erweist sich die Weimarer Republik –
kulturgeschichtlich – als konsequente Fortsetzung des Kaiserreichs.
Nachdem anschließend (von 1933 bis in die siebziger Jahre) Ruhe
an der deutschen »Kokainfront« herrschte (nehmen wir einmal so
prominente Süchtige wie Hermann Göring aus), ist seit Ende der
siebziger Jahre wieder ein kontinuierlicher Anstieg des Konsums
feststellbar.

Wie zu Beginn des Jahrhunderts sind es wieder Künstler und Prominente, die Genuß und Harmlosigkeit der Droge propagieren und das Feld für einen massenweisen Konsum bereiten.

»Der Gedanke, mit Kokain sich aus noch massiveren Zuständen von Erschöpfung, Langeweile und Einfallslosigkeit gewissermaßen herauszukatapultieren, ist nur naheliegend. Es ist wohl kein Zufall, daß der technische Krieg und der Hochleistungssport, diese beiden unsinnigsten »Kultur«leistungen unserer Zeit, auch aufs engste mit dem Konsum von Kokain verbunden sind: Die Jagdflieger und die Radrennfahrer bedienten sich seiner, um ihre extremen »Ziele« zu erreichen. Heute sind es leitende Angestellte und Filmkünstler, die mittels Kokain der kräftezehrenden Mühle ihrer Arbeit für Stunden zu entfliehen und zu neuen Ideen zu kommen suchen – aber dabei ganz konform mit den entfremdeten Zielen einer auf grenzenloses Wachstum ausgerichteten Gesellschaft verpflichtet bleiben, ja diese geradezu ideal verkörpern. (J. v. Scheidt, Kokain, in: Rausch und Realität)

### Arzneimittel / Tabletten

Im folgenden geht es um Drogen im weiteren Sinne, d.h. um chemisch hergestellte Substanzen, die für den ärztlichen Gebrauch gedacht sind.
Bis ins 19. Jh. wurden Arzneimittel dort hergestellt, wo sie verbraucht wurden (Apotheken am Ort), häufig sogar von den medizinischen Helfern selbst (heilkundigen Frauen, »Hexen«).
In dieser Zeit ist daher ein massenweiser Konsum und somit auch Arzneimittelsucht als auffällige gesellschaftliche Erscheinung nicht möglich.
Die Entwicklung von Naturwissenschaften und Industrie führt erst im 19. Jh. dazu, daß mit einer großangelegten Herstellung von chemischen Drogen begonnen wird. Mit Hilfe der Schraubenpresse von Rosenthal, Erlangen können etwa seit 1870 Tabletten produziert werden.
Die ersten zur industriellen Herstellung von Tabletten geeigneten Maschinen kamen etwa 1900 auf.

»Die Tablette gehört zu den verbreitetsten Arzneiformen; sie ist maschinell in großen Mengen bei gleichmäßiger Dosierung und Beschaffenheit rationell herzustellen, läßt sich handlich verpakken und erleichtert die therapeutischen Anwendungen zahlreicher Arzneistoffe. Technisch bezeichnet man alle aus Pulvern gepreßte Arzneiformen als Tabletten, unabhängig von der äußeren Form.« (Ullmanns Encyclopädie der technischen Chemie, 1953, Bd. 4, 3)

Vernachlässigt werden hier flüssige oder gasförmige Stoffe, obwohl auch sie zur Sucht führen können. Allein – die Fülle der möglichen Substanzen sprengt den Rahmen der vorliegenden Arbeit. Zumindest Erwähnung finden soll hier die Schnüffelsucht, wobei bedacht werden muß, daß sie zwar häufig mit der Inhalation von Klebstoffdämpfen gleichgesetzt wurde, letztlich aber mit einer sehr großen Zahl flüchtiger Stoffe ausgeübt wird. Der Begriff »Schnüffelsucht« selbst ist ausgesprochen jung und lexikalisch noch nicht nachweisbar. Allerdings liegen mittlerweile einige wissenschaftliche Arbeiten zu diesem Thema vor (z. B. Altenkirch, Schnüffelsucht und Schnüffelneuropathie, Heidelberg 1982).

Die Geschichte eines zwanghaften Konsums von Tabletten ist abhängig von der Geschichte ihrer industriellen Herstellung. Entsprechende Schilderungen und Begriffe müssen daher notwendigerweise jüngeren Datums sein, aus dem 20. Jh. stammen.

Andererseits gehört heute zur Aufdeckung und Verbreitung einer Suchtproblematik auch ein dem Sensationellen verbundenes Flair. Dies ist dem Tablettenkonsum in keinster Weise eigen. Ärztlich verordnet, gebührt ihm im Gegenteil das Image des Offiziellen, Korrekten – ja sogar Gesunden.

Dennoch ist – zunehmend seit Mitte der siebziger Jahre – für eine immer größere Zahl von Medikamenten ein Abhängigkeitspotential festgestellt worden. Dies gilt inzwischen für ganze Gruppen, z. B. für Weckamine, Schlafmittel, Beruhigungsmittel und einen großen Teil der Schmerzmittel. Niedergeschlagen in einer angemessenen Begrifflichkeit haben sich diese Erkenntnisse bislang allerdings nicht. Für den Gesamtkomplex wird das – zugegebenermaßen reichlich holprige – Wort »Medikamentensucht« sorgsam vermieden. In Fachkreisen wird statt dessen eher distanziert und harmloser von »Mißbrauch« gesprochen.

Wenn sich auch bei Substanzgruppen und einzelnen Präparaten nur in Einzelfällen ein Suchtbegriff herausgebildet hat (Pervitinsucht, Schlafmittelsucht), so fällt doch andererseits auf, daß im einschlägigen Lexikon (Pschyrembel) in vielen Fällen auf eine Suchtgefahr hingewiesen wird (z. B. Psychopharmaka, Amphetamine, Opiate, Weckamine).

## Zusammenfassung

Die stoffgebundenen Süchte erscheinen heute – in einer rational und naturwissenschaftlich geprägten Welt – als gravierendste Süchte. Sie stellen die Domäne der Mediziner dar, weil hier am ehesten die Möglichkeit gegeben ist, körperliche Symptome zu diagnostizieren und über die Arbeit am Stofflichen (Abstinenz, Gegenmittel) zu gewissen – wenn auch oberflächlichen – Erfolgen zu kommen. Die Radikalität, mit der so Geist–Körper–Seele getrennt und der Körper einseitig in den Vordergrund gestellt wird, hat allerdings erstmals in unserer Kulturgeschichte zu einer Suchtdefinition geführt: Von Sucht ist dann die Rede, wenn ein übermächtiges Verlangen nach Fortsetzung des Drogengebrauchs besteht, 2. eine Dosissteigerung eintritt und 3. sich eine psychische und/oder physische Abhängigkeit von den Wirkungen der Droge einstellt (Pschyrembel).

Obwohl die Herausbildung einer Definition natürlich für die Suchtproblematik als verdienstvoll betrachtet werden muß, ist ihre Einseitigkeit dennoch abzulehnen. Besonders problematisch wird sie deshalb, weil sie heute als Maßstab dient, an dem alle übrigen Süchte sich messen lassen müssen. Eine Krankheit, auf die nicht alle drei genannten Kriterien zutreffen, kann wissenschaftlich nicht als Sucht anerkannt werden.

## Geltungssüchte

### Die Ehrsucht

Grosser Name! – Millionen Herzen
Lockt ins Elend der Sirenenton,
Tausend Schwächen wimmern, tausend Schmerzen
Um der Ehrsucht eitlen Flitterthron.

Seine schwarzen, blutbefleckten Hände
Dünken dem Erobrer göttlichschön –
Schwache morden scheint ihm keine Sünde,
Und er jauchzt auf seine Trümmer hin.

Um wie Könige zu prahlen, schänden
Kleinre Wütriche ihr armes Land;
Und um feile Ordensbänder wenden
Räte sich das Ruder aus der Hand.

173

Pfaffen spiegeln um Apostelehre
Ihren Narren schwarze Wunder vor,
Um Mariasehre krächzen Nonnenchöre
Wahnsinn um Marienbild empor.

Graue Sünder donnern, ihre Blöße
Wegzudonnern, rauh die Unschuld an;
Gott zu leugnen hält so oft für Größe,
Hält für Größe noch so oft – ein Mann.

Göttin in des Buben Mund zu heißen,
Gibt das Mädchen ihren Reiz zum Sold;
Mitzurasen in Verführerkreisen
Wird der Bube früh ein Trunkenbold.

Doch es sträubet sich des Jünglings Rechte,
Länger sing ich von den Toren nicht.
Wisse! schwaches, niedriges Geschlechte!
Nahe steht der Narr am Bösewicht.
(Hölderlin)

»Die meisten Leidenschaften scheuen den Tag und sind schon
gefährlich genug; aber fuchtbar verheerend sind die, die in der
Finsternis geboren werden und sich am Sonnenlicht nähren:
Ruhmsucht und Herrschsucht.« (Seume)

Damit sind wohl entscheidende Inhalte aller Geltungssüchte getrof-
fen. Doch merkwürdig mutet bei diesen, wie bei unzählig ähnlichen Zitaten und Belegen an, daß deren Verfasser berühmte Personen waren oder doch hernach wurden.
Nur selten findet sich das Bekenntnis, daß nach Ruhm gestrebt
wurde:

»Wahre Ruhmbegierde ist die Quelle aller großen Taten und alles
Nützlichen, was auf der Welt geschieht.« (Friedrich II.)

»Dreiundzwanzig Jahre! Und nichts für
die Unsterblichkeit getan!« (Schiller)

Ich glaube, daß ein wesentlicher Triebfaktor für die Arbeit am
vorliegenden Buch mein Streben nach Ruhm und Ehre ist. Selbst
wenn dies krankhaft entartet, wäre es falsch, dies zu leugnen.

Auch wenn bei Herrsch- und Arbeitssucht noch einige materielle Aspekte eine Rolle spielen, so ist doch bei allen Geltungssüchten die ideelle, psychische Komponente eindeutig bestimmend. Ruhm und Ehre stehen im Zentrum der hier zu behandelnden Süchte, sie sind das angestrebte Ziel, dem es gilt mit allen möglichen Mitteln nahe zu kommen. Diese eher äußerlichen Merkmale verbinden sich aufs engste mit dem inneren Triebfaktor der »Geltung«. Er läßt – analog zur Selbstsucht – das »Ich«, das eigene Selbstbewußtsein anwachsen, je mehr innere und äußere Geltung erreicht werden kann. Bei allen Geltungssüchten streben die Betroffenen also auf der Grundlage einer krankhaften Überbetonung der eigenen Person nach Beachtung durch Dritte, und dies soll sich in Ruhm und Ehre niederschlagen.

Eine ähnliche Haltung meinen wir, wenn wir den Begriff Hochmut verwenden. Die nahe Verwandtschaft wird deutlich, wenn man weiß, daß früher einmal dafür die Wendung »stolze sucht« benutzt wurde (J. Grob, 1678).

Der weltliche Ehrbegriff hat sich aus der Gnade und Ehre entwickelt, die man zunächst den Göttern beimaß.

»Das mehr oder minder lebhafte Bewußtsein dessen, was man seiner Ehre schuldig ist, heißt Ehrgefühl, . . ., das zu lebhafte oder leidenschaftliche Streben aber Ehrgeiz und Ehrsucht. . . Geiz beruht auf einer Ausartung des Selbsterhaltungstriebes. . . Doch wird das Wort Geiz auch auf andere Arten des übermäßigen Strebens bezogen, besonders auf das nach Ehre; daher Ehrgeiz.« (CL)

Ganz ähnlich sieht es mit dem Ruhm aus. Solange er uns Menschen als Verdienst für Leistungen zufällt, wird er sogar als Hochziel des Lebens angestrebt (Brockhaus). Problematisch wird es, wenn er das bestimmende oder gar ausschließliche Motiv des Handelns ist. Eben dann wird von Ruhmsucht gesprochen.

Die inhaltliche Verwandtschaft zwischen Ehre und Ruhm ist augenfällig. So wird auch das ahd. Ursprungswort (h)ruom von Kluge/Götze mit Ehre, Lob übersetzt.

Nach allem, was oben berichtet wurde, können wir davon ausgehen, daß das Streben nach Ehre und Ruhm uralte Verhaltensweisen der Menschen sind.

Und in der Tat – bereits in ältesten Quellen wird derartiges berichtet. So beispielsweise im Beowulf, einem altenglischen Heldenepos aus dem 9. Jh. In der Geschichte wird berichtet, wie die Dänen von zwei UnholdInnen tyrannisiert werden. Beowulf, ein in Schweden lebender gotischer Königssohn hört von dieser Plage und beschließt – obwohl davon in keiner Weise betroffen –, aufzubrechen, die beiden UnholdInnen zu vernichten und dabei ewigen Ruhm zu ernten. Offensichtlich mit vollem Erfolg! Vor dem Kampf mit Grendel, dem Mann, verkündet er: »Als ich mit meinen Gefährten das Schiff bestieg, um die Fahrt hierher zu unternehmen, da gelobte ich, daß ich entweder die Dänen aus ihrer Not befreien oder im Kampf sterben wolle. Nun will ich danach handeln und den Sieg erringen oder hier in dieser Halle den Tod finden!« Tatsächlich gewinnt Beowulf, und sogleich ist ein Sänger zur Stelle, der dazu ein Heldenlied schafft. Doch ist die Not noch nicht zu Ende. Kurze Zeit später werden alle aufs neue von der Mutter Grendels bedroht. Wieder nimmt Beowulf den Kampf auf, und wieder hält er vorher noch eine Ansprache, die er mit den Worten beschließt: »Ich aber werde ewigen Ruhm erwerben oder sterben!« (Mudrak)

Hier handelt der – ausschließlich nach Ruhm strebende – Held völlig im Einklang mit sich selbst und seiner Umgebung. Ein Leidensdruck ist nicht ersichtlich, obwohl Einseitigkeit und zwanghaftes Streben nach Ruhm bis zum Einsatz des eigenen Lebens gehen. Da es sich bei den Gegnern Beowulfs nicht um Menschen im eigentlichen Sinne handelt, sie zudem als »böse« geschildert werden, erscheint seine Tat als unproblematisch. Wir kennen jedoch die Jagd nach Ruhm im Zusammenhang mit Töten und Vernichtung aus Kriegen bis in unsere Zeit. So schildert Erich Loest in seiner Autobiographie »Durch die Erde ein Riß«, wie er selbst als »Werwolf« in den letzten Apriltagen des Jahres 1945 Deutschland verteidigen wollte. Er spricht von »heldischer Idiotie« und benennt sich als »Tapferkeitssüchtigen«.

Die zu diesem Gesamtkomplex gehörenden Worte lassen sich zunächst nach zwei Gesichtspunkten ordnen:
– nach ihrer inhaltlichen Stellung zueinander und
– nach ihrer jeweiligen Entstehung.


Zur inhaltlichen Stellung:

| Gefallsucht | Renommiersucht | Prahlsucht |
|---|---|---|
| Ruhmsucht | Ehrsucht | Effektsucht | Schreibsucht |
| Rekordsucht | **Geltungssucht** | Arbeitssucht |

Größenwahn  Großmannssucht  Herrschsucht  Regiersucht

Neuerungssucht  Prunksucht  Titelsucht

Besonders gravierend in ihren Auswirkungen auf andere oder gar
auf die ganze Gesellschaft sind Herrschsucht, Arbeitssucht, Größenwahn und Prunksucht (in der Regel ist die von Herrschern
gemeint). Für die Betroffenen (die Kranken) können sich Rekordsucht und Schreibsucht besonders dramatisch entwickeln.
Alle übrigen hier genannten Süchte nehmen zwar in Einzelfällen
auch bedeutende Ausprägungen an, gehören aber insgesamt eher
in die Rubrik »Marotte«. Auch wenn dabei eine Erkrankung nicht
in Abrede gestellt werden soll – auch die Prahlsüchtigen sind in
ihrer Befindlichkeit gestört –, so erscheint doch das Suchtbild harmloser als die beiden oben genannten.

*Zur Entstehung der (Geltungs-)Suchtbegriffe*
Auf den ersten Blick fällt das Nicht-Übereinstimmen von inhaltli-
cher Brisanz der einzelnen Süchte und historischer Entstehung der
entsprechenden Begriffe auf.

Ziemlich genau lassen sich drei Stadien im Bedeutungswandel
ausmachen:

16./17. Jh.:      Ruhm-, Regier-, Neu-, Ehrsucht

Ende 18. Jh./     Prunk-, Putz-, Prahl-, Gefall-, Großmanns-,

Anfang 19. Jh.:   Schreib-, Neuerungs-, Herrschsucht

20. Jh.:          Arbeits-, Renommier-, Rekord-, Effekt-, Gel-
                  tungssucht

Hier spiegelt sich in besonderem Maße wider, worauf bereits oben
eingegangen wurde: Während die aufstrebende Medizin den
Suchtbegriff für den somatischen Bereich eliminiert, gewinnt der
lebendige Umgang mit Suchtkomposita eine neue Dynamik. Völlig
unabhängig von Medizin und medizinischen Diagnosen entwikkelt sich in der Bevölkerung, sozusagen naturwüchsig, ein Begriff

von zwanghaftem psychischem Leiden, das in ganz gewöhnlichen, ja zum Teil notwendigen menschlichen Verhaltensweisen entsteht. Es ist mit Sicherheit anzunehmen, daß dieser Vorgang unbewußt abgelaufen ist, denn es sind keine zeitgenössischen Arbeiten oder Reflexionen bekannt, die sich damit auseinandergesetzt hätten. Hinsichtlich der unterschiedenen Zeitphasen fällt auf, daß die Zeit der Abkehr vom Feudalismus eine Hochkonjunktur für Geltungssucht-Begriffe bringt.

Von allen genannten Geltungssüchten sollen lediglich Schreib-, Herrsch-, Arbeits- und Rekordsucht gesondert betrachtet werden. Die übrigen sind m.E. unter dem Sammelbegriff Geltungssucht subsumierbar.

## Geltungssucht

Der junge Clyde wächst auf in bitterster Armut. Noch herber jedoch wirkt auf ihn die verbissene Moral seiner Eltern, die aus ihrer fanatischen Religiosität einen Beruf gemacht haben.

Zwar löst er sich als Jugendlicher von seinem Elternhaus, versucht sich in zahlreichen Jobs, doch wird der Wunsch, mehr zu werden als die Eltern, etwas darzustellen, etwas zu gelten immer mächtiger in ihm. Endlich lernt er Roberta kennen, den ersten und einzigen Menschen, zu dem er eine innere Beziehung aufbauen kann. Liebe entwickelt sich. Doch gleichzeitig erhält Clyde die Chance, Abteilungsleiter in der Fabrik seines Onkels zu werden. Damit ist die Chance da, in höhere gesellschaftliche Kreise zu kommen. Er wird zu Partys eingeladen, fährt mit einer Gruppe reicher Jugendlicher in Wochenendhäuser. Schließlich lernt er Sondra kennen. Ein Traum! Sein Traum! Sondra heiraten, und er hätte es geschafft. Nie mehr verachtet, nie mehr bespuckt! Dann die Ernüchterung! Es gibt da ja noch Roberta. Sie liebt ihn immer noch. Ja, sie drängt auf Hochzeit, denn sie ist schwanger. Clyde durchlebt zehrende Qualen, doch der Drang nach Geltung bleibt der bestimmende. Wie jedoch das Problem lösen? Die Trennung von Roberta würde auch ein uneheliches Kind bedeuten, also ebenfalls den gesellschaftlichen Absturz. Immer wahnhafter erscheint ihm seine Zwangslage und als einzige Lösung: Roberta muß weg, muß verschwinden! (Nach Theodore Dreiser, Eine amerikanische Tragödie)

»Geltungstrieb, das Bestreben, das eigene Ich gegenüber den Mitmenschen in den Mittelpunkt zu rücken. Er wird vielfach als

Ausgleich für körperliche oder geistige Fehler beim Menschen gedeutet. Der Geltungstrieb zeigt sich als Ehrgeiz, Strebertum, Drang zur Selbstbehauptung, als Wunsch, geschätzt und geliebt zu werden.« (Brockhaus)

Hier ist vom Geltungs*trieb* die Rede, die nächste Phase erst ist die Geltungssucht. Kann die obige Definition bereits in Teilen als Krankheitsbeschreibung gelesen werden, so sind die Symptome der Geltungssucht noch wesentlich verschärft. In besonderem Maße wird auch hier die zentrale Bedeutung der Selbstsucht in s Blickfeld gerückt. Unübersehbar kreisen Denken und Handeln immer ausschließlicher um die eigene Person. Dieser – über Leichen gehenden – Geltungssucht steht die bereits eingangs behandelte Ehr- und Ruhmsucht nahe. Ebenso die Groß-mannssucht:

»Laß ihn hinfahren! Es ist Großmannssucht. Er will sein Leben an eitle Bewunderung setzen.« (Schiller, Die Räuber)

Dieses Schiller-Zitat hat offensichtlich viele zur Nachahmung animiert und zu einem lebendigen Benutzen des Wortes geführt. Noch schärfer als bei Schiller wird es jedoch (1850) von Gutzkow benutzt:

»er krankt... an der traurigen Großmannssucht, welche die hauptrolle in unseren politischen kämpfen spielt.« (Gutzkow, Ritter vom Geist)

Die hier praktizierte Übertragung der Geltungssucht auf Denken und Handeln von PolitikerInnen ist sowohl für diese als Individuen als auch für das Funktionieren unserer Gesellschaft von eminenter Bedeutung. Darauf wird in den Kapiteln Herrschsucht und Arbeits-sucht nochmals einzugehen sein.

Zwar ist Prunksucht ursprünglich (als Ausdruck feudaler Herr-schaft) ebenfalls von größerer gesellschaftlicher Bedeutung, doch hat sich dies im Laufe der Jahre verloren. Heute drücken Prunk-sucht, Gefallsucht, Neuerungssucht, Renommiersucht, Prahlsucht, Effektsucht und Putzsucht Formen krankhafter Angeberei aus, ·wobei selten die gesamte Person erfaßt wird und ebenfalls nur ausnahmsweise ein intensives Stadium von Leid eintritt. Interessante Randbemerkungen hierzu:

Mit dem Begriff Putzsucht ist ein erstaunlicher Wandel vor sich gegangen. Während noch vor kurzer Zeit damit ein übertriebenes »Sich-Herausputzen« gemeint war, bezeichnet er heute im allgemeinen ein krankhaftes Sauberkeitsbedürfnis. In diesem Zusammenhang wird merkwürdigerweise auch der Teufel wieder lebendig:

»Putzteufel = jmd. (meistens eine Frau), dessen häufiges und gründliches Putzen als übertrieben und lästig empfunden wird.« (Duden)

»Wo Eitelkeit und Prunksucht anfängt, hört der innere Wert auf.« (Seume)

Als Hauptantriebsfaktor für die Geltungssucht dürfen wir aufgrund dieser Überlegungen die Selbstsucht annehmen. Allerdings spielt daneben – wie vorauszusetzen war – auch die Sehnsucht eine gewisse Rolle. Deutlich zum Vorschein kommt dies im Zusammenhang mit Neuerungssucht.

Das Wort entstand – sicherlich in einem politisch gemeinten Zusammenhang – um die Wende vom 18. zum 19. Jh.

Erstaunlicherweise aber geht dem – noch heute gebräuchlichen – Begriff »Neuerungssucht« der – seit langem ausgestorbene – Terminus »Neusucht« voran.

Bereits 1676 wurde er von Philander benutzt, um damit modische Attitüden zu verurteilen. Das scheinbar unserer Zeit entsprechende der Mode Hinterherlaufen wurde also schon in früheren Zeiten nicht nur als Fortschritt betrachtet:

»so müssen die unbedachte neusüchtige ja in ihrem hirn übel verwahret sein, daß sie der so kostbaren thorheit sich dermahlen nicht entschlagen wollen.« (Philander)

Besondere Beachtung sollte hier der Hinweis »kostbar« finden. Er legt uns eine Querverbindung zur Genußsucht nahe. Bekannt aus unserer Zeit ist das Wechseln (Neuanschaffen) von Kleidern, Autos, ja ganzen Wohnungseinrichtungen, wenn sie vom jeweiligen Modetrend überholt sind. In diesen Fällen geht die Neuerungssucht eine Einheit mit Kauf- und Konsumsucht ein.

Der der Mode zugrundeliegende Vorgang der ideologischen Verbreitung von Begehrlichkeit (Propaganda und Werbung) wurde ebenfalls schon 1676 von Philander kritisiert:

»nun aber der ellende mit dem gift der neusüchtigkeit so viel andere jünglinge anstecket.« (Philander)

Der besondere Aspekt aber, der mich die Neu(erungs)sucht unter Geltungssucht einordnen läßt, liegt im Bestreben, das Neue anzuschaffen, um damit besser zu sein (als die Nachbarn, als die »Normalen« – tragisch, denn es wird ja eine neue Normalität gerade dadurch produziert!).
Auch auf diese Triebfeder wurde bereits 1721 hingewiesen:

»ein gemüth, welches durch neusüchtigkeit und hoffnung des ruhms viel gelesen zu haben in vielen büchern sich bemühet.« (Scriver)

Gleichzeitig sehen wir – ähnlich wie bei der Lesesucht –, wie schmal die Grenze ist zwischen dem Feststellen einer ungesunden Lebenshaltung einerseits und der konservativen Verurteilung von neuen fortschrittlichen Entwicklungen andererseits!
Der erste bekannte Beleg für Neuerungssucht stammt von Wieland, der das Wort mit »Ehrgeiz« verbindet. Insofern man das »krankhafte Bemühen, ständig Neuerungen zu schaffen« (Duden) unternimmt, um anschließend Lob und Ehre einzuheimsen, ist also dies Verhalten in die Geltungssüchte einzureihen. Doch verbindet sich damit gleichfalls wohl die notorische Unzufriedenheit mit dem Bestehenden. So stellt Dornseiff Neuerungssucht zu »Ärger–Heimweh–Leere–Sehnsucht–Unlust–unerfüllter Traum«. Auch dies war uns schon im Suchtzusammenhang begegnet: die krampfhafte Flucht aus der Unfähigkeit, mit dem »Hier und Jetzt« fertig zu werden bzw. sich damit zu arrangieren, wobei jedes erreichte Ziel wiederum zu einer Gegenwart wird, der es zu entfliehen gilt.

### Herrschsucht

»Einig zu sein, ist göttlich und gut.
Warum ist die Sucht denn,
daß nur einer und eines nur sei?«
(Hölderlin)

Die Herrschsucht ist im Grunde die Selbstsucht in einer etwas anderen, weitergetriebenen Form.
Der Selbstsüchtige ist nur auf seinen eigenen Vorteil bedacht und kennt zu allem nur die eigene Einstellung. Dies bereits ist krank-

haft, denn es erschüttert die Grundprinzipien der menschlichen Gesellschaft: allein ist jeder ein Nichts, alle sind aufeinander angewiesen, um leben, um überleben zu können. Diese Voraussetzung sprengt der Selbstsüchtige. Da er dennoch lebt, lebt er auf Kosten der anderen.

Natürlich ist es gleichzeitig so, daß wir – alle – ein gewisses Maß Egoismus, Eigennutz brauchen, um uns innerhalb der Interessen der Gesamtheit zu behaupten, um etwas Eigenes ausbilden zu können. Krankmachend wird es erst dann, wenn wir dieses Maß überschreiten, wenn wir nur noch das eigene Ich im Auge haben. Damit ist es so, »daß die selbstsüchtigen Kräfte letzten Endes ... nur zerstörend wirken können« (Musil).

Die Herrschsucht ist jetzt insofern eine Erweiterung, als der Selbstsüchtige dazu übergeht, die anderen (soweit seine Macht reicht) für sein Interesse einzuspannen. Der bislang verheerendste Vertreter der Herrschsucht – Hitler – sah diesen Zusammenhang für sich ausschließlich positiv: »Am Ende siegt ewig nur die Sucht der Selbsterhaltung.« Es ist zum Schluß allerdings anders gekommen (Selbstmord).

Wie oft ist es nicht schon in der menschlichen Geschichte so gewesen, daß durch die Herrschsucht einzelner oder ganzer Gruppen, Schichten oder Klassen Kriege angezettelt wurden, durch die Hunderttausende oder gar Millionen umkamen.

Ist dies vielleicht sogar eine Sucht, die die Politik immer wieder – notwendigerweise – produziert? (»Furchtbar verheerend sind die [Leidenschaften], die in der Finsternis geboren werden und sich am Sonnenlicht nähren: Ruhmsucht und Herrschsucht.« [Seume])

»Der plötzliche Tod Uwe Barschels, des Ministerpräsidenten, mitten hinein in den Morast von Affären und Machenschaften, in dem wir uns befinden, erregt ja nicht nur die persönliche Teilnahme vieler, vieler Menschen, sondern eben auch eine brennende Scham über den inneren Zustand unseres Gemeinwesens, wie er hier offenbar geworden ist...

Wenn du, Herr, Sünden anrechnen willst – Herr, wer wird bestehen? Solange einer nur mit dem Finger auf andere zeigt, ohne ihn mit der alten Geste der Buße zuvor auf das eigene Herz zu richten, und solange darum einer fürchten muß, im Urteil der anderen schlicht erledigt zu sein, wenn er auch nur einen Fehler zugibt, werden wir ein Volk von Rechthabern sein und aus der schlimmen Lage, daß ein Fehler den anderen nach sich zieht, nicht herauskommen.

Macht muß es geben, wenn das Recht – und das heißt die Freiheit und Würde aller – geschützt werden soll. Aber damit sie das tun kann, muß die Macht auch vor sich selbst geschützt werden; das heißt, ihre Zeit muß begrenzt werden, und der Wechsel ihrer Träger muß nicht nur geordnet sein, sondern auch von allen bejaht und als normaler Vorgang geradezu gewollt werden. Daran hat es uns bislang gefehlt. Solange es schlicht als Katastrophe gilt, wenn die einen die anderen in der Macht ablösen, und die Macht zu verlieren als Schande gilt, so lange werden alle durch Jahrhunderte bekannten Gefahren der Machtsucht vielfache und vielfältige Chancen bekommen, unserem Gemeinwesen, gerade dem demokratisch verfaßten, in seiner Wurzel zu schaden. Es steht sehr zu befürchten, daß hier der eigentliche Herd der Krankheit liegt, die Uwe Barschel hingestreckt, aber auch viele andere befallen hat. Und es ist sehr wichtig, daß auch wir Bürger unsere Politiker in dieser Sache nicht isolieren und sie nicht allein lassen in dieser Schuld. An der Katastrophen-Mentalität und der Neigung zu polarisieren haben wir ja doch mehr oder weniger alle teil!« (aus der Predigt von Bischof U. Wilckens bei der Trauerfeier für Dr. Dr. Uwe Barschel)

Aber natürlich ist es leicht, diese Krankheit bei denen zu beobachten, die im Rampenlicht stehen. Schwer fällt es uns vermutlich, die Herrschsucht um uns herum, gar bei uns selbst zu sehen: in der Familie, am Arbeitsplatz, im Verein usw. Und auch dazu gehören, wie beim Alkoholismus, mindestens immer zwei: die Person, die herrscht, und die, die sich beherrschen läßt. Je weniger wir uns beherrschen lassen, um so mehr helfen wir den Herrschsüchtigen, ihre Krankheit zu überwinden.
Zahlreiche Tragödien erzählen die Geschichtsschreiber über süchtige HerrscherInnen. Ja – in der Tat, auch Frauen haben Anteil daran. Männermordend saß Brunhild inmitten ihrer Waberlohe, um ihre Macht über jeglichen Freier auszukosten. Und als schließlich der Bund mit Gunter geschlossen ist, demonstriert sie ihm gegenüber lieber ihre Macht und absolute Herrschaft, indem sie den Armen nachts – gefesselt – an den Kleiderhaken hängt, statt sich am Beischlaf zu erfreuen.
Habe ich übersehen, daß hier auch andere Faktoren im Spiel sind? Gewiß – Betrug, Mißtrauen und Enttäuschung beflügeln ihr Verhalten, doch als Süchtige wartet sie auf ihren Tiefpunkt, darauf, daß Stolz, Kraft und Macht gebrochen werden. Als dies eintritt und sie von ihrer Herrschsucht im engeren Sinne ablassen kann, ist sie

allerdings nicht erlöst, frei und gesund, sondern ersetzt die bisherige Sucht ohne Übergang durch eine neue: Eifersucht wird brennend und übermächtig in ihr. Sie läßt ihr keine Ruhe, bis der eigentlich von ihr geliebte Mann, Siegfried, zur Strecke gebracht ist. Anschließend ist Ruhe, und wir erfahren nichts mehr von ihr. Für die Herrschsucht ist dies charakteristisch. Dort, wo prägnante Geschichten erzählt werden, ist auch meistens von einer zweiten bedeutenden Sucht – die Selbstsucht immer stillschweigend vorausgesetzt – die Rede. So z.B. bei Schehriya, dem König aus 1001 Nacht, der Hunderte von Jungfrauen vergewaltigte und anschließend umbringen ließ. Angenagt durch Eifersucht und Minderwertigkeitsgefühle flüchtet er in eine Verhaltensweise, die ihm als absolutem Herrscher gegeben ist.

»Ansehen und Gewalt suchen, um sie andere fühlen zu lassen, ist Herrschsucht und Tyrannei.« (Gellert)

1543 diagnostiziert Pasquini bei Alexander dem Großen »Regiersucht« (GW 10,4).

»Adelstolz – Ehrgeiz – Erfolgshunger – Geltungsdrang – Größenwahn – Herrschsucht – Hochmut – Überhebung – Vermessenheit» (Dornseiff)

Die Assoziationskette bringt nochmals den schon hergestellten Zusammenhang zum Ausdruck: Herrschsucht steht in engster Nähe zur Geltungssucht und Ehrsucht (Geiz). Was aber an Bedeutung, Ausmaß und Folgen alles übertrifft, nennen wir Größenwahn. Daß das hier gemeinte Verhalten mit Wahn verknüpft wurde, ist bereits früher gebräuchlich gewesen (»Cäsarenwahnsinn«, »Kaiserwahnsinn«), letztlich hat sich dafür jedoch »Größenwahn« durchgesetzt:

»eigentlich eine geistige erkrankung, die auf überschätzung der stellung und leistung, der inneren und äußeren mittel der eigenen persönlichkcit beruht.« (GW 4,1,6)

Wenn Herrschsucht diese Dimension angenommen hat, tritt auch die Medizin wieder auf den Plan und versucht, sich des Themas zu bemächtigen:

»Megalomanie = Größenwahn, Größenideen; Größenwahn = Expansive Wahnform mit pathologischer Ich-Überschätzung« (Pschyrembel)

Behandelt – im Sinne von Kranken – werden allerdings nur »arme Schweine«. Diejenigen, die die Macht dazu haben, ihrem Größenwahn politische, geschichtliche Bedeutung zu verleihen, sind als Patienten schwer vorstellbar.

## Rekordsucht

Das Wort Rekordsucht ist jung und aktuell wie wohl auch der Tatbestand, den es beschreibt.
Wie vor allem bei den Genußsüchten, geht es auch bei der Rekordsucht um Freizeitbeschäftigungen. Gemeint sind vor allem sportliche, mittlerweile jedoch auch beliebige Aktivitäten, durch die Ruhm und Einmaligkeit zu erreichen sind. Die letzteren füllen jeweils jährlich das Guinness-Buch der Rekorde und motivieren eine ständig anwachsende Zahl von Menschen, auf allen Ebenen nach verrückten, verblüffenden, jedenfalls einzigartigen Leistungen zu suchen, die dann möglichst von ihnen selbst zu überbieten wären. Ziel dabei ist die Erwähnung des eigenen Namens im Guinness-Buch oder in einer Tageszeitung.

»Rekordsucht = (abwertend) das Bestreben, um jeden Preis den bzw. einen Rekord oder möglichst viele Rekorde zu erreichen« (Wö DDR)

Üblicher als die eben beschriebene Guinness-Buch-Rekordsucht ist gegenwärtig die Sport-Rekordsucht. Zwar einzuordnen auch als Genußsucht, steht jedoch bei ihr das Streben nach der durch den Rekord zu erreichenden persönlichen Geltung im Vordergrund. Einmal – oder wie es im Lexikon hieß: möglichst oft – aus dem grauen Alltag herausstreben, ins Blickfeld der Massen treten, und zwar mit einer überprüfbaren Leistung, die die Einzigartigkeit belegt. So steht man dann vermeintlich zu Recht und verdientermaßen im Mittelpunkt des öffentlichen Interesses. Auch die Rekordsucht im Sport verbindet sich wiederum mit anderen Süchten. Bereits genannt wurde die Genußsucht, denn unzweifelhaft geht diese (sportliche) Verhaltensweise mit persönlicher Befriedigung einher. Mögliche körperliche und psychische Folgeschäden und eine mögliche soziale Isolation werden zum Teil durch Verbesserung von Konstitution und Kondition sowie durch Erlebnisvielfalt aufgewogen. Problematischer wird es, wenn der Zwang, an die Spitze (zum Rekord) kommen zu müssen, so übermächtig wird, daß dazu medikamentöse, leistungssteigernde Mittel eingenommen werden. Nun tritt zumindest noch der substanzgebundene Mißbrauch hinzu, aus dem sich gegebenenfalls auch eine zusätzliche Sucht entwickeln kann.

»Ich selbst habe im Jahre 1953 die erste praktische Erfahrung mit dem Doping gemacht: Ich nahm während eines bekannten Wettbewerbs in Flandern zwei Centramine und wurde daraufhin Zweiter. Beim Rennen Paris–Valenciennes nahm ich wiederum zwei und wurde Sieger! Die Sache wurde immer schlimmer. Im Jahre 1961 schluckte ich sogar Arsen, und während der belgischen Meisterschaft versuchte ich's mit einer Morphin-Spritze.« (Martin van Genengden, Rennfahrer)

»Der erste, von dem ich wußte, daß er ›schluckte‹, und der es auch vor anderen nicht verheimlichte, war der unvergleichliche Campionissimo Fausto Coppi. Aber zu jener Zeit schrie man deswegen nicht gleich Zeter und Mordio. Sämtliche großen Meister, die nach ihm kamen, haben Aufputschmittel verwendet.« (Rick von Steenbergen, Weltmeister)

Einer der berühmtesten Dopingfälle in der Geschichte des Radrennsports war Tom Simpsons Todesfahrt am Mont Ventoux am 13. Juni 1967 während der 54. Tour de France. Darüber schreibt Karel van Assche:

»›Put me on my bike‹, stammelt er, und die fanatischen Narren der englischen Mannschaft hoben Tom Simpson, der in diesem Moment schon eher tot als lebendig ist, wieder aufs Rad. Sein Gesicht gleicht jetzt einer Totenmaske, es ist vom Schmerz verzerrt, aus dem Mund quillt Schaum. Wenige Meter weiter schwankt er wie ein Betrunkener über die Strecke. Die Zuschauer fürchten, daß er direkt auf den gähnenden Abgrund zufährt, aber sie halten ihn nicht auf.
Kurz darauf rutscht Tom wieder vom Fahrrad herab, und der englische Mechaniker eilt herbei. Nicht etwa um zu helfen, sondern um Simpson erneut auf den Sattel zu heben. Sein belgischer Kollege Fernand Tuijtens mischt sich ein: ›Laß ihn in Ruhe, oder willst du ihn etwa ermorden?‹ Tuijtens faßt Tom unter die Arme und legt ihn vorsichtig am Straßenrand nieder.
Ein unbekannter Zuschauer kniet neben dem sterbenden Rennfahrer nieder und versucht, neues Leben in die ausgetrockneten

Lungen zu pumpen. Leider ist sein guter Wille wohl größer als seine Erfahrung in der Mund-zu-Mund-Beatmung. Später übermittelt Felix Levitan die Hiobsbotschaft, daß Tom Simpson tot ist. Im Renntrikot des Toten finden die Gesetzeshüter drei Tuben, zwei leere und eine halbvolle. Darin war Onidrin gewesen, ein Amphetamin-Präparat.« (Zorn, Radsport, 269)

So kann aus einer eventuell harmlosen Sucht eine schwerwiegende werden.

Merkwürdig erscheint, daß den vielfältigen Suchtaspekten im Sport immer noch so wenig öffentliche Beachtung zukommt. Sollte dies daran liegen, daß der Abbau unmittelbar das gesamte Gefüge von Sport, Sportberichterstattung und deren Konsum ins Wanken bringen würde? Und wenn dies zum Einsturz käme, was würde dann aus unserer Gesellschaft?


### Arbeitssucht

Zwei Süchte, die innerhalb der Geltungssüchte eine Sonderrolle einnehmen, sind die Arbeitssucht und die Schreibsucht. Beide sind mit aktivem Schaffen und materiellen Resultaten verbunden.

Auch hier können wir davon ausgehen, daß weitere Symptome eine Rolle spielen und andere Süchte mitbeteiligt sind, doch habe ich mich für eine Einordnung an dieser Stelle entschieden, weil letztlich im Vordergrund zu stehen scheint, daß man über das geschaffene Werk, die geleistete Arbeit Beachtung und innere Befriedigung zu finden hofft.

Wie sich bereits bei der Genußsucht, insbesondere der Sammelwut gezeigt hat, fällt es äußerst schwer, eine allgemein akzeptierte Grenze zwischen einer sinnvollen (Freizeit-)Aktivität und einer krankhaften zu ziehen. Ja – häufig scheint selbst Krankhaftes sinnvoll zu sein. (Dieser Austausch ist auch möglich, wenn wir »sinnvoll« durch »genußreich« oder ähnliches ersetzen.)

»Unser Wort ›Arbeit‹ hat ursprünglich keinen guten Klang, sondern bedeutet ›Mühsal, Not‹. Davon hat die Deutung auszugehen.« (Trübner)

Bei den Germanen »arbeitete« nur der Unfreie. Zwar wurde damals der Begriff der Arbeit enger gefaßt als heute, doch wichtig für uns ist, daß das Wort ›Arbeit‹ eine äußerst negative Vergangenheit mitbringt, die ganz gewiß nebenseitig noch lebendig ist.

Im Vordergrund steht seit langem ein eher positiver Gehalt im Sprachverständnis unseres Volkes. »Einen positiven Wert hat dem Arbeitsbegriff zuerst das Rittertum gegeben. Die Mystik erhebt die weltliche Arbeit zum Beruf im christlichen Sinne.« (Trübner)

»Unser Leben währet siebzig Jahre, und wenn's hoch kommt, so sind's achtzig Jahre, und wenn's köstlich gewesen ist, so ist es Mühe und Arbeit gewesen.« (Psalm 90,10)

»Erst nach getaner Arbeit ist Juden und Protestanten gut zu ruhen; diese Ruhe, sagt Kant, ist das einzige Glück, das nicht die geringste Beimischung von Ekel mit sich führt.« (Bloch, Spuren, 126)
Gleichzeitig aber spricht Bloch vom Zwang, der uns zur Arbeit treibt, und das nicht nur aus Existenznot, sondern weil sie uns etwas für später verspricht, weil sie uns vor dem zersetzenden Gift der Faulheit bewahrt. Selbst wenn dies so wäre – leider geht Bloch nicht näher auf die von ihm nebenbei für unsere Gesellschaft konstatierte Arbeitswut ein. Enthält sie nicht auch ein zersetzendes Gift (Wut!)?

»ist nicht am Ende ganz begreiflich, daß Arbeitswut den nachmittelalterlichen Menschen in dem Augenblick ergriff, als er die Aussicht vor sich sah, die Qualität und womöglich sogar die Quantität seines Lebens selbst und ausschließlich zu bestimmen?« (Blumenberg, Sorge, 209)

Aus dieser Perspektive ergeben sich nun aber zwei völlig andere Gesichtspunkte als die, die den sittlichen Wert der Arbeit betonen:

– Der Zwang, den Inhalt und Form der Arbeit auslösen können, der nicht mehr losläßt, sondern sich steigert und schließlich gar unabhängig von Inhalt und Form die Herrschaft über die Arbeitenden angetreten hat.

– Die Flucht, als die sich die Arbeit anbietet, vor ungelösten Problemen, Sinnleere, Beziehungsfragen.

Erstaunlicherweise beginnt erst heute eine intensivere Auseinandersetzung mit diesen Aspekten, und deshalb ist auch der Begriff »Arbeitssucht« eine so junge Sprachschöpfung, daß er bis in die siebziger Jahre lexikalisch nicht existent war. Gab es die heute zu beobachtenden Suchtsymptome früher nicht, oder ist es bis heute, und dieser Ansicht neige ich eher zu, erfolgreich gelungen, solche Überlegungen zu verleugnen?

Immer noch gilt Arbeit als Wert an sich. Wenn allerdings Probleme mit zuviel oder krankhafter Arbeit konstatiert werden, dann doch allerhöchstens für Manager, Karrieristen. Das Phänomen »Arbeitssucht« auf diese Gruppe zu begrenzen hieße jedoch einen Fehlschluß begehen. Widerspruch ist nur aufgrund eigener Beobachtung möglich, denn Zahlen, Fakten über ein entsprechendes Suchtverhalten liegen meines Wissens nicht vor.

Wie schätzen wir den Realschullehrer ein, der zunächst einige Jahre damit verbrachte, ein Schiff zu bauen, um auf Weltreise zu gehen, nachdem er zurückkam, für sich und seine Familie ein Haus baute, dann ein zweites, um von dem Gewinn wieder ein Schiff zu bauen, das für seine Familie besser geeignet war?

Was halten wir von dem Maurer, der seine Freizeit dadurch ausfüllt, daß er Häuser baut, um mehr Geld zu verdienen?

Und wie ordnen wir die alleinstehende Mutter von vier Kindern ein, die neben ihrem ganztägigen Beruf drei weitere Nebenjobs hat, um mit diesem zusätzlichen Verdienst den Auslandsurlaub zu finanzieren?

Bei der sozialen, politischen Beurteilung werden sich vermutlich die Geister scheiden. Sicher ist wohl, daß in allen Fällen die Arbeit den gesamten Tagesablauf total bestimmt.

Betrachten wir nun ein ähnliches Verhalten bei Managern, so wird die allgemeine Einschätzung wesentlich deutlicher. Liegt dies nur daran, daß hier (wie bei Politikern) der Karrierewunsch hinzukommt?

Auf jeden Fall werden heute bei dieser Berufsgruppe psychosomatische Folgeschäden zunehmend registriert und süchtigen Verhaltensmustern zugeordnet.

»Hermann, Abteilungsleiter einer großen Baufirma, hatte einen grandiosen Karrierestart. Innerhalb kürzester Zeit hatte er sich nach oben gearbeitet. Der Karriereknick begann, als der Körper rebellierte: ›Ich hatte auf einmal Herzschmerzen, einen Kloß im Hals, Sprachschwierigkeiten. Dann packte mich plötzlich eine regelrechte Panik. Von einer auf die nächste Minute mußte ich meinen Arbeitsplatz verlassen. Ich hatte das Gefühl sofort raus hier, sonst drehe ich durch.‹ Nach ein paar Tagen versuchte Hermann wieder in die Firma zu gehen. Die gleichen Reaktionen: ›Ich habe fürchterlich geweint und hatte panische Angst.‹

Nach vier Wochen Zwangsurlaub zu Hause, nach medikamentö-
ser Behandlung durch einen Arzt ging auch der nächste Arbeits-
versuch schief. Erst als er sich für eine langfristige stationäre
Psychotherapie in einer psychosomatischen Klinik entschied,
ging es ihm langsam besser. Schon früher sprach man von Mana-
gerkrankheiten und meinte damit vor allem Nervenzusammen-
brüche, Magengeschwüre oder Herzinfarkte. Die Zahlen belegen \
es: Die überdurchschnittlich selbstbewußten, hochgradig moti-
vierten und allzeit verantwortungsbereiten Karrieristen haben
auch ihre Schattenseiten: 130 000 Herzinfarkte gibt es jährlich.
Wenn auch bei weitem nicht nur bei Karrieristen, so hat diese
Gruppe doch einen beträchtlichen Anteil an diesen Zahlen. Da
gibt es immer mehr Herzinfarkte von Männern unter 30 Jahren,
und die Herzinfarkte bei den Frauen stiegen von 1968 bis 1983
um 40 Prozent – parallel zur beruflichen Emanzipation.« (W.
Gross, Da packt mich plötzlich, FAZ 9.12.89)

Neben den hier angesprochenen Krankheitssymptomen wird nun
auch auf soziale Mißstände geachtet.»Es fehlt an genügend Privat-
leben. Bei 70 bis 80 Stunden Arbeit in der Woche fehlen Zeit und
Muße, um private Beziehungen zu pflegen. Häufig ist man nicht
verheiratet, oder die Ehe läuft leer. Partner und Kinder kommen fast
immer zu kurz.« (Affemann/bei Gross)
Hier werden diese Belastungen als Folgen behandelt, doch denkbar
ist es, daß sie einst auch Ursachen waren, aus denen die Flucht in
die Arbeit angetreten wurde.
Die allgemeine ideologische Haltung unserer Gesellschaft zur
Arbeit führt immer wieder zu erheblichen Abwehrreaktionen dem
Thema Arbeitssucht gegenüber. Zwar wird im allgemeinen vermutet, man wolle Arbeit schlechthin in Verruf bringen, doch darf
angenommen werden, daß dabei bewußte oder unbewußte Schuldgefühle mit im Spiele sind. Ist man mit einer Gruppe von Menschen
zusammen, kann mit Sicherheit davon ausgegangen werden, daß
auch ein »Macher« oder eine »Macherin« darunter ist.

> Wirklich, er war unentbehrlich!
> Überall, wo was geschah
> Zu dem Wohle der Gemeinde,
> Er war tätig, er war da.
>
> Schützenfest, Kasinobälle,
> Pferderennen, Preisgericht,

Liedertafel, Spritzenprobe,
Ohne ihn, da ging es nicht.

Ohne ihn war nichts zu machen,
Keine Stunde hatt' er frei.
Gestern, als sie ihn begruben,
war er richtig auch dabei.
(Busch)

## Schreibsucht

Schreibe ich über die Schreibsucht, so schreibe ich natürlich über
die Schreibsucht anderer.
Die genannte Sucht soll hier in der Weise behandelt werden, daß sie
stellvertretend für all die Arbeitssüchte steht, die als besonders
kreativ gelten können und durch die gleichzeitig in hervorragender
Weise Ruhm und Ehre zu erlangen sind. (Dergleichen finden wir
zuhauf bei den Künsten, der Wissenschaft, z. T. der Politik.)
Naheliegend ist, daß Schreibsucht in einem Zusammenhang mit
Lesesucht steht, und tatsächlich findet sich der erste Hinweis in der
gleichen Quelle (1768). Geht es dort (bei der Lesesucht) aber hauptsächlich um den genußvollen Konsum, so steht hier die leidenschaftliche Produktion im Vordergrund. Diese hat sowohl den eigenen Ruhm als auch den Konsum der Leser zum Ziel.

»allen den schreibsüchtigen herren, die um ihren namen glänzen
zu sehen, meine scheiben verdunkeln.« (Thümmel)

Diese einseitige Sichtweise kann heute nicht mehr gelten, viele
Frauen sind seitdem bekannt geworden, auf die solches gleicher-
maßen zutrifft.
Woran merke ich, daß ich der Schreibsucht anheimfalle? Am
Absterben von für mich lebensnotwendigen Gefühlen!
Dazu das Bekenntnis eines bekannten »Vielschreibers« aus der
ersten Hälfte unseres Jahrhunderts:

»Einige Tage haben wir Besuch von fremden Seglern. Sie kommen zu jeder Tageszeit, und sitzen in der Küche; und einige
schlafen auf unserm Boden unterm Strohdach. Ich liebe sie. Aber
ich kann mich nicht mit ihnen unterhalten. Sie sind Sportleute.
Gesa unterhält sich vorzüglich mit ihnen! Ist das eine lebhafte,

hübsche und frische Unterhaltung! Sie ist allen bekannt und bei allen beliebt. Sie fährt nach Kiel und den dänischen Inseln. Sie schreibt mir jeden Tag eine Karte: Ansichtskarten, auf denen man immer ein Boot sieht und ein Gewirr von Masten, Tauen und Eisenstäben. Bilder von erstaunlicher Häßlichkeit und Dürftigkeit! Der Inhalt ist immer derselbe: ›Mein lieber Holle‹ – so nennt sie mich – Scharfer Südost! Wunderbare Fahrt! Die „Jungs" sind sehr nett mit mir! Deine Gesa!‹

Ich bin allein zu Haus und arbeite. Ich arbeite heftig, ja wütend. Ach ... ich bin auch ›besessen‹! Jetzt weiß ich es! Ja, ich bin auch besessen! Ich weiß es davon, daß ich, als sie einmal, am dritten Tag, von einem Ausflug noch nicht wieder heimgekehrt war, darüber froh war! So jung ich war, so sehr ich sie liebte, und obgleich ich sie am dritten Tag heiß entbehrte: heißer, als nach ihr, war meine Begierde nach meiner Arbeit.

Sie kam von dieser Fahrt erst am Abend des vierten Tages zurück. Sie war leise die Treppe heraufgekommen, sah ins Fenster, und sah mich da über meiner Arbeit sitzen, ganz versunken – ›weit weg‹, wie sie nachher sagte –, mit geröteten und brennenden Augen. ›Du hattest dieselben Augen‹, sagte sie nachher, ›die du hattest, als wir am Hochzeitstag in die Kirche traten. Ja, solche Augen!‹« (G. Frenssen, Otto Babendiek)

Hans Fallada, der soviel anschauliche Beispiele für Suchtzustände in den verschiedensten Verhaltensbereichen lieferte, gibt auch ein Musterbeispiel des Schreibsüchtigen ab.

»Als Gutsbeamter führt Fallada ein bürgerliches Leben; seine Schreibsucht entspringt einem Anti-Bürgertum; bürgerlich wiederum sind seine Entgleisungen: die Süchtigkeit und ihre Folgen. Als das Geld nicht ausreicht, verschiebt er (1922) eine größere Menge Getreide und wird ertappt. Für ein halbes Jahr muß er ins Gefängnis. Als er nach wenigen Tagen die Erlaubnis bekommt, in der Freizeit ›für sich zu arbeiten‹, reagiert er, wie nur ein Schreibsüchtiger, Schreibbesessener reagieren kann: ›Meine Seele jauchzt. Ich darf schreiben! ... Ich suche aus meinem Koffer Papier und Federn. Ich erhalte Tinte. Nun sitze ich auf meiner Zelle. Das Leben ist wieder linde geworden. So leicht. So leicht!‹« (G. Caspar, Hans Fallada, 675)

Innere Unruhe, Talent und Zwanghaftigkeit gestalten eine Schreibsucht, die zukünftig sein Leben bestimmen sollte, die ihn zu Höhen des Ruhms emporhebt, vor allem aber nach immer weiteren Höhen Ausschau halten läßt und zu unablässigem Schreiben treibt.

Das Suchtkarussel beginnt sich zu drehen: Schreiben – Morphium – Alkohol – Unterschlagungen – Gefängnis (1928) – Schreiben – Alkohol ...
Auf jede Höhe folgt unweigerlich die Tiefe! Sein, wie er selbst sagt, »Schreibwahnsinn« fordert Tribut: Gefängnisse und Krankenhäuser.

»Wenn Fallada arbeitet, produziert er nicht in einer überlegtruhigen Weise, er steigert sich in eine Hetze des Schreibens hinein und setzt sich Tagesnormen von zehn oder zwölf oder mehr Seiten. Nikotin und Kaffee tun das ihre, ihm den Schlaf auszutreiben. Schließlich ist er nur noch ein Nervenbündel, wird depressiv, wenn ihm das Schreiben nicht von der Hand geht, trinkt, hat einen Kollaps und braucht ärztliche Hilfe.« (G. Caspar, Hans Fallada, 726)

Obwohl er selbst schreibt, daß das beste Sanatorium, der rührendste Arzt und die längste Schlafkur einem nicht helfen, die schwierigen Lebensprobleme zu lösen, sucht er doch viele Male ein solches Sanatorium auf.
Alles kulminiert in seinem vorletzten Roman »Alpdruck«. Ein autobiographisches Werk, in dem er in erschütternder Weise die letzten Monate seines Lebens beschreibt. Die moralische Zerrüttung der Nachkriegszeit extrem empfindend, dreht sich sein Suchtkarussel auf höchsten Touren: Ruhm – Aufträge – Sanatorium – Absteige – Liebe – Scheidung – Ehe – süchtige Ehefrau – Ämter – Krankenhaus – Entzüge – Rückfall – Ruhm – Manuskripte – Umzug – Aufträge – Krankenhaus – Korrekturlesen – Drehbuch – Krankenhaus – Tod.


## Genuß- und Freizeitsüchte

In diesem Kapitel wird es um Süchte gehen, die von Menschen außerhalb ihrer Arbeitszeit gepflegt werden und die nicht von oralem Konsum, sondern ausschließlich von Verhaltensweisen bestimmt sind. Wichtigstes Kriterium dabei ist, daß sie zunächst jeweils auf einen maximalen Lustgewinn ausgerichtet sind.
Damit schließen wir an den bereits genannten Zentralpunkt aller Süchte an: die Selbstsucht.
Mittel zur Befriedigung sind in diesem Fall Genuß und Lust.

## Genußsüchte

»Dem Unersättlichen in jeglichem Genuß wird selbst das Glück zum Überdruß.« (Bechstein)

Wo von Genußsucht die Rede ist, da ist die (moralisierende) Kulturkritik meist nicht weit. Genußsucht – das gemahnt an Orgien, an Völlerei und Trinkgelage zur Zeit der Antike. Unmittelbar erfolgt gewöhnlich die Assoziation an den Untergang dieser Kulturen, so daß übermäßiger Genuß immer mit der Drohung verbunden ist, die ihn pflegenden Menschen würden vernichtet.

Die statt dessen geforderte Askese wird allerdings in der Regel von Menschen zum Ideal erhoben, denen es bereits gutgeht, die sich ihren Genußanteil am Leben bereits gesichert haben.

Wenn also im folgenden dennoch Genußsüchte untersucht werden sollen, so wird dies einerseits geschehen, indem der daran zum Ausdruck kommende Zeitgeist dargestellt oder der Frage nachgegangen wird, wo Lust in Leid umschlägt.

Zunächst zum Gegenstand der Betrachtung: Wie die meisten Süchte, so ist auch die Genußsucht nicht isoliert betrachtbar. Einerseits hängt sie mit vielen anderen Suchtkomplexen (Selbst-, Sehn-, Liebes-, Habsucht) zusammen, andererseits bildet sie selbst einen heterogenen Komplex, dessen Einzelteile wiederum mit Teilen anderer Komplexe eng zusammengehören (z. B. Verschwendungssucht – Konsumsucht – Habsucht; Laufsucht – Rekordsucht).

Unter diesen Voraussetzungen sollen hier folgende Süchte – als Genußsüchte – zusammengefaßt werden: Abenteuer-, Fernseh-, Genuß-, Lauf-, Lese-, Reise-, Tanz-, Vergnügungs-, Verschwendungssucht sowie die Sammelwut, die Pyromanie und in einem eigenen Kapitel die Spielsucht.

Dornseiff widmet dem Begriff »Genußsucht« einen eigenen Abschnitt und ordnet ihm unter anderem die nachstehenden Wörter zu:

sich ausleben . ausschweifen . sich austoben . sich mästen . prassen . schlemmen . vernaschen . in Saus und Braus leben . die Grenzen, das Maß, alle Schranken überschreiten, übersteigen . der Sinnlichkeit frönen, huldigen . seinen Leidenschaften nachhängen, dienen . sich seinen Begierden, Gelüsten ergeben, hingeben . sich nicht beherrschen, bezähmen, mäßigen, zügeln können . vom Fette des Landes leben . sich nichts versagen . sich nichts abgehen lassen . den Freudenbecher ausschlürfen, bis zur Neige leeren . der Venus opfern . sich die Hörner abstoßen . über die Stränge schlagen . sich gute Tage machen . über die Schnur hauen . sich in den Wirbel der Zerstreuung, in den Strudel des Vergnügens stürzen . sich gehen lassen . seinem Affen Zucker geben · Fettlebe machen . Genußsucht . Lebenslust . Leichtsinn . Lotterleben . Luxus . Maßlosigkeit . Taumel . Übermaß . Unmäßigkeit . Üppigkeit . Vergnügungssucht . Verschwendungssucht . Weltsinn . Wohlleben . Wollust . fortgesetzter Lebenswandel . Ausgelassenheit . Ausschreitung . Ausschweifung . Fraß . Fresserei . Liederlichkeit . Lüste . Prasserei . Schwelgerei . Ungebundenheit . Völlerei . Zügellosigkeit . Epikureismus . Hedonismus.

Natürlich ist bei allen Süchten Genuß in der einen oder anderen Form mit im Spiel, da ja – wie im ersten Kapitel dargestellt – Lust ein wesentliches Element von Sucht ist. Doch kommen dort eben andere tragende Aspekte hinzu (die Habe, die Liebe, der Kampf, das Leid, die Droge).

Die Besonderheit der hier zu behandelnden Süchte besteht darin, daß der Genuß eher um seiner selbst willen gepflegt wird, also weniger, um Habe, Ruhm oder Macht zu erlangen. Gemeint ist der fast ausschließlich auf die Freizeit bezogene, radikal-einseitige, alles andere ausblendende Genuß. »Er hält heute haus, als ob man ihm's geboten hätte, übermorgen zu verderben.« Sofern dies in ein zwanghaftes Verhalten einmündet, sprechen wir von Genußsucht. Daß gleichzeitig auch andere Verhaltensweisen (von Minderheiten; aus Moralgründen) als Genußsucht bezeichnet werden, war bereits eingangs vermerkt worden und soll auch im folgenden Beachtung finden.

In Anbetracht der oben unternommenen Eingrenzung der Genuß-Süchte sind hinsichtlich des genannten Komplexes einige Anmerkungen nötig. So war gesagt worden, daß Habe keine Rolle spiele. Dies trifft aber auf Sammelwut und zum Teil auch auf Verschwendungssucht so eindeutig natürlich nicht zu. Ich habe beide dennoch in den vorliegenden Komplex eingeordnet, weil m.E. beim Sammeln nicht nur die Vermehrung der Objekte (bzw. dieser Habe) vorrangig ist, sondern, umfassender, auch der Vorgang des Sammelns selbst. Bei der Verschwendungssucht dagegen scheint mir – umgekehrt – nicht wichtig zu sein, daß materielle Dinge vernichtet werden, vorrangig ist m.E. auch hier der Vorgang der Verschwendung selbst.

Auf weitere Besonderheiten wird bei den einzelnen Süchten eingegangen werden.

Zentraler Begriff ist – wie die Überschrift schon sagt – die Genußsucht. Sie steht von allen auch zeitlich am Beginn. (Eine Ausnahme
bildet hier lediglich die Tanzsucht. Dazu später.)

Bereits im 16. Jh. ist das Adverb »genieszsüchtig« gebräuchlich
gewesen, und zwar in der Bedeutung ›eigennützig und habgierig‹.
Auch hier also wieder ein Querverweis auf Eigen- und Habsucht!
Bei aufmerksamer Suche finden sich eine ganze Zahl weiterer
Bezüge zu anderen Süchten. So werden bei Fallada genußsüchtig
Zigaretten geraucht, und es wird genußsüchtig gegessen (Wolf
unter Wölfen, 358).

Die letzte Ausgabe des Duden definiert Genußsucht als »gesteiger-
tes Bedürfnis, Verlangen, unmäßiges Streben nach Genüssen«.

Der reine Genuß bleibt dort erhalten, wo er sich im Freizeitbereich
bewegt. Alles, was wir außerhalb unserer Arbeitszeit unternehmen, sollte der Regeneration dienen, durch Unterhaltung uns neue
Kraft geben, durch kreative Betätigung uns neue Anstöße vermitteln.

Nun kann offensichtlich der Gefallen daran so groß werden, daß wir
gar nicht mehr davon lassen wollen. So werden Sport, Unterhaltung, Kunst und Hobby schließlich zum Zwang, der den qualitati-
ven und quantitativen Ablauf der freien Zeit bestimmt. Ob und wie
stark dieser Zwang allerdings als Leid empfunden wird, ist sehr
fraglich. Stärker als in vielen anderen Suchtbereichen stammen die
vorliegenden Definitionen aus Beschreibungen von Beobachtern,
vieles muß als Zuschreibung gewertet werden.

Und selbst wenn von Betroffenen Zwang eingeräumt wird, bleibt
die Frage, wie stark das dadurch hervorgerufene Leid ist.

Weiter gilt zu prüfen, ob Krankheit und Krankheitsfolgen für
Gesellschaft und Individuum unterschiedlich zu bewerten sind.

Zu den Süchten im einzelnen:

Nehmen wir einmal Tanzsucht als Sonderfall aus, so vermittelt die
Geschichte der Wörterentstehung das bekannte Bild von der
zunehmenden Freizeit, von der wachsenden Möglichkeit, »lohn-
freie« Zeit zu nutzen.

### Tanzsucht

Tanzsucht fällt schon insofern aus dem Rahmen, als bereits im
14./15. Jh. über solche Erscheinungen berichtet wird. Weitere

Besonderheiten sind epidemisches Auftreten und eine Vielzahl von Deutungen.

Bekannt ist, daß zwischen dem 14. und 18. Jh. immer wieder und in verschiedenen Gegenden Europas größere Gruppen von Menschen gemeinsam und über einen längeren Zeitraum (mehrere Tage) getanzt haben. Die Erklärungen, die dafür gegeben wurden, sprechen von »ungezügeltem Verlangen nach Tanz und Musik«, von »Tarantelstichen« (Conversations-Lexikon, 1836), von religiöser »massensuggestiver Grundlage« (Brockhaus, 1957) oder von Vergiftungen durch Mutterkorn.

Auch das Mittel der Verhexung wird in Betracht gezogen. So berichtet eine alte Sage aus Kolbeck bei Halberstadt, daß (angeblich in der Weihnacht 1012) fünfzehn Bauern mit drei Frauen einen Tanz begonnen hätten, während in der Kirche die heilige Messe veranstaltet wurde. (Der Gleichberechtigung halber soll nicht verschwiegen werden, daß in einer Lübecker Chronik von 18 Männern und 15 Frauen die Rede ist.) Darüber wurde der Pfarrer sehr böse, und als er gar von den Tanzenden verlacht und verspottet wurde, sprach er den Fluch: »So wolle Gott und der Herr St. Magnus, daß ihr ein ganzes Jahr also tanzen müsset.« Tatsächlich wurden die TänzerInnen gezwungen, ein ganzes Jahr weiterzutanzen, und es soll dadurch ein Graben von einem Meter Tiefe entstanden sein! Nachdem das Jahr um war und sie durch den Bischof aus dem Bann erlöst wurden, sind vier sofort gestorben, die anderen wurden »sehr krank« (Grimm, Sagen, 238).

Mit den Erscheinungen dieses Massentanzes verschwand seit dem 18. Jh. auch das Wort »Tanzsucht« oder »Tanzwut« (was gleichbedeutend verwandt wurde) aus dem deutschen Sprachschatz.

Erst im 20. Jh. taucht es – vereinzelt – neu auf und meint nun eigentlich ein anderes Erscheinungsbild. Weder wird tagelang, noch wird in gemeinsamen, festen Gruppen, noch wird in einem religiösen Zusammenhang getanzt. Mit dem Begriff ›Tanzsucht‹ werden nun vielmehr modische Tanzsitten bezeichnet, die jeweils neu auftreten und von fern an Ekstase erinnern. Zuerst tauchen solche Zuschreibungen in den zwanziger Jahren unseres Jahrhunderts auf. In jüngerer Vergangenheit wurden damit hauptsächlich und zunächst Tänze zu Rock- und Beat-Musik gemeint. Andersch spricht in »Die Rote« von den »süchtigen Männern«, vom Rock and Roll und der Stimme Elvis Presleys, als der »Droge des Jahrzehnts«.

Insbesondere wenn wir an die obige Definition des Rausches denken, steht außer Frage, daß mit Tanzen Räusche zu erzeugen sind und damit auch Elemente und Anteile von Sucht hergestellt werden können. Ziemlich unwahrscheinlich ist allerdings, daß auf diese Weise das Vollbild einer Sucht entstehen könnte. Doch ist denkbar, daß das Tanz-, Musik- oder Discofieber den Zeit- und Tagesablauf (fremd-)bestimmt und Gefühle und Gedanken zumindest zeitweise zwanghaft an sich bindet. Im wesentlichen wird dies individuell oder doch anonym innerhalb einer Masse erlebt und ist auch dadurch nicht mehr mit dem vergleichbar, was mit der mittelalterlichen Tanzsucht gemeint war. Das heutige Suchtbild läßt sich nunmehr problemlos in den hier diskutierten Suchtkomplex einordnen.

## Lesesucht

Mit der Entwicklung von »lohnarbeitsfreier« Zeit entstanden parallel Bedürfnisse, diese zu gestalten, und es wurden zunehmend Angebote gemacht, wie dies geschehen könne.

Zunächst waren dies die Bücher und das Lesen (Lesesucht, 1768), dann das Abenteuer, das Tanzen, der Sport, das Fernsehen, das Laufen im besonderen, der Konsum.

Eine sehr ausführliche Betrachtung der Begriffe »Lesesucht« und »Lesewut« hat Dominik von König vorgelegt. Seine Ergebnisse seien hier referiert, da sie sich in vielen Punkten auf die anderen genannten Genußsüchte übertragen lassen.

Die ersten Nachweise für das Wort Lesesucht können bereits im 18. Jh. aufgestöbert werden (Thümmel, 1768).

Besonders intensiv hat sich nur wenige Jahre später Campe mit dem Phänomen auseinandergesetzt. Von ihm stammt eine frühe Definition:

»Lesesucht, die Sucht, d.h. die unmäßige, ungeregelte auf Kosten anderer nöthigen Beschäftigungen befriedigte Begierde zu lesen, sich duch Bücherlesen zu vergnügen... Es giebt so lesesüchtige Menschen, die selbst das Schlechteste nicht ungelesen lassen.« (Campe, Wörterbuch, 1809)

Hier tritt deutlich zum Vorschein, wie Sucht als – moralische – Zuschreibung benutzt werden kann. Nicht das Leiden wird als Kriterium für Krankheit herangezogen, sondern das Ausmaß der Vernachlässigung anderer Beschäftigungen (die von Campe als wichtiger eingeschätzt werden). Ein weiteres Kriterium ist die Qualität des Lesestoffs.

Sicherlich ist es möglich, daß jemand sich ins Lesen verliert, sich darüber isoliert und daß sich aus einem Gefühl für diesen Zustand langsam ein Leid entwickelt, insbesondere dann, wenn die Entstehung einer solchen »Lesesucht« als Reaktion auf vorher bereits bestehende Probleme zu sehen ist. Solche Einzelfälle sind sicherlich immer wieder einmal aufgetreten, seit Lesestoff massenhaft zugänglich ist. Indes – diese krankhaften Ausnahmeerscheinungen sind bei der Verwendung des Wortes Lesesucht nicht gemeint. Hier geht es vielmehr um zwei soziale Aspekte. Erstens um den Zugang breitester gesellschaftlicher Schichten zu Bildungsinhalten und -stoffen und zweitens um die Emanzipation der Frau.

Die Gefahr, die der herrschenden Gesellschaft droht, ist in der Qualität des Lesestoffes und im Zuviel zu sehen.

Kurz bevor die epidemische Krankheit das – damalige – Land Hannover erreichte, schreibt Beneken in einem Brief aus dem Jahre 1789:

»Hier zu Lande, lieber Palm, weiß man, Gottlob! solchen Kranken noch nichts; so lange als den lieben, (!) Leutchen noch Schinken und Metwurst schmeckt, und Arbeit und thätiges Leben ihnen ihre frische Gesundheit an Leib und Seele erhält, und die fürchterliche Lese-Seuche, die sie jetzt noch so glücklich abgewehrt haben, sich nicht in ihre Grenzen schleicht – so lange hat's noch keine Noth mit ihnen. Gott bewahre sie vor allem Übel, und besonders vor dem letztern, dem gefährlichsten unter allen!«

Einige Jahre später, nachdem dieser Zustand aller Abwehr zum Trotz dennoch eingetreten war, mußte Beyer (1794) in Erfurt konstatieren:

»Auch für die niedern Klassen, wo sonst Eulenspiegel, der gehörnte Siegfried, Fausts Leben und der lustige Historienkalender, den Dienst hatten, ist durch eine Menge sogenannter Volksbücher gesorgt, daß auch hier jeder nach seinem Gefallen schmausen kann. Daher finden wir Handwerksburschen, Bediente, Bürger und Bauern von aller Art, die jede nicht bloß müßige, sondern auch manche, ihren Berufsgeschäften entwendete Stunde mit Lesen ausfüllen.«

Die Rolle der Frau wurde zur gleichen Zeit – von einem Mann (Heinzmann!) – folgendermaßen definiert:

»Würdige Töchter zu seyn, glückliche Gattinnen und treue Mütter zu werden, dieß ist ihre Bestimmung, meine Damen, und dieser wünsch' ich auch Ihre Lektüre unterzuordnen.« (J. G. Heinzmann, Die Feyerstunden der Grazien, 1780)

Die Folgen des Nichtgelingens dieser Reglementierung und eines »grenzenlosen Lesens«? »Zerrüttung der Familie, Verwahrlosung des Hausstandes und die Vernachlässigung der Kinder.« Zusammenfassend meint K. F. Pockels (1788):

»Ein Frauenzimmer, welches sehr viel weiß, weiß gemeiniglich schon zuviel; über eine gewisse Gränze hinaus dürfen ihre Kenntnisse nicht gehen, wenn sie nicht eine Last der menschlichen Gesellschaft werden soll.«

Interessant ist allerdings, daß schließlich sogar psychosomatische Folgeschäden der Lesesucht diagnostiziert werden können. Geschlechtliche Lüste entstehen und entsprechende verurteilungswürdige Praktiken.

»Die erzwungene Lage und der Mangel aller körperlichen Bewegung beym Lesen, in Verbindung mit der so gewaltsamen Abwechslung von Vorstellungen und Empfindungen (erzeugt schließlich) Schlaffheit, Verschleimungen, Blähungen und Verstopfungen...« (K. G. Bauer, 1791)

Die solchermaßen Süchtigen sind

»verlohren – ohne Rettung verlohren: Lähmung und Seelenschwäche: unüberwindliche Trägheit, Ekel und Widerwillen gegen jede reelle Arbeit – gegen Alles, was auch nur die kleinste Anstrengung fordert, Flachheit im Denken, Mutlosigkeit und Schlaffheit bey jeder Schwürigkeit, auf die er auf dem Wege zur Erkenntniß stößt, ewige Zerstreuung und unaufhörliche Ratlosigkeit der Seele, die nie eine Wahrheit ganz fassen, nie einen Gedanken ganz fest halten kann: dies, beßter S. und tausend, tausend Nachteile sind die unausbleiblichen Folgen davon.« (J. B. Beneken, Viel-leserey, 1791)

Doch die Überzogenheit und moralische Einseitigkeit dieser Diagnosen sollte uns nicht den Blick dafür verstellen, daß wir gerade durch den Komplex der Genußsüchte auf wesentliche Fragen der heutigen Suchtproblematik aufmerksam gemacht werden können:

1. Moralische Verurteilung ist kein Kriterium für die Nicht-Existenz eines Problems!
2. Übertriebene Warnungen vor den Gefahren der Sucht bedeuten nicht, daß gar keine vorhanden sind!

Ich möchte auf diese zwei Aussagen am Schluß des Kapitels zurückkommen, zunächst jedoch weitere eingangs genannte Genußsüchte untersuchen.

## Mediensüchte

Bereits im Suchtlexikon war festgestellt worden, daß dem Begriff »Lesesucht« keine Aktualität zukommt. Ein Wunder ist dies nicht, denn Verhaltensweise und moralische Verurteilung orientieren sich an der Modernität des Mediums. Dem (damaligen) Buch entspricht heute der Fernseher, Videorecorder oder Computer. Folglich wird heute von Fernseh-, Video- oder Computersucht gesprochen. Auch wenn diese Begriffe noch keinen Eingang in die allgemeinen Lexika gefunden haben, so gehören sie zur Zeit dennoch zum normalen Alltagssprachschatz unseres Volkes.

Analog dazu findet auch eine Ausweitung des Drogenbegriffes statt. So ist inzwischen anerkannt, den Fernseher oder den Computer als Droge zu bezeichnen. Im April 1990 fand in Mainz ein internationales Symposion zum Thema »Musik als Droge?« statt, auf dem auch Fragen zur Sucht erörtert wurden. Zusammenfassend stellte Brigitta Mazanec fest: »Musik als Droge? Nein. Musik als Rausch- und Betäubungsmittel? Ja. Süchtig allerdings macht sie wohl doch nicht.« (FAZ, 25.4.1990)

Die Langlebigkeit der Diskussion derartiger Süchte sollte uns nachdenklich stimmen. Andererseits jedoch auch die Tatsache, daß diejenigen, die heute das Fernsehen als gefährliches Medium verurteilen, das Buch als Alternative empfehlen. Mit anderen Worten, es sei besser zu lesen, statt fernzusehen.

Mir scheint, daß hier ein ähnliches Phänomen vorliegt wie bei den substanzgebundenen Süchten: das Medium wird als Verursacher gesehen. Wurde früher das Buch bzw. die Qualität des Lesestoffs als Ursache für die Lesesucht genommen, so sind heute die modernen Medien in die gleiche Rolle geschubst worden. Das Medium selbst kann jedoch allenfalls das Erscheinungsbild einer möglichen Krankheit prägen, die Ursachen liegen in den Kranken selbst. Wenn aber tatsächlich in diesen Zusammenhängen von Krankheit gesprochen werden soll, so kann wohl kaum eine gemeint sein, die den ganzen Menschen ergreift, die über eine längere Zeit hinweg, gar ein Leben lang Denken und Handeln der Betroffenen bestimmt. Vielmehr geht es hier um Abschnitte des Tagesablaufs, um größere oder kleinere Anteile des Denkens und Fühlens, um die Vernachlässigung anderer Arbeiten (sic!).

Spricht man heute über dieses Thema mit größeren Gruppen von Menschen, so wird man immer jemanden hören können, der über die eine oder andere Form der Zwanghaftigkeit im Zusammenhang mit Medien berichten kann. Abseits von Außendefinitionen bzw. von außen herangetragenen Bewertungen darf dann von Leid gesprochen werden, wenn vergeblich versucht wird, dem Medium zu entsagen, wenn also Abstinenz angestrebt wird. Die Verantwortung für die Entscheidung, ob Krankheit/Sucht vorliegt oder nicht, liegt also bei den Betroffenen.

## Reisesucht

Ähnlich der Mediensucht ist die Reisesucht stark dem gesellschaftlichen Wandel unterworfen. Wie die zunächst kostbaren Medien (Bücher) war auch das Reisen einzelnen, Privilegierten vorbehalten. Wenn es zu dieser Zeit zu entsprechenden Zwängen gekommen sein sollte, so kann es sich nur um ausgesprochene Einzelfälle handeln.

Reisesucht im eigentlichen Sinne kann also erst dann auftreten, wenn die gesellschaftlichen Bedingungen ein massenhaftes und häufiges Reisen ermöglichen.

Günter Kunert jedoch, der als (ehemaliger) DDR-Bürger hierin über tiefere Einsichten verfügt, verweist darauf, daß Reisesucht nur als moderner Ausdruck eines latenten Flucht(Ausweich-)verhaltens auftritt.

Unzufrieden mit dem Gegenwärtigen, wird weder die Unzufriedenheit hinterfragt, noch versucht das »Gegenwärtige« zu ändern, sondern die Alternative im anderen, im Fremden gesucht. Überall muß es besser sein als hier, alles andere muß besser sein, als es jetzt ist! Nicht die eigene Veränderung bringt die Erlösung, sondern die Änderung von Äußerlichkeiten.

»Bereits Baudelaire beschreibt die Symptome der Reise-Kranken, die ihr namenloses Leiden vom Fenster zum Ofen schleppen und wieder zurück, weil sie von einer Ortsveränderung Heilung erhoffen: wie griff seitdem die Psychose um sich! Millionen strömen in Europa von Nord nach Süd, von West nach Ost, vorgeblich Urlaub zu machen und sich zu erholen, wo doch überdeutlich Klarheit herrscht, daß stets nur die gleichen Zusammenballungen an neuen Plätzen entstehen. Alles nur Fluchtversuche aller: vor dem ozeanweiten Abgrund ihrer individuellen Leere weichen sie zurück über riesige Entfernungen, um, angelangt irgendwo, erneut den klaffenden Schlund der eigenen Nichtigkeit zu erblicken. Mit Alkohol, Speisen, Geld versuchen sie ihn zu füllen: Opfer für einen Moloch, unversöhnlich und entpersönlicht, und nichts als der drohende Reflex ihrer eigenen Gesamtheit.

Die große ungestillte Sehnsucht nach Abwesenheit von sich selber ist keine andere als die nach dem verlorenen Gott, nach seinem immer noch nicht neu erstandenen irdischen Ersatz.

Wehe, es käme wer und richtet auf sich, was bisher in die Ferne strebt, ins Nebulose, wo es doch niemals Erfüllung finden wird.« (Kunert, Schreie, 216)

Auch hier aber sind wir von moralischer Überheblichkeit bedroht. Welches Reisen ist Genuß und welches Flucht? Wo bringt Reisen Gewinn, und wo führt es zur Zerstörung? Hier verbindet sich die Zerstörung von Kultur und Infrastruktur in der dritten Welt (durch den Tourismus) mit der Verschwendungssucht der Reichen.

Fernweh jedoch ist ein Schmerz – wie kann er gestillt werden?


## Sammelsucht

Ähnlich verhält es sich mit der Sammelsucht. Auch dies ein Begriff, der noch nicht lexikalisch erfaßt, aber innerhalb der Bevölkerung durchaus gebräuchlich ist. Ob Platten-, Briefmarken-, Auto-, Geld- oder Sonstwassammler: im Regelfall handelt es sich hier um ein Hobby, mit dem lohnarbeitsfreie Zeit ausgefüllt werden soll, mit dem – vermutlich – dem eigenen Leben Sinn und Lust gegeben werden soll, mag dies auch von Außenstehenden als verrückt oder skurril bezeichnet werden.

Allerdings kann beim Sammeln – stärker noch als beim Lesen oder Fernsehen – ein immanenter Wiederholungszwang festgestellt werden. Wer nicht nach kurzer Einstiegsphase wieder aufhört, kann nur selten ein »Sammeln auf niedrigem Niveau« entwickeln. Mal ein altes Buch, zwei-, dreimal im Jahr eine Briefmarke kaufen,

das ist natürlich kein Sammeln!»Wer sammelt, tut es mit Leidenschaft.« (Frenssen)
Wie bereits oben angedeutet, geht es uns hier nur um das Sammeln ohne Bereicherungsabsicht. Wer also zwanghaft Wertpapiere oder Geld sammelt, gehört nicht in diese Abteilung, sondern muß als Habsüchtiger bezeichnet werden. Allerdings – auch dabei gibt es wieder Ausnahmen.

»Nach dem ersten Weltkrieg begann man Geld zu drucken, das schnell seinen Wert verlor. Darauf wurde neues Geld gedruckt, das seinen Wert noch schneller verlor. Schließlich wurden immer größere Banknoten mit immer längeren Zahlen darauf gedruckt. Doch um so schneller verwandelten auch sie sich in Altpapier. Resigniert warfen die Menschen das wertlose Geld weg. Doch da gab es den alten Elias, der sich besonders schlau dünkte. Er raffte soviel Tausendmarkscheine zusammen, wie er nur bekommen konnte, denn eines Tages würden sie alle wieder genau den Wert haben, der auf ihnen zu lesen war und dann wäre er reich. Doch mit der Zeit begann Elias die Scheine zu ordnen. Und er stellte Unterschiede fest! Es gab verschiedene Farben, verschiedene Bilder, verschiedene Prägungsdaten und was dergleichen mehr war. Ohne daß er dies verstand, begann er Wonne, Genuß und Lebenssinn aus dem Sammeln zu ziehen. Langsam wandelte sich der Wert der Banknoten. Wichtig wurde ihr Aussehen, wurden ihre Merkmale. Jede einzelne wurde ihm lieb und teuer, keine mochte er mehr missen. War das Sammeln mit dem habsüchtigen Ziel unsinnig gewesen, so brachte ihm das Sammeln nun des Sammelnswillen auf seine alten Tage niegekannten Genuß und Lebenssinn. Hatte er vorher Sorgen und Probleme gehabt, so erschienen sie ihm nun in einem anderen Licht, verloren an Bedeutung.« (Fallada, Wolf unter Wölfen)

Der Sammeltrieb entfaltet sich unabhängig vom Medium/Objekt. Alles kann gesammelt werden! Vor allem aber: tatsächlich wird alles gesammelt. Ob Schrott, Bilder, Briefmarken oder gar Müll – für alles findet sich ein Sammler (oder eine Sammlerin?), der es aufbewahrt und sortiert.
Doch mit der Suchtdefinition wandeln wir auf schmalem Grad. Wie bei allen Genußsüchten wird von Außenstehenden schnell verurteilt, was den Betroffenen sinnvoll und bereichernd erscheint. Es gilt also besonders bei Allgemeinurteilen und persönlichen Zuschreibungen behutsam vorzugehen. Allerdings liegen für Sam-

melsucht öffentlich bekannte Beispiele vor, die diese Krankheit in die Nähe der Spielsucht stellen. So wurde vor Jahren der Fall eines nordrhein-westfälischen Beamten bekannt, der Millionen DM unterschlagen hatte, um seinem Hobby (Oldtimer-Sammeln) zu frönen.

»›Bei mir fing die Krankheit ganz harmlos an‹, schrieb Jörg Ross in seinem Aufsatz ›Mit dem Vinyl leben‹. Als er vierzehn Jahre alt war, kaufte er von seinem Taschengeld die erste Single, ›I Want To Hold Your Hand‹ von den Beatles. Als seine Bekenntnisse 1979 im dritten Band der ›Rock Session‹-Reihe (bei Rowohlt) erschienen, besaß Jörg Ross nach eigenen Schätzungen 1500 Schallplatten mit obskurem Rock der sechziger Jahre aus Amerika. Ob er diese Sammlung wirklich 1985 abschließen konnte und ob er danach tatsächlich eine neue große Leidenschaft für den Rock der Siebziger entdeckt hat, ist nicht bekanntgeworden, nach dem üblichen ›Krankheitsverlauf‹ aber keineswegs auszuschließen.

Die Symptome der ›Krankheit‹ ähneln sich, auch wenn die Lust am Anhäufen bestimmter Gegenstände verschiedene Ausprägungen annehmen kann. Kaum ein Sammler benutzt das Gesammelte zu seinem eigentlichen Zweck, ob es sich um Briefmarken, Münzen, Streichholzbriefchen oder eben um Schallplatten handelt. In besonders schweren Fällen überspielen die Vinylliebhaber die Musik ein einziges Mal auf eine Kassette, um die teure Scheibe danach diebstahlsicher und bei gleichbleibender Temperatur wegzuschließen.

Womöglich resultierte der Kauf – was häufig vorkommen soll – aus einem Komplettierungstrieb heraus, und was aus der Rille tönt, ist dem Käufer völlig gleichgültig. Die Heilungschancen sind gering: Das Sammeln von Schallplatten ist ein Faß ohne Boden, nimmt zuweilen fetischistische Auswüchse an und gehört im fortgeschrittenen Stadium zu den wirklich teuren Hobbys. Zuweilen investieren Fanatiker halbe Monatsgehälter ohne schlechtes Gewissen.« (D. Römer, Bei mir fing die Krankheit ganz harmlos an, FAZ, 26.4.1988)

Die große Bereitschaft, sich der Sammelleidenschaft hinzugeben, hatten Zigaretten-, Margarine- und andere Fabrikanten bereits in der ersten Hälfte dieses Jahrhunderts erkannt und ausgenutzt. Ihren Produkten wurden kleine Bildchen beigefügt, die – wenn eifrig genug gekauft wurde – schließlich noch heute berühmte

Alben von »Schauspielern«, »Deutscher Geschichte« oder der »Kolonialreiche« füllten.

Mit solchen Kinkerlitzchen gibt man sich heute nicht mehr ab. Bilder von Fußballspielern können heute in kleinen oder größeren Packungen direkt gekauft werden. Die Sammler – meist Kinder – müssen über beträchtliche Geldmittel verfügen. Um eine Sammlung vollzubekommen, ist der Kauf einer vielfachen Menge nötig, da in den verschlossenen Päckchen viele Bilder sehr häufig, einige wenige fast nie vorkommen.

Ein anderer Umstand jedoch beschwört Unendlichkeit herauf. Auf eine Fußballsaison folgt die nächste – also auch ein neues Album, dann gibt es den Europacup, die Europameisterschaft, die Weltmeisterschaft. Zur Information: Man kann Großpackungen bis zu DM 50 kaufen, in denen allerdings bei weitem nicht alle Bilder, die zu einer Serie nötig sind, gefunden werden.

Insgesamt also ein reizvolles, immerwährendes Vergnügen und für die Kinder so lehrreich! Sie werden angeregt, über Geldquellen nachzudenken, und an systematisches Sammeln bereits in zartem Alter herangeführt. Dies persönlich mit- und nachzuempfinden war mir selbst als Kind und als Vater von Kindern vergönnt.

Durch seinen Roman »Deutschstunde« bereichert Siegfried Lenz unsere Betrachtung der Sammelsucht um einen weiteren interessanten Aspekt. Hauptperson Siggi J. sammelt Bilder des von den Nazis verfolgten Malers M.L. Hansen. Am Beginn steht die lobenswerte Absicht, die Bilder für die Nachwelt zu retten. Da Siggi – als Schüler – jedoch über keine nennenswerte Barschaft verfügt, sieht er sich gezwungen, die Bilder ohne Erlaubnis der eigentlichen Eigentümer zu sammeln. Geschieht dies zunächst motivbezogen, so wird daraus nach und nach ein zwanghaftes Handeln, das tatsächlich sein gesamtes Leben bestimmt und ihn zuletzt im Gefängnis landen läßt.

Wer sammelt, tut dies also nicht nur mit Leidenschaft, sondern in letzter Konsequenz – im Suchtstadium – auch ohne Rücksicht auf Legalität!

## Sportsüchte

Die meisten der im Sportbereich auftretenden Suchtformen gehören (wegen der Zielperspektive) in den Komplex der Geltungssüchte.

Doch gibt es zunehmend sportliche Aktivitäten, denen individuell nachgegangen wird und die – selbst im Wettkampf – individuellen Charakter behalten. Sie sind daher, weil sie vorrangig der Erzeugung von Lust in der lohnarbeitsfreien Zeit dienen, als Genußsüchte einzuordnen.

Ähnlich wie bei der Sammelsucht beginnt es auch bei allen zwanghaften sportlichen Betätigungen, für die sich in erster Linie Individualsportarten anbieten, mit einem harmlosen Zeitvertreib, der in diesem Fall der körperlichen Ertüchtigung dienen soll. Häufiger als beim Sammeln, kann dieses Niveau gehalten werden, doch gibt es zunehmend Fälle, in denen (ohne Aussicht auf Ruhm!) stetig versucht wird, die eigene Leistungsgrenze zu verschieben.

Dazu wiederum sind Anstrengungen nötig, d. h. körperliches, teilweise auch mentales Training, das auch mit Zeitaufwand verbunden ist. Allerdings steht zu vermuten (über die Endorphin-Theorie), daß in vielen Fällen eine sofortige Belohnung in Form von Lustgewinn erfolgt. Gerade die enge Verbindung von Lust und persönlicher Befriedigung befördert den Drang nach Wiederholung und (Dosis-)Erhöhung, führt also zur Ausdehnung der Trainingseinheiten. Dies geschieht häufig in rigoroser Form und ist verbunden – wie bei Sucht üblich – mit der Unfähigkeit, das Ausmaß kontrolliert zu senken oder Abstinenz zu praktizieren. Insbesondere der Bereich des Laufens (Jogging) erfreut sich wachsender Beliebtheit und wissenschaftlicher Beobachtung. Dabei ergibt sich, daß offensichtlich das Verhalten (Laufen) auch dann fortgesetzt wird, wenn es zu körperlichen Folgeschäden kommt. Angeblich sollen eine große Anzahl von TeilnehmerInnen der heutigen Stadtläufe unter langwierigen Fuß- oder Beinverletzungen leiden.

Andererseits ist das Bewußtsein, etwas Zwanghaftes zu tun, unter dieser Spezies von Sportsüchtigen verhältnismäßig groß.

Folgende (leicht gekürzte) Charakterisierung stammt aus der Fachzeitschrift »Spiridon«:

»Erstens: Die Einstiegsdroge. Die Einstiegsdroge besteht in der Regel aus einem typischen Erfolgserlebnis, welches lautet: ›Es geht und es ist möglich, ich kann es und ich kann es sogar noch besser.‹ Dieser Erfolg macht glücklich, und wer möchte nicht das Glück noch weiter steigern? Es handelt sich also um einen typischen ›Ego-Trip‹ am Anfang, der eine Kettenreaktion nach sich zieht. Auf diese Weise entwickelt sich ein zweites Prinzip.

Zweitens: Das Bedürfnis nach Steigerung (der Dosis). Die Dosis besteht hier aus Trainingseinheiten und öfterer Teilnahme an Wettkämpfen: Man kämpft um die (innerlich abgeschlossene)

Wette, wer wohl der Bessere sei. Gleichzeitig versucht man, diese Dosissteigerung zu verheimlichen, um den Neid der anderen nicht zu erregen bzw. zu vermeiden; die ›Sucht‹ wird nicht zugegeben. Weiterhin wird der Lebensstil immer mehr auf den Sport ausgerichtet: Ernährung und Lebensweise ordnen sich ihm unter zwecks Leistungssteigerung. Mit dem Volkslauf fängt es an, mit Marathon geht es weiter, und bei 100 km sind noch nicht alle Ziele erreicht, weil man jetzt nach dem ›schönsten‹ Lauf Ausschau hält.

So werden Quantitäten und Qualitäten zu persönlichen Rekordlisten addiert, und jeder präsentiert sich zu Hause als sein eigener ›Pokalsieger‹.

Man kann sich vorstellen, was passiert, wenn die Droge ›Liebe zum Sport‹ (auch Liebe zu sich selbst und seiner Leistung im Sinne eines Ego-Trips), plötzlich durch Verletzung oder äußere (Beruf, Familie) bzw. innere Umstände (Krankheit) entzogen wird, es kommt zu Entzugserscheinungen.

Drittens: Entzugserscheinungen physischer und psychischer Natur. Physisch verliert man an Selbstwertgefühl, psychisch kommt es zu Krisen im Sinne von Aggressionsstau und Minderwertigkeits- bzw. Insuffizienzgefühlen. Die Umgebung weiß davon oft ein Lied zu singen: ›Schlecht gelaunt‹ ist noch ein gelinder Ausdruck für diesen depressiven Ausnahmezustand. Aber wie bei jeder Droge, so gibt es auch hier das Phänomen des ›Umsteigens‹, z.B. bei Rückenverletzungen, auf eine andere Sportart (Radfahren, Schwimmen). Ansonsten ist aber der Entzug einer geliebten Sache fast so schwer zu verkraften wie der Entzug eines geliebten menschlichen Wesens.

Natürlich ist Laufen eine Sucht, aber nicht jede Sucht ist schlecht, man denke nur an die Liebe und die damit verbundene Sehnsucht. Wichtig ist, daß der Süchtige weder sich selbst noch anderen Menschen schadet. Daß Laufen eine gute Sucht ist, ist nicht nur Ansicht des Autors, sondern ist in dieser Zeitschrift an zahllosen Beispielen demonstriert worden.« (Prof. G. Uhlenbruck, Ist Laufen Sucht?)

## Abenteuersucht

Verwandt mit der eben behandelten Sportsucht ist die »Abenteuersucht«, die als Begriff in den neueren Lexika genannt wird. Auch hier geht es nicht um die Geltungssüchtigen, die das Besondere um der nachfolgenden Publizität willen suchen, sondern um diejenigen, die es vor allem für die eigene innere Befriedigung tun. Zur Sucht wird es dann, wenn eine Unternehmung sich an die nächste reiht. Der Zwang wird nicht in Phasen der Pause erlebbar, denn sie dient bewußt der Regeneration und der Vorbereitung auf neue Abenteuer, sondern nur dann, wenn eine dauernde Abstinenz angestrebt wird. Bei den Betroffenen ist fraglich, ob und in welchem Maße hier Leid entsteht und wie dies erlebt wird. Diejenigen, die dieses Hobby inzwischen zu einem Beruf gemacht haben, sind einzelne, Individualisten, die gesellschaftlich nur insofern von Interesse sind, als die Medien sich ihrer annehmen. Anders ist dies für die immer größer werdende Schar derjenigen, die sich – statt sich zu Hause mit der Laufsucht zu begnügen – in ihrem Urlaub auf die Suche nach dem Abenteuer in der Ferne begeben. Von ihnen sind mittlerweile auch die letzten Naturreservate der Erde bedroht.

»Schon im vergangenen Jahr (1989) überquerten rund dreieinhalbtausend Antarktis-Süchtige – meist Amerikaner – per Schiff den 60. Breitengrad in südlicher Richtung. Sie zahlten für etwa 5 Tage Antarktis Preise zwischen 5 000 und 16 000 Dollar. Dabei steigt die Zahl der Antarktistouristen schnell an. Die es sich leisten können und die schon alles andere gesehen haben, drängt es in die Antarktis, den letzten unberührten Kontinent.« (FAZ, 3.3.1990)

### Pyromanie

»Manie« kommt aus dem Griechischen und wird mit Wut, Raserei, Wahnsinn übersetzt. »Pyromanie« wird nach Pschyrembel übersetzt mit: Brandstiftungstrieb; krankhafter Trieb, Feuer anzulegen. Bereits im ersten Kapitel hatte ich versucht, das alte deutsche Wort »Wut« in den Suchtzusammenhang einzuordnen. Die Nähe wird hier deutlich. Auch durch die Hinzuziehung von Trieb wird dies unterstrichen. So kann mit Fug und Recht von einem Zwang zum Feuerlegen gesprochen werden. Erstaunlich, daß sich hierfür kein entsprechendes deutsches Wort gebildet hat.
Möglicherweise im Verein mit anderen seelischen Leiden gewinnt hier die Lust an der Brandstiftung zeitweise oder punktuell die Oberhand und kommt zum Ausbruch. Bei einigen Kranken mag das Streben nach Geltung im Vordergrund stehen. Hier aber sind

diejenigen gemeint, die ihren Genuß aus dem brennenden Objekt ziehen.

Eine sehr aufschlußreiche Beschreibung findet sich in dem Roman »Dummhannes« von Gustav Frenssen. In den zwanziger Jahren unseres Jahrhunderts war es für die Bauern in unserem Land schwer, ihren Hof zu halten. Mit allen Mitteln wurde darum gekämpft. Den Ruin vor Augen, läßt sich der Vater von Bendix überreden, das Haus anzuzünden, um die Versicherungsprämie zu kassieren. Eigentliche Betreiberin der Aktion war zwar die Großmutter, doch der Vater muß ins Zuchthaus und wird darüber irrsinnig. Jahre später schafft die Alte es, selbst einen Brand zu legen: an das Haus ihres Enkels Bendix.

»Sie lag auf dem Rücken, mit fieberheißen Gesicht und raschem Atem, in ihrem rotgewürfelten Bett. Günther deutete auf einen Pantoffel, der vorm Bett lag. Er legte den andern daneben.

Bendix weckte sie und sagte: ›Großmutter, du hast mein Haus angesteckt ... warum hast du das getan?‹

Sie war gleich wach, wußte offenbar, wer die beiden waren, war aber im Fieber. ›Warum?‹ sagte sie mit schiefem Mund.

›Ja, warum ... warum ... hast du noch nicht Unglück genug über uns gebracht?‹

›Ist es Unglück?‹ Mit unsäglicher Verachtung: ›So'n altes Strohdach, mit so niedrigen Stuben!?‹

›Du bist verrückt‹, sagte Bendix. ›Du bist es immer gewesen.‹

Sie wollte sich aufrichten, konnte es aber nicht und fummelte mit den alten, krummen Händen über die Bettdecke: ›Ich habe immer so fleißig gearbeitet‹, sagte sie, ›und dir soviel Geld verdient, da wollte ich auch mal was für mich haben. Ich habe früher so viel erlebt ... so viel ...‹

›Du wußtest nicht, daß ich die Nacht hier war! Du meintest, ich wäre dort im Hause und ich sollte mit verbrennen.‹

›Du verbrennen?‹ sagte die Großmutter mit großen, fiebrigen Augen. ›Bin ich denn ein Mörder?‹ Sie wurde wach und schüttelte erstaunt den weißen, hageren Kopf.

›Nein, das ist etwas Schreckliches. Ich wenigstens kann das nicht. Ich kann bloß die alten Strohdächer nicht leiden. Ich habe ... wart' mal ... ich habe ... sieben oder acht beredet, daß sie angesteckt haben ... Ich weiß es nicht genau ... ich kann nicht denken ... Ich habe schreckliche Kopfschmerzen.‹

›Ich dachte‹, sagte Bendix, ›weil ich dich mal geschlagen habe.‹

›O nein, das war ganz gut. Warum solltest du mich nicht

schlagen?‹ Mit schiefem Mund: ›Du bist ja nicht fürs Brennen ...‹
Günther fragte: ›Haben Sie damals den Moorhof angesteckt?‹
›Den Moorhof?... Ach den! ...‹ Sie wiegte matt den weißen
Kopf. ›Das wäre ja nur der halbe Spaß. Ich habe es ihnen vorge-
schwatzt und sie sind alle gut damit durchgekommen. Aber Peter
war zu dumm und zu fromm.‹
›Die andern waren klüger?‹
›Ach ja. Tees Andersen und Sönke Detels ... und ... ich weiß
nicht mehr ... ich habe Kopfschmerzen. Aber diesmal wollte es
keiner; ich hatte auch schon Kopfschmerzen ... Ich merkte, daß
ich krank würde und daß es Eile hatte, wenn ich es noch erleben
wollte. Als wenn einem die Nachtmar auf der Brust liegt! ... Da
mußte ich es diesmal selbst tun. Ich habe es aber sehr schlau
gemacht.‹
›Sie haben aber den Pantoffel verloren‹, sagte Günther.
›Was?‹ sagte sie und sah ihn an, und es war zu sehen, wie sie die
beiden an ihrem Bett vergessen hatte und jetzt wieder erkannte.
Sie lächelte spöttisch. ›Aber ihr könnt nichts mehr machen. Ich
bin sehr krank.‹
›Tut es dir leid, Großmutter?‹ sagte Bendix.
›Leid?‹
›Ich meine: Vater im Zuchthaus und irrsinnig, wir arm, und die
Kleine in Amerika. Tut es dir leid?‹
›Leid?‹ sagte sie wieder, als wenn sie schwer nachdachte.
›Wie? Ihr andern habt die und die Natur... ich eine andere. Tust
du nicht, was dir Freude macht?‹ Sie wandte den hageren weißen
Kopf müde zur Wand, als wenn es ihr langweilig wäre, mit so
törichten Leuten zu reden ...
Daß meine Großmutter es gemacht hat, na, was geht es mich an?
Sie war von Geburt an verrückt, hatte den Strohdachfimmel. Was
kann sie dafür? Wir haben, glaube ich, alle irgendeinen Irrsinn,
irgendeine verrückte Stelle.« (Frenssen, Dummhannes, 393)


### Verschwendungssucht


Bereits 1795 wird das Wort das erste Mal (von Campe) benutzt.
Innerhalb eines protestantischen Puritanismus bezeichnet es die
fortwährende sinnlose Vernichtung von materiellen Gütern. Während diese der Erhöhung individueller Lust dient, steht die Vernunft dagegen.

»Der Verschwender: Sein Geld schreyt immer: laß mich raus. Er hält heute Haus, als ob man ihm's geboten hätte, übermorgen zu verderben.« (Sailer)

Die zwei Seiten der Verschwendungssucht sind die individuelle und die gesellschaftliche. Individuell dient die Verschwendungssucht der momentanen Genußsteigerung ohne Berücksichtigung dessen, was morgen ist. Das für die Sucht typische Fehlen planerischen Denkens und Handelns steht hier also im Vordergrund.

»Von dem verarmten Verschwender: Sein Magen kocht gut, hat Haus und Hof verdauet.« (Sailer)

Der gesellschaftliche Aspekt besteht darin, daß das heutige Wirtschafts- und Gesellschaftssystem – insbesondere das der Industrieländer – auf Verschwendung aufgebaut ist. Güter müssen auf Kurzlebigkeit ausgerichtet werden, damit möglichst bald neue verkauft werden können. Für überflüssige Produkte müssen Sinn und Notwendigkeit ausgedacht werden, damit Umsatz und Produktion angeregt und gesteigert werden können.

### Vergnügungssucht

Ähnlich wie die Genußsucht, kann die Vergnügungssucht als ein übergeordneter Begriff angesehen werden.
Sie bringt zum Ausdruck, daß das Bedürfnis, Lust, Genuß, Freude und Vergnügen zu erleben, zu einem Zwang geworden ist.
1821 wurde das Wort zum ersten Mal von E.T.A. Hoffmann verwendet. Das Allgemeinere in diesem Begriff mag man auch daraus ersehen, daß er häufig mit anderen Süchten verbunden auftritt:

Mit der Geltungssucht des Hungerkünstlers. Lange Zeit konnte der Hungerkünstler das Interesse eines großen Publikums binden. Doch eines Tages sah er sich »von der vergnügungssüchtigen Menge verlassen, die lieber zu anderen Schaustellungen strömte«. (Kafka, Der Hungerkünstler)

Mit der »Tanzsucht«. »Millionen von unterernährten, korrumpierten, verzweifelt geilen, wütend vergnügungssüchtigen Männern und Frauen torkeln und taumeln dahin im Jazz-Delirium.

Der Tanz wird zur Manie, zur ideefixe, zum Kult.» (Klaus Mann, Wendepunkt, 143)

## Konsumsucht

Viele weitere Süchte könnten unter Geltungssucht eingeordnet werden. So ist oft die Grenze zu anderen Suchtkomplexen derart schmal, daß eine Festlegung nur aufgrund nebenseitiger Kriterien erfolgt. Natürlich ist auch Lieben, Trinken, Herrschen mit Genuß verbunden, doch stehen dort eben andere Aspekte im Vordergrund. Ein ähnliches Beispiel bietet die Konsumsucht. Folgt man den lexikalischen Definitionen, so geht es hier hauptsächlich um das mit dem Konsum verbundene Kaufen. Daher habe ich mich entschlossen, sie als Habsucht zu behandeln. Andererseits – gerade das Verkonsumieren »sinnloser« Produkte ermöglicht in unserer Gesellschaft offenbar einen besonderen Hochgenuß. Das wiederum steht der Verschwendungssucht nahe! Konsum und Verschwendung sind auf das engste miteinander verbunden, wenn auch andererseits klarsein muß, daß Konsum zunächst ein natürlicher Vorgang ist und als solcher auch ohne Verschwendung auftreten kann. So verwirrend dies auch sein mag, es dürfte vielleicht klargeworden sein, daß der verschwenderische Anteil der Konsumsucht, die »genußvolle Vernichtung« in den Komplex »Genußsucht« gehört, während der eigentliche Prozeß des »Aneignens« der »Habsucht« zugeordnet werden sollte.

## Spielsucht

Zweifellos steht am Beginn der Spielsucht der Wunsch nach lustvoller Beschäftigung. Schließlich wird sie durch Wiederholung zur Gewöhnung und in der Folge zur Sucht. Diesen schablonenhaften Dreierschritt legt jedenfalls unser bisheriges Suchtbild nahe. Bei der Spielsucht gibt es jedoch einige Besonderheiten, die dem Gesamtbild der Sucht neue Aspekte hinzufügen.
Bevor wir in eine detaillierte Betrachtung der geschichtlichen Entwicklung eintreten, gilt festzustellen, daß wir hier mit Spielsucht ausschließlich das zwanghafte Spielen um Geld meinen. Es steht wohl außer Frage, daß auch anderes Spielen einen zwanghaften Charakter annehmen kann, doch ist solches von der Geld- oder Glücksspielsucht qualitativ völlig verschieden.

Da bislang auch keine lexikalischen oder umgangssprachlichen Begriffe bekannt sind, die das Spielen als solches der Sucht nahe stellen, soll darauf im weiteren nicht eingegangen werden.

Grimms Wörterbuch weist Belege für »Spielsucht« / »spielsüchtig« seit dem 15. Jh. nach. Doch wie wir bereits bei anderen, vorangegangenen Süchten feststellten (Trunksucht), existieren Beschreibungen einer solchen zwanghaften Verhaltensweise bereits wesentlich früher:

»Das Würfelspiel betreibt der Germane – und das ist mir unverständlich – wie ein ernstes Geschäft. Er spielt in nüchternem Zustande und, wenn es ums Gewinnen oder Verlieren geht, mit solch blinder Leidenschaft, daß er, wenn er alles verloren hat, mit dem letzten und entscheidenden Wurf um die Freiheit und das Leben selbst spielt. Verliert er, stellt er sich ohne Widerstreben als Sklave. Auch wenn er der Jüngere und Stärkere ist, läßt er sich binden und verkaufen. Solchen Starrsinn zeigen die Germanen bei einer so verwerflichen Sache. Sie selbst nennen ihr Verhalten Treue. Übrigens verkaufen sie die Sklaven, die sie auf diese Weise erworben haben, auf dem Handelswege weiter, um sich jegliches peinliche Gefühl bei einem solchen Gewinn zu ersparen.« (Tacitus, Germania, 24)

Die Kritik, die hier mit der Schilderung verbunden wird, ist auch in den ersten Belegen enthalten, die das Verhalten mit »Sucht« benennen:

»O herr mich hot gewunert offt
wie von dir wirt so clein gestrofft
desz volcks spilsucht weit und preyt.«
(Hans Sachs, 1558/GW 10,1)

Und der schleswig-holsteinische Märchensammler Müllenhof ergänzt: »Die Spielsucht (ist) übrigens uralt... war noch im Mittelalter und später groß, so daß man oft Rock und Kleider vom Leibe weg verspielte.« (Müllenhof, 1845; GW 10,1)

Wird heute über Spielsucht diskutiert, so geht es zumeist um die Frage, ob hier von Sucht gesprochen werden kann. Diejenigen, die das bejahen, versuchen dafür klinische Nachweise zu liefern, insbesondere indem sie die Definition, die die Mediziner für substanzgebundene Süchte aufgestellt haben, auf die Spielsucht übertragen. Aus diesem Grund muß zwanghaft nach körperlichen Symptomen gesucht werden.

Der hier behauptete nichtmedizinische Ansatz versucht dagegen aus beobachteten Verhaltensweisen ein Krankheitsbild zusammenzufügen, das schließlich eine eigenständige Definition der Sucht ermöglicht.

Im folgenden werde ich versuchen, auf der Grundlage alter und neuerer literarischer Belege eine Diagnose der Spielsucht zu entwickeln.

Danach ergeben sich für mich vier wesentliche Punkte, mit denen Spieler und Spielsucht beschrieben werden können:

1. Risiko als Reizerhöhung: Herausforderung des Zufalls
2. Gewinn zu Beginn – bleibender Verlust
3. Ruinöses (Weiter-)Setzen bis zum Einsatz des Lebens
4. Innerer Dämon – Zwang zum Weiterspielen

Wir finden diese Kriterien in zahlreichen Quellen – bei Hans Sachs und anderen – insbesondere ab dem 15. Jh.:

»man pflegt von den spilern recht zu sagen, ein spieler muß leib und gut wagen.« (Zincgref, 1653)

»wenn ein spiler nicht verlöhr, so höret er nimmer auf« (Petri/ GW 10,1) »der spiler oft verspilt das selbst erborgte geld, sein rind- und pferdevieh, haus, acker, dörffer, feld, kein herrschaft reichet hin, das königreich und leben, in einer spilenssucht, man eh' hätt hingegeben« (Wesenigk, 1702)

»Czeug mir ein spiler, wer der sey, der ein pfennnig hat mit got, den er im spil gewunnen hat« (Sachs, 1558)

Einige weitere Zitate, die die genannten vier Kriterien belegen sollen:

*Risiko als Reizerhöhung – Herausforderung des Zufalls*
»Es ist wahrhaftig nicht meine Schuld. Oder fast nicht meine Schuld. Alles ging verquer heute nacht. Ich hatte schon ganz schön gewonnen, aber dann hatte ich plötzlich die wahnsinnige Idee, Null müsse gewinnen. Ich verstehe mich selbst nicht mehr...« (Fallada, Wolf, 33)

215

*Gewinn zu Beginn – bleibender Verlust*
»Als er den Gewinn wohlgefällig zählte und wieder durchwühlte,
da ging zum ersten mal wie ein verderblicher Gifthauch die Lust
an dem schnöden Mammon durch sein ganzes Wesen«. (E.T.A.
Hoffmann, Spielerglück)

*Ruinöses (Weiter-)Setzen bis zum Einsatz des Lebens*
»Ein verzweifelter Spieler setzt alles auf einen Wurf.« (Schiller,
Kabale und Liebe)

*Innerer Dämon – Zwang zum Weiterspielen*
Über Dostojewskij schreibt dessen Frau: »es könnte ja... sogar
zu einem bedeutenden Gewinn kommen, das gab ich zu, doch
dieser würde gleich am selben Tage (...) wieder verspielt sein.
Auch hatte ich mich überzeugen können, daß weder meine fle-
hentlichen Bitten noch meine dringendsten Vorstellungen
imstande waren, meinen Mann vom Spiele abzuhalten... Bald
jedoch hatte ich begriffen, daß es sich hier nicht um eine einfache
›Willensschwäche‹ handelte, sondern daß dies eine alles verzehrende ungestüme Leidenschaft, eine ›Elementargewalt‹ war.« (R.
Neuhäuser, Dostojewskij, Der Spieler)

Zu dem Versprechen: Morgen ist Schluß:

»Heute muß ich tun, was ich nicht zu lassen vermag – aber
morgen – morgen ist alle deine Sorge aus, denn bei dem ewigen
Verhängnis, das über uns waltet, schwör ich's, ich spiele heute
zum letzten mal.« (E.T.A. Hoffmann, Spielerglück)

Immer wieder also Parallelen zur Trunksucht, zum Alkoholismus,
die zum Teil bereits im Mittelalter bewußt gesehen wurden:

»Wie ein trunck den anderen fordert, also ein spil das ander
bringt, daß er morgen spielsüchtiger würt dann heut.« (S. Franck,
1541)

Wo die Spielsucht einmal Fuß gefaßt hat, entwickeln sich zwangs-
läufig weitere Probleme:

»Wo der Spielteuffel hin kommet und einnistet, bringt er viel und
ergere teuffel mit sich, denn er ist, die dem wirt in die herberg
scheissen und hellisch feuer zu tranckgeld geben.« (Eu. Schildo,
1561)

216

All diese Beobachtungen lassen sich problemlos auf die heutige Form der Spielsucht übertragen. Ja – sogar einzelne Verhaltensweisen werden bereits überliefert. So beobachten wir heute, wie der Spieler am Geldspielautomaten das mittlere Fenster mit der Hand zuhält.

Darüber sagt Lichtenberg ca. 1764:

»Sonderbar ist die allmählige entwicklung des häufigen, welche die spieler der plötzlichen enthüllung vorziehen. bei hazardspielern, wobei umgeschlagen wird, betrachten sie die karte, die sie frei ansehen dürfen, lieber erst gegen ein schwaches licht von hinten.«

Eine der besten Spieler-Beschreibungen im deutschsprachigen Schrifttum gibt E.T.A. Hoffmann in seiner Novelle »Spielerglück«;

»Es gibt zwei Arten von Spielern. Manchen gewährt ohne Rücksicht auf Gewinn das Spiel selbst als Spiel eine unbeschreibliche, geheimnisvolle Lust. Die sonderbarsten Verkettungen des Zufalls wechseln in dem seltsamsten Spiel, das Regiment der höheren Macht tritt klar hervor. . . . Ich habe einen Mann gekannt, der tage-, nächtelang einsam in seinem Zimmer Bank machte und gegen sich selbst pointierte, der war meines Bedünkens ein echter Spieler. – Andere haben nur den Gewinst vor Augen und betrachten das Spiel als ein Mittel, sich schnell zu bereichern.«

Zusammenfassend können wir also feststellen: Seit alters ist bekannt,

– daß Spielsucht eine Krankheit ist und
– daß Spielsucht zum moralischen und finanziellen Verfall führt.

Dazu eine Definition aus dem Conversations-Lexikon von 1836:

»ein Gift für Körper und Seele, Geist und Herz ist das Spiel, wenn es zur Leidenschaft wird. Am meisten geschieht dies bei den Hazardspielern, deren einziger Zweck der Gewinn durch Zufall ist. Diese Spiele führen den Spieler zum Verlust, einmal weil schon an und für sich das Spiel auf den Vorteil des Bankhalters berechnet ist, dann aber auch weil der Ponteur der Regel nach den Einwirkungen der Leidenschaft in weit höherem Grade ausgesetzt ist als der Bankhalter.

Solche Glücksspiele erwecken die niedrigsten Leidenschaften, Geiz und Verschwendung, Neid, führen leicht zu Betrügereien und Bosheit und bringen zu letzt Reue, Sorge und Verzweiflung.«

Noch einmal zu einigen besonderen Aspekten:

Wie beim Alkohol ist auch beim Glücksspiel von Sünde die Rede. G. Wesenigk läßt sich darüber aus in seinem Buch »Das spielsüchtige, siebenfächige Polysigma«, Dresden, 1702.

Die zahlreichen moralischen Verurteilungen aus dieser Zeit lassen keinen Zweifel, daß die Spielsucht damals für Krankheit *und* Sünde gehalten wurde.

Die ethisch-religiöse Betrachtungsweise wird unterstrichen durch die Vorstellung, daß hier wieder der Teufel sein Unwesen treibt. Wie beim Alkohol heißt es auch hier: Ein Spieler ist vom Spielteufel besessen! Der Teufel fährt in den Spieler hinein und bestimmt also sein Handeln. 1561 erscheint darüber ein ausführliches Buch: Der Spielteufel (von Eustachius Schildo).

Zwar erhält sich der Begriff des Spielteufels, doch wandelt er vordergründig seinen Inhalt. 1807 versteht Campe unter Spielteufel »einen spielsüchtigen Menschen«.

Teufel und Betroffener ist nun für den aufgeklärten Betrachter eins geworden. Unbewußt bleiben Reste eines dämonischen Bildes allerdings erhalten. Darauf verweisen – wie oben bereits ausführlich dargelegt – Wendungen wie »wird gepackt«, »wird von ... überfallen« usw.

Wird bei substanzgebundenen Süchten die Heilung oft mit Abstinenz versucht und gleichgesetzt, so erscheint diese Therapiemethode bei der Spielsucht unangemessen. Das Leben ist derart vielfältig mit Spiel verbunden und durchwoben, daß eine Gesamtabstinenz von vornherein unmöglich wäre. Therapeutische Erfahrung läßt allerdings ein individuell abgestimmtes Vermeidungsverhalten sinnvoll erscheinen. In eigener Verantwortung verzichten die meisten auf spielerischen Umgang mit Geld, einige zusätzlich auf spielerischen Umgang mit Leistung und wiederum einige auf Spiel dort, wo sie es als solches definieren.

Die wichtigste Besonderheit der Spielsucht scheint mir indes zu sein, daß sie blitzartig eintreten kann. Anders als die Mehrzahl der Süchte, scheint sie nur selten eine lange Vorgeschichte zu haben. Viele Betroffene berichten in der Rückschau darüber, daß ein großer Verlust, häufiger allerdings ein großer Gewinn den Startschuß zur Karriere gab. In vielen Fällen war dies der übergangslose Einstieg in ein süchtiges Spielen.

Man darf vermuten, daß in diesen Fällen der Boden für eine Suchtkarriere bereitet ist, die durch den speziellen Anstoß (Gewinn) nun plötzlich zum Ausbruch kommt. Das Besondere muß hier also nicht unbedingt in unterschiedlicher Gewichtung von Ursachen gesehen werden, sondern vielmehr im Ablauf der Suchtkarriere. Gewöhnlich gehen wir – vor allem bei den substanzgebundenen Süchten – davon aus, daß der Sucht zwei Phasen, zumindest aber die der Gewöhnung, vorausgehen. Hier jedoch erfolgt der Eintritt der Krankheit unmittelbar und zudem durch einen für Außenstehende oftmals nichtigen Anstoß (Gewinn oder Verlust).

Der Unterschied zu anderen Suchtdefinitionen läßt diese allerdings keineswegs fragwürdig erscheinen, sondern verweist darauf, daß alle Süchte ein eigenes Krankheitsbild besitzen und so auch ihre Ursachen und Karrieren erheblich voneinander abweichen können.

## Habsüchte

»Das Ziel des Vollbürgers ist: ›Haben, haben, haben und immer noch mehr haben.‹ Und er bleibt in der Regel gesund dabei! Fragt sich nur, ob diese seine Gesundheit nicht die Krankheit ist, an der die Menschheit zugrunde geht.« (Leonhard Frank, Der Bürger)

Als die Götter noch in Menschengestalt auf der Erde wandelten, kamen Odin, Loki und Hönir eines Abends, müde von ihrer Wanderung, an einen Wasserfall. Und da sie hungrig waren, nahm Loki einen Stein und erschlug damit einen Otter. Dem zogen sie das Fell ab und verspeisten ihn. Dann machten sie sich auf die Suche nach einem Nachtlager. Nicht weit war der Weg zu Hreidmars Gehöft. Doch bevor sie dort ihre Bitte vorgebracht hatten, waren sie überwältigt und gefesselt, denn Hreidmar hatte am Fell des Otters seinen Sohn (Otr) erkannt, der die Angewohnheit hatte, in Gestalt eines Fischotters zu jagen. Als Buße legte er nun den Göttern auf, den Otterbalg mit Gold zu füllen und ihn auch äußerlich vollständig mit Gold zu bedecken.

Um dies zu erfüllen, ließ er Loki, den Listigen, frei und behielt Odin und Hönir als Geiseln. Loki aber wußte von sagenhaften Schätzen des Zwerges Andwari, der in Hechtgestalt seinen Hort bewachte. Tatsächlich gelang es mit dem Zaubernetz der Meergöttin Ran, Andwari zu fangen und ihm den Schatz abzuverlangen. Als der Zwerg einen einzigen Ring für sich behalten wollte, entriß ihm Loki

– in sinnloser Habgier – auch diesen. Da sprach Andwari den Fluch aus, der Ring solle allen den Tod bringen, die ihn besäßen. Damit war er allerdings bei Loki an der falschen Adresse: nur ein höhnisches Lachen war dessen Antwort. Schnell raffte er das Geraubte zusammen und brachte es zu Hreidmar. Das Schicksal fügte es so, daß ein Barthaar des Otters unbedeckt blieb. Da bot Loki widerstrebend den Ring an und erzählte von dem Fluch. Doch auch Hreidmar war der Besitz wichtiger als die Drohung: »Den roten Hort zu behalten denk ich, so lange mein Leben währt. Deine Drohung dünkt mich ein Nichts. Von hinnen hebt euch heim!«

Die Götter wurden entlassen. Zurück blieben Hreidmar und sein Sohn Fafnir. Der Gedanke an den Schatz aber verfolgte nun auch Fafnir Tag und Nacht. Wohl wissend um die Gier des Vaters, gab es für Fafnir nur den Weg der Gewalt. Doch das Gift der Habsucht hatte schon derart in ihm zu wirken begonnen, daß er die letzten Hemmungen fallenließ und endlich des Nachts seinen Vater ermordete. Der Gedanke an Schatz und Besitz erfüllte ihn von nun an vollständig. Sein einziger Wunsch war, das Gold an einem sicheren Ort zu verstecken und sich an seinem Anblick zu weiden. So schaffte er es in eine Felsenhöhle, verwandelte sich in einen feuerspeienden Drachen und verbrachte fortan seine Tage damit, den Schatz zu bewachen.

Damit könnte die Geschichte ihr – wenn auch trauriges – Ende gefunden haben. Doch ist wohl allgemein bekannt, daß sich aus diesen Anfängen schließlich die bitterste Tragödie der deutschen Sagengeschichte entwickelte. Zwar tritt im weiteren Verlauf die Eifersucht (!) als zusätzliches Motiv auf, doch bleibt die Habsucht bis zum bitteren Schluß lebendig. Und obwohl zwischenzeitlich der gesamte Schatz im Rhein versenkt wird, müssen noch Zehntausende um seinetwillen sterben. Im Angesicht dieses Leichenberges ist Kriemhild nur von dem einen Wunsch beseelt, den letzten beiden Überlebenden der Nibelungen – Hagen und Gunter – den Ort des Versteckes abzuverlangen. Als diese sich weigern, werden sie von Kriemhild erschlagen.

Die bluttriefende Geschichte, die von Bruder-, Vater-, Kindermord berichtet, erscheint uns als Märchen und damit sehr distanziert. Sie sollte uns aber gleichzeitig als Parabel dienen, die heutige Ereignisse erklärbar macht: Habsucht als Motor für Morde und Kriege!

In den ältesten Geschichten unserer Vergangenheit spielt das Motiv der »Habsucht« eine bedeutende, stets wiederkehrende Rolle. Zwar finden sich die ersten Belege, die dies mit Krankheit (also Sucht)

verknüpfen, erst im 16. Jh. (Geld-, Gewinnsucht), doch hat es bereits vorher einen Begriff gegeben, der das hier gemeinte Verhalten beschreiben konnte: das Wort »Geiz« wurde in althochdeutscher Sprache im Sinne von Habsucht und Habgier benutzt (Kluge/ Götze). »Geiz wird nicht satt, bis er den Mund voll Erde hat.« »Ein Geiziger hat nie genug.«
Die heutige Bedeutung von Geiz im Sinne von extremer Sparsamkeit, beginnt erst im 18. Jh. die übliche zu werden.
Die historische Entwicklung der Habsüchte gibt meines Erachtens wenig Anhaltspunkte für weitere Betrachtungen. Und wenn auch der Hinweis Trübners von Interesse ist, daß »für den Deutschen das Haben, der Besitz etwas Erstrebenswertes und Festzuhaltendes ist« (Trübner verweist dazu auf Walther von der Vogelweide), so dürfen wir heute Habsucht und Habgier ohne weiteres als international bezeichnen.
Die gesamte Wortfamilie entspricht dem Gehalt der ursprünglichen idg. Wurzel qap (haben), die sowohl das Ergreifen und Nehmen als auch das Halten und Besitzen zum Ausdruck brachte. Während heute z.b. Raffsucht und Raubsucht mehr der ersten Bedeutung des Habens nahe stehen, treffen Habsucht und Geldsucht mehr für den zweiten Anteil zu. Derartige Unterscheidungen können jedoch lediglich verschiedene Nuancen zum Ausdruck bringen.
Insgesamt haben wir es hier mit einem relativ einheitlichen Suchtkomplex zu tun. Nur die Grenzsicherung zwischen Legalität und Illegalität verdient eine größere Beachtung. Enger als bei anderen Suchtkomplexen gehören die hiergenannten Süchte zusammen, durch Querverweise vor allem mit der Selbstsucht verbunden. Werfen wir dazu einmal einen Blick auf die entsprechenden Nachweise bei Dornseiff:

»*Ethik. Selbstsucht*
beutegierig ... egoistisch ... gewinnsüchtig habgierig ... scheelsüchtig ... selbstsüchtig vorteilssüchtig

*Wirtschaft. Habsucht*
Besitzwille. Erwerbssinn. Geldgier ... Gewinnsucht. Habgier. Habsucht ...

*Affekte. Wunsch*
Anfechtung ... Fleischeslust. Geldsucht. Heißhunger ... Leidenschaft. Raubsucht. Wollust ... Kleptomanie.

*Affekte. Neid*
Begierde. Brotneid. Gelüst. Mißgunst. Neid. Scheelsucht.

*Wirtschaft. Stehlen*
Diebstahl. Kleptomanie ... Raub ...«

Bereits diese – unkommentierte – Zusammenstellung läßt ahnen, daß selbst das Prinzip der Legalität wohl keine scharfe Trennungslinie markiert.
Eine weitere bedeutende Auffälligkeit des Gesamtkomplexes scheint mir in dem Fehlen von Teufeln zu liegen, die gegebenenfalls verantwortlich gemacht werden könnten. Statt ihrer taucht dagegen ein Gott auf: Geldgötze für Mammon, »man sagt wirklich, dem geldgötzen dienen.« (Campe) – »Merkur, der Kauf- und Stehlgott« (J. Paul) und »der Tanz ums goldene Kalb«.
Offensichtlich erscheinen die Habsüchte, auch wenn sie verurteilt werden, in einem glänzenderen Licht als andere Süchte.

Ich fasse zusammen:
Der Tatbestand und Verlauf von Habsucht wird bereits in alten Quellen beschrieben, ein Begriff dafür ist vorhanden (Geiz), ein Zusammenhang mit Krankheit wird seit dem 16. Jahrhundert hergestellt.
Wenn hier von einem Komplex der Habsüchte gesprochen werden soll, so sind alle zwanghaften Verhaltensweisen gemeint, bei denen es um »Habe«, also um etwas Materielles geht. Sie lassen sich nach zwei Gesichtspunkten gliedern:

– historische Entstehung

| | |
|---|---|
| ahd. | Geiz |
| 16./17. Jh. | Geld-, Gewinn-, Vorteils-, Raffsucht |
| 18./19. Jh. | *Scheel-*, Hab-, Begier-, Kauf-, Raub-, Erwerbs-, Stehl-, Beutesucht |
| 20. Jh. | Konsum-, Profitsucht |

| – Legalitätsprinzip | *legal* | *legal* | *illegal* |
|---|---|---|---|
| | Geldsucht | Habsucht | Raubsucht |
| | Gewinnsucht | Erwerbssucht | Stehlsucht |
| | Vorteilssucht | Konsumsucht | Beutesucht |
| | Raffsucht | Kaufsucht | |
| | Scheelsucht | Profitsucht | |

Wie angedeutet, können durch den Begriff »Habsucht« alle übrigen »Habsüchte« mit zum Ausdruck gebracht werden. So können wir bei Geldsucht, Gewinnsucht, Raffsucht oder Stehlsucht jeweils immer auch von Habsucht sprechen.

Obwohl als Wort einigermaßen jung (1750), sind bereits früh wesentliche Kriterien genannt worden, aus denen sich schließlich ein Krankheitsbild von Habsucht zusammensetzen läßt:

– Zwanghaftigkeit: »Wo ein Narr einen Batzen findet, sucht er gleich nach einem neuen.« (span. Sprichwort). »Je mehr die Menschen haben, desto mehr begehren sie.« (Justinus)

– innere Unfreiheit: »Wen Habsucht plagt, der fürchtet zu verlieren, und wer sich fürchtet, heißt mir nimmermehr ein freier Mann.« (Horaz)

– Bereitschaft zur Unredlichkeit: »Das erste Privileg wurde von der Schurkerei geboren, von der Dummheit gesäugt, von der Habsucht großgezogen und von der Gaunerei in die Gesellschaft eingeführt.« (Seume) Und bereits symbolisch ausgedrückt im Gott Merkur, »dem Kauf- und Stehlgott.« (J. Paul)

Selbstverständlich reichen derartige Kriterien dem Mediziner nicht aus, darin Krankheitssymptome zu erkennen, und so findet sich auch Habsucht in keinem medizinischen Lexikon. Interessanterweise ändert sich dies beim Überschreiten der Legalität, denn in diesem Augenblick (Stehlsucht/Kleptomanie) erwacht das Interesse der Medizin!

Dennoch ist das Krankheitsbewußtsein, das sich im Wort Habsucht ausdrückt, bis heute lebendig geblieben. Und so heißt es – abseits der Ärzteweisheit – im aktuellen Duden:

»Habgier: von anderen als unangenehm und abstoßend empfundenes, rücksichtsloses Streben nach Besitz oder Vermehrung des Besitzes.

Habsucht: charakterliche Veranlagung, auf Grund deren man den krankhaften Drang hat, ständig sein Vermögen zu mehren und seinen Besitz zu erweitern.«

Durch diese Definition wird der Blick auf einen anderen wichtigen Aspekt gelenkt: Zwar soll durch Habsüchte Habe angehäuft werden, doch steht dies meistens im Hintergrund, während es hauptsächlich – und der Dynamik der Sucht entsprechend – um den Prozeß des Aneignens selbst geht. Die Lust, die ja ein tragendes Element jeglicher Sucht ist, entsteht eher beim Raffen, Erwerben und Rauben als beim Anblick des dabei Zusammengekommenen. Um also erneut Lust produzieren zu können, muß weiter gerafft, erworben und geraubt werden. Aus dieser Perspektive läßt sich erklären, daß Habsüchtige sowohl Menschen sein können, die geizig ihren Besitz zusammenhalten, als auch solche, die ihn hernach wieder verprassen und verschwenden, wenn sie nur die Aussicht haben, erneut raffen, erwerben und rauben zu können.

Vorstellbar ist jedoch, daß sich diese Gewichte dann verschieben, wenn es um Geld und Schätze geht, deren Anblick erfreuen kann:

>»Nach Golde drängt, am Golde hängt doch alles.« (Goethe, Faust)

>»O fluchwürdiger Hunger nach Gold!« (Vergil)

>»Und es herrscht der Erde Gott, das Geld.« (Schiller)

Allerdings begegnet uns bereits in Märchen und Sagen das Motiv des »Versteckens«. Während Fafnir noch seinen Schatz verbarg, um sich täglich, aber allein an seinem Anblick zu erfreuen, häufen sich heutzutage Berichte und Erzählungen, in denen das Versteckte nur ausnahmsweise hervorgeholt wird. Der Glanz eines Stapels Banknoten ist verständlicherweise wesentlich geringer als der eines Batzens Gold.

Viele bisher behandelte Süchte ließen sich auf elementare, lebensnotwendige Bedürfnisse zurückführen. Dies ist bei den Habsüchten nur noch ganz rudimentär zu erschließen, insofern als dem Essen und Trinken der Prozeß des Aneignens von Speise und Trank vorangeht. Dieses Habenwollen hat jedoch durch die kulturelle Entwicklung der Menschheit eine völlig andere Dimension gewonnen, so daß die Lebenssicherung als eigentliches Motiv nicht mehr erkennbar ist.

Daß dennoch ein Zusammenhang zu Grundbedürfnissen lebendig

blieb, geht aus vielen Wörtern und Redewendungen hervor: Geld-
durst: Geldgier als Durst gedacht:

»der verfluchte geltdurst macht jedermann zur bratwurst.« (J.
Nas)
»geldegel: geldhungriger mensch« (Campe)

Ist die Nähe zu Hunger und Durst hergestellt, so wird das Erkennen
von Krankheit erklärlich:

»geldsiech: an der geldsucht leidend« (Campe)
»der geltsiech ist selbst seins jamers ein stifter.« (S. Franck, 1541)

Ist erst einmal Krankheit diagnostiziert, so darf nicht mehr verwundern, daß diese anderen Krankheiten zugeordnet und mit diesen
verglichen wird.

»Es sind vil sucht ..., die schwindsucht, die geelsucht ..., die
geltsucht, die weinsucht, die biersucht.« (Agricola, 1534)

Und Abraham a Santa Clara läßt einen Arzt sagen:

»Wann ich einem die wassersucht curire, so muß er mir die
geltsucht curiren.«

Eine solche Verbindung zu einer anderen Sucht beinhaltet bereits
der Begriff

**Gewinnsucht**
Er verweist auf die Nähe zur Spielsucht, und tatsächlich wurde
er auch in erster Linie in diesem Zusammenhang verwendet.
Doch eben nicht nur dort, sondern auch bei »Kaufleuten, Buchhänd-
lern und Wunderärzten« (GW) wird Gewinnsucht wahrgenom-
men.
Während bei vielen Süchten so etwas wie Mitleid bei der Diagnose
mitschwingt, steht hier die Verurteilung im Vordergrund.
Bereits bei den ersten Belegen (Cholinus-Frisius, 1541) sind beide
Bestandteile des Wortes (Sucht und Gewinn) negativ gemeint und
werden häufig mit Eigennutz und Geldgeiz verbunden. Mit der
Zeit tritt diese üble Bedeutung sogar immer stärker in den Vordergrund.
Beschränken wir unsere Betrachtung zunächst auf die Sucht nach

Gewinn aus dem Spielen um Geld, so fällt auf, daß dort die Zusammensetzung mit »Spiel« dem Begriff ein wesentlich freundlicheres Aussehen verleiht. Gleichzeitig tritt damit die (abwertende) Bedeutung in den Hintergrund, daß um »Habe« gespielt wird, also im eigentlichen Sinne, um zu Reichtum zu gelangen – nur durch die Sucht wird das Ziel vereitelt.

Die Verbindung zu weiteren gesellschaftlichen Bereichen wird durch den Eigennutz geknüpft, der in der Gewinnsucht enthalten ist:

»Ein gewinnsüchtiger will aus allen Dingen Vorteil ziehen ... ja er läßt sich oft verleiten, unanständige und unerlaubte Mittel zu gebrauchen, wenn er davon nur seinen Vorteil ziehet.« (Stosch; GW 4,1,4)

Diese Definition läßt sich nun leicht auf verschiedene Berufsgruppen übertragen. Zunächst geschieht dies bei Händlern und Fabrikanten. Dazu zwei Beispiele:

»Sobald nicht die wahre Liebe zum wunderbaren Gestein und Metall den Bergmann zur Arbeit antreibe, weitete man mit gewinnsüchtiger Gier die Gruben immer mehr und mehr aus.« (E.T.A. Hoffmann, Bergwerk zu Falun)

»daß die französischen fabrikanten, welche an der industrieausstellung theil genommen, an gewinnsucht und eitelkeit miteinander gewetteifert haben werden, das läßt sich wohl denken.« (Börne; GW 4,1,4)

Doch selbst in diesem Zusammenhang fallen Ärzte auf:

»Wann man alle läppischen unbegründten reden ... von der Medicin abnehme, würde ihre Klarheit zwar viel schöner ... leuchten ... allein die gewinnsüchtigen würden den beutel nicht mehr so spicken können.« (Ettner; GW 4,1,4)

Der Unterschied zur Habsucht wird in verschiedenen Lexika darin gesehen, daß bei der Gewinnsucht auch unerlaubte Mittel listig angewendet werden. Außerdem spielt hier mehr als sonst das Glück (Zufall/Schicksal) eine Rolle.

Heute hat das Wort an Bedeutung verloren und wird nur noch selten benutzt. Die beiden dadurch bislang zum Ausdruck gebrach-

ten Inhalte (Spiel und Reichtum) werden nun durch »Spielsucht« und »Profitsucht« vertreten.
Zwar ist »Profit« bereits seit dem 17. Jh. im deutschen Sprachschatz vorhanden, doch gelangt es vorzüglich im Zusammenhang mit Kapital und Kapitalismus zu einer Blüte.
Nun wird – ebenfalls wieder abschätzig – vom »hemmungslosen Profitstreben« und kapitalistischer Profitgier gesprochen.

## Kaufsucht

Aktuell sind auch die Begriffe Kaufsucht und Konsumsucht.
Obwohl bereits Gellert »Kaufsucht« im hier gemeinten Sinn verwendet, kann es doch erst durch die modernen Verkaufsangebote und -techniken zu einer wahren Blüte dieser Sucht kommen.

»Kaufsüchtig: bei dem die kauflust zur krankheit geworden: nicht kaufsüchtig sein, ist ein großes einkommen.« (Gellert, 1748)

Während der Kaufmann an Gewinnsucht leidet, sind die KäuferInnen an Kaufsucht erkrankt. Ein eindrucksvolles Bild dieses Wechselspiels entwirft Emile Zola in seinem Roman »Paradies der Damen«.

»Worin sich (der Warenhausbesitzer) Mouret als unvergleichlicher Meister zeigte, das war die innere Einrichtung der Magazine. Er hatte als Regel aufgestellt, daß kein Winkel im ›Paradies der Damen‹ ohne Leben sein dürfte; überall wollte er Geräusch, Bewegung, Leben haben, denn das Leben zieht wieder Leben an, sagt er. Zunächst mußte man, um in das Magazin zu gelangen, sich fast erdrücken lassen; auf der Straße mußte man glauben, es gebe da einen Aufstand.
Und er erzielte ein solches Gedränge, indem er am Eingang Artikel zu billigen Preisen anhäufte, um die sich das gemeine Volk ansammelte, und den Eingang versperrte, so daß man glauben mußte, die Magazine seien zum Brechen voll, während sie oft halb leer waren. Dann verstand er die Kunst, in den langen Galerien die Abteilungen, welche schliefen, zu verdecken, so z.B. die Schals im Sommer und die Kattune im Winter; er umgab sie mit belebten Abteilungen, in deren Lärm sie verschwanden.« (E. Zola, Paradies, 209)

Die solchermaßen angeregten KäuferInnen entwickeln einen mehr oder weniger starken Drang, diesen Reizen nachzugehen, sie durch Konsum zu befriedigen. Dies ist so lange kein Problem, wie ausreichend Geld vorhanden ist. Wo keines mehr da ist, besteht die legale Beschaffungsmöglichkeit durch den Kredit und die illegale durch Kriminalität. Nicht selten ist die eine mit der anderen verbunden. Das obige Zitat stammt aus der Frühzeit der Warenhaus-Entwicklung und beschreibt eine Situation vor ca. 130 Jahren! Es läßt sich leicht denken, daß sich diese Situation bis heute wesentlich verschärft hat. War bereits in der Habsucht, wie oben kurz vermerkt, der Aspekt der Verschwendung enthalten, so wird er nun zu einem notwendigen Bestandteil, denn ohne Verschwendung ist ein fortwährendes Kaufen nicht denkbar. Um Profit und Wachstum zu erzielen, muß andererseits für ständigen Kauf und Verkauf – ohne Rücksicht auf Nützlichkeit und Notwendigkeit – gesorgt werden. Für die damit verbundenen negativen Mechanismen sind mittlerweile neue Begriffe entstanden, die der Duden folgendermaßen definiert:

»Konsumidiot = kritikloser, leicht zum Kauf irgendwelcher Waren und zur sinnlosen Steigerung seines Konsums verführbarer Verbraucher.

Konsumterror = durch mehr oder weniger bewußten und direkten Anreiz zum Kauf und Verbrauch ausgeübter Druck, der den Verbraucher zur fortgesetzten, sinnlosen Steigerung seines Konsums antreibt.

Konsumwut/Konsumzwang = übermäßiger, hemmungsloser Konsum des Verbrauchers.«

Dieser zwanghafte Konsum wird heute durch ein scheinbar unbegrenztes Kreditangebot unterstützt und gefördert. Auf diese Weise ist mittlerweile jeder Haushalt (durchschnittlich) mit 4 500 DM verschuldet. Teilweise hat die Schuldenbelastung ein derartiges Ausmaß angenommen, daß öffentliche Beratungsstellen zur Hilfe für SchuldnerInnen eingerichtet werden müssen. Inzwischen gibt es solche Einrichtungen in fast jeder Stadt – ein Indiz für die Bedeutung des Problems. Nun ist es allerdings keinesfalls so, daß nur Dummköpfe und arme Schlucker von dieser Sucht betroffen sind. Maßlose Ausgaben haben auch bei Repräsentanten, ja sogar beim Staat selbst zu einer enormen Überschuldung geführt. Selbstverständlich sind auch dies keine neuen Erscheinungen, denn schon in früheren Jahrhunderten sind Potentaten mit ihren Staatswesen in derart brenzlige Situationen hineingeschlittert. Dafür waren bereits oben Prunksucht und Verschwendungssucht als Symptome genannt worden. Interessant für uns ist, daß heute dieses Verhalten der Oberen von der Allgemeinheit nachgeahmt werden kann.

## Stehlsucht

Bei einer derart verbreiteten, üblichen Verhaltensweise ist es keine Frage, daß laufend und überall versucht wird, die Grenzen der Legalität zu überschreiten, um mehr zu raffen, zu kaufen, zu konsumieren. Auch dürfte logisch sein, daß dieses Bestreben den Habsüchtigen/Konsumsüchtigen immanent ist, also für alle Privatpersonen sowie den Staat gilt.
Einleuchtend in seiner Banalität wird der Übergang zur Illegalität in dem bereits erwähnten Buch »Paradies der Damen« beschrieben. Die hochangesehene, zu den einflußreichsten Familien von Paris zählende Gräfin de Boves wird dort vom Warenhausdetektiv Jouve ertappt:

›Sieh doch, Mama,‹ sagte Blanche, die in einem Karton voll billiger Valenciennes wühlte, ›das könnte man an Kopfkissen verwenden.‹
Madame de Boves gab keine Antwort.
Als das Mädchen sich zu ihr umwandte, sah sie, wie die Mutter, mit beiden Händen in den Spitzen wühlend, einen Volant Alençon-Spitzen im Ärmel ihres Mantels verschwinden ließ.
Sie schien dadurch nicht überrascht zu sein, trat vielmehr instinktiv näher, um sie zu decken, als plötzlich Jouve sich zwischen sie drängte.
Er neigte sich zum Ohr der Gräfin und flüsterte ihr höflich zu:
›Madame, ich bitte, mir zu folgen.‹
›Weshalb denn, mein Herr?‹
›Ich bitte, mir zu folgen, Madame‹, wiederholte der Inspektor, ohne lauter zu sprechen.
Leichenblaß, warf sie einen raschen Blick um sich. Dann fügte sie sich, nahm wieder ihre stolze Miene an und ging neben ihm her wie eine Königin, die sich der Obhut eines Adjutanten anvertraut.

Von den Verkäuferinnen hatte keine den Auftritt bemerkt.

Als Deloche mit den Berthen zur Ladentafel zurückkam und die Dame fortführen sah, blieb er mit offenem Munde stehen. Wie! Auch diese! Diese vornehme Dame! Da müßte man doch eigentlich alle durchsuchen!

Blanche, um die sich niemand kümmerte, folgte von weitem der Mutter.

Sie sah sie in das Zimmer Bourdoncles treten und begnügte sich, vor der Tür auf und ab zu gehen.

Bourdoncle, den Mouret soeben abgeschüttelt hatte, befand sich in seinem Zimmer.

Er entschied gewöhnlich über diese Arten Diebstähle, die von Leuten in angesehener Stellung begangen wurden.

Diese Dame hatte Jouve seit langer Zeit beobachtet und ihm seinen Verdacht mitgeteilt; er war daher gar nicht erstaunt, als der Inspektor ihm nun rasch mitteilte, um was es sich handelte.

Es kamen ihm übrigens so eigenartige Fälle unter die Hände, daß er erklärt hatte, eine Frau sei zu allem fähig, wenn der Modeteufel Macht über sie gewinnen.

Da er die gesellschaftlichen Beziehungen des Chefs zu der Diebin kannte, zeigte er sich äußerst höflich. ›Madame, wir entschuldigen solche Augenblicke der Schwäche... aber bedenken Sie, wohin das führen konnte. Wenn jemand sah, wie Sie die Spitzen einsteckten...‹

Doch sie fiel ihm empört ins Wort:

Sie eine Diebin! Für wen halte er sie denn? Sie sei die Gräfin de Boves; ihr Gatte, der Generalinspektor des Gestütwesens, verkehre bei Hofe.

›Ich weiß, ich weiß, Madame‹, wiederholte Bourdoncle. ›Ich habe die Ehre, Sie zu kennen... Wollen Sie mir nur die Spitzen wiedergeben, die Sie eingesteckt haben?...‹

Sie begann aufs neue zu schreien, ließ ihn gar nicht zu Worte kommen, schön in ihrer Entrüstung und in Tränen ausbrechend, spielte sie die Rolle der beleidigten vornehmen Dame.

Jeder andere wäre in seinem Verdacht wankend geworden, hätte ein beklagenswertes Mißverständnis gefürchtet, denn sie drohte ihm mit den Gerichten, die eine solche Beleidigung bestrafen würden.

›Nehmen Sie sich in acht! Mein Gatte wird sich an den Minister wenden.‹

›Sie sind nicht vernünftiger als die anderen‹, erklärte Bourdoncle ungeduldig. ›Man wird Sie also durchsuchen müssen.‹

Sie wankte noch immer nicht und sagte mit vornehmer Sicherheit:

›Nun denn, durchsuchen Sie mich ... Doch ich mache Sie darauf aufmerksam, daß Sie Ihrem Haus arge Unannehmlichkeiten zuziehen ...‹

Jouve ging, zwei Verkäuferinnen aus der Korsettabteilung zu holen.

Als er wiederkam, meldete er Bourdoncle, daß die Tochter dieser Dame, die er unbehelligt gelassen, sich von der Tür nicht entfernt habe, und er fragte, ob man nicht auch sie anhalten solle, obwohl er nicht gesehen, daß sie etwas einsteckte.

Bourdoncle, der stets korrekt vorging, entschied, daß man im Interesse der Moral sie nicht hereinführen solle, um eine Mutter nicht zu zwingen, vor ihrer Tochter zu erröten.

Dann zogen sich die beiden Männer in ein Nebenzimmer zurück, während die Verkäuferinnen die Gräfin untersuchten und ihr sogar das Kleid auszogen. Außer den Alençon-Spitzen, einem Stück von zwölf Meter à 1000 Francs, die sie in einem Ärmel verborgen hatte, fanden sie an ihrem Busen, platt gedrückt und warm, ein Taschentuch, einen Fächer, eine Krawatte, im ganzen für etwa 14000 Francs Spitzen.

Seit einem Jahr stahl Madame de Boves so, von einer unbezwinglichen Leidenschaft getrieben.

Diese Anfälle verschlimmerten sich, sie nahmen immer mehr zu, bis sie schließlich für sie zu einem unentbehrlichen, wollüstigen Reiz wurden, den sie unter Außerachtlassung aller Vernunftgründe mit um so größerem Genuß zu befriedigen suchte, als sie dabei vor aller Welt ihren Namen, ihren Stolz, die hohe Stellung ihres Gatten aufs Spiel setzte.

Jetzt, da dieser sie seinen Geldschrank leeren ließ, stahl sie, obwohl sie die Taschen voll Geld hatte, sie stahl, um zu stehlen, so wie man liebt, um zu lieben, angetrieben von einem leidenschaftlichen Begehren, in einer nervösen Überreiztheit, die das ungestillte Verlangen nach Luxus erzeugt hatte, angesichts der ungeheuren und starken Verlockungen der großen Magazine.«
(E. Zola, Paradies der Damen, 333)

Zweifellos gehört der gesamte Komplex diesbezüglicher Süchte (Beutesucht, 1844; Raubsucht, 1759; Stehlsucht, 1719) in den großen Bereich der Habsüchte. Für diese Einordnung ist es völlig unerheblich, ob das Verhalten legal erfolgt oder ob eine Bereicherungsabsicht besteht. Wie bereits oben dargelegt, sind bei zahlreichen –

hauptsächlich legalen – Habsüchten (Gewinnsucht, Profitsucht, Vorteilsucht, Geldsucht) illegale Praktiken nicht ausgeschlossen. Andersherum ist nicht jeder Habsucht eine Bereicherungsabsicht immanent. Bei der Konsum- und Habsucht z.b. ist eine Verschwendung durchaus im Bereich des Möglichen.

So heterogen, wie sich uns der Komplex der legalen Habsüchte gezeigt hat, ist indes auch der illegale. Während es bei der Beute- und Raubsucht um Bereicherung geht, steht bei der Stehlsucht eher die Lust im Vordergrund, die – als Nervenkitzel – während des Klauens auftritt.

Die Zugehörigkeit der Stehlsucht zum größeren Komplex der Habsüchte wird von – der hier bereits des öfteren zitierten – Lore Berger bei ihren entsprechenden Versuchen sehr feinfühlig gespürt:

»Ich wollte mehr kennenlernen. Ich ging in ein Warenhaus und stahl mir eine Tafel Schokolade. Ich hatte das prickelnde Gefühl beim Wegnehmen einer fremden Sache zum erstenmal. Götz hat einmal ein Gedicht geschrieben über › die Freuden der Kleptomanie‹. Die lernte ich jetzt kennen: das Stocken des Herzblutes, die erfüllte Begierde und die Verachtung gegen den Bestohlenen. Wie ich nun so weit erniedrigt war, daß ich zwei kleinere Diebstähle selbständig ausgeführt hatte, wurde mir viel Neues klar: dieses Nehmenwollen und Handausstrecken (wenn dies Worte der deutschen Sprache wären, deren Formschönheit unbedingt geschützt werden muß) – etwas Ursprüngliches wie Essen, Lieben, Töten. Damit freilich hatte ich meine Karriere als Kleptomanin abgeschlossen, und die gute Erziehung siegte mühelos über den schlimmen Anfang.« (Lore Berger, Hügel, 159)

Das Wort Stehlsucht ist inzwischen fast gänzlich aus dem deutschen Sprachschatz verschwunden. Nicht von ungefähr ist an dessen Stelle der Begriff »Kleptomanie« getreten. Damit wird zum Ausdruck gebracht, daß sich nunmehr die wissenschaftliche Medizin dieses Problems angenommen hat und dafür entsprechende Definitionen liefert. Wir dürfen mit Sicherheit annehmen, daß dafür die Illegalität ausschlaggebend war. Die Bedrohung, die für die Besitzenden von dieser Verhaltensweise ausging und -geht, sowie die Tatsache, daß sich die Medizin immer und in erster Linie als Stütze der herrschenden Ordnung begreift, begründen sicherlich, daß sie sich unter allen Habsüchten ausgerechnet für die Kleptomanie interessiert.

Die Form, wie dies geschieht, befördert zusätzlichen Leidensdruck.

Da notwendigerweise auch die allgemeine Moral gegen Stehlen und Dieberei ausgerichtet sein muß, entsteht in der Öffentlichkeit eine entsprechende ideologische Haltung, die den Vorgang des Stehlens mit einem (meist anschließenden) Schamgefühl koppelt. Diese Scham wird von der Medizin unterstrichen, indem die Verhaltensweise vor allem Außenseitern, bereits stigmatisierten Gruppen bzw. den (ja auch insgesamt unterprivilegierten) Frauen zugeschrieben wird.

»Fast nur bei Frauen, aber nicht mit ›Warenhausdiebin‹ identisch, diese sind selten kleptoman! Vorkommen der K. bei Neurotikern, Psychopathen und Schizophrenen.« (Pschyrembel)

Im Umkehrschluß darf ich also, wenn ich bei mir stehlsüchtige Anteile entdecke, vermuten, daß ich entweder eine Frau, neurotisch, psychopathisch oder schizophren bin. Ist wohl denkbar, daß eine derartige Zuordnung bei habsüchtigen Kaufleuten, gewinnsüchtigen Fabrikanten oder raubsüchtigen Fürsten vorgenommen werden könnte?

Was aber macht nun im Sinne der vorliegenden Betrachtungsweise den Suchtcharakter der Kleptomanie aus?

Der uns interessierende Gehalt des Wortes drückt »Besessenheit und leidenschaftliche Liebhaberei, krankhaft übersteigerte Neigung« (Fremdwörter-Duden) in Verbindung mit einer verbotenen Aneignung aus.

Wesentlich dafür sind die Wiederholung und Steigerung und die Unmöglichkeit, das entsprechende Bedürfnis zu unterdrücken, das eigene Verhalten zu kontrollieren.

Weiter begegnet uns in fast allen Definitionen die Feststellung, daß ohne Bereicherungsabsicht oder wirtschaftliche Notwendigkeit gestohlen wird.

Letzterem ist widerspruchslos zuzustimmen. Dies wird auch dadurch unterstrichen, daß meistens alles mögliche, also auch Unnötiges, gar Unbrauchbares gestohlen wird. Oft finden sich bei Stehlsüchtigen ganze Warenlager, die eben nur gestapelt und gesammelt wurden, ohne ver- oder gebraucht zu werden.

Auch hier ist wieder die Nähe zur Habsucht zu erkennen. Immer häufiger treten heute Fälle von Katalog-BestellerInnen oder Kredit-KäuferInnen auf, die Unmengen von Waren und damit auch Unnötiges und Unbrauchbares angeschafft haben.

Etwas schwieriger erscheint mir der Aspekt der »Bereicherung«. Richtig ist, daß Stehlsüchtige nicht stehlen, um reicher im herkömmlichen Sinne zu werden. In vielen Fällen ist es wohl auch so, daß die gestohlenen Sachen anschließend an Bedeutung verlieren, ja geradezu zu einer Belastung werden. Doch gibt es auch Beschreibungen, in denen jedes geraubte Stück – quasi wie bei Sammelsüchtigen – den Kleptomanen lieb und teuer ist. Dies war so beim Kindermädchen Affa im Hause Thomas Mann.

»Da waren sie. Schrank und Kommode füllend, in Pappkartons verstaut, in Winkeln aufgeschichtet, all die Gegenstände, die man vergeblich gesucht und schließlich verloren geglaubt hatte: Regenschirm und Seife, die guten Handschuhe, die Manschettenknöpfe, ach, und was sonst noch alles! Gummischuhe und Salatschüsseln, Spitzentücher und Cervelatwürste, Puppen und Aschenbecher, Juwelen und alte Fetzen: Nichts war Affas rasender Raffsucht zu gering oder zu kostbar gewesen. Offenbar, es war der Raub von Jahren, vielleicht von Jahrzehnten, der sich hier in wirrem Durcheinander stapelte. Was tat die Kleptomanin mit ihren Schätzen? Vergnügte sie sich damit, nachts in Haufen von gestohlenen Krawatten, silbernen Teelöffeln und französischen Luxusausgaben zu wühlen? Schmückte sie sich allein vor dem Spiegel mit dem goldenen Kettchen, das Erika zur Taufe von Omama bekommen hatte und das in grauer Vorzeit rätselhaft verschwunden war?
›All das gehört mir!‹ behauptete Affa schrill, während die Eltern noch starr und sprachlos vor Entsetzen standen. ›Alles mein Eigentum.‹ Wobei sie das Zimmer samt seinem phantastischen Inhalt mit einer weit ausholenden, wilden und gierigen Geste an sich zu ziehen schien. ›Rühren Sie mir nichts an, gnä' Frau! Hände weg, Herr Professor!‹
Sie stritt um jeden einzelnen Gegenstand, eine Megäre mit grün flammendem Blick. ›Das ist mein Spazierstock!‹ kreischte sie. ›Der Herr Professor hat vielleicht einmal einen ähnlichen gehabt, aber dieser da ist mir heilig, ein Andenken von meinem Cousin ... bei Verdun gefallen ... so eine Gemeinheit ...‹« (Klaus Mann, Wendepunkt, 80)

In einem Falle wie diesem dürfen wir annehmen, daß die Stehlsüchtige durch die geraubten Objekte innerlich reicher geworden ist, sich reicher gefühlt hat.
Moralisch-ideologisch ist also eine Bereicherungsabsicht oder doch ein entstehendes Bereicherungsgefühl möglich.

## Raubsucht

Von der hier unternommenen Beschreibung der Stehlsucht/Klepto-
manie unterscheiden sich Beute- und Raubsucht in erheblichem
Maß. Zunächst ist festzustellen, daß beide Begriffe praktisch erloschen sind, ohne daß die gemeinten Verhaltensweisen damit verschwunden wären. Die Beutesucht wird heute durch das Wort
»Plünderungen« ausgedrückt. Mit Raubsucht war ursprünglich
sowohl die Stehlsucht, die Plünderung (z.b. durch Soldaten) als
auch die raffende Gier der Herrscher (»der Fürsten Raubsucht«)
gemeint.
An dieser Stelle erscheint mir wichtig, auf die historische Entwicklung der drei illegalen Habsüchte einzugehen:

raubgierig 1561, Raubgier 1770, Raubsucht 1759
Stehlsucht 1606
Beutesucht 1844

Im Gegensatz zur Stehlsucht steht bei der Beute- und Raubsucht,
die eigentlich treffender mit -gier oder -lust verbunden werden
sollten, der eigene Vorteil im Vordergrund. Das Schamgefühl, wenn
überhaupt vorhanden, tritt zurück, Wiederholung findet nur statt,
wenn die (günstigen) Umstände dies erlauben (also kaum aus
einem inneren Zwang heraus). Während bei der Stehlsucht hauptsächlich die Kleptomanen selbst einen Leidensdruck entwickeln
(die Bestohlenen reagieren meist adäquat durch Preiserhöhung),
sind es bei der Raub- und Beutesucht gerade die Beraubten, die als
Leidende zurückbleiben.
Daß auf diesem Hintergrund zwanghafte Verhaltensweisen entstehen konnten, erscheint nur in extremen Einzelfällen oder für ganz
begrenzte Zeiträume denkbar. So können wir uns Landsknechts-
haufen im Dreißigjährigen Krieg vorstellen, die sich an einen entsprechenden Lebensstil gewöhnt haben, sich am Morden, Brand-
schatzen und Beutemachen berauschen und befriedigen.
Doch auch dies wäre sicherlich in den allermeisten Fällen als -lust
oder -gier zu bezeichnen statt als ein innerer Zwang.
Insgesamt kann es daher nicht verwundern, daß Raub- und Beutesucht als Begriffe wieder erloschen sind.

# Mord- und Streitsüchte

Wer wollte sich freisprechen, Schlechtes über einen anderen Menschen gesprochen zu haben, neidisch über den Erfolg anderer gewesen zu sein oder aus einer galligen Laune heraus andere verspottet zu haben? All dies erscheint uns wohl kaum als ein so großes Vergehen, daß wir die Mühe aufwenden würden, es zu leugnen.
Doch sind wir ebenso ehrlich, wenn es gilt, zuzugeben, daß wir bereits einmal rachsüchtige Mordgedanken gehegt haben?

Der Suchtkomplex, um den es hier gehen wird, vereinigt 30 verschiedene Süchte, die sich zum Teil nur in Nuancen, zum anderen Teil jedoch auch sehr erheblich voneinander unterscheiden. So sind sich Klatsch und Tratsch sehr ähnlich, während sich zwischen Spott und Mord doch eine erhebliche Kluft auftut. Und doch gibt es für diese große Anzahl von Süchten einen gemeinsamen Nenner – dies jedenfalls ließe sich vermuten, wenn sie alle unter einer gleichen Überschrift versammelt werden. Zur näheren Untersuchung soll die Gesamtheit zunächst in drei Gruppen unterteilt werden:

– die Schwatzsüchte,
– die Streitsüchte,
– die Mordsüchte.

Diese Gliederung legt nahe, daß gleichfalls eine Unterscheidung nach dem Grad der Heftigkeit möglich ist. Während die Schwatzsüchte im Allgemeinen bleiben, benötigen die Streitsüchte die Auseinandersetzung mit konkreten Gegnern und die Mordsüchte schließlich das handfeste Sichvergreifen an diesen.


## Schwatzsucht

Die Schwatzsucht – das steht für das uns alle umgebende, stets gegenwärtige Gefühl, alles wissen zu müssen, womit allerdings immer nur das Oberflächliche gemeint ist.
Die sich daraus entwickelnde Zwanghaftigkeit erfüllt die Ansprüche der Normalität und ist daher unauffällig. Während alle, die ihr

gerade nicht unterliegen, darüber lächeln oder sie gar abstoßend finden, kann andererseits von einem Krankheitsbewußtsein keine-Rede sein. Leidensdruck ist nur für die winzige Minderheit denkbar, die – gegen ihren Willen – immer wieder in Anfälle von Schwatzsucht hineingerät:»Eigentlich wollte man den Mund halten, doch dann öffnete er sich quasi von allein.«–»Eigentlich wollte man am Brand-, am Unfallort vorbeifahren, doch dann sah man sich plötzlich unter den Schaulustigen stehen, und ein ganz wenig Scham wurde spürbar.«

Manifestes Leid tritt dagegen nur bei den – an die Öffentlichkeit gezerrten, bloßgestellten oder verleumdeten – Opfern auf.

Merkmale der Schwatzsucht sind also ihre relativ milde Form und ihre Allgegenwart. Wissenwollen und das Bedürfnis nach Austausch sind natürlich und für die Menschen lebensnotwendig. In Form von Streit und gezielten Zänkereien sind diese Bedürfnisse schon frühzeitig mißbraucht worden. Eine die gesamte Gesellschaft betreffende Schwatzsucht scheint dagegen relativ jung zu sein, hat möglicherweise etwas mit der Verbreitung von Zeitungen, der Verdichtung von Kommunikation zu tun.

Auffällig ist, daß die ersten (Sucht-)Belege von 1808 und 1853 stammen:

Schwatzsucht 1808
Klatschsucht 1853
Skandalsucht 1905
Reklamesucht 1922
Tratschsucht 1935
Neuigkeitssucht 1965
Redesucht 1965
Sensationssucht 1965

Sicherlich lassen sich für die meisten Begriffe frühere Belege finden, da die hier genannten mehr oder weniger zufällig registriert wurden, doch kann als sicher gelten, daß im 19. Jh. die Verhaltensweise ihren Namen erhielt, woraus wiederum geschlossen werden kann, daß sie sich damals entwickelte: Der Klatsch wächst besonders in Kleinstädten,»aber keiner weicht vom Fleck, lieber sterben sie elendiglich auf dem Platze, eh sie von dem verfluchten Klatschnest weggehen.« (G. Keller, Brief, 15.10.1853)

Für die Schwatzsucht waren zwei Aspekte genannt worden: das Wissenwollen: die Neugier, und das Bedürfnis nach Austausch – das Reden.

Die genannten Schwatzsüchte betonen entweder den einen oder den anderen Aspekt:

| *Neugier* | *Rede* |
|---|---|
| Skandalsucht | Schwatzsucht |
| Reklamesucht | Klatschsucht |
| Neuigkeitssucht | Tratschsucht |
| Sensationssucht | Redesucht |

Diese inzwischen in der Industriegesellschaft vorhandenen Verhaltensweisen werden von den Medien aufgegriffen, geschürt und verstärkt. So entsteht ein unseliger, sich selbst erhaltender und sogar intensivierender Kreislauf, der die Menschen – oft auf Kosten einzelner – im Oberflächlichen gefangenhält. Dennoch – auch wenn Schaulustige Hilfsmaßnahmen hemmen oder gar neue Unfälle verursachen, wenn damit eine gewisse Verblödung einhergeht – müssen wir konstatieren, daß wir es hier doch mit einer milden Form von Sucht zu tun haben.

Wurde oben von manifestem Leid gesprochen, so sind damit Einzelfälle gemeint, die bereits im Grenzbereich zur Streitsucht liegen.

Das Wesen der Schwatzsucht ist allgemein und unverbindlich und bedient sich häufig herausragender Einzelpersonen bzw. Ereignisse. Die leidenden Opfer sind eher ungewollt in Kauf genommen, als bewußt »fertiggemacht« worden.

Die gezielte Verunglimpfung ist dagegen Bestandteil der Streitsüchte.

Über diesen Grenzbereich gibt es zahllose bekannte Geschichten, Erzählungen, Dramen. Insbesondere das Laien- und Volkstheater beschäftigt sich immer wieder mit diesem Thema.

In der Novelle »Im Brauerhaus« schildert Theodor Storm, wie – auf dem Boden von Aberglauben und Geschwätzigkeit – ein Brauereibetrieb an den Rand des Ruins gebracht wird, ohne daß dies vorher von irgend jemandem gezielt gewollt worden wäre.

Ein interessanter Nebenaspekt ist, daß die Schwatzsucht bislang eher den Frauen zugeordnet wurde.

»Klatschbase: Frau, die gern über andere, abwesende Personen Übles redet, klatscht.«
(Trübner)

»Skandalsucht – Stadtklatsch – altes Weibergewäsch.«
(Dornseiff)

Zwar gibt es in der Tat auch heute noch eine Vielzahl entsprechender (gelber und grüner/bunter) Blätter, die speziell für Frauen gedacht sind und im eigentlichen Sinne nur der Befriedigung und gleichzeitig der Aufrechterhaltung der Schwatzsucht dienen, doch ist heute vor allem die »Bild«-Zeitung zum Träger und Symbol dieser Sucht geworden – und die Bild-Zeitung wird vermutlich mehr von Männern als von Frauen gelesen.
Die Tatsache jedoch, daß Millionen Menschen – egal, ob Männer oder Frauen – an derartige Medien und deren Inhalte gebunden sind, läßt uns die Schwatzsucht aus einer weiteren Perspektive betrachten: Wenn auch wenig heftig, eher milde, so erfüllt die Schwatzsucht doch eine stark gesellschaftserhaltende Rolle.


## Streitsüchte

»Ein glieder- und wassersüchtiger mensch leidet viel, aber ein zanksüchtiger ... mensch noch viel mehr.«
(J. Gotthelf)

Im Unterschied zur Schwatzsucht tritt hier das Wissenwollen zurück, verschwindet fast gänzlich, denn die Streitsüchtigen wissen ja bereits alles und müssen daher sich und ihre Meinung durchsetzen. Allerdings spielt selbst die Richtigkeit der eigenen Meinung eine untergeordnete Rolle, statt dessen wird alles vom Drang nach Auseinandersetzung beherrscht. Dieser Drang beginnt mit einem allgemeinen, undifferenzierten Bedürfnis nach Streit und Zank und spannt sich bis zum heimtückischen Ränkeschmieden.
Deutlich sichtbar tritt die Notwendigkeit von Gegnern bzw. Partnern hervor:

»Wenn zwei sich zanken, haben beide unrecht.«

»Wer allein zankt, zankt nicht lange.«

»Wenn zwei sich streiten, freut sich der dritte.«

Weiter unterscheiden sich die Streitsüchte von den Schwatzsüchten durch ihr frühes Auftreten (bereits im 16. Jh. bekannt) und die frühzeitige Einordnung als Krankheit, die – außerhalb der naturwissenschaftlichen Medizin – auch heute noch vorgenommen wird:

> »zanksüchtig: (1) krankhaft dauernd geneigt zu zanken, scheltsüchtig, mäklig, als Eigenschaft des weiblichen Geschlechts. (2) mit der Sucht zu zanken, zu entzweien, im Zwist zu leben behaftet, in der bürgerlichen Gemeinschaft störende und lästige Erscheinung...« (GW 15, 1956)

Immer wieder begegnen wir in der Literatur Beispielen, in denen zwanghafter Zank und Streit als Krankheit gesehen werden. Sogar körperliche Begleiterscheinungen sind bekannt, so z.B. in den Begriffen Gall- und Milzsucht. Darauf soll an dieser Stelle aber nicht näher eingegangen werden. Obwohl der Streitsucht nahestehend, sind beide auch ohne Gegner denkbar und daher eher als hypochondrische Süchte zu sehen (siehe dort).
Die zwei Pole, die das Bild der Steitsüchte bestimmen, sind das Steiten um seiner selbst willen und das Herabsetzen eines anderen Menschen.

| Streiten | Herabsetzen |
|---|---|
| Steitsucht | Lästersucht |
| Zanksucht | Ränkesucht |
| Disputiersucht | Krittelsucht |
| Parteisucht | Schmähsucht |
| Händelsucht | Scheelsucht |
| | Spottsucht |
| | Tadelsucht |
| | Verkleinerungssucht |

Das Feld der ersten Gruppe wird vom Gehalt des Streits bestimmt. Als Wort bereits im Altsächsischen und Altnordischen vorhanden, enthielt es damals Anteile, die auf Krankheit hindeuten: anord. stridt = Kummer, Schmerz, Bedrängnis. Die Nähe zur Gall- und Milzsucht zeigt, wie auch heute noch empfunden wird, daß nämlich ständig streitende Menschen sich selbst schädigen, Leidende sind, die Kummer und Schmerz in sich tragen. Der Streit ist Ventil und bedeutet gleichzeitig Scham, Reue, Ärger, also neuerlichen Schmerz.

Als Ausdruck für dieses Leid wurden bereits früh die Begriffe Zanksucht (1565) und Streitsucht (1638) geprägt. Die ursprüngliche Bedeutung von Zank ist noch nicht endgültig geklärt, doch scheint ein Hin- und Herzerren eine Rolle zu spielen. Zank und Streit unterscheiden sich heute darin, daß Zank »moralisch« tiefer steht. Der Anlaß ist oft geringfügiger, und wird es doch einmal von einem würdigen Gegenstand gesagt, so setzt das Wort doch die Art des Streits herab. Volkstümlich sind daher sogar Aufforderungen wie: »Jungs, zankt euch nicht, haut euch lieber.« (Trübner) Diese Differenzierung läßt sich auch auf Streit- und Zanksucht übertragen, d.h., die innere Dramatik ist die gleiche, es kocht und brodelt und muß sich Luft verschaffen und dies in einer Form, die hinterher oft bereut wird. Nur äußerlich sind Unterschiede erkennbar, denn die Zanksucht ist kleinlicher. Man mag dies spüren im Worte zänkisch.

Ebenso wie Streitsucht ist Disputiersucht gemeint, enthält also einen aggressiveren Kern als die Redesucht. Noch eine Nuance mehr wird dies durch die Händelsucht ausgedrückt, denn hier nimmt das Streiten schon handfestere Formen an, ist also bereits ein Übergang zur Mordsucht.

Von aktuellem Interesse – wiewohl als Wort untergegangen – dürfte die »Parteisucht« sein. Daher soll auch sie an dieser Stelle kurz gestreift werden.

Partei ist die Bezeichnung für eine abgesonderte Gruppe, die eigene Interessen vertritt, insofern steht sie in Gegnerschaft zu anderen Parteien. Solche Parteien können unterschiedliche Gewänder tragen, müssen also nicht notwendigerweise die von uns heute damit identifizierten politischen Parteien sein.

»Die Erbitterung und Streitsucht der Theologen vergiftete jeden Vorfall.« (Schiller)

Während also heute eher die Streitsucht der Politiker auffällt, ist es im 17. Jh. das Gezänk der Theologen:

»Die zwytracht in dem stat, die zanksucht in der kirch und untreu in dem rath« (Gryphius, 1663)

Statt von Sucht wird heute eher von Fanatismus gesprochen, der die Sache, um die es angeblich geht, in einem fragwürdigen Licht

erscheinen läßt. Zwischenzeitlich wurde dafür auch einmal die Wut als Begriff benutzt, die ja bereits in der Götterwelt eine erhebliche Rolle spielte. (vgl. »wütendes Heer«, S. 47)
Über die »Parteiwuth« schreibt Wieland, daß man davon besessen sein kann, wie vergiftet.
Obwohl man sich damals (um 1800) in der Zeit der Aufklärung befand, zeigt der Ausdruck »Besessenheit«, wie stark süchtige Verhaltensweisen immer noch mit fremden Mächten in Verbindung gebracht werden, auch wenn dies – wie heute – vermutlich eher indirekt geschah.
Dennoch – bis heute spielt der Teufel in der Zanksucht eine gewisse Rolle. Kaum war der Begriff (Zank-, Streitsucht) geprägt, da machte (1590) Th. Birck auch schon einen Zankteufel ausfindig. Und die Aufnahme in den aktuellen Duden zeigt, daß er bis heute lebendig ist. Wie bei manch anderen Teufeleien ist er allerdings doch von der Vernunft gründlich umgedreht worden, denn auch hier ist es heute der Süchtige selbst, der als Zankteufel gilt. So abgeschwächt, ähnelt der Ausdruck fast schon dem »Streithammel«.

Zurück zum eigentlichen Charakter der Streitsucht.

»Auf den zorn folgt zank, d.i. zanksucht, beständige neigung zu widersprechen und streit anzufangen, mürrisches, beleidigendes wesen.«

So beschreibt J. M. Miller 1783 Beginn und Form der Zanksucht. Und neben diesem unergründlichen Zorn sind es vor allem Neid und eine ebenso unergründliche Bosheit, die die Süchtigen in den immerwährenden Zank treiben.

»Ein mensch aus ungedult, zanksucht und bosheit wünschet seinem nächsten nur das böse.« (Dannhauer, 1657)

Da dies natürlich bedrohlich wirkt, wird darüber nur zu leicht vergessen, was die -sucht signalisiert: hier ist Krankheit, eine Manipulation des Willens mit im Spiel. Außerdem ist den Streitsüchtigen zugute zu halten, daß sie sich äußern, denn wie Marie von Ebner-Eschenbach sagt: »Nicht jene, die streiten, sind zu fürchten, sondern jene, die ausweichen.«
Dennoch – die Bedrohung für die Mitmenschen bleibt, vor allem wenn wir bedenken, daß es von der Streit- zur Mordsucht nur ein kleiner Schritt ist. Nicht von ungefähr bilden beide hier einen

gemeinsamen Komplex. Wie oft hören wir davon, daß in einer Art Streitrausch ein Mensch erschlagen wurde!
Die eigentlichen Gründe(?) oder Motoren für die Streitsucht sind so vielfältig wie die Steine am Meer.
Eine Möglichkeit bietet uns Leonhard Frank an. In seinem Roman »Räuberbande« beschreibt er die Entwicklung eines Jungen mit dem Spitznamen

»Oldshatterhand, der seit seinem zwölften Jahre keinen Finger breit gewachsen war, wie ein Schulknabe aussah und seinen Kameraden nur bis zur Brust reichte.
Das war ein großer Schmerz für ihn, der ihn reizbar und streitsüchtig machte. Unvermittelt konnte er, allen voran, die Räuber zu den gefährlichsten Unternehmungen mitreißen, um dann plötzlich, von einer Minute zur andern, ohne erkennbaren Grund bedrückt zu werden, was immer viele Tage lang anhielt, an denen er sich durch unwesentliche Kleinigkeiten schmerzlich verletzt fühlte und maßlose Zornausbrüche bekam.« (Frank, Räuberbande, 151)

Genannt, als wesentlicher Motor, war bereits der Neid.
Für den Verlauf der Streitsucht ist festzuhalten, daß sie – wie andere Süchte auch – zeitweise oder beständig auftreten kann.
Für das Ab und Zu gibt es beim Alkoholismus den Begriff des »Quartalssuffs«, wobei das Quartal nicht wörtlich zu nehmen ist.

in schönes Beispiel einer solchen Quartals-Streitsucht schildert Jurek Becker:

»›Warum bist du so gehässig?‹ fragt Kowalski.
›Darauf kommst du nie‹, sagt Jakob.
Kowalski zuckt mit den Schultern und ißt weiter, heute kann man mit Jakob nicht reden, vielleicht ist er schlecht aufgelegt, an manchen Tagen war er eigentlich schon immer unbegreiflich streitsüchtig. Wenn man in seine ungemütliche Diele gekommen ist, damals, man ist bester Laune reingegangen und hat sich an einen der vielen freien Tische gesetzt und hat Jakob ganz normal gefragt, wie die Geschäfte gehen, wie man eben so fragt, da konnte es einem passieren, daß er nicht normal geantwortet hat, die Geschäfte gehen so und so, wie man es von einem erwachsenen Menschen erwartet, sondern er hat einen angefahren: ›Frag

nicht so dämlich, du brauchst dich ja bloß umzusehen!‹« (Becker, Jakob, 1969)

Und dann gibt es wieder Menschen, die stecken so voller Gift und Galle, daß für sie immer ein Anlaß zu Streit und Zank besteht.

»Wer gern zankt, kann leicht Ursache finden.«

»Der Zänker will *immer* das letzte Wort haben.«

»Zänker sind Stänker.«

Hier wird die Bedrohung wieder deutlicher. Auch unter der Voraussetzung, daß Krankheit vorliegt, sollte sie nicht vergessen werden. Hans Fallada, der bedeutendste Sucht-Fachmann der deutschen Literatur, weist darauf nachdrücklich hin und beschreibt damit auch die Grauzone des Übergangs von der Streit- zur Mordsucht:

»Nur, daß diese Frau böse war, durfte man nicht vergessen, böse: geizig, gierig, streitsüchtig, verkokst, kalt.« (Fallada, Wolf, 263)

Und im Zusammenhang mit Trunksucht:

»In solchen Stadien wurden die Betrunkenen oft streit- und prügelsüchtig.« (Fallada, Jeder stirbt, II – 757)

Eingangs war eine zweite Komponente der Streitsucht genannt worden: die der gezielten Herabsetzung des Gegners. Noch stärker als bei der bisher untersuchten Streit- und Zanksucht tritt hier der Neid als Motor in Erscheinung. Er drückt sich vor allem in der Scheelsucht aus, die in eigenartiger Weise eine ganze Anzahl unterschiedlicher Süchte miteinander verknüpft. So wird sie bei Dornseiff in einen Zusammenhang mit der Selbstsucht, der Habgier, der Gewinnsucht, der Vorteilsucht und der Händelsucht gestellt.
Die früheren Bedeutungen von »scheel« waren krumm (idg.), schräg (germ), schief (mhd.). Aus dem schiefen Blick, dem Schiefansehen wurde dann eine vorwurfsvolle, abschätzige, geringschätzige Haltung, deren negative Tendenz sich in Richtung Mißtrauen, Argwohn, Neid und Mißgunst weiter verstärkt.
Zum ersten Mal ist 1678 eine Beschreibung der »scheelen Haltung« als Krankheit (»Scheelsucht«) belegt. Seitdem wird sie durchgängig als Neid und Mißgunst definiert. Dies führt dicht an die Eifersucht

heran, die aber dort im Vordergrund stehende Liebe fehlt hier ganz, statt dessen sind Scheelsüchtige vorwiegend von einer feindseligen Gesinnung erfüllt.

Bereits bei der Definition von Neid treten nebenseitig auch Kummer und Betrübnis auf. Dies könnte als Hinweis auf Schmerzen und Krankheit genommen werden. Durch seinen ähnlichen Gehalt und die zusätzliche Betonung, die sich im Wortteil -sucht ausdrückt, wird dieser (Krankheits-)Aspekt im Begriff »Scheelsucht« noch verstärkt.

Die Zwanghaftigkeit, die wir hier vermuten dürfen, wurde bereits 1787 von Gotter empfunden: »scheelsucht wird euch unterdrücken, argwohn tückisch euch belauschen.«

Katastrophale Folgen können auftreten, wenn Scheelsucht in politisches Denken und Handeln Einzug hält:

»Wer dem Befehl eines Kurzsichtigen oder Scheelsüchtigen blindlings folgt, sieht nicht weiter und nicht klarer und nicht mehr als der Befehlshaber. Millionen sahen nicht weiter und klarer als ihr ›Führer‹; sie folgten ihm in den Abgrund, weil er ihnen weismachte, er ähe in der Ferne den Triumphbogen.« (Kantorowicz, Tagebuch II, 276)

Wir sollten hier vielleicht noch ergänzen, daß es der Triumphbogen des Nachbarn war, den es zu erobern galt!

Die Scheelsucht gilt uns hier als Oberbegriff über alle Streitsüchte, bei denen die Herabsetzung des Gegners im Vordergrund steht. Sie reichen von der eher milden Spottsucht bis zur gefährlichen Ränkesucht.

War nun bei der Streit- und Zänkesucht das eigene Leiden deutlich hervorgetreten, kann es hier nur sehr indirekt – über den zugrundeliegenden, alles zerfressenden Neid – empfunden werden. Wie schon bei der Schwatzsucht sind es auch hier die anderen, die Herabgesetzten, die zu leiden haben. Dies wird in unserer Sprache durch das Wort ›kränken‹ ausgedrückt. So ist der Spott seit ahd. Zeit eine Art Hohn, wobei das Lächerliche ebenso stark ist wie das Kränkende (Trübner). Es ist geradezu so, daß der Kränkung eines anderen Menschen die Lust und Genugtuung der Spottenden, Schmähenden, Tadelnden entsprechen. Je stärker die Verleumder und Lästerer andere kränken, desto mehr Lust empfinden sie. Auch hier wird wieder Bosheit als Motor konstatiert: »man macht sich boshaft über Fehler und Gefühle anderer lustig.« – »Spottsucht: bösartige Spottlust« (Wö DDR) – »Tadelsucht ist Bosheit.« (Kant)

Während es bei Spott-, Schmäh-, Tadel-, Läster-, Krittel- und Verkleinerungssucht um die Lust beim Ausüben der Sucht geht, ist für den Süchtigen bei der Verleumdung und der Ränkesucht der höchste Schaden des Gegners der größte Genuß.

Die erstgenannten Süchte unterscheiden sich wieder durch Nuancen. So ist die Krittelsucht eher kleinlich und kann daher von Außenstehenden auch leichter als ungerechtfertigt erkannt werden. Lästersucht entfaltet sich dagegen vornehmlich in Abwesenheit der Herabgesetzten. Wie die Scheel- und Tadelsucht ist sie bereits im 17. Jh. übel aufgefallen. Nicht verwunderlich, daß daher auch hier wieder Teufel aufgespürt wurden:

Der bereits zitierte Birk (1532) machte neben dem »Zankteuffel« auch einen »Schmähteuffel« ausfindig.

Die genannten Aspekte der Scheelsüchte treten in einer kleinen Geschichte über die Schmähsucht (schmähen – urspr. jmd. oder etwas verkleinern, einem Unehre antun; Trübner) zutage, die von Ricarda Huch aus dem Dreißigjährigen Krieg erzählt wird.

»Bei der Tafel, zu der Wallenstein die Herren lud, wurden sie gesprächig und erzählten, daß so viel Zwist und Hader zu Regensburg sei, dergleichen nie bei einer Reichsversammlung vorgekommen. Am Tage, bevor sie abgereist wären, hätte es bei einem Gastmahl, das Eggenberg ausgerichtet hätte, ein abscheuliches Ärgernis gegeben, das über den Erzbischof von Trier, Philipp von Sötern, hergekommen sei. Da habe der Kaiser dem Kurfürsten mit freundlichen Worten gedankt, weil er seiner Tante, der Erzherzogin Isabella, ein Partikel des heiligen Rockes geschenkt habe, worauf sie längst begierig gewesen sei. Hierüber sei etwas Zischen und Lachen entstanden, und es habe der von Köln angebracht, daß schmähsüchtige Leute behaupteten, die gute Fürstin sei betrogen und bete statt des Rockes Christi einen alten Hemdenzipfel des Kurfürsten von Trier an.« (R. Huch, Der große Krieg, 176)

Mit der Schmähsucht zusammenhängend, doch diese um mehrere Grade von Bosheit übertreffend, stellen Verleumdung und Ränkesucht gewissermaßen den Gipfel der Streitsucht dar. Die Gemeinsamkeit wird zunächst noch einmal von Dornseiff herausgestellt. Unter den Stichworten »Gesellschaft, Verleumdung« ordnet er folgende Süchte ein: »klatschsüchtig . lästersüchtig . schmählustig . verkleinerungssüchtig . verleumderisch«.

Verleumdung und Ränke sind bereits Mittel des Krieges und führen wie die übelsten Formen der Streitsucht direkt in den Grenzbereich zur Mordsucht.

»Das leidige schendliche laster, afterreden oder verleumden, damit uns der teuffel reitet, davon viel zu reden were; denn es ist eine gemeine, schedliche Plage, das yederman lieber böses dann guts von den nehisten höret sagen.« (Luther, 1529)

»Der Verleumder hat den Teufel auf der Zunge, und der ihm zuhört, in den Ohren.«

»Nichts rettet Macht und Größe vor dem Gift der Schmähsucht. Auch die reinste Unschuld trifft die Verleumdung hinterrücks.« (Shakespeare)

Der mordenden Konsequenz der Ränkesucht hat Schiller in »Kabale und Liebe« ein bleibendes Denkmal gesetzt. Und besonders deutlich tritt das Gemeinsame von Ränke- und Eifersucht im »Othello« zutage.
Die Süchtigen werden auch zuweilen Schmiede genannt: Ränkeschmiede – so fest halten die von ihnen ausgelegten Bande!
Wichtig ist ihnen – und dieses Kriterium steht über allem –, anderen zu schaden. Nicht intensiv genug kann dies Geschäft betrieben werden, denn – wie schon oben angedeutet – je größer der Schaden, je vollständiger die Vernichtung, desto stärker das Gefühl von Lust und Befriedigung.

### Mordsüchte

»die tobsucht, welche dir die sinne so verrucket
dasz du schon oft auf dich das mässer hast gezukket.«
(Rompler, 1647)

Obwohl in der Geschichte der Menschheit eine herausragende Rolle spielend, sind gerade die heftigsten der Mordsüchte (Kampf-, Vernichtungs-, Kriegs-, Mord- und Blutsucht) aus unserer Sprache verschwunden. Verbunden mit Lust (Mordlust), Wut (Zerstörungswut) und Gier (Blutgier) sind sie dennoch lebendig und verweisen auf archaische, elementare Kräfte, die in den Menschen wirken und zum Ausbruch gelangen können.
Die hier als Mordsüchte zusammengefaßt sind, unterscheiden sich

gegenüber den Schwatz- und Streitsüchten durch ein enormes Maß an Aggressivität. Obwohl nicht alle auf Vernichtung ausgerichtet sind, geht es doch immer um die Schädigung von GegnerInnen.

| | | | |
|---|---|---|---|
| Tobsucht | Rachsucht | Mordsucht | Kriegssucht |
| Zerstörungs- | Verfolgungs- | Blutsucht | Vernichtungs- |
| lust | sucht | Blutrausch | sucht |
| | Blutrache | Mordlust | kriegslüstern |
| | | Schießwut | |
| | | (Lustmord) | |

Durch die vorgenommene Zuordnung fallen einige Besonderheiten auf. Zum einen wächst das Potential der Aggressivität. Allerdings sind die Übergänge fließend, aus Tobsucht kann leicht der Mord geschehen, in der Rachsucht kann die Tobsucht enthalten sein usw. Zum anderen ist von Bedeutung, daß ein individuelles Verhalten (Tobsucht) auf der gesellschaftlichen/staatlichen Ebene in ähnlicher Form auftritt (Kriegssucht). Gerade angesichts dieser Erkenntnis stellt sich wieder die Frage nach Schicksal, Verantwortung und Krankheit.

Bekanntlich sind die alten Sagen voll von Berichten über kriegslüsterne und mordgierige Helden, oft verstrickt in ein tragisches, unabänderliches Schicksal. Sieht man genauer hin, so kann dieses Schicksal aber auch als ein zwanghaftes Verhalten gedeutet werden, aus dem sich die Handelnden vermöge eigenen Willens nicht mehr befreien können.

Deutlich tritt dies als mythisches Motiv in der Sage von Hedin und Hild zutage.

»In grauer Vorzeit herrschte an der Ostsee der mächtige König Högni. Seine Tochter Hild war wegen ihrer Schönheit weithin berühmt, doch wurde sie von ihrem Vater so eifersüchtig gehütet, daß jedes Werben um sie vergeblich war. Daher beschloß der junge Königssohn Hedin sie zu rauben. Ohne sich jemals gesehen zu haben, soll in beiden eine unbezwingliche Liebe zueinander erwachsen sein.

Der Raub gelang, doch machte Högni sich sofort an die Verfolgung. Auf einer Insel bei Rügen stellte er Hedin und dessen Männer.

Alle Vermittlungsversuche Hilds fruchteten nichts, und eine Schlacht begann, die so hart und blutig war, daß sie damals unter dem Namen ›Hiadningavid‹, das heißt ›Kampf Hedins und seiner Mannen‹, in allen Ländern berühmt geworden ist. Sie währte den ganzen Tag, und als es Abend war, gingen die Könige zu ihren Schiffen; Hild jedoch begab sich auf die Walstatt und erweckte alle Gefallenen zu neuem Leben. Am nächsten Morgen kamen Hedin und Högni wieder auf das Schlachtfeld und begannen ihren Kampf aufs neue, der wieder bis zum Abend währte. So ging es nun Tag für Tag. Wenn die Nacht hereinbrach, wurden alle Gefallenen samt ihren Waffen zu Stein, sobald aber der Morgen kam, standen alle Toten auf, ihre Waffen erhielten wieder ihre alte Beschaffenheit, und die Schlacht nahm ihren Fortgang. So wird es weitergehen, bis das Ende der Welt kommt und die Götter vergehen.« (Dt. Heldensagen, 200)

Werden wir bis zum Weltuntergang, bis zum Ragnarök zwanghaft an Kampf und Krieg gebunden sein? Treibt die Menschheitsgeschichte, wie die alten Mythen uns sagen, zwanghaft auf ein alles zerstörendes Vernichtungswerk zu? Wird in dem Toben der Schlacht alles Leben zu Ende gehen, um erst daraus, geläutert, etwas Neues entstehen zu lassen? – Oder wird es den Menschen mittels Vernunft gelingen, diesen Zwang zu durchbrechen?


### Tobsucht / Rachsucht

Die Sinnen- und Willenlosigkeit dieses mörderischen Zwangs, der zumeist natürlich bei einzelnen Menschen auftritt, wird am übergreifendsten in der Tobsucht ausgedrückt. Wird damit in der heutigen Medizin ein ganz eingeschränktes Krankheitsbild psychotischer Anfälle gemeint, so galt dieser Begriff – als eines der frühesten Suchtworte – für ein ganz breites Bild verschiedenster Zustände aggressiven Außer-sich-Seins.

»Tobsucht« wurde bereits im frühen Mittelalter mit »Raserei, Tollheit, Wut, Wahnsinn« übersetzt, Begriffe, die oben als Hinweise und Hilfen diskutiert wurden, aus denen sich eine Sucht bildet oder zusammensetzt.

In verwirrender Weise bilden die genannten Begriffe ein Geflecht, das verschiedene Nuancen von Krankheit verbindet. Dabei steht offensichtlich die Wut im Zentrum, tritt Sucht hinzu, wird dadurch der Krankheitszustand angezeigt (suht dera uuoti). Tatsächlich läßt sich auch »Wuthsucht« nachweisen. In den gefundenen Belegen ist damit zwar die Tollwut gemeint (die wiederum vor 1800 als »tolle Sucht« oder »Tollsucht« bezeichnet wurde), doch ist anzunehmen, daß das Wort schon länger existiert und vorher ein breiteres Bedeutungsspektrum hatte.

War oben bereits vom »wütenden Heer« gesprochen worden, so gibt es in der Mythologie auch eine Entsprechung bei den Menschen. Krieger, die in »sinnlose« Anfälle von Raserei verfielen, wurden »Berserker« genannt. In der Geschichte vom Schwert Tyrfing wird eine solche Gruppe beschrieben:

> »Die elf Brüder Angantyrs ... waren Berserker, und wenn sie ausfuhren, so waren sie stets alle zwölf allein auf dem Schiff. Weite Wikingerzüge unternahmen sie, bei denen sie stets den Sieg errangen. Wenn die Berserkerwut über sie kam, verließen sie ihre Schiffe und begaben sich an Land, wo sie sich auf Bäume und große Steine stürzten. Das taten sie darum, weil es sich schon zugetragen hatte, daß sie in ihrer besinnungslosen Wut die Mannschaft ihrer eigenen Schiffe angefallen und bis auf den letzten Mann getötet hatten.« (Die Sagen, 203)

In frühen Belegen bei Hartmann von Aue (Iwein) und Konrad von Würzburg tritt Tobsucht im Zusammenhang mit Zorn und Liebe auf. Sie äußert sich als melancholischer Zustand und drückt sich im Schlagen und Messerstechen aus.

Immer wieder wird von sinnloser Wut gesprochen, von hemmungsloser Zerstörung. Wie bei der Spielsucht reicht manchmal ein einziger Anfall, um dadurch das ganze weitere (eigene oder fremde) Leben zu bestimmen, zu verpfuschen. Von Haß, Zorn, Neid und Wut übermannt, treten Vernunft und kontrollierter Wille in den Hintergrund, um anschließend oft voller Scham und Reue zu erwachen. Derartige Beschreibungen elementarer Gewaltausbrüche finden wir in unendlicher Folge (als Tobsucht bezeichnet) seit dem 12. Jh.

Und dies nicht nur im privaten, sondern auch im politischen Bereich. Noch kaum vergangen, in Nachwirkungen immer noch spürbar, wütete die Tobsucht vor, in und nach dem Zweiten Weltkrieg.

In aufschlußreicher Folge bezeichnet Kantorowicz zunächst Hitler als Tobsüchtigen, der sich in manischen Ausbrüchen gegen Juden, Kommunisten und Intellektuelle austobte, dann den Kommunisten André Marty, über dessen Tobsucht während des spanischen Bürgerkrieges grausige Gerüchte umliefen, der nicht wenige Mitkämpfer auf Verdacht hin habe umbringen lassen, und schließlich beschreibt er die frühe Phase der Gleichschaltung in der DDR:

»Es ist, als ob eine Horde entfesselter Tobsüchtiger in einem Porzellanladen herumtrampelt. Scherben. Scherben. Die Kristallnächte der Funktionäre.« (Kantorowicz, Tagebuch I 74, II 205, 626)

Verbindet sich die Wut der Tobsucht mit einem vermeintlich oder tatsächlich erlittenen Unrecht, so sprechen wir von Rachsucht. Normalerweise ist sie an ein bestimmtes Ereignis gebunden. Der dabei aufkeimende Haß ist insofern zwanghaft, als er so lange nicht stillbar ist, wie keine Rache gelingt.

War früher Rache ein altes Rechtswort, das die gerechtfertigte Verfolgung eines Übeltäters durch den Geschädigten bezeichnete, so gilt in christlicher Anschauung Rache als verwerflich. (»Mein ist die Rache, spricht Gott«, Röm. 12, 19.)

Seitdem kann sie nicht mehr als legitimes Recht angesehen werden, sondern entspringt ausschließlich dem Haß und der Leidenschaft. »An solcher in Leidenschaft ausgeübten Rache kann der Täter seine Freude haben, sie erscheint süß.« (Trübner)

Wohl nicht von ungefähr hält das Wort mit der Bibelübersetzung durch Luther Einzug in die deutsche Sprache (Luther, 1520). Der Tatbestand selbst wurde jedoch schon – wie Tobsucht – in zahlreichen alten Sagen beschrieben. Die berühmteste Geschichte unseres Sprachraums darüber ist sicherlich die Nibelungensage, deren erster Teil von der Habsucht und deren zweiter Teil von der Eifersucht bestimmt ist. Nachdem jedoch Sigurd-Siegfried umgebracht wurde und Hagen den Nibelungenschatz raubte, wurde die Rachsucht (Kriemhilds) zum treibenden Motiv des dritten Teils. Jahrelang bereitet sie den schließlich entscheidenden Schlag vor.

Gier, Durst und Verlangen treiben den Süchtigen voran. Da aber in diesem Fall das eine erlittene Unrecht im Vordergrund steht, wird diese Sucht durch den Vollzug der Rache geheilt, es sei denn, daraus ist wiederum ein derartiges Schuldgefühl erwachsen, daß dies das gesamte künftige Leben bestimmt. Das Besondere der Rachsucht liegt jedoch darin, daß – neben einem inneren Motor – die zwanghafte Dynamik von außen auf die Menschen wirken kann:

»Rache zieht wieder Rache nach sich.«

»Einer Rache gebührt die andere.«

Seinen grausigen Gipfel erreicht dies in der Blutrache, die sich durch tradierte Gesetze über Generationen hinweg erhält und die betroffenen Menschen zu Rache und Blutvergießen zwingt, bis auch sie einmal diesen Kreislauf versuchen zu durchbrechen oder die Dynamik des Zwangs/der Sucht erlahmt. Nicht auf der Grundlage sorgfältiger Prüfung oder exakter Vergeltung entfaltet sich die Rachsucht, sondern ohne Nachdenken, blind, wie in einem trunkenen Rausch. Ebendies macht ja die Sucht aus, daß das Gefühl den Willen bestimmt.

Menschen aller gesellschaftlichen Schichten können rachsüchtig werden. In literarischen Beispielen finden wir den Beamten neben dem Zuhälter. Gleichzeitig dienen ihnen die unterschiedlichsten Anlässe zur Entwicklung von Zorn und Rachedurst.

Fallada beschreibt einen kleinen, »rachsüchtigen Beamten, der seinen freien Sonntag dazu benutzt hatte, die Mieterin über ihm zu bespitzeln. Er hatte einen Zorn auf sie, weil sie morgens lange schlief.« (Fallada, Jeder stirbt II, 40)

Der Zuhälter dagegen tritt offensiv auf. Gerhart Hauptmann setzt ihm ein Denkmal:

>»Man fürchtete übrigens allgemein den Jähzorn und die Rachsucht des Schwarzen Karl, der oft schon durch ein ganz harmloses Wort in seiner Ehre verletzt werden konnte. Es kam hinzu, daß er, wie viele Verbrechernaturen, feurig und im gleichen Maße von Eitelkeit, geschlechtlicher Gier und Geldgier erfüllt, ein gefürchteter Abgott der käuflichen Mädchen war.« (Hauptmann, Quint, 437)

Ähnlich der Tobsucht finden sich rachsüchtige Vorgehensweisen auch in der Politik. Aus diesem und über dieses Lager berichtet Alfred Kantorowicz, ein deutscher Schriftsteller und Wissenschaftler. Er war KPD-Mitglied, kämpfte in den Internationalen Brigaden und war später Germanistikprofessor in der DDR. Nur seiner eigenen Vernunft verpflichtet, zog er sich stets den Zorn der Herrschenden zu. Nur mit knapper Not der »Rachsucht Ulbrichts« entronnen (1956!), bekommt es zu tun mit dem in Bayern für Flüchtlinge »zuständigen Ministerium, das von einem ehemaligen HJ-Führer und besonders schneidigen Sonntagsredner geleitet wird und mit vormaligen Hitlerschen Rechstreuhändern, verurteilten Kriegsverbrechern, NS-Schriftleitern ... vollgestopft ist«. Aus dieser Bürokratie schlagen ihm nun wiederum »Intelligenzfeindschaft, Rachsucht, Rabulistik und stupende Ignoranz« entgegen, so daß er weder als politischer Flüchtling aus der DDR noch als Verfolgter des NS-Regimes anerkannt wird. (Kantorowicz, Tagebuch II, 715)

Zynisch könnte man sagen: Wer sich derart engagiert, muß sich über die Rachsucht seiner Gegner nicht wundern.

Nach Teufeln suchen wir hier vergebens, statt dessen sind es Göttergestalten, die für Rache sorgen: die Erinnyen, in der griechischen Mythologie Rächerinnen von Freveln, besonders Bluttaten. Ist es denkbar, auf Rachegedanken zu verzichten?

>Es gibt ein Kreuz in grauer, teuflischer Einsamkeit. An diesem furchtbaren Kreuz hängt der krummgenagelte Mensch, der nicht mehr rachsüchtig sein, sich nicht mehr wehren kann und will.<
(Frank, Räuberbande, 313)

Vor allem sind es also Lust und Wut (Raserei), die Menschen in mörderische Süchte hineintreiben können. Vom bewußt geplanten und vollzogenen Mord kann hier keine Rede sein, Sucht meint immer die Unterdrückung eines rationalen Willens, die Vorherrschaft der Gefühle.

Dies kann im Fall der Mordsucht unterschiedliche Formen annehmen, die aber alle mit Aggressionen (Wut und Raserei) einhergehen, die letztlich auf Vernichtung des Gegners abzielen.

Bereits zu einer Zeit, in der Sucht allgemein für alle Krankheiten galt, wurde der unkontrollierte Wutausbruch als krankhaft (Tobsucht) angesehen.

Anzumerken wäre an dieser Stelle, daß außerdem der häufige, der regelmäßige, der physisch-bedingte Anfall sowie Wutausbrüche aufgrund spezifischer Geisteskrankheiten seit dem 12. Jh. als Tobsucht bezeichnet wurden. Daher wurde oben von Tobsucht als von einem übergeordneten Begriff gesprochen.

Im Zuge der Umwertung von Sucht im 16. Jh., als sich – außerhalb der Medizin – das Bild einer Krankheit herausbildete, die hauptseitig Geist und Seele und nebenseitig den Körper ergriff, reiht sich Tobsucht in die nun entstehenden Krankheitsdefinitionen der Mordsüchte ein, die als krankhafte Entartung des Gefühlslebens zu interpretieren sind:

Tobsucht 1205
Blutsucht 1520
Mordsucht 1642
Kriegssucht 1648
Verfolgungssucht 1783

Wenn auch inzwischen – außer Rach- und Tobsucht – alle anderen Begriffe wieder verschwunden sind, so lebt ihr Gehalt in den aktuellen Worten Schießwut, Zerstörungslust, Kriegslust, mordlüstern, Vernichtungslust, -krieg, -wahn, Blutrausch, Mordlust weiter. Wie wir aus dem Mythos des immerwährenden Krieges erfahren haben – und dies wird durch die archaischen Wurzeln der Wut noch betont –, geht es hier um uralte Bedürfnisse und Verhaltensweisen des Menschen. Angesichts der Grausamkeiten während der Zeit der NS-Herrschaft sollten wir uns davor hüten, sie für überwunden, für endgültig kulturell kontrolliert zu halten. Selbst im individuellen, persönlichen Bereich können wir Zerstörungslust im Kleinkindalter beobachten. Aufmerksam sollten wir jeden Beginn solcher Entwicklungen registrieren, um sie durch Willen, Vernunft und entgegengesetzte Gefühle unter Kontrolle halten zu können. Ein Beginn verbindet sich mit der Lust, die eben auch bei der Wut erlebt werden kann. Dies auszublenden aus unserem Leben kann zwar kein wünschenswertes Ziel sein, doch muß der Einstieg in Wiederholung und das Bedürfnis zur Luststeigerung vermieden werden.

Dabei müssen wir noch unterscheiden zwischen dem individuellen Prozeß, der vor allem duch die Mord- und Blutsucht repräsentiert wird, und dem gesellschaftlichen, in dem wir uns mit unseren persönlichen Bedürfnissen verstecken können. Gemeint ist vor allem die Kriegssucht. Bereits 1560 definiert Luther den Unterschied zwischen solchen Kriegen, die aus Not entstehen, und solchen, die der Befriedigung von Lust dienen. Letzteren liegt die Lust zum Kampf zugrunde bzw. die Lust, die der Kampf gewährt. Doch mag auch die Befriedigung von Wut, Haß oder Rachegefühlen eine Rolle spielen.

>>Fürwahr es drängt sich Brust an Brust
voll Lebensmacht und Kampfeslust.<< (Goethe)

Krieg macht es also möglich, ungehemmt die Zügel schießen zu lassen, krankhafte (weil zwanghafte) Bedürfnisse auszuleben.

>>Rußland hatte nur einen Vorteil für Reidel gehabt – er hatte dort schießen können. Schießen bedeutete für ihn: die Knarre auf lebende, sich bewegende Objekte halten. Die Erinnerung an im Lauf zusammenstürzende oder sich in ihrer vermeintlichen Dekkung gequält zur Seite legende Rotarmisten könnte ihn gelegentlich halb krank machen. In letzter Zeit geriet er manchmal in Zustände, von denen er nicht wußte, daß sie Depressionen waren. Während solcher Zustände empfand er es als unerträg-

lich, seit einem halben Jahr nicht mehr zum Schuß gekommen zu sein. Von der Griffolge, die den militärischen Schuß auslöst, liebte Reidel am stärksten die lautlose und geringfügige Bewegung, mit welcher der Zeigefinger der rechten Hand den Drücker bis zum Druckpunkt führt. Nicht daß sie ihm wichtiger gewesen wäre als ihre Fortsetzung über diesen Punkt hinaus, aber er war in dieses letzte Durchkrümmen des Fingers vor dem Knall so vernarrt, daß seine Kameraden und Vorgesetzten ihn häufig erblickten, wie er den Gewehranschlag übte. Jedenfalls nahmen sie an, er trainiere. Einmal, im Schießstand, hatte ein Offizier, nachdem er eine Weile neben ihm gestanden, ihn beobachtet hatte, gesagt: ›Reidel, Sie sind schießwütig!‹
Schießwut und langer Zwang, auf sie zu verzichten – so einfache und natürliche Beweggründe erklären also, warum Reidel im ersten Moment stark verführt war, dafür zu sorgen, daß der Kerl dort oben auf dem Hang die Arschbacken zusammenkniff. Er würde ihn zu einem Sieb machen.« (Andersch, Winterspelt, 134)

Deutlich treten hier Entzugsmechanismen zutage – Beobachtungen, die nach allen Kriegen gemacht werden können: die entfesselte Lust kann nicht mehr unter Kontrolle gebracht werden.

»kriegssucht – krankhafte kriegslust« – »leichtsinn (gilt als) witz und kriegssucht als heldenmuth.« (1751; GW5)

»Süchtig bin ich geworden, kriegssüchtig! – Hast du etwas gesagt, Blinder? Sagtest du ›Sklave‹?« (Nadolny, Langsamkeit, 153)

Neben der Erklärung, daß es ureigenste Bedürfnisse sind, die hier – entfesselt – sich entfalten, gibt es den Mythos des Dämons.

»die gegend raucht, die kriegswuth brüllet.« (Seume)

»eine räuberische kriegswuth bemächtigte sich der römer.« (Schlosser)

(Hier wird die Wut des Krieges als Dämon gedacht.) Doch 1866 wird selbstkritisch gefragt:

»ist dieser Kriegsteufel in unserem Blut ein nicht zeitgemässer Überrest aus dem Mittelalter?« (GW 5)

Im Übergang zur ganz eigenen, selbst erantworteten Mordsucht gibt es noch eine andere Nische: die der Folter- und Henkersknechte.
So einer war Hermann Hutt, Scharfrichter der Nazis:

»Damals in Hamburg. Daß es gerade in Hamburg war. Hermann Hutts Rache an der Guillotine, die ihn jahrelang geprellt hatte. Vier Männer an einem Vormittag. Hintereinander weg. Und er hatte nicht mit der Wimper gezuckt. Niemand kann ihm nachsagen, daß er mit den Nerven nicht durchgehalten hätte. Vier Kerle, die standen. Bis die Köpfe rollen, sagen sie immer alle. Aber das ist nicht so. Sie fallen in einen Korb. Man muß nicht auf die Köpfe sehen. Man muß auf den Rumpf sehen, wie das Blut vorschießt, so viel, so rot und so wild. Viere hintereinander weg. Damals habe ich das Dritte Reich aus der Taufe gehoben, denkt Hermann Hutt. Er denkt das nur. Einmal hatte er es in Magdeburg dem Sturmbannführer gesagt. Aber der hatte ihn stehen lassen ohne ein Wort zu sagen ...
Was wissen sie alle denn davon, daß er, Hermann Hutt, der das Staatsbeil führte, gerade dann und nur dann sich Mann fühlte, wenn er tötete ... Nah verwandt sind Lieben und Töten. Leben schaffen und Leben vernichten, so nah verwandt. Hatten das die Menschen aus Hermann Hutt gemacht, war da nicht auch die Natur mit dabei? Und was war in ihm? Die Hochzeitsstunde auf dem Zuchthaushof. Angetreten zum Karree. Achtung, präsentiert das Gewehr. Die Bretter des Schafotts ragen schräg und unendlich hoch ins Firmament, der Himmel sackt hinter Mauern ab. Zwei Satansknechte werfen die Braut nieder. Es schwankt im Schaukelbrett. Zwei dicke Hände mit Ringen darauf, umklammern den Stiel der Reichsaxt. Heben sie hoch empor, welch ein Schwung. Alles ist rot, dunkel und doch rot, und der blanke Stahl blitzt für einer Sekunde Bruchteil wie ein blühender Stern, ein Meteor, und fährt so nieder. Alle Kraft, alle Macht der Welt ist in diesem schmetternden Schlag. Und da schießt das Blut hervor, Blut, der Urquell!« (Steinfeld, Ein Mann, 68)

Die Empfindungen des Hermann Hutt gemahnen an Lustmord, eine grausige Verbindung zwischen der Mordsucht und einem krankhaften Sexualverhalten.

»Ein Mensch soll des anderen Gott seyn und ist des anderen Wolf geworden.«

256

Das hat auch das fließende Blut gemacht, daß Lust entstand – und Durst, Durst nach mehr. Und als es floß, da wurden sie trunken davon, und das war der Blutrausch, früher einmal bezeichnet als Blutsucht.

Aber wenn Krieg und Tyrannei zu Ende sind? Dann haben wir noch den Traum – und wir haben die Jagd:

>In das Dunkel des Walds
War das rotäugige Wild geflohen.
Schwarzes Blut trocknete
An der Eiche Laub.

Blut war an unseren Händen,
Und das Echo des Tanns
War unserer Mordlust
Reines Gelächter.«
(Friedrich Georg Jünger, Waldnacht)

Die Lust macht es deutlich: Wie schon bei den Schwatz- und Streitsüchten leiden die Süchtigen allerhöchstens indirekt, vordringlich befriedigen sie ihr Lustbedürfnis. Dies aber geht nicht allein, dazu bedarf es anderer Menschen, die leiden, bluten, sterben müssen. Wenn bei den Süchtigen Leid entsteht, ist es zumeist der Entzug, der dies bewirkt. So, wenn ein Krieg zu Ende geht, oder so, als ein bereits avisiertes Opfer Hermann Hutts begnadigt werden soll. Also ein umgekehrter Prozeß im Vergleich zu den meisten anderen Süchten!

Werfen wir noch einen letzten Blick auf die Verfolgung: Während beim Verfolgungswahn die Betroffenen die Leidenden sind, meint die Verfolgungssucht, Lust beim fortwährenden Verfolgen, Unterdrücken und Ausmerzen Andersdenkender, Schwächerer.

## Leidenssüchte

Als Leidenssüchte sollen hier diejenigen verstanden werden, die dazu geeignet sind, durch Einbildung den Betroffenen (Süchtigen) körperlichen, psychischen und psychosozialen Schaden zuzufügen. Im Grunde gilt dies für die allermeisten Süchte, doch ist hier die Konsequenz radikaler, der Weg direkter.

Wieder können wir zwei Arten unterscheiden: diejenigen, bei

denen es um Ordnung und Sauberkeit geht, und diejenigen, die durch Ärgern und Jammern krank machen.

Die ersteren sind – zumindest als Begriffe – neu aufgetaucht, gehören also ins 20. Jh., die zweite Kategorie dagegen entstand bereits drei- bis vierhundert Jahre vorher.

Sauberkeit und Ordnung – das weckt Erinnerungen an die Aufbruchszeit der 50er und 60er Jahre. Aber die Deutschen waren natürlich schon immer ordentlich und sauber.

»Tante Amalie hatte sie ... geplagt mit Reinlichkeitswut und mit Ordnung; ... ihr Wunsch, die Familie auf der Höhe zu halten, (hatte) aus jedem ungeputzten Schuh, jedem zerbrochenen Teller, jedem verlorenen Taschentuch einen moralischen Mangel gemacht, einen tückischen Angriff auf den ohnedies gefährdeten Besitz.« (Seghers, Toten, 31)

Aus deutscher Sicht wird die Ordnungswut zur Ordnungsliebe (ausgeprägte Neigung, Ordnung zu halten), und selbst der Ordnungsfimmel ist bei uns nur eine übertriebene Ordnungsliebe (Dt. Wörterbuch). Die Putzsucht, die ja früher das Sich-Herausputzen meinte, wird jetzt als übertriebene Neigung zum Putzen (also Saubermachen) definiert. Ein Putzteufel ist »jemand (meistens eine Frau), dessen häufiges und gründliches Putzen als übertrieben und lästig empfunden wird« (Duden). Dabei ist wohl vergessen worden, daß Vati immer noch sonnabends das Auto wäscht.

Auch der hier zum Vorschein kommende Ordnungs- und Sauberkeitswahn hat selbstverständlich eine gesellschaftliche Dimension. Zeitaufwand und Intensität dieser Tätigkeiten wachsen mit politischer Unmündigkeit bzw. mit der Sinnlosigkeit und Leere des eigenen Lebens.

Ein bedrückendes Beispiel fand sich in einer alternativen Zeitung, erschienen in Ost-Berlin in der Zeit des »DDR-Umbruchs«. Dort veröffentlichte F.S. ein Protokoll einer Stasi-Einheit vom 15.1.1990. Mit anderen Demonstranten war F.S. durch ein (merkwürdigerweise von innen geöffnetes) Tor in das Ministerium für Staatssicherheit eingedrungen und hatte an der »Besichtigung« vorhandener Delikatessen teilgenommen. Anschließend war ihm eine von zehntausend dem Wind übereigneten Geheimakten der Stasi aufs Auto geflattert. Es handelte sich um ein Protokoll, das deutlich macht, worin der Lebensinhalt von Spitzeln und Schnüfflern (wir erinnern uns an das »Dritte Reich«) besteht, wenn sie nicht mehr spitzeln und schnüffeln dürfen, können, brauchen:

»Schichtprotokoll 15.–16.11., 20.00–4.30 Aufgabenerfüllung:
Saal, Gen. Schulmann, Gen. Bochwow: aufgestuhlt
Gen. Wolter u. Handrich: gefegt, Gen. Handrich nachgewischt
Gen. Meier: Tische versetzt, abgestuhlt
Gen Wolter: Foyer abgefegt
Gen. Augustin: zwei Treppen gefegt, gewischt
Gen. Bochow: nachgewischt
Gen. Meier, Gen. Bochow: Durchgang    u. Eingangsbereich
masch. gereinigt u. nachgewischt
Vorkommnisse: 1.12 Uhr u. 1.14 Uhr öffentlicher anonymer
Anruf«
Kommentar von F. S. dazu:»Sauber waren sie, unsere Jungs, und
wachsam!« (Die Panke, 2/90, 16)

Während sich zwanghafte Ordnungswut und beständiges Putzen
eher indirekt – durch psychische Belastung – auf das Wohlbefinden
der Betroffenen auswirken und vor allem eine ideologische Wirkung entfaltet, greift der Waschzwang auch ganz direkt die Physis
an.

»Waschzwang – unüberwindlicher Reinigungstrieb, der seinen
Träger aus Furcht vor Verunreinigung oder Ansteckung dazu
zwingt, sofort nach jeder Berührung eines Menschen oder vielbe-
nutzten Gegenstandes (Türklinken etc.) gründliche Waschungen
der Hände bzw. anderer ungeschützter Körperteile vorzuneh-
men.« (Pschyrembel)

Extreme körperliche Schäden (neben dem immensen Verbrauch
von Reinigungsmitteln), wie weitreichende Verätzungen, können
die Folge sein. Die Nähe zu verschiedenen anderen neurotischen
Verhaltensweisen fällt auf!

Die zweite Kategorie war als Krankheit des Ärgerns und Jammerns
bezeichnet worden. Ich zähle dazu:

Gallsucht 1470
Milzsucht 1482
Schwermut 1568
Zweifelsucht 1605
Klagsucht 1647
Grübelsucht 1669
Hypochondriev 1681

Das einheitliche und frühe Auftreten verwundert und erinnert an den Komplex der Streitsüchte, zu dem auch in der Tat inhaltliche Beziehungen bestehen. So gehört die Gallsucht zwar hauptsächlich in den Zusammenhang von »gemütskrank, hypochondrisch, schwermütig, melancholisch und verzweifelt« (Dornseiff), doch tritt sie auch als »grimmig und zornig« in Erscheinung und wird häufig als der Tobsucht zugeordnet.

»Er speit Gift und Galle!« – »Sie ist giftig.«

Weniger aggressiv, dafür lauter und häufiger jammernd begegnet uns der Klagsüchtige, den wir heute jedoch einen Hypochonder nennen würden.
Im Gegensatz zu diesen sich äußernden Verhaltensweisen stehen die Grübel- und die Zweifelsucht. Das Besondere dieser Süchte ist, daß sie von Beginn an sowohl positiv als auch negativ gemeint sein konnten.
So sind für Schottel (1669) Grübelsüchtige »ungesprächig und sauermäulig«, für Gregorovius dagegen »extreme Forscher« (1855). Intensiver ist diese Doppeldeutigkeit für den bis heute auch häufigeren Begriff Zweifelsucht belegt. Er steht hauptsächlich für den Hang, alles zu bezweifeln, doch kann er folgende Nuancen annehmen:

- »unentschlossenheit zum handeln, die durch zweifeln hervorgerufen wird;
- bis zur übertreibung gesteigerter hang, an alle fragen mit einer glaubenslosen, rein verstandesmäßigen, kritischen haltung heranzutreten;
- krankheit der seele;
- mißtrauen gegen menschen;
- skeptizismus, eine die wissenschaft fördernde kritik« (GW, 16)

Manche werden durch übermäßigen Zweifel zu einer höheren Weisheit gelangen, andere zu einem Magengeschwür, einer Gallen- oder Milzkrankheit. Auf jeden Fall haben wir hier ein Beispiel für auch positive Auswirkungen zwanghafter Verhaltensweisen. Uns interessiert natürlich die Definition als Krankheit.

»nirgends hab ich so einsehen gelernt, daß die zweifelsucht eine wirkliche … krankheit der seele sei.« (Schubart)

»Ihre Zweifelsucht kann nur die Zeit heilen.«
(Goethe, Wilhelm Meister, 524)

Nur dieser – herabziehende – Anteil der Zweifelsucht mündet
schließlich mit in die Hypochondrie ein. Sie ist ein Komplex aus

»Melancholie, Pessimismus, Selbstpeinigung, Grübelei, Einbildung, Sorgensuche, Besserwisserei und Unzufriedenheit«
(Dornseiff)

»Hypochondrie. Durch eine gestörte psychische Einstellung zum
eigenen Körper bewirkter Krankheitszustand ohne nachweisbare Ursache, der besonders duch die übertriebene Neigung,
seinen eigenen Gesundheitszustand zu beobachten, gekennzeichnet ist und oft von der zwanghaften Angst vor Erkrankungen, der Einbildung des Erkranktseins oder von Trübsinn,
Schwermut begleitet ist.« (Duden)

»Sie ist nur dann als Krankheit anzusehen, wenn sie beherrschend hervortritt. Sie kann Ausdruck einer seelischen Krise
oder einer Gemütskrankheit sein. Von Angst und drängenden
Schuldgefühlen gepeinigt, sind viele Hypochonder als Schwer-
kranke anzusehen, die dringend ärztlicher Hilfe bedürfen.«
(Brockhaus)

Der Hypochondrie entspricht der deutsche Begriff »Milzsucht«, der
zwar erheblich älter, jedoch seit Auftreten des Wortes Hypochondrie in den Hintergrund getreten ist. Im 19. Jh. wurde er dazu
benutzt, entsprechende Launen zu beschreiben (»die milzsüchtige
Laune des Korporals«; Schiller, Räuber).

### Liebessüchte

Nach dem Tod seiner Eltern wuchs der bretonische Fürstensohn
Tristan unter der Obhut seines Erziehers Kurvenal auf. Schon früh
wurden seine Intelligenz, Schönheit, Tapferkeit und Stärke
gerühmt. Nach vielen Abenteuern und Wirrungen gelangte Tristan
an den Hof des König Marke von Cornwall.
Dieser erkannte die besonderen Begabungen des Jünglings und
nahm ihn an Kindesstatt an. Die Bindung zwischen ihnen festigte

261

sich, in vielen Schlachten und Kämpfen gelang es Tristan, Macht und Ansehen des Königs zu mehren. Harmonie und Glück riefen nun jedoch auch Neider auf den Plan, Eifersucht regte sich unter den Baronen Cornwalls. Schließlich sah sich Marke genötigt, im hohen Alter noch einmal um eine Frau zu werben. Die Barone schlugen Isolde vor, die Tochter König Gurmuns von Irland. Tristan erklärte sich bereit, die Werbung zu überbringen. Tatsächlich gelang ihm das Unternehmen, und er kehrte mit Isolde nach Cornwall zurück. Auf dieser Reise jedoch verliebten sich beide unsterblich ineinander. Nur die Freundin Brangäne erfuhr davon und wurde fortan Mitwisserin und Helferin dieser verbotenen Liebe.

Marke und Isolde heirateten und führten eine scheinbar glückliche Ehe. Doch immer wieder schafften es Tristan und Isolde, sich heimlich zu treffen, sich zu lieben. Obwohl niemand etwas Genaues wußte, bildeten sich bald Gerüchte, und in Marke erwachte die Eifersucht. Tristan wurde das Betreten der Frauengemächer verboten.

»Mit Schmerzen gehorchte Tristan dem Befehl. Sorgenvoll ging er einsam umher und dachte an die, die er nicht mehr sehen durfte. Die Hofleute redeten schlecht über ihn, sie höhnten und kränkten ihn, aber er tat, als ob er es nicht hörte. Von der Stunde der Trennung an wurde er krank vor Sehnsucht. Isolde ging es ebenso. Beider Gesundheit verfiel. Sie wurden bleich und matt.«

Und wieder half ihnen Brangäne! Doch das Karussell begann, sich immer heftiger zu drehen. Jede neue List stachelte die Eifersucht Markes an. Isolde mußte sich einem Gottesurteil unterziehen: Sie trug ein glühendes Eisen, ohne Brandmale zu erleiden. Ein Zeichen der Unschuld! Erneute heimliche Treffen, erneute Eifersucht auf seiten Markes, Schmach und Schande für ihn. So verurteilte er beide, die er doch immer noch liebte, zur Verbannung. Diese kurze Zeit verbrachten beide in einer Felsengrotte. Dort endlich konnten sie sich lieben, wie sie es immer erträumt hatten.

»Die Höhle war geschaffen dafür. Rund war sie, weit, hoch aufstrebend, schneeweiß und glatt. So soll die Liebe sein, ohne Winkel und Kanten, groß und voll Vertrauen. Gute Taten sollen sie krönen, so wie der Schlußstein des Gewölbes die Höhlendecke krönte, besetzt mit den Edelsteinen aufrechter Gesinnung. Von glänzendem Marmor war der Fußboden, grasgrün, als Zeichen der Treue und Beständigkeit. Das Bett, das in der Mitte stand, war aus Kristall geschnitten; denn kristallklar sollen die Gefühle sein, die Liebende füreinander hegen, durchsichtig und ohne jeden Rückhalt. Daß die Tür von Eisen war, bedeutete, daß niemand mit Gewalt die Liebe sich erobern kann. Die Schlösser waren innen angebracht, weil nur von innen sich der eine dem andern erschließt. Die Klinke außen war verborgen, damit die Falschheit sie nicht findet. Ihr Licht erhielt die Höhle durch drei Fenster oben im Gewölbe. Das waren Ehrlichkeit, Selbstlosigkeit und Höflichkeit, durch die die Liebe ihren süßen Schein erhält. Auch daß die Grotte in der Wildnis lag, war von Bedeutung; denn nur wer Mühseligkeit ohne Weg und Steg nicht scheut, erreicht das Glück, das sie gewährt.« (De Bruyn, Tristan, 99)

Doch nun war es an Marke, vor Sehnsucht zu leiden. Ruhm und Macht wurden ihm gleichgültig. Eher wünschte er den alten Zustand zurück, als daß er die Trennung ertrug. Der Zufall führte ihn zur Felsengrotte und wieder spielten ihm Isolde und Tristan die Unschuld vor. Nur zu bereit ging Marke darauf ein und holte beide an den Königshof zurück.

»Liebe macht blind, sagt ein Sprichwort, und genau das traf auf Marke zu. Er hätte es sehen können, daß Isolde nicht ihn, sondern Tristan liebt, aber er wollte es nicht sehen. Weil seine Begierde nach ihrem Körper verlangte, begnügte er sich mit dem und verschloß die Augen vor der Wahrheit, daß Isoldes Seele ganz mit der Tristans verschmolzen war.
Daß er eifersüchtig über sie wachte, verschlimmerte ihren Zustand nur. Ihre Gleichgültigkeit ihm gegenüber wurde zu Haß. Seine Verbote stärkten in ihr nur das Verlangen, sie zu durchbrechen. Nie zuvor war ihre Sehnsucht, bei Tristan zu liegen, so stark gewesen als in der Zeit, in der Marke es durch Überwachung unmöglich machte. Schließlich wurde es so schlimm mit ihr, daß sie alle Vorsicht vergaß.« (De Bruyn, Tristan, 103)

Tristan mußte fliehen. Isolde verfiel wieder in Sehnsucht, wurde krank und bleich. Doch hielt die Hoffnung sie am Leben.
Die Verstrickungen und zwanghaften Verhaltensweisen lösten sich nun jedoch nicht auf, sondern nahmen an Schärfe zu. Nach vielen Jahren heiratete Tristan in der Ferne eine zweite Isolde, stellte jedoch fest, daß zwischen ihnen immer noch die erste stand. Nun war auch er mit der Eifersucht in der Ehe konfrontiert. Alle vier

Betroffenen sehnten sich nach einem Ideal, das in ihrem Leben nicht zu erfüllen war, und wollten doch gleichzeitig den augenblicklichen Zustand aufrechterhalten.

Schließlich starb Tristan durch die Eifersucht der zweiten Isolde. Die erste, die eigentliche jedoch starb an gebrochenem Herzen an seiner Seite.

König Marke ließ sie in Cornwall bestatten und pflanzte auf Isoldes Grab eine Rebe, auf Tristans eine Rose. Rebe und Rose verschlangen sich ineinander und wuchsen auf wie eine Pflanze. Und noch lange wurde in vielen Ländern gesungen:

>»Isolde, meine Freude, Isolde, meine Not,
>du bist für mich das Leben,
>du bist für mich der Tod.«
>(nach der Fassung: Günter de Bruyn, Tristan und Isolde)

Die Auseinandersetzung mit Liebessüchten sprengt Rahmen und Möglichkeiten der vorliegenden Arbeit. Sicherlich – auch die Darstellung von Selbst- und Sehnsüchten (um nur zwei Beispiele zu nennen), konnte nicht allumfassend sein, doch liegt die Vielfalt, Unklarheit und Widersprüchlichkeit des Komplexes der Liebessüchte derart offen zutage, daß hier von vornherein Oberflächlichkeit und Lückenhaftigkeit eingestanden werden sollen.

Da wir es jedoch mit einem überaus bedeutenden Suchtschwerpunkt zu tun haben, soll dennoch nicht auf eine Auseinandersetzung mit dem Thema verzichtet werden.

Ziel der vorliegenden Arbeit ist es, menschliche Verhaltensweisen aus der Verwendung der dazu geprägten Wörter erklärbar zu machen.

Ich beginne daher mit der Sammlung von Wörtern, die mir in einem Zusammenhang mit Sucht bzw. Krankheit zu stehen scheinen und lexikalisch nachweisbar sind. Zu beachten ist dabei natürlich, daß für wesentliche Verhaltensweisen (Ficken) in der deutschen Schriftsprache nur umständliche Begriffe vorhanden sind (Geschlechtsverkehr), die literarisch kaum Verwendung finden und vielleicht eher der Verhüllung bzw. Verschleierung dienen.

Bereits in einer ersten Übersicht ergaben sich zwei Gesichtspunkte, nach denen unterschieden und eingeteilt werden kann: Beziehungsprobleme (Liebe) und Geschlechtstrieb (Geilheit)

| Liebe | Geilheit |
|---|---|
| Liebeskrankheit | Geschlechtstrieb |
| liebesiech | Lüsternheit, Lüstling, -lin |
| Lieb(es)sucht | Wollust |
| Liebesleid | Paarungssucht |
| Liebeskummer | Bubensucht |
| Liebesqual | Hurensucht |
| Liebespein | Geilsucht |
| Liebessehnsucht | Liebessucht |
| Liebesschwindsucht | Sexsucht |
| Beziehungssucht | Lustsucht |
| Eigen-, Selbstliebe | Mannsucht |
| Eifersucht | Erotomanie |
| Eifersuchtswahn | Geschlechtskrankheiten |
| -anfall | Lustseuche |
| -szene | lustsiech |
| -tragödie | Lustmolch, -greis |
| Liebeswut | Sexualverbrechen |
| Liebeswahnsinn | Lustmord |
| liebestoll | Triebverbrechen |
| liebestrunken | mannstoll |
| Liebeslust | Nymphomanie |
| Liebeszauber | Satyriasis |
| Liebesgott | Masochismus |
| | Exhibitionismus |
| | Sadismus |

Eingangs war von Liebe die Rede gewesen, bezeichnet als existentielles Bedürfnis. Ähnlich wie Hunger und Durst muß der Mensch auch die Liebe befriedigen, um gesund leben zu können. Liebe soll hier jedoch nicht – wie die obige Aufteilung nahelegen könnte – als Gegensatz zur Geilheit aufgefaßt werden, sondern als ihr übergeordnet: Sexualität als Teil der Liebe.

Zielt die Befriedigung von Hunger und Durst auf einen Ausgleich im Körperhaushalt, so gilt das Stillen des Liebesbedürfnisses dem Gemüt und der Balance des Gefühllebens.

Die heutige Bedeutung von Liebe ist äußerst vielseitig. So kann dadurch das (noch) unerfüllte, sehnende Streben, die harmonische Partnerschaft, aber auch eine befriedigende Form von Sexualität gemeint sein.

Das Liebesbedürfnis äußert sich ab dem ersten Tag der Geburt als

Verlangen nach Beziehungen zu anderen Menschen (normalerweise nach Beziehung zur Mutter). In diesem Stadium der Entwicklung geht die Befriedigung dieses Bedürfnisses einher mit der Befriedigung von Hunger und Durst. Liebe drückt sich aus in Wärme, Sattheit, Ruhe, Geborgenheit und Körpernähe, möglicherweise auch in Gefühlen, die nur empfunden werden können. Für das Kleinkind sind Fremd- und Eigenliebe nicht auseinanderzuhalten und bestimmt von der Selbstsucht. In dem Maße, wie die Selbstsucht zurückgedrängt oder gar überwunden werden kann, ist die Entfaltung von Liebe möglich.

Durch das Wort »Liebe« können im wesentlichen folgende Zustände ausgedrückt werden:

> »die innige zuneigung eines wesens zu einem andern; die innige neigung zu einer person des andern geschlechts; die geschlechtliche lust und die neigung zu eigenschaften, güter, besitz, beruf u.ä.« (GW 9)

Krankheit im Zusammenhang mit Liebe läßt sich zuallererst mit einem Zuwenig in Verbindung bringen. Bekommt ein Kind zuwenig Liebe, stellen sich bedeutende psychische und psychosomatische Krankheiten ein.

Ungünstige äußere Faktoren bringen hier also einen inneren Prozeß in Gang, der schließlich zur Krankheit wird. Im heutigen Sprachgebrauch kann dies nicht als Sucht bezeichnet werden.

Wenn dagegen ein entscheidungsfähiger Erwachsener sich im Liebesleid verzehrt, weil er glaubt, mehr Liebe zu bedürfen, so kann dies durchaus süchtigen Charakter annehmen. Dann nämlich, wenn das Leid angestrebt wird. Das Zuwenig vorausgesetzt, sollte versucht werden, das Liebesverhältnis entweder zu verändern oder abzubrechen. Im Zusammenhang der Sucht scheinen allerdings Verhaltensweisen zu überwiegen, die von zuviel Liebe geprägt sind.

Während sich in der Literatur und der Etymologie haufenweise Beispiele, Darstellungen und Zuschreibungen von krankhafter bzw. krankmachender Sexualität finden, löst die Frage nach krankmachender Liebe zunächst verständnisloses Staunen aus. Insbesondere in allerjüngster Vergangenheit hat zwar die Beschäftigung damit sprunghaft zugenommen – dies kommt zum Ausdruck durch die Wortschöpfung »Beziehungssucht« und eine intensive Beschäftigung mit Problemen der Eifersucht –, doch würde es vermutlich überraschen, der Liebe selbst als Krankheit zu begegnen.

Je intensiver sie sich entwickelt, um so eher wurde die damit einhergehende geistige und seelische Verwirrung und Einseitigkeit als Krankheit gesehen.

»die röthe, dieses blicken,
der schweisz, das hertzenweh, disz auff und nieder schicken
der säufftzer zeiget ja, dasz ihre beste frucht ein wahres stücke sey
der rechten schweren sucht.«
(Opitz, 1690)

»dann liebe ist ein böse sucht,
da durch der mensch wird so verrucht
das er nit acht ehr oder schandt.«
(Dähnhardt)

»Sagts nun öffentlich und frei, Liebe sei eine
Sucht, die an kann stecken.«
(Flemming, 1651)

Eine Grundlage für diese Krankheit muß in dem Verlust der Eigenständigkeit gesehen werden.

Die Liebende

Ja, ich sehne mich nach dir. Ich gleite
mich verlierend selbst mir aus der Hand,
ohne Hoffnung, daß ich Das bestreite,
was zu mir kommt wie aus deiner Seite,
ernst und unbeirrt und unverwandt.

... jene Zeiten: O wie war ich Eines,
nichts, was rief, und nichts, was mich verriet,
meine Stille war die eines Steines,
über den der Bach sein Murmeln zieht.

Aber jetzt in diesen Frühlungswochen
hat mich etwas langsam abgebrochen
von dem unbewußten dunkeln Jahr.
Etwas hat mein armes warmes Leben
irgendeinem in die Hand gegeben,
der nicht weiß, was ich noch gestern war.
(R. M. Rilke)

Daß gleichzeitig wirklich geliebt und völlig autonom gelebt werden kann, muß als Trugbild betrachtet werden, das – strebt man es nur intensiv genug an – zu Krankheiten führt. Und dennoch – wirkliche Liebe kann nur erlebt werden, wenn wir riskieren, ganz in sie einzutauchen.

»Der kann von Liebe nicht reden, dem sie immer Verlust und Gewinn war – dem sie nie irgendwann der Sinn war von allem und jedem.« (Morgenstern)

Wie ursprünglich einmal in der frühen Kindheit, so gewinnt die Liebe auch in der Zeit der Pubertät eine allumfassende Gewalt über die Menschen – nun aber verbunden mit rauschhaften Gefühlen.

»Er befand sich in einem gefährlichen Alter, wo der gärende Saft in die Krone steigt und der quälende Rausch der Liebe sich ankündigt. Ein Alter, wo die Lockungen dieses Rausches am Herzen saugen, ohne daß er erreichbar ist, wo denn ein brennend heißer, ins Allgemeine drängender Liebestrieb zuweilen zu Rändern von Abgründen führt, ja den Liebenden dort, mit einer Verfluchung der Welt auf den Lippen, hinunterzieht. Denn die wilden Umarmungen, mit denen man das heiße Leben in Zeiten der Jugend zu fangen gedenkt, finden nicht selten einen ganz anderen Gegenstand, und das Quietiv der Liebe wird in einem ganz anderen Bette erlangt, als es die Sucht dem Knaben vorgaukelte.« (Hauptmann, Quint, 264)

Je tiefer die Liebe wird, um so näher führt sie an den Abgrund. Die mit der Liebe verbundene Seelen- und Geistesverwirrung wird nicht selten als Krankheit gesehen. Liebe als Sucht! Wer würde nicht gerne an einer solchen Krankheit leiden. Doch wie so oft! Es gibt nicht nur die eine Sicht, den einen Weg!
Die Drohung ist der Abgrund, die totale Glückseligkeit aber ist der Gewinn! Zwar ging Eigenständigkeit verloren, doch gleichermaßen auch Einsamkeit.

»Liebe ist nichts als die Angst des sterblichen Menschen vor dem Alleinsein.« (Th. Storm)

Beides – das Streben nach Glückseligkeit und die Flucht vor der Angst – schlägt sich nieder in einem mächtigen Sehnen, das vollkommen Gewalt über uns gewinnen kann: das Liebessehnen. Solange es unerfüllt bleibt, kann es Formen von Krankheit annehmen (liebessiech, Liebesqual, Liebespein), die so stark werden können, daß schließlich der Tod eintritt: Liebesschwindsucht.

»O, kann man auch vor Liebe sterben?« fragt die junge Dagmar, als in ihr eine heiße Liebe zu dem Ritter Rolf Lembeck entbrennt. Da dieser jedoch verheiratet ist, wird ihr jeglicher Verkehr mit ihm untersagt. Sie stirbt daraufhin an gebrochenem Herzen. Rolf Lembeck jedoch beweist seine Liebeswut (Tollheit, Wahnsinn), indem er die Leiche raubt und sich mit ihr in den Armen von den Zinnen der Burg stürzt (nach der Novelle »Ein Fest auf Haderslevhuus« von Th. Storm). Ähnliches erfahren wir in der Sage von Lohengrin.

Als Lohengrin nach Luxemburg kam, wurde er der Gemahl der schönen Belaye, und diese liebte ihn so über alle Maßen, daß sie »keine Stunde von ihm sein konnte, ohne zu siechen ... Solange er abwesend war, saß Belaye halbtot und sprachlos daheim. Sie kränkelte, und es schien ihr durch Zauberei etwas angetan.« (Grimm, Sagen, Nr. 543)

Später, als ihr die Botschaft vom Tode Lohengrins überbracht wurde, starb sie »alsbald vor Herzeleid«.

Goethe beschreibt in den »Wahlverwandtschaften«, wie ein sich liebendes Paar, dessen Liebe sich aufgrund der gegebenen Umstände nicht entfalten kann, dahinstirbt, ohne daß äußere oder gewaltsame Dinge dabei eine Rolle spielen.

Während die Medizin heute nur noch die Sexualität als mögliche Liebeskrankheit kennt, findet sich in Höflers Deutschem Krankheitsnamen-Buch (1899) immerhin noch eine Definition von

»Liebesschwindsucht: ein Dahinsiechen aus Verliebtheit, halb und halb sagenhafte Krankheitsfälle, mit denen ärztliche Größen des Altertums als rettende Helfer in Beziehung gebracht wurden.«

Überwunden werden kann die Liebessehnsucht nur um den Preis der Aufgabe eines Teils der eignen Persönlichkeit (siehe oben).

Ausgangslage und Beweggründe für das Streben nach umfassender Liebe sind also von Widersprüchen geprägt. Ist aber die Glückseligkeit erreicht, so existieren sie weiter – womöglich in gesteigerter Form.

»Liebe macht blind.«

»Kurze Lust – lange Reue.«

»Die Liebe macht verrückt.«

Manche sprachen von Liebeswahnsinn, doch rief Heine aus:

»Liebeswahnsinn? Pleonasmus!
Liebe ist ja schon Wahnsinn!«

In der Übergangszeit des 16. Jh., als »Sucht« noch für »Krankheit«
gebräuchlich war, wurde auch die Liebe in all ihren beschriebenen
Facetten als krankmachend erkannt.
Besonders aufschlußreich, daß in dem Volksbuch »Tristan und
Isolde« (15. Jh.) die Liebeskrankheit Tristans »Liebsucht« genannt
wurde.
Und 1572 heißt es bei Fischart:

>»Und wie die libsucht haimlich kränkt,
>und man derselben doch nachhengt,
>also, wiwol die glidsucht plaget,
>noch ist mancher, der jr nachjaget.«
>(GW 6)

### Liebeskrankheiten

| *Sehnen* | *Lieben* | *Leiden* |
|---|---|---|
| Liebessehnsucht | Liebespein | liebestoll |
| Liebesschwindsucht | Liebesqual | liebestrunken |
| Liebeszauber | Liebeskummer | Liebeswahnsinn |
| liebessiech | liebessiech | Liebeswut |
|  | Liebesleid | Beziehungssucht |
|  |  | Eifersucht |
|  |  | Liebesleid |

Bereits hingewiesen wurde auf das Phänomen, daß sich Liebe bis in
den Zustand von Tollheit, Wut (Raserei) und Wahnsinn steigern
kann. Gemeint ist hier die Entwicklung, bei der die Liebenden in
einen mit dem Alkoholrausch vergleichbaren Zustand der Trunkenheit geraten und dabei der verrücktesten Handlungen und
unkontrollierter Gefühlsausbrüche fähig sind. Doch noch eine
Möglichkeit eröffnet sich uns, Liebe als Krankheit zu erleben:
Beziehungs- und Eifersucht.
Im Zuge der Frauenemanzipation ist das Problem der völligen
Ausrichtung des eigenen Lebens auf einen Partner oder eine Partnerin als krankhafte Erscheinung erkannt worden. War oben davon
die Rede, daß zur Liebe ein Stück Selbstaufgabe gehört, so ist hier

gemeint, daß diese Selbstaufgabe bis zum Exzeß fortgesetzt wurde. Gleichzeitig ist damit wohl meistens verbunden, daß durch diese Verhaltensweise der Partner oder die Partnerin noch intensiver gefesselt werden soll. Widersprüchlichkeit und ideologischer Gehalt dieser Krankheit werden auch durch das gängige und uralte Wort »Eifersucht« zum Ausdruck gebracht.

### Eifersucht

Es war ein alter König,
Sein Herz war schwer, sein Haupt war grau;
Der arme alte König,
Er nahm eine junge Frau.

Es war ein schöner Page,
Blond war sein Haupt, leicht war sein Sinn;
Er trug die seidne Schleppe
Der jungen Königin.

Kennst du das alte Liedchen?
Es klingt so süß, es klingt so trüb!
Sie mußten beide sterben,
Sie hatten sich viel zu lieb.
(Heine, Neuer Frühling)

Adam und Eva wurden aus dem Paradies vertrieben. Nur durch Arbeit konnten sie fortan Hunger und Durst löschen. Ihre Liebe jedoch blieb lebendig, und erst jetzt war es möglich, Kinder zu zeugen und zu gebären. So brachte Eva zwei Knaben zur Welt: Kain und Abel. Kain wurde ein Ackermann und Abel ein Schäfer. Sie nahmen ihre Abeit auf, und bald hatten sie genug, um davon leben zu können. So brachten beide ihrem Gott ein Opfer, weil sie sich dankbar zeigen wollten. Sie wollten ihn gnädig stimmen und wünschten sich seine Liebe. Doch Gott nahm nur das Opfer Abels und verschmähte die Gaben Kains. Da ergrimmte dieser, und Gott konnte die Wut Kains an dessen Gesicht ablesen. So sprach Gott zu ihm: »Warum bist du wütend? Glaube an mich und meine Liebe, dann geht es dir gut. Das Böse lauert schon vor der Tür, und wenn du den Glauben verlierst, dann wird es dich ergreifen. Für dich aber ist es besser, wenn du es beherrschst.«

Kain bewegte diese Worte in seinem Herzen und sprach mit seinem Bruder. Doch Neid, Mißgunst und Eifersucht hatten sich bereits in ihm festgestzt und gewannen Gewalt über ihn. Da nahm er eines Tages seine Hacke und erschlug seinen Bruder.

Eifersucht ist mehr als die krankhafte Entartung einer gemischtgeschlechtlichen Beziehung. Wir können damit (heute) alle zwanghaften (Liebes-)Gefühle bestimmen, die mit Besitzenwollen, Neid und Selbstwertgefühlen zu tun haben. Dabei ist unwichtig, ob diese Gefühle mit Menschen, Tieren oder Dingen gekoppelt sind. Alles tritt in der Tat auf.

Bereits lange bevor das deutsche Wort »Eifersucht« geprägt wurde, sind entsprechende Krankheitserscheinungen beschrieben worden.

Das Beispiel aus der Bibel legt darüber beredtes Zeugnis ab. Auch in der Folge begegnen wir in Literatur und Geschichte immer wieder tragischen oder zuweilen auch komischen Eifersuchtsdramen.

Etwa im 14. Jh. taucht in der deutschen Sprache das Wort »eifraer« auf (K. v. Megenberg, 1349), das – im Sinne von Eifersucht – jemanden benennt, der neidisch auf einen Rivalen ist.

> »Des yfers zyt ist nit die best,
> er värcht ein andern gouch im nest.«
> (Brant, Narrenschiff, 1494)

Bald jedoch entsteht das Bedürfnis, das Krankhafte dieses Verhaltens stärker zu betonen. So spricht Herold 1542 »von der torechten sucht des eifers«.

1533 läßt sich zum ersten Mal die Verbindung »Eifersucht« nachweisen:

> »Sie sprach, ich darf nicht mit ihm reden,
> wann er hat auch die eifersucht.«
> (Hans Sachs, Fastnachtspiele, GW 3)

Das Wort gewinnt schnell an Boden und gilt bald für das gesamte, oben genannte Spektrum:

– Über eine Dienerin:
»Nanny hatte sich seit einiger Zeit, eifersüchtig auf den Knaben, dem ihre Herrin allein Neigung zuzuwenden schien, trotzig von ihr entfernt und war zu ihren Eltern zurückgekehrt.« (Goethe, Wahlverwandtschaften, 227)

– Über den nichtsexuellen Rivalen:
»Zu meiner Verwunderung empfand ich gegen diesen harmlosen, hübschen Musikanten etwas wie Eifersucht, nicht Liebeseifersucht, denn von Liebe war ja zwischen mir und Hermine gar nicht die Rede, aber eine mehr geistige Freundschaftseifersucht, denn er schien mir des Interesses und der auffallenden Auszeichnung, ja Verehrung, die sie für ihn zeigte, nicht recht würdig zu sein.« (Hesse, Steppenwolf, 147)

– Über Religionsrivalität:
»Ich wäre gern mit ihr nach Rom gefahren, um den Papst zu sehen. Als ich das Marie erklärte, wurde sie fast wütend. Sie sagte, sie fände es ›irgendwie pervers‹, daß ein Agnostiker wie ich dem heiligen Vater zujubeln möchte. Sie war richtig eifersüchtig. Ich habe das oft bei Katholiken bemerkt: Sie hüten ihre Schätze–Sakramente, den Papst – wie Geizhälse.« (Böll, Clown, 133)

– Eifersucht auf interessante Außenseiter:
»In das Mitleid, das ich für zaristische Emigranten empfand, mischte sich eine andere Emotion: etwas wie Eifersucht, ein irrationaler und absurder Neid.« (K. Mann, Wendepunkt, 146)

– auf die politischen Rivalen (die Eifersucht zwischen Göring und Goebbels):
»Die Frau des Propagandaministers war völlig verzehrt und innerlich verwüstet von Eifersucht auf die Gattin des Ministerpräsidenten.« (K. Mann, Mephisto, 19)

– als Mutter:
sie »unterdrückte die Eifersucht, die sie empfand, wenn Wenzlow eine Äußerung seines Lebens in dem Nachbarhaus münden ließ.« (Seghers, Toten, 309)

– auf Güter und Erfolge anderer:
»Nach dem Kaffee spazieren wir in unserem Garten und besehen die Fruchtbäume oder reden über unsere Nelken und Levkojen; denn darin sucht der eine dem anderen es zuvorzutun, und die Sache ist nicht ohne Eifersucht.« (Storm, 6, 389)

Alle LeserInnen werden wissen, daß sich diese Liste von Möglichkeiten beliebig verlängern ließe. Doch bereits so zeigt sie auf, daß

Eifersucht in unterschiedlichsten Variationen auftritt. Gleiches gilt für Qualität bzw. Schwere der Krankheit. Während viele der zitierten Verhaltensweisen als Eifersüchteleien einzustufen sind, also eher störende oder liebenswerte Marotten darstellen, haben wir es gleichzeitig mit einem Krankheitsbild zu tun, das bis zu Kriminalität und Tod führt. Die Krankheit drückt sich in einem Leiden aus, das von einem immerwährenden milden Mißtrauen über punktuelle, situationsbedingte Anfälle bis zu einer die »gesamte« Persönlichkeit ergreifenden Vergiftung führen kann.

Wichtige Kriterien der Eifersucht sind die Blindheit der Betroffenen und die rigorosen Maßnahmen, die gegen die geliebten Personen vorgenommen werden.

»Ehemänner sind im großen und ganzen nur solange eifersüchtig, als sie keinen Grund dazu haben. Von dem Augenblick an, wo ihnen wirklich Grund zur Eifersucht gegeben ist, sind sie mit unheilbarer Blindheit geschlagen.« (Wedekind, Feuerwerk, 188)

»Er hatte lange genug gelebt, um zu wissen, daß alle Zeichen trügen, und daß wir in unserer Eifersucht, trotz ihrer hundert Augen, oft mehr in die Irre gehen, als in der Blindheit unseres Vertrauens.« (Fontane, Effi Briest, 728)

Das nun entstandene und gehegte Mißtrauen vergiftet die Atmosphäre zwischen den Liebenden und kann die groteskesten Formen annehmen.

»Ich quäle dich! Das ist mein Liebesdank! kannst du mir vergeben? Kannst du es, wenn ich dir gestehe, daß mich zuweilen eine wahnsinnige Eifersucht auf den Verstorbenen martert?« (I. Boy-Ed, Flucht, 294)

Wie bei der Sucht üblich, wird durch die krankhafte Verhaltensweise das Gegenteil des Erwünschten erreicht. Statt mehr und befriedigendere Liebe zu finden, werden Mißtrauen und Haß geschürt. Der Partner wird überwacht und bespitzelt, ja schließlich sogar eingesperrt.

»Mein Mann begibt sich merkwürdigerweise überhaupt nicht gern mit mir in Gesellschaft und sieht es augenscheinlich nicht gern, wenn ich mich mit den Leuten in der Stadt unterhalte. Sollte er eifersüchtig sein?« (Th. Mann, Buddenbrooks, 165)

Blindheit, Zwang und Wut sind in der Lage, Kurzschlußreaktionen auszulösen, die sogar auf den endgültigen Verlust des geliebten Partners abzielen. Ebenso häufig ist allerdings die Liquidierung des verhaßten Rivalen.

»Ein Student ... Hochbegabt ... Leider ist er von einer krankhaften Eifersucht: Wenn er kommt und in meiner Wohnung sitzt eine Frau um 2 Uhr nachts, er ist imstand und schießt.« (Frisch, Biographie, 18)

So kommt es, daß im Gefängnis so manche dazwischen sitzen, die aus innerer Not, aus Eifersucht gehandelt haben.
Ganz fraglos mischen sich hier Besitzansprüche, Herrschsucht, Einsamkeits- und Minderwertigkeitsgefühle.

»In dieser halben Minute, in der ich hinter ihr herging, dachte ich daran, daß ich sie besitzen würde, und daß ich, um sie zu besitzen, alles zerstören würde, was mich daran hindern könnte. Ich sah mich Waschmaschinen zertrümmern, sie mit einem zehnpfündigen Hammer zusammenschlagen. Ich blickte auf Hedwigs Rücken, ihren Hals, ihre Hände, die blutleer waren vom Tragen des schweren Koffers. Ich war eifersüchtig auf den Bahnbeamten, der ihre Hand einen Augenblick berührte, als sie ihm die Sechserkarte hinhielt –, eifersüchtig auf den Boden des Bahnhofs, auf den sie mit ihren Füßen trat.« (Böll, Brot, 40)

Wie bei den anderen Süchten auch, so kommen hier Restbestände dämonischen Denkens zum Vorschein.

»Einem Geier gleich, überfällt einen die Angst der Eifersucht.«

»Wie mit Schlangenbissen fiel die Mutter ein eifersüchtiges Weh an.« (Storm)

Und der eigentliche Charakter dieser Sucht scheint dem geradezu zu entsprechen, ist es doch der oder die andere, die das Leid verursachen. »Würden sie sich anders verhalten, bräuchte ich nicht eifersüchtig zu sein.«

»Eifersucht als Beispiel dafür, Eifersucht als wirklicher Schmerz darüber, daß ein Wesen, das uns ausfüllt, zugleich außen ist. Ein Traumschock bei hellichtem Tag. Eifersucht hat mit der Liebe der

Geschlechter weniger zu tun, als es scheint, es ist die Kluft zwischen der Welt und dem Wahn, die Eifersucht im engern Sinne nur eine Fußnote dazu, Schock: die Welt deckt sich mit dem Partner, nicht mit mir, die Liebe hat mich nur mit meinem Wahn vereint.« (Frisch, Stichworte, 186)

So sind wir wieder dort, wo wir schon so oft waren: bei uns selbst, bei unseren inneren Problemen, die in uns die Zwänge der Eifersucht entfalten.

## Sexsüchte

»Man sagt, daß aus jungen Huren alte Betschwestern werden. Aber das trifft bei mir nicht zu. Ich bin frühzeitig zur Hure geworden, ich habe alles erlebt, was ein Weib, im Bett, auf Tischen, Stühlen, Bänken, an kahle Mauerecken gelehnt, im Grase liegend, im Winkel dunkler Haustore, in chambres separes, im Eisenbahnzug, in der Kaserne, im Bordell und im Gefängnis überhaupt nur erleben kann, aber ich bereue nichts von alldem. Ich bin heute bei Jahren, die Genüsse, die mein Geschlecht mir bieten kann, sind im Entschwinden begriffen, ich bin reich, bin verblüht und sehr oft ganz vereinsamt. Aber es fällt mir nicht ein, obgleich ich immer fromm und gläubig gewesen bin, jetzt Buße zu tun. Aus Armut und Elend, wie ich entstammt bin, habe ich alles meinem Körper zu verdanken. Ohne diesen gierigen, zu jeder Sinnenlust frühzeitig entzündeten, in jedem Laster von Kindheit auf geübten Körper wäre ich verkommen wie meine Gespielinnen, die im Findelhaus starben oder als abgerackerte, stumpfsinnige Proletarierfrauen zugrunde gingen.« (J. Mutzenbacher, 7)

»Die reife Josefine darf mit Fug und Recht und Stolz von sich behaupten: Ich bereue nichts. Saltens Peperl, aufwachsend im sexuellen Chaos von sogenannten Bettgängern und mit einem Vater, den sie nach dem inzestuösen Verkehr ordnungsgemäß siezt, ist exakt das, was Sigmund Freud damals (1905), in der zweiten seiner Drei Abhandlungen zur Sexualtheorie, als polymorph pervers gekennzeichnet hat.
Gewiß, die lieben Kleinen fallen den Erwachsenen zum Opfer, die ihnen gegenüber alle von christlicher Morallehre und (klein-)bürgerlichem Anstand auferlegten Schranken der Schamkultur

vergessen. Doch das Zum-Opfer-Fallen ist, näher besehen, nichts weiter als eine Beschwichtigungsformel, die uns eine gesellschaftlich gebotene Entrüstungsneigung souffliert: Im Text selbst findet nichts dergleichen statt. Peperl ist eben kein Opfer der Verführung, sondern sie nimmt sich, was ihr gefällt, sie entdeckt ihren Körper samt dessen Lustfähigkeit und bedient sich dazu der verschiedensten Helfershelfer, ob jung oder alt, fremd oder verwandt, ob in abgerissener Kleidung oder in geistlichem Gewand – vor dem Sexus sind sie alle gleich. Mit größter Unbefangenheit sieht sie sich und die anderen als Sexualobjekte, ist indes, auch wenn sie sich behandeln läßt, entschieden handelndes Subjekt mit erstaunlich phallisch-narzißtischen Zügen.« (K. Weinzierl, Mutzenbacher, 69)

»Josefine Mutzenbacher«, laut Oswald Wiener der einzige sogenannte pornographische Roman eines deutschsprachigen Autors, den man zur Weltliteratur zählen muß, wurde – wie wohl die meisten entsprechenden Werke – von einem Mann verfaßt, vermutlich von Felix Salten, heute noch einigermaßen bekannt durch seinen Roman »Bambi« (!).

Die Frage Pornographie spielt für uns selbstverständlich keine Rolle. Dagegen ist von Interesse, das geschilderte Sexualverhalten auf Zwang und Gewöhnung hin zu untersuchen.

Ein großer Teil möglicher sexueller Praktiken wird minutiös geschildert. Viele können als Äußerungsformen menschlicher Lust momentanen, spontanen Emotionen an die Seite gestellt werden, andere wiederum müssen eher – da sich stetig wiederholend – in die Nähe der Sucht gerückt werden. Zu klären wäre, wie stark und in welcher Weise dabei Leid entstehen kann, denn deutlicher als bei anderen Süchten entsteht bei der Sexsucht ein Spannungsfeld zwischen Lust und Leid.

Natürlich verkörpern auch die Sexsüchte ein weites Feld. Zunächst können wir unterscheiden zwischen Geilheit und sexuellen Besonderheiten. Als Suchtbegriffe kommen zudem noch Geschlechtskrankheiten hinzu.

| Geilheit | Geschlechtskrankheiten | sexuelle Besonder-heiten |
|---|---|---|
| Lüsternheit | Franzosensucht | Masochismus |
| Geschlechtstrieb | neapolitanische Sucht | Erotomanie |
| Wollust | Lustseuche | Sadismus |
| Paarungssucht | lustsiech | Sadomasochismus |
| Bubensucht | | Lustmord |
| Lustsucht | | Exhibitionismus |
| Hurensucht | | Homosexualität |
| Nymphomanie | | Onanie |
| Mannsucht | | Fetischismus |
| Geilsucht | | |
| mannstoll | | |
| Satyriasis | | |
| lustsiech | | |

Auf die Behandlung der Geschlechtskrankheiten kann hier verzichtet werden. Das Wort Sucht verweist in diesem Zusammenhang auf die körperlichen Auswirkungen, und als Krankheit ist hauptsächlich die Syphilis gemeint. In einigen Texten wird sie auch venerische oder geile Sucht genannt. Häufig bis zum Tode führend, trat sie gegen Ende des 15. Jh.s in Europa auf und erreichte bisweilen epidemische Ausmaße.

Entsprechende Suchtbegriffe sind daher der Gattung der körperlichen Süchte zuzuordnen und lassen sich für das 16. bis 18. Jh. nachweisen. Heute sind sie als Wörter erloschen, statt ihrer werden – auch umgangssprachlich – eindeutig medizinische Begriffe verwendet.

Vor allem auf die Gruppe der »sexuellen Besonderheiten« bezogen sich die eingangs vorgenommenen Einschränkungen. Wo beginnt hier Krankheit, wo Zwang? Was ist mit Leid oder Schmerz verbunden? Wo liegt ausweichendes Verhalten vor, und wo besteht lediglich eine diskriminierte Abweichung? Welche Verhaltensweise dient lediglich der eigenen Befriedigung, welche fügt dagegen der eigenen Person oder anderen Menschen Schaden zu?

Bereits die oberflächliche Betrachtung legt nahe, daß hier von Onanie bis zum Lustmord eine höchst unterschiedliche Vielfalt präsentiert wird.

Während sich der Krankheitsaspekt der Onanie darauf begründet, daß diese Verhaltensweise für verwerflich und krankmachend angesehen wird, eine mögliche Krankheit also durch Einbildung entsteht, wird beim Lustmord tatsächlich jemand beschädigt. Wäh-

rend also der Lustmord immer schädlich ist, trifft dies auf die
Onanie nur unter bestimmten Voraussetzungen zu:

»Die Onanie selbst ist unschädlich, wenn sie ungestört, das heißt
ohne Schuldgefühle und nachträgliche Reue erfolgt, ferner wenn
man den Ablauf der Reizung nicht stört. Was man der Onanie
selbst an bösen Folgen zuschreibt, ist ein Ergebnis der (meist
unbewußten) Phantasien und der Gewissensbisse, die den Reiz-
ablauf stören.« (W. Reich, Sexualerregung, 37)

Schuldgefühle und Reue sind aber entscheidende Kriterien, die aus
einem gewohnheits-, regelmäßigen Verhalten den krankhaften
Zwang entstehen lassen können.
Wie die Onanie, so gewährt auch die Erotomanie eine Chance der
zwanghaften Verstrickung ohne Außenbeziehungen. Beide Spiel-
arten binden – wenn sie Suchtcharakter erlangen – große Teile der
individuellen Energie, indem sie sie für sexuelle Phantasien verbrauchen. Immer wieder und immer häufiger werden – an sich
untaugliche – Dinge und Geschehnisse des Alltages in sexuelle
Bilder übertragen, die zu einer stetigen Erregung führen und so das
gesamte Denken und Fühlen bestimmen. Die eigene Befriedigung
führt dann lediglich zu einer kurzfristigen Unterbrechung.
Der Unterschied zu den anderen sexuellen Besonderheiten ist darin
zu sehen, daß dort Partner bzw. Opfer benötigt werden, um Erregung und Befriedigung herbeizuführen.
In einigen Fällen sind dies Gleichgesinnte/Gleichbetroffene (Partner). Da Schmerz an Lust/Freude gebunden ist, sie gemeinsam eine
Einheit bilden, dürfen wir annehmen, daß in den verschiedenen
Formen von Liebe und Sexualität auch der Schmerz immer eine
Rolle spielt – in der Regel im Hintergrund, ohne aufzufallen. Über
den eigenen oder bei anderen vermuteten Schmerz funktionieren ja
die meisten sexuellen Besonderheiten. Wichtig zu wissen ist allerdings, daß alle möglichen sexuellen Praktiken bei jedem Menschen
als Bedürfnis vorhanden sind. Wieviel Raum wir ihnen gewähren
wollen, hängt in erster Linie von unserer Selbstkontrolle ab. Diese
Kontrolle zu lockern birgt auf jeden Fall die Möglichkeit der Suchtentwicklung in sich.
Insofern sind also sadistische oder masochistische Praktiken nicht
mit Sucht gleichzusetzen. Erst wenn über sie keine Eigenkontrolle
mehr ausgeübt werden kann, ist Sucht eingetreten.
Nur auf dem Hintergrund dieser Differenzierung läßt sich in diesem Zusammenhang über Homosexualität sprechen. Einerseits ist

wohl leicht verständlich, daß sie – wie jede sexuelle Praktik – zwanghaft entarten kann, andererseits wäre zu prüfen, wieweit diese Verhaltensweise beim jeweiligen Individuum durch Lockerung der Selbstkontrolle entstanden oder wo sie angeboren ist und welche Rolle nun Leid, Schuld, Reue spielen.

Auch im vorliegenden Kapitel werden wieder Bezüge zu anderen Süchten offenbar. So zunächst zur Selbstsucht: Aus Gründen eigener Befriedigungsbedürfnisse werden andere Menschen gequält; Erregung und Befriedigung eigener Lust beherrschen das gesamte Verhalten. Auffallend weiter die Nähe zu Genuß- und Mord-/Blutsucht.

Im Vergleich zwischen sexuellen Besonderheiten und Geilheit springt uns sozusagen das Thema dieser Arbeit geradezu an: sind hier fast ausschließlich Fremdwörter aufgelistet, so stehen dort deutsche Wörter. Leider kann hier nur die Tatsache konstatiert werden. Ursachen, Hintergründe bleiben im dunkeln – selbst zum Spekulieren fehlt mir die Grundlage.

## Geilheit

Haupttriebfaktor aller Sexsüchte (also auch der sexuellen Besonderheiten, die Suchtcharakter besitzen) ist die Geilheit.

Ursprünglich nichtsexuell gemeint, drückte »geil« eine fröhliche, freudige Stimmung aus (got. gailfan = erfreuen; anord. geiligr = schön). In ahd. geil und mhd. geil kommen sexuelle Bedeutungen hinzu (lüstern und brünstig), und »geil« tritt nun häufig an die Stelle von »unkeusch«.

So rückt das Wort langsam in den Rang einer immerwährenden Emotion, der es zu frönen oder die es zu bekämpfen gilt.

Auf der lustfeindlichen Seite stehen – öffentlich – Kirche und Staat. Der heiligen Elisabeth wird der Aufruf zugeschrieben, »die Geilheit zu vertreiben« (um 1225), und Luther beklagte die »ehebrecherei, deine geilheit und dein vreche hurerei«.

Wenig bekannt ist dagegen, daß auch im deutschen Sprachraum zahlreiche Schriftsteller an sich selbst ein überwältigendes Maß an Geilheit beobachteten und dies – positiv gemeint – zum Ausdruck brachten.

> »Albanie, gebrauche deine Zeit
> und laß den Liebeslüsten freien zügel.«
> (v. Hofmannswaldau, 1617 – 1679)

Oh, reiz mich oft mit solchen Bildern,
    Du meiner Sehnsucht Gegenstand;
Die Wollust ist nie genug zu schildern,
    Die nur zu sehn mein Herz empfand.
Priap! Dir bau ich einen Tempel,

Und vögle andern zum Exempel
    Zwölfmal, den Altar einzuweihn;
Statt Geld soll kalter Bauer glänzen,
Und Votzenhaar die Tür umkränzen,
    Mein Schwanz soll Hoherpriester sein.

Mensch, Adler, Wolf und Walfisch lehren,
    Wie man beständig vögeln soll;
Der Sperling ist nie genug zu ehren,
    Denn der ist immer samenvoll.
Kurz, alles muß gevögelt werden,
Die Votz enthält, was man auf Erden
    Erhabenes nur denken kann;
Sie zeigt sich, – tausend Schwänze starren,
Der Weise vögelt mit dem Narren,
    Der Bürger mit dem Edelmann.
(J. H. Voss, An Priap, 86)

Oben hieß es, daß Kirche und Staat öffentlich lustfeindlich auftra-
ten. Bekannt ist, daß privat ein völlig anderes Verhalten gepflegt
wurde:

Die keuschen Mönche

Im Mondschein hastete ein Mönch dahin,
Nach heißem Ringkampf stand sein geiler Sinn:
Ein Hürchen unterm Mantel trug nach Hause
Er eiligst hin zu seiner stillen Klause.
Ihn traf ein Bruder, vorgerückt an Jahren,
Der selbst im Venusdienste wohl erfahren.
Der sah ihr weißes Bein, das nicht verstecket,
Da es zum Teil die Kutte nur bedecket.
Er sprach: »Warum, wohin so eil'ge Schritte?
Auch sage mir, geliebter Frater, bitte,
Was ist denn diese gar so schwere Last,
Die unterm Mantel du verborgen hast?«
Der sprach, es sei das Zaumzeug von dem Pferde,
Mit dem er früh auf Reisen gehen werde.

Dem Greis ob dieser List das Lächeln kam;
Er scherzte: »Pack nur gut ihn ein, den Kram,
Denn wenn die Brüder diesen Sattel sehen,
So woll'n sie alle auf ihm reiten gehen.«
(J. Stigel, Die keuschen Mönche, 67)

Daß diese Gefühle mit elementaren Bedürfnissen gleichgesetzt wurden und werden, zeigt die häufige Zusammenstellung mit Hunger und Durst.

»ain schons junges gail weib, die under der gurtel ist hungrig und geitig.« (Keller)

Während früher und anderenorts ein dämonischer Glauben durchschimmerte, muß hier – wegen des großen Engagements der Kirche – von einem Teufelsglauben gesprochen werden. Insbesondere in den Hexenprozessen haben geile Ankläger nach detaillierten Schilderungen von sexuellen Exzessen mit dem Teufel gegiert.
Die gewaltige Kraft, die von der Geilheit ausgeht und das menschliche Denken und Handeln bestimmen kann, hat allerdings immer wieder dazu geführt, sie zu personifizieren und als von außen kommend anzusehen.

»denn hätte ich der liebe gift getrunken daß ich von geilheit toll, von wollust trunken sei.« (Riemer, ca. 1680)

»du (geilheit) bist die schlimme zauberin, die's herz in asch, in vieh die menschen kehret, die seel erstreckt, den leib kränkt und verzehret.« (Lohenstein, ca. 1680)

Immerhin wird hier nicht nur die Kraft dieser Emotion deutlich, sondern auch eine gewisse Nähe zur Krankheit, und so spricht Kirsch 1713 von »Geilsucht« (als Übersetzung von tentigo).
Die genannten Aspekte finden sich auch in der aktuellen Definition des Duden:

»geil: = 1. gierig nach geschlechtlicher Befriedigung; vom Sexualtrieb beherrscht; sexuell erregt...
Geilheit: jmd. packt die Geilheit.«

Sehen wir einmal von den bereits genannten sexuellen Besonderheiten ab, so setzt sich die Geilheit um bzw. fort in sexuellen Aktivitäten mit andersgeschlechtlichen PartnerInnen. Krankheit/ Sucht entsteht, wenn sich keine Befriedigung einstellt, wenn eine immerwährende Suche die Erregung auf einem stetig hohen Niveau hält, wenn ständig gefickt werden muß.

In ähnlicher Weise wird diese Gefühlsregung durch das Wort »Wollust« zum Ausdruck gebracht. Wie Geilheit meinte es zunächst (ahd.) ganz allgemein Lust, Freude, Genuß. Erst im 13. Jh. setzte eine Einengung auf den sexuellen Bereich ein, und diese führte gewissermaßen dazu, daß Wollust ein etwas vornehmeres Pendant zur Geilheit wurde (Adelung).

Am Rande vermerkt sei, daß kurzfristig auch einmal eine Verbindung zur Sucht durch eine entsprechende Wortschöpfung hergestellt wurde.

1640 spricht T. Wagner »vom wollustsüchtigen unersättlichen fleisch«, und 1666 schreibt Prätorius über »die nächtliche Pollution... oder wollustsüchtigen träume der männer.«

Die sexuelle Erregung wird in der deutschen Sprache mit »lüstern/ Lüsternheit« bezeichnet. Vor allem von Luther, der das Wort »lüstern« geprägt hat, stammen eine Reihe von Zitaten, die allesamt vor derartigen Gefühlen warnen: »enthaltet euch von fleischlichen Lüsten« – »die böse lustlieb« (liebe zur bösen sucht).

Im 1. Thessalonischen Brief (4.3) bietet Luther folgende Übersetzung:

»Denn das ist der Wille Gottes, eure Heiligung, daß ihr meidet die Hurerei und ein jeglicher unter euch wisse sein Gefäß zu behalten in Heiligung und Ehren, und nicht in einer Lustseuche, wie die Heiden, die von Gott nichts wissen.«

Die aktuelle Bibelausgabe spricht statt von »Lustseuche« von der »Brunst der Lust«.

Solange es bei der Lüsternheit bleibt, ist offenbar hauptsächlich der Mann aufgefallen. Noch heute kennen wir den Lüstling, den Lustmolch, den Lustgreis.

»um sie buhlt die Jugend und das Alter. So sind die Männer, Lüstlinge sind alle.« (Schiller, Maria Stuart)

Bereits 1640 nennt Schottel den Mann einen Lüstling, der »der sinnlichen Lust ergeben« ist. Längst vergessen, daß auch Frauen einmal so genannt wurden!

»wie hat die zarte lüstlin sich schamlos nun hoch aufgeschürzet! triefet von blut! auch noch bewundert? nicht allein der unzucht, feil auch dem raube...« (Stolberg, 1820)

»lüstlin: der lust ergebenes weib« (GW 6)

Kommt es dann aber zum Geschlechtsverkehr, wird auch dieser zwanghaft, d.h. Denken und Handeln stetig beherrschend, ausgeübt, so gab bzw. gibt es dafür Begriffe, die dies für Männer und gleichermaßen für Frauen beschreiben

| Männer | neutral | Frauen |
|---|---|---|
| Hurensucht | Paarungssucht | Mannsucht |
| Satyriasis | Lustseuche | Bubensucht |
| | | mannstoll |
| | | Nymphomanie |

In allen Fällen ist nach Pschyrembel ein »exzessiver Sexualtrieb mit aktuellem Befriedigungsdrang bei meist bewußtseinseingeengtem Verhalten« gemeint.

Seit 1719 (Frisch) läßt sich die Bezeichnung »Mannsucht« nachweisen: »die männersucht ist doch eine recht wesentliche krankheit des frauenzimmers.« (Lessing)

»Hurensucht« wurde von Stieler (1689) als Synonym für »Liebesraserei und Brunst« verwendet.

»Lustseuche« sollte im Sinne Luthers für einen »heftigen, sinnlichen Trieb stehen, der als Krankheit gedacht war« (GW).

»also auch die venuslieb und lustseuche macht doch endlich einen schamroth.« (Schuppius, 1684)

Später ist der Begriff für die Benennung von Geschlechtskrankheiten verwandt worden.

Spätestens seit 1577 wird (nach Höfler; Lustsucht = libido venerea) von Sucht im Zusammenhang mit Geschlechtsverkehr gesprochen. Im 19. Jh. allerdings ist die Verwendung entsprechender Begriffe höchstens noch ausnahmsweise festzustellen. Auch hier hat sich die Medizin des Themas angenommen. Nun muß »Nymphomanie« und »Satyriasis« gesagt werden und dies auch nur im wissenschaftlichen Elfenbeinturm. Für die normalen Menschen ist hier eine unanständige Sphäre berührt. Wer in einem derartigen Bereich seines »Menschseins« erkrankt, ist eventuell vor größere Probleme gestellt als der Fixer oder der Alkoholiker.

Da neuerdings das Thema in den USA Furore macht, ist es – als Sensationsobjekt – für die Medien interessant. Vergessen, daß es bereits, entsprechend beschrieben, vor Jahrhunderten in unserem Lande bekannt war, wird es nun als neueste Suchtkrankheit unter der Bezeichnung »Sexaholism« vermarktet.

Dabei steht die Suche nach den Krankheitskriterien an vorderster Stelle.

»John Money . . . unterscheidet die Hypersexuellen danach, ob sie ständig wechselnde Partner haben, an einen festen Partner exzessive Anforderungen stellen, auf ungewöhnliche Stimuli angewiesen sind.« (Spiegel 14/1989)

Zur gleichen Zeit entstanden in der damaligen BRD erste Selbsthilfe-Gruppen zu diesem Problem. In ihren Faltblättern heißt es:

*Wie funktioniert Sexsucht?*
1. Besessenheit – Die Gedanken werden vollkommen von sexuellen Vorstellungen beherrscht.
2. Rituale – Mit speziellen, immer wiederkehrenden Verhaltensweisen wird das sexuelle Erlebnis vorbereitet. Die Vorbereitung selbst führt zu weiterer Erregung.
3. Zwanghaftes sexuelles Verlangen – Es gibt keine Möglichkeit, dieses Verhalten zu kontrollieren oder gar zu unterlassen.
4. Verzweiflung – Im Zusammenhang mit diesem Verhalten kommt es zu einem Gefühl der völligen Machtlosigkeit und der Hoffungslosigkeit.

Das schmerzhafte Gefühl der Verzweiflung wird dann gewöhnlich durch erneute sexuelle Vorstellungen betäubt, und der Kreislauf beginnt von vorn.

*Was tun?*
Anders als ein Alkoholiker, der abstinent leben kann, muß der Sexsüchtige weiterhin mit seiner Sexualität leben. Enthaltsamkeit löst sein Problem nicht.
Wir sind also darauf angewiesen, unterscheiden zu lernen, wann unser sexuelles Verhalten süchtig – d.h. schädlich – und wann es befriedigend – also aufbauend – ist.

Dein sexuelles Verhalten ist dann süchtig, wenn folgende Kriterien erfüllt sind:
1. Es wird heimlich ausgeführt. Du würdest dich schämen, wenn es öffentlich bekannt würde.
2. Du erniedrigst dich selbst oder andere.
3. Du benutzt sexuelle Erregung, um unangenehme Gefühle (wie Langeweile, Einsamkeit, Angst, Sinnlosigkeit, Hilflosigkeit usw.) zu überdecken.
4. Deine Sexualität findet nicht innerhalb einer liebevollen und anerkennenden Beziehung statt.

# Zusammenfassung und Fazit

In dieser Schlußbetrachtung sollen einige wesentliche Ergebnisse der vorliegenden Arbeit zusammengefaßt werden. Durch die komprimierte Darstellung können Synthesen gebildet werden, die ein völlig neues Gesamtbild der Sucht entstehen lassen.
Drei Schwerpunkte der Zusammenfassung dürften für Leserinnen und Leser von besonderem Interesse sein:

– Die Darstellung der Suchtkriterien, da vor allem diese für die angestrebte Eigendiagnose notwendig sind, dazu die in zwölf programmatischen Punkten zusammengefaßten Erkenntnisse zur Suchtproblematik,

– die Auseinandersetzung mit derzeit in der Suchtdiskussion vorherrschenden Dogmen, da hieran am ehesten eigene Positionen provokativ getestet werden können, und

– die stichwortartig genannten Vorschläge zur Veränderung von Therapie, Vorbeugung und Gesundheitspolitik, durch die die eigene Verantwortlichkeit im gesellschaftlichen Rahmen deutlich wird.

Einige Vorbemerkungen dazu sollen den Blickwinkel beschreiben, aus dem diese Betrachtung erfolgt.

Zunächst soll auf die allgemeine Verwendung des Wortes Sucht eingegangen werden.
Stellt man Personen die Frage nach der bekanntesten Sucht, so fallen mit großer Wahrscheinlichkeit als erstes die Begriffe Alkoholismus, Fixen oder eine andere Rauschgiftsucht.
Würden wir dagegen über einen gewissen Zeitraum unseren eigenen Sprachschatz auf die Verwendung von Suchtworten hin untersuchen, so erhielten wir das überraschende Ergebnis, daß in unserem eigenen alltäglichen Gebrauch Begriffe wie Eifersucht, Sehnsucht oder möglicherweise Herrschsucht wesentlich häufiger auftreten. Eine genauere Betrachtung zeigt dann, daß wir diese durchaus mit – bisweilen erheblichem – Leid und Zwang in Verbindung bringen.

An dieser Gegenüberstellung zeigt sich die Bedeutungsvielfalt des Begriffs Sucht. Die dadurch hervorgerufene Konfusion ist zudem nicht auf den Normalgebrauch beschränkt, sondern gerade deshalb so umfassend, weil sie auch in der Wissenschaft vorherrscht. Wieso aber identifizieren wir – bewußt – in erster Linie Alkoholismus als Sucht, unbewußt jedoch viel eher Eifersucht?

Die abschließende Zusammenfassung versucht aus den vorangegangenen, historischen und sprachlichen Untersuchungen ein Fazit zu ziehen, das diesen Widerspruch erklärbar macht und ihn sinnvoll in eine Gesamtheit einordnet. Indem die wichtigsten Ergebnisse der Arbeit in prägnanter Form dargestellt werden, entsteht hier ein nichtsomatisch fixiertes Krankheitsbild, das die Möglichkeit bietet, viele Leiden in unserem Leben in einem neuen Licht zu sehen. Wohl wird dadurch Leid nicht generell verhindert, doch wird durch ein erhöhtes Bewußtsein einiges vermieden und der Umgang mit dem möglicherweise notwendigen Leid versöhnlicher werden.

Wenn die im folgenden präsentierten Ergebnisse den Eindruck einer objektiven Wahrheit vermitteln, so soll dies zuvor relativiert werden. Gerade innerhalb einer an historischer und soziokultureller Ganzheit interessierten Arbeit muß der Anspruch absoluter Objektivität verfehlt wirken. Andererseits können sich wirklich neuartige Ergebnisse nur auf der Basis tiefer Überzeugung entwickeln, da sie in der Auseinandersetzung mit vorher bestehenden entwickelt werden müssen.

Jeweils herrschende Normen – hier: wissenschaftliche Suchtdefinitionen – werden innerhalb einer Gesellschaft für gegeben, oft für unbezweifelbar angesehen. Die historische Entwicklung zeigt jedoch, daß das Verständnis dessen, was als Sucht bezeichnet werden kann, zahlreichen Schwankungen ausgesetzt ist, die sich aus gesellschaftlichen Veränderungen erklären. So wird auch die schädliche Konsequenz einer Sucht für den einzelnen oder die Gesellschaft zu verschiedenen Zeiten unterschiedlich bewertet.

Auch das hier immer wieder reklamierte Alltagsverständnis dürfte zu einigen Mißverständnissen Anlaß geben. So könnte angenommen werden, daß mit diesem Begriff ein für alle geltendes Bewußtsein gemeint sei. Es gibt aber keine allgemeingültige Definition, die in einem kurzen Satz das Verständnis aller Mitglieder einer Gesellschaft zusammenfassen könnte, sondern nur die Zusammenfassung der Auffassungen vieler.

Dies vorausgeschickt sollen nun die Ergebnisse präsentiert werden:

## Sucht – eine ganz andere Krankheit

1. Sucht ist ursprünglich ein gemeingermanisches Wort, das seit dem 8. Jh. nachweisbar ist und bereits vor Entstehung der deutschen Sprache als allgemeingültiger Ausdruck für alle menschlichen (und tierischen) Krankheiten benutzt wurde, lange bevor das Wort »Krankheit« in Mode kam.

2. Inhaltlich bezeichnet Sucht bis zum 16./17. Jh. im deutschen Sprachraum sowohl körperliche als auch geistige und seelische Krankheiten. Ihr Gehalt reichte bis in diese Zeit weit über körperliche Symptome hinaus und wird erst verständlich innerhalb eines größeren Zusammenhangs, der von Hunger und Durst, Hang und Zwang, Leid und Liebe sowie Wahn und Wut umgrenzt wird.

3. Im 16./17. Jh. treten entscheidende Veränderungen ein. Möglicherweise im Zusammenhang mit den Hexenverfolgungen kommt es zu einer immer stärkeren Einengung des Begriffs »Sucht« auf geistig-seelische Krankheiten, während für körperlich nachweisbare Krankheiten der Begriff »Krankheit« eingeführt wird. Gleichzeitig entwickelt sich mit der Medizin eine wissenschaftliche Instanz, die für Diagnose und Therapie und Krankheit und Gesundheit zuständig wird.

4. Die Einengung des Suchtbegriffs auf geistig-seelische Krankheiten führt unmittelbar (im 16./17. Jh.) zu einem ersten stürmischen Höhepunkt der Entwicklung von entsprechenden Suchtkomposita. Nach einer gewissen Stagnation im 18./19. Jh. kommt es im 20. Jh. zu einem zweiten Boom. Lebendigkeit und Zahl der jeweiligen Schöpfungen zeigen den großen Bedarf in der Bevölkerung, vorhandene Probleme entsprechend zu benennen.
Auf diese Weise ist quasi eigendynamisch ein Krankheitsbild (Süchte) entstanden, das heute noch – im verborgenen – alternativ zum medizinischen Krankheitsbild existiert.

5. Das heutige Spektrum der Sucht besteht aus ca. 75 Süchten, die sich in Abteilungen und Untergruppen gliedern. Gemein ist allen Süchten eine Erkrankung des Ichs; daher steht die Selbstsucht im Zentrum des allgemeinen Suchtbildes. Sie ist sozusagen als Motor aller Süchte anzusehen. Ideell wird die typische Suchtstörung der eigenen Person am deutlichsten durch die Sehnsucht zum Ausdruck gebracht. Sie kann ein krankhaftes/süchtiges Verlangen nach Heimat, Tod, Ferne, Vergangenheit, Zukunft oder Paradies meinen.

6. Ebenso, wie es für unterschiedliche Krankheiten unterschiedliche Kriterien gibt, gibt es diese auch für verschiedene Süchte. Sucht erschien bisher als einheitliches Krankheitsbild, wobei die verschiedenen Süchte definiert wurden anhand der beim Alkoholismus ermittelten Kriterien.

   Zum Nachweis einer Sucht gehörten daher: ein überwältigendes Verlangen, das Verhalten bzw. den Konsum fortzusetzen, Entzugssymptomatik, Dosissteigerung, seelische bzw. seelisch-körperliche Abhängigkeit, schädliche Folgen für den einzelnen und die Gesellschaft.

   Das in der vorliegenden Untersuchung erzielte Ergebnis entzieht sich jedoch einem solch einfachen, eindimensionalen Herangehen.

   Sucht – so zeigt sich nun – ist ein äußerst heterogener Komplex, der z.B. von schweren bis leichten, von totalen bis peripheren Leiden reicht.

7. Als übergeordnete Kriterien können nur zwei Merkmale Gültigkeit beanspruchen: zunächst der auch für alle Krankheiten zutreffende *Leidensdruck,* durch den Wohlbefinden bzw. die Gesundheit gestört wird und dann – speziell gültig für alle Süchte – ein innerer Zwang.

   Mit »innerem Zwang« ist gemeint, daß ein Teilbereich unseres Denkens, Fühlens und Handelns ausgeschaltet ist. Wir haben darüber die Kontrolle, die Verfügungsgewalt verloren. Hauptsächlich sind es Kräfte aus dem Gefühlsbereich (Gier, Lust, Leidenschaft und Wut) sowie aus archaischen Wurzeln (Hunger, Durst, Liebe), die zu einem derartigen Kontrollverlust führen.

   Der Verlust der freien Verfügung ist für den Menschen in den meisten Fällen mit einem erheblichen Schmerz verbunden. Über diese allgemeingültigen Ergebnisse hinaus müssen bei jeder einzelnen Sucht genaue Untersuchungen vorgenommen werden, um dann jeweils spezielle Kriterien zu erzielen.

8. Die Auseinandersetzungen mit Sucht war und ist bestimmt von einem Dämonenglauben!
Immer noch wird befürchtet, daß Süchte uns von außen anfallen und ergreifen. Daraus entwickelt sich eine irrationale, meistens völlig überzogene Angst vor Süchten, während gleichzeitig positive Aspekte nicht mit Sucht in Beziehung gebracht werden. Dieses Verständnis hat zu der unheilvollen Gleichsetzung geführt, eine Sucht habe eine furchterregende Krankheit zu sein (Fixen, Alkoholismus).

9. Bei genauerer Betrachtung zeigt sich, daß Sucht viel Positives enthält. Zahlreiche Sehnsüchte, aber auch viele selbstsüchtige Anteile sind für unser Leben dringend erforderlich.
Ausgeprägte Süchte – wie Ruhmsucht, Zweifelsucht – haben in den Betroffenen eine Dynamik entfaltet, die zu vielen glanzvollen Höhepunkten in Wissenschaft und Kunst geführt hat. Anfälle von Sammelsucht oder deren Totalbild haben den Grundstock für viele wichtige und bedeutende Museen gelegt. Einen ganz anderen Aspekt beleuchtet die Erkenntnis, daß eine überwundene Sucht häufig zu neuen Einsichten und zur Gestaltung einer harmonischen Persönlichkeit auf höherer Bewußtseinsebene führt.
War in den ersten Beispielen das Negative gleichzeitig positiv, so zeigen die letzten Beispiele, daß aus Negativem Positives erwachsen kann.
In jedem Fall verbietet sich das Ziel der generellen Abschaffung oder Ausgrenzung von Sucht. Vielmehr geht es um die Einbindung süchtiger Anteile, um einen bewußten Umgang mit Sucht und einzelnen Süchten.

10. Sucht oder süchtige Anteile sind bei jedem Menschen ständig vorhanden!
Ebenso, wie wir uns immer mit kranken Anteilen auseinanderzusetzen haben, also nie vollständig gesund sein können, treten in unserem Verhaltensrepertoire oder unserer Befindlichkeit immer auch Süchte auf. Diese können, ähnlich wie eine Grippe, kommen und vergehen und dann erneut oder nie wieder auftreten. Ist eine Sucht bei uns erledigt, kann eine völlig andere in den Vordergrund treten. Ein Leben ohne jeg-

lichen Zwang, ohne jegliches Zwangsverhalten ist jedoch nicht denkbar.

11. Das hier entwickelte Suchtbild ist hinsichtlich der historischen Entwicklung und seines Gehaltes typisch und ausschließlich denkbar für den deutschen Sprachraum. Zwar entwickelt sich zur Zeit auch im angelsächsischen Bereich eine Vielfalt von Begriffen, die als Bezeichnung für Süchte erkannt werden können, doch erlaubt zur Zeit nur die deutsche Sprache ein einheitliches, ideologisch und theoretisch geschlossenes Bild, da für die Definition und Erkenntnis entscheidende Begriffe wie Sucht und Sehnsucht (im hier gemeinten Sinn) ausschließlich der deutschen Sprache eigentümlich sind.

12. Sucht hat sich bislang messen zu lassen an medizinischen Kriterien. Ein Krankheitsbefund war nur dann gegeben, wenn er in eine medizinische Definition paßte, vor allem wenn körperliches Leiden festgestellt werden konnte. Im Sprach- bzw. Alltagsverständnis unseres Volkes wird Sucht statt dessen als ein sehr heterogener Komplex aufgefaßt, bei dem entweder soziales, psychisches oder somatisches Leid im Vordergrund steht. Da es aber hauptseitig um soziales oder psychisches Leiden geht, ist der auf körperliche Symptome ausgerichtete Mediziner überfordert.

Dies gilt um so mehr, wenn wir die Diagnose ausrichten an den oben genannten existentiellen Bedürfnissen (Hunger, Durst, Liebe), Antriebsfaktoren (Triebe, Hang, Gier, Lust) sowie Formen und Nuancen von Vorstufen der Sucht (Neigung, Leidenschaft, Affekt, Gewöhnung).

Wie bereits die Auseinandersetzung mit den Kriterien zeigte, ist die Diagnose und Analyse der Sucht großen Schwierigkeiten ausgesetzt.

Breite Grenzbereiche trennen Sucht und Gesundheit, vieles ist Definitions- oder Auffassungssache. Häufig sind Untersuchungsergebnisse Außenstehender von sozialen Vorurteilen nicht ohne weiteres zu unterscheiden. Andererseits neigen die Betroffenen selbst oft zu Beschönigungen und Verleugnungen. Dennoch ist dem Eigenbefund der Betroffenen ein hoher Wert beizumessen, da sie als die besten Kenner ihres eigenen Leidens gelten müssen.

# Überprüfung vorherrschender Dogmen

Das repräsentative Alltagsverständnis von Sucht unterscheidet sich von der aktuellen, naturwissenschaftlichen Definition in zahlreichen Punkten. Am gravierendsten zeigt sich dies bei der Untersuchung von Dogmen, die heute die Suchtdiskussion bestimmen. Die meisten von ihnen werden vom alltäglichen, heterogenen Suchtbild zum Einsturz gebracht.

Dogma A: *Sucht hat immer eine lange Entwicklungsgeschichte.*

In der Regel trifft dies zu. Meistens wird die Sucht durch viele Zwischenstufen vorbereitet. Es gibt aber auch Fälle und sogar bestimmte Süchte (Fixen, Glücksspiel), bei denen das schlagartige Eintreten der Sucht (z.B. nach erstem Konsum bzw. einem besonders hohen Gewinn) der häufigere Fall ist.

Dogma B: *Süchtig werden nur entsprechend veranlagte Menschen.*

Für eine solch allgemeine Aussage ist das Suchtbild zu unterschiedlich!
Bei Herrschsucht, Arbeitssucht und beispielsweise bei einigen Formen der Medikamentensucht sind ganz andere psychische Merkmale bei den Betroffenen zu beobachten (Stärke, Wille, Leistungsbereitschaft), als dies bei Sucht normalerweise erwartet wird (Labilität, Schwäche, Sensibilität). Doch auch bei bekannten Süchten wie Alkoholismus sind die gängigen Merkmale doppeldeutig. So ist ein Alkoholiker sowohl willensschwach als auch willensstark, sowohl sensibel als auch unsensibel, usw.

Dogma C: *Sucht ist Ergebnis eines pädagogisch-sozialen Prozesses.*

In den meisten Fällen wird ein solcher Verlauf nachzuweisen sein. Zu beobachten ist allerdings, daß Sucht *auch* als existentiell-archaisches Ereignis auftritt. So bereits kurz nach der Geburt, wenn das Baby die Mutter als Liebes- und Nahrungsquelle total zu beanspruchen wünscht. Dies setzt sich unter anderem in der Eifersucht auf alle fort, die diese zwanghafte Zweierbeziehung stören. Das archaische Element der Sucht kommt auch in den Komposita mit -durst, -hunger, -liebe zum Ausdruck.

Dogma D: *Sucht kommt immer von einem Zuviel! – Zuviel aber ist schlecht – mäßig ist gut!*

Ohne ein Zuviel kann keine Sucht entstehen. Der Umkehrschluß jedoch erscheint unzulässig. Ein ausschließlich mäßiges Leben, ein Leben ohne exzessive, rauschhafte Erlebnisse, wäre matt, für die überwiegende Mehrheit der Bevölkerung weder erstrebenswert noch durchführbar und würde zu einem langweiligen Einerlei ohne Revolution und Fortschritt führen.

Dogma E: *Sucht kann und muß durch Vorbeugung verhindert werden.*

Sucht im allgemeinen kann nicht verhindert werden. Wie mit Krankheit müssen wir auch lernen, mit Sucht umzugehen als einem selbstverständlichen Bestandteil menschlichen Lebens.
Bestimmte, konkrete Süchte jedoch können durch Erziehung, politische Maßnahmen usw. verhindert oder doch zahlenmäßig klein gehalten werden (z.B. alle substanzgebundenen Süchte).

Dogma F: *Sucht ist immer mit erheblichem Leid verbunden.*

Leid ist ein wesentliches Kriterium jeder Sucht. Doch zahlreichen Süchten wohnt nur ein geringes Leid potentiell inne (z.B. Vergnügungssucht, Lesesucht, Teile der Sehnsucht). Bei anderen tritt Leid nur indirekt auf: so, wenn dies den Betroffenen nur von außen erfahrbar gemacht werden kann (z.B. Arten der Selbstsucht, Geltungssucht, Sportsucht). Ja, es gibt sogar Süchte, bei denen Leid überwiegend bei Außenstehenden auftritt (z.B. Schwatzsucht, Raubsucht, Herrschsucht, Mordsucht).

Dogma G: *Sucht hat die Tendenz, sich zu verschlimmern.*

Der Sucht geht zwar ein Prozeß der Verschlimmerung voran, doch nachdem sich eine Sucht entwickelt hat, ist eine solch negative Progression – insgesamt gesehen – die Ausnahme. Die meisten Süchte stagnieren auf einem gewissen Niveau oder gehen sogar in ihrer Bedeutung für das Individuum wieder zurück.

Dogma H: *Sobald sich eine Sucht ausgeprägt hat, ist sie ständig akut.*

Wenn Süchte über einen langen oder sogar über den gesamten Lebenslauf andauern, sind sie in der Regel nicht ständig akut, sondern werden nur zeitweise zum Problem.

Ein prägnantes Beispiel dafür bildet die Rachsucht. Abgesehen von bestimmten Sonderfällen (Blutrache), tritt Rachsucht im Zusammenhang mit bestimmten Ereignissen und Personen auf. Gelingt der Vollzug der Rache, so ist der Durst gestillt und die Sucht zum Stillstand gekommen.

Dogma I: *Eine Sucht beherrscht den Menschen.*

Zwar können Süchte in der Tat mehrere und wesentliche Bereiche eines Menschen bestimmen, viel häufiger ist jedoch der Zustand, daß nur sehr begrenzte Teile des Verhaltens betroffen sind, die Kontrolle über den größten Teil also aufrechterhalten bleibt.

Dogma J: *Sucht führt immer zu sozialem Abstieg.*

Viele Süchte führen zu sozialem Abstieg, eine ganze Anzahl jedoch kann sogar zu sozialem Aufstieg führen (ohne daß dadurch etwas über ein mögliches Leid ausgesagt würde): Herrschsucht, Arbeitssucht, Rekordsucht.
Auch häufig genannten Verwahrlosungstendenzen stehen einige Süchte geradezu entgegen (z.B. Ordnungswahn, Sammelsucht).

Dogma K: *Eine Sucht ist unheilbar, sie bleibt bis zum Lebensende.*

Eine Sucht kann vollständig verschwinden, indem sie im weiteren Lebenslauf nicht mehr auftritt. Nur bei einigen Süchten (Alkoholismus) ist dazu – nach gängiger Vorstellung – eine kontrollierte Abstinenz nötig. In jedem Falle wäre es Definitionssache, dies Heilung zu nennen.

Dogma L: *Substanzgebundene Süchte sind gefährlicher und schädlicher als Verhaltenssüchte.*

Wir sind zur Zeit nicht in der Lage, eine Rangfolge der Gefährlichkeit von Süchten aufzustellen. Sie müßten gemessen werden am Gesamtkomplex der Auswirkungen im sozialen, psychischen, physischen Bereich sowie den Auswirkungen für die betroffenen Süchtigen, den direkt mit ihnen Verbundenen sowie der Gesamtgesellschaft. Dazu müssen gegebenenfalls soziale, juristische, ökonomische und andere Kriterien herangezogen werden.
Wollte man beispielsweise als Kriterium die Todesrate heranziehen, wie dies ja normalerweise in den Medien geschieht, so könnte

man zwar feststellen, daß süchtiges Rauchen und Alkoholismus in einem überproportional hohen Maße gefährlicher sind als Heroinsucht, doch im Falle vieler anderer Süchte ist ein solches Zählen heute gar nicht möglich (Eifersucht, Eßsucht). In besonderer Weise frappierend ist die Situation bei Mordsucht, Herrschsucht, Größenwahn.

Gewiß haben solch süchtige Verhaltensweisen bei zahlreichen NSDAP-Politikern eine Rolle gespielt, als es darum ging, die jüdische Bevölkerung zu ermorden.

Die Gefährlichkeit der Sucht für einzelne Menschen kann nur im Einzelfall, in der Regel nur von den Betroffen selbst abgewogen werden. Die Schädlichkeit einzelner Süchte für eine ganze Gesellschaft aber müßte auf der Grundlage der oben genannten Kriterien vorgenommen werden. Dazu wären ein neues Denken, zahlreiche neue und gründliche Untersuchungen und eine interdisziplinäre Zusammenarbeit nötig!

## Konsequenzen und utopische Veränderungsvorschläge

Abschließend soll auf einige gesellschaftliche Veränderungsmöglichkeiten eingegangen werden, die aufgrund der hier dargestellten Ergebnisse wünschenswert wären. Da dieses Thema jedoch nicht eigentliches Anliegen des Buches war, fallen die entsprechenden Vorschläge notwendigerweise knapp aus.

Eine Konsequenz für Wissenschaft und Forschung war bereits in der Auseinandersetzung mit Dogma L genannt worden: Nicht nur die epidemiologische Grundlagenforschung sollte intensiviert, ja müßte für fast 90 Prozent des gesamten Suchtkomplexes überhaupt erst aufgenommen werden, sondern vor allem der Frage nach Auswirkungen der Süchte auf Betroffene und Gesellschaft muß mit Mitteln moderner Untersuchungsmethoden genauestens nachgegangen werden. Dies sollte auch im Interesse entsprechender Kostenträger (Krankenkassen, Rentenversicherungsanstalten) liegen.

Für die Therapie stellt sich vor allem die Frage nach einheitlicher oder unterschiedlicher Behandlung von Süchten.

Als modern konnte bislang die Forderung gelten, möglichst viele oder gar alle Süchte gemeinsam zu behandeln.

Die hier konstatierte Heterogenität führt jedoch zur gegenteiligen Position. Zwar weisen zahlreiche Süchte Ähnlichkeiten auf, doch bestehen zwischen den meisten so große Unterschiede wie zwischen einem Beinbruch und einem Herzinfarkt. Daher sind z.B. für Eifersüchtige, Arbeitssüchtige, Herrschsüchtige, Trunksüchtige und zwanghafte Raucher auch sehr differenzierte Hilfsangebote nötig.

Im ersten Schritt könnte es darum gehen, Süchte mit – nach therapeutischen und diagnostischen Gesichtspunkten – ähnlichen Kriterien einander zuzuordnen.

In jüngster Vergangenheit ist es in einigen therapeutischen Einrichtungen zu gemeinsamer Behandlung von Alkoholikern, Spielsüchtigen, Medikamentenabhängigen und Fixern gekommen. Dabei sind teilweise gute Erfolge und interessante Ergebnisse erzielt worden. Sowohl aus therapeutischen Gründen als auch aufgrund von Forschungsinteressen ist eine solche Praxis begrüßenswert. Sie sollte zukünftig jedoch bewußter gehandhabt werden, was Unterschiede und Ähnlichkeiten zwischen den Süchten betrifft.

Völlig unberührt davon ergibt schon die oberflächliche Betrachtung ein absolutes Defizit an Behandlungsangeboten für fast 90 Prozent der hier als Sucht erkannten Krankheiten. Hier gilt es (möglicherweise in der Reihenfolge einer erkannten Schädlichkeit) nach und nach das derzeitige therapeutische Spektrum zu erweitern.

Derartige Ziele sind nur erreichbar im Zusammenhang mit völlig neuartigen gesundheitspolitischen Strukturen. Sie zu schaffen muß heute zwar als notwendig, gleichwohl als ziemlich utopisch gelten. Es sind nicht nur finanzpolitische Argumente, die – wie üblich – zunächst gegen sozialpolitische Forderungen ins Feld geführt werden, sondern auch ideologische Motive. So speisen sich zur Zeit politische und gesundheitspolitische Gegenmaßnahmen gegen Süchte fast ausschließlich aus dem Verständnis, daß es hier um dämonische, besonders schwerwiegende Krankheiten geht. Dies begünstigt ein oberflächliches, nur punktuelles, medizinisch bestimmtes Umgehen mit Sucht.

Das in dieser Arbeit entwickelte Bild eines umfassenden Suchtkomplexes, der mit den Methoden der heutigen Medizin nicht behandelbar ist, rechtfertigt die Forderung nach völlig neuartigen Gegenmaßnahmen. Um eine moderne Gesundheitsversorgung im Sinne der WHO zu erreichen, wäre ein alternatives Netz psychosozialer Angebote notwendig, durch die präventiv und therapeutisch auf unterschiedlichste Süchte eingegangen werden könnte.

Vorstellbar wären größere Suchtzentren, in denen auf der Basis derzeitiger Suchtberatungsstellen verschiedene Süchte behandelt werden könnten. Entsprechend größere Suchtkomplexe – entweder nach dem Konzept der vorliegenden Arbeit oder nach den Ergebnissen einer zukünftigen Überprüfung – sollten unterschiedliche Suchtfachleute einstellen.

Da sich häufig qualitativ unterschiedliche Süchte gleichzeitig oder nebeneinanderher entwickeln, erscheint es sinnvoll, sie auch gleichzeitig zu behandeln. Eine solche Behandlung ist jedoch kaum durch ein und dieselbe Person möglich. Die Vielfalt heutiger Süchte (ca. 75) läßt daher die Heranbildung verschiedener Suchtfachleute dringend notwendig erscheinen.

Da es kaum vorstellbar ist, daß die medizinische Ausbildung – selbst mittelfristig – in der Lage ist, spezielle Suchtfachleute hervorzubringen, dürften sich diese in dieser Linie aus Psychologen und Sozialpädagogen rekrutieren. Aus ihnen könnte sich gewissermaßen ein neuer Berufsstand entwickeln, der für das – zum herkömmlichen medizinischen Krankheitsbild alternative – Sucht(Krankheits-)bild zuständig wäre.

## Abkürzungen

| | |
|---|---|
| got. | = gotisch |
| ahd. | = althochdeutsch |
| asächs. | = altsächsisch |
| mhd. | = mittelhochdeutsch |
| anord. | = altnordisch |
| nhd. | = neuhochdeutsch |
| afries. | = altfriesisch |
| ags. | = angelsächsisch |
| idg. | = indogermanisch |
| lat. | = lateinisch |
| altgerm. | = altgermanisch |
| gemeingerm. | = gemeingermanisch |

## Literaturverzeichnis

I *Verwendete Lexika:*

Der große Brockhaus, Bd. 1–14, Wiesbaden 1952–1963

Conversations-Lexikon/Brockhaus, Bd. 1–12, Leipzig 1833–1839 (CL)

Dornseiff, Der deutsche Wortschatz nach Sachgruppen, Berlin, 6. Aufl. 1965

Duden, Bd. 1–6, Mannheim, 1976

Grimms Wörterbuch Bd. 1–16, Leipzig 1854–1952 (GW)

Höfler, Deutsches Krankheitsnamen-Buch, Berlin 1899

Kluge/Götze, Etymologisches Wörterbuch, Berlin 1951

Pschyrembel, Klinisches Wörterbuch, 252. Aufl., Berlin 1975

Johann Andreas Schmeller, Bayrisches Wörterbuch, Bd. 1 u. 2 (1872–77), Aalen 1973

Trübners Deutsches Wörterbuch Bd. 1 ff., Berlin 1936–1955

Wörterbuch der deutschen Gegenwartssprache, Bd. 1–6, Berlin (DDR) 1964–1977 (Wö DDR)

II *Verwendete Sammlungen von Redensarten, Sprichwörtern und Zitaten:*

Otto Adolphi, Das große Buch der fliegenden Worte, Berlin 1910

Büchmann, Geflügelte Worte, 23. Aufl., Berlin 1907

Büchmann, Geflügelte Worte, Neue Ausgabe, München 1959

Christian Greiff, Zitate, Köln o.J.

Michael Sailer, Die Weisheit auf der Gasse (1810), Nördlingen 1987

III *Verwendete Literatur / Ausgewertete Quellen*

Holger Altenkirch, Schnüfflersucht und Schnüfflerneuropathie, Berlin 1982

Alfred Andersch, Winterspelt, Berlin/Weimar 1977

Alfred Andersch, Vater eines Mörders, Zürich 1982

Alfred Andersch, Die Rote, Gütersloh o.J.

Ingrid Bacher, Schöner Vögel Quetzal, Wiesbaden 1959

Ingrid Bacher, Woldsen oder es wird keine Ruhe geben, Hamburg 1982

Jurek Becker, Jakob der Lügner, Frankfurt/M. 1976

Gottfried Benn, Gedichte, Wiesbaden 1960

Lore Berger, Der barmherzige Hügel, München 1986

Die Bibel, Stuttgart 1912/1958

Ernst Bloch, Spuren, Frankfurt/M. 1959

Hans Blumenberg, Die Sorge geht über den Fluß, Frankfurt/M. 1987

Heinrich Böll, Ansichten eines Clowns, Gütersloh o.J.

Heinrich Böll, Das Brot der frühen Jahre, Gütersloh o.J.

Ida Boy-Ed, Die Flucht, Berlin o.J.

Johannes Brøndsted, Die große Zeit der Wikinger, Neumünster 1964

Günter de Bruyn, Tristan und Isolde, Berlin 1989

Wilhelm Busch, Gedichte, München 1959

Günter Caspar, Hans Fallada, Geschichtenerzähler; in: Hans Fallada, Märchen und Geschichten, Berlin/Weimar 1986

Theodore Dreiser, Eine amerikanische Tragödie, Berlin o.J.

Hans Fallada, Der Alpdruck, Berlin 1947

Hans Fallada, Jeder stirbt für sich allein, 2 Bde. Berlin/Weimar 1964

Hans Fallada, Wolf unter Wölfen, Reinbek 1968

Hans Fallada, Märchen und Geschichten, Berlin/Weimar 1986

Claudia Fischer/Thomas Roberts, Süchtig. Die gefährliche Illusion, München/Zürich 1980

Theodor Fontane, Effi Briest; in: Romane und Gedichte, München/Zürich 1959

Leonhard Frank, Der Bürger (1924), Kiel 1988

Leonhard Frank, Die Räuberbande, Berlin 1959

Gustav Frenssen, Otto Babendiek, Berlin 1926

Gustav Frenssen, Dummhannes, Berlin 1937

Max Frisch, Biographie, Frankfurt/M. 1968

Max Frisch, Stichworte. Ausgesucht v. U. Johnson, Frankf./M. 1975

E. Gabriel, Die Süchtigkeit. Eine Seelenkunde, Berlin 1936

Johann Wolfgang Goethe, Wilhelm Meisters Lehrjahre, Gedenkausgabe, Bd. 7, Zürich 1948

Johann Wolfgang Goethe, Die Wahlverwandtschaften, Gedenkausgabe Bd. 9, Zürich 1949

Günter Grass, Örtlich betäubt, Neuwied/Berlin 1969

Jacob Grimm, Deutsche Mythologie, Bd. 1–3, (Berlin 1875–1878) Graz 1968 (Grimm I, II, III)

Brüder Grimm, Deutsche Sagen, Darmstadt 1956

Werner Gross, Hinter jeder Sucht steckt eine Sehnsucht, Freiburg 1990

Werner Gross, Da packt mich plötzlich eine richtige Panik, FAZ 9.12.1989

Gerhart Hauptmann, Der Narr in Christo Emanuel Quint, Berlin/ Weimar 1973

Heinrich Heine, Werke, 4 Bde., Bd. 1, Gedichte, Frankfurt/M. 1968

Max Herrmann-Neiße, Der Todeskandidat, Frankfurt/M. 1987

Hermann Hesse, Steppenwolf, Berlin 1927

Hermann Hesse, Siddharta, Berlin 1950

E.T.A. Hoffmann, Spielerglück; in: Werke, 2 Bde., Salzburg/Stuttgart o.J.

Friedrich Hölderlin, Sämtliche Werke, Leipzig o.J.

Ricarda Huch, Der große Krieg in Deutschland, Leipzig 1931

Friedrich Georg Jünger, Es pocht an der Tür, Frankfurt/M. 1968

Franz Kafka, der Hungerkünstler; in: Kafka, Erzählungen, Frankfurt/M. 1986

Alfred Kantorowicz, Deutsches Tagebuch, 2 Bde., Berlin 1980

Marie-Luise Kaschnitz, Das dicke Kind, Düsseldorf 1976

Dominik von König, Lesesucht, o.O., o.J.

Thusnelda Kühl, Harro Harring der Friese, Glücksstadt 1906

Günter Kunert, Die Schreie der Fledermäuse, Gütersloh o.J.

Erich Loest, Durch die Erde ein Riß, Hamburg 1981

Thomas Mann, Buddenbrooks, Berlin 1930

Klaus Mann, Der Wendepunkt, München 1969

Klaus Mann, Mephisto, Berlin o.J.

Edmund Mudrak (Hrsg.), Deutsche Heldensagen, Reutlingen 1961

Edmund Mudrak (Hrsg.), Die Sagen der Germanen, Reutlingen 1961

Josefine Mutzenbacher, Die Lebensgeschichte einer wienerischen Dirne, Reinbek 1983

Sten Nadolny, Die Entdeckung der Langsamkeit, München 1987

Erik Neutsch, Tage unseres Lebens, Leipzig 1973

Novalis, Werke und Briefe, München 1968

Wilhelm Reich, Sexualerregung – Sexualbefriedigung o.J., o.O.

Rainer Maria Rilke, Der neuen Gedichte anderer Teil, Leipzig o.J.

Schillers Werke, Bd. 1–3, Insel 1952

Wolfgang Schivelbusch, Die trockene Trunkenheit des Tabaks, in: Rausch und Realität, Köln 1981

Arthur Schnitzler, Frau Berta Garlan, Berlin 1917

Anna Seghers, Aufstand der Fischer von St. Barbara, Berlin o.J.

Anna Seghers, Die Toten bleiben ewig jung, Frankfurt/M. 1949

J.G. Seume, Prosaschriften, Darmstadt 1974

Justin Steinfeld, Ein Mann liest Zeitung, Kiel 1984

J. Stigel, Die keuschen Mönche, in: Der Liebe Ziel ist wonniglich, Reinbek 1987

TheodorStorm,EinFestaufHaderslevhuus,WerkeBd.7,Leipzig1923

Theodor Storm, Angelika, Werke Bd. 1, Leipzig 1923

Theodor Storm, Im Brauerhaus, Werke Bd. 5, Leipzig 1923

Theodor Storm, Werke Bd. 1–8, Leipzig 1923

Italo Svevo, Zeno Cosini, Reinbek 1987

Tacitus, Germania, München 1932

Georg Trakl, Die Dichtungen, Salzburg 1938

Gerhard Uhlenbruck, Ist Laufen manchmal eine Sucht?, Erkrath o.J.

Ullamamns Encyclopädie der technischen Chemie, München 1953

Gisela Völger (Hrsg.), Rausch und Realität, 2 Bde., Köln 1981

Voltaire, Aus dem philosophischen Wörterbuch, Hrsg. K. Stierle, Frankfurt/M. 1967

J.H. Voss, An Priap, in: Der Liebe Ziel ist wonniglich, Reinbek 1987

Frank Wedekind, Feuerwerk, München o.J.

Ulrich Weinzierl über Josefine Mutzenbacher; in: Romane von gestern – heute gelesen, Bd. 1, Frankfurt/M. 1989

E. Zola, Zum Paradies der Damen, Berlin o.J.

Henk Zorn, Radsport, Reinbek 1984